이기백한국사학기초연구

서강대학교 인문과학연구소 인문연구전간 제54집

이기백한국사학기초연구

··· 노용필 지음

일조각

Humanities Monographs No. 54
Research Institute for Humanities
Sogang University

Lee Ki-baik's Foundational Research on Korean Historical Studies

by

Noh Yong-pil

ILCHOKAK
Seoul, 2016

廣求而精讀

深思而究理

一九九四年十月二十一日

道谷書室主人

책머리에

한국사학자韓國史學者 이기백李基白(1924-2004)은 평생 한국사학의 발전을 꾀하면서 기틀 마련을 위해 '기초基礎'·'기본基本'을 늘상 강조하였다. 1993년 가을에 이르러 이듬해 70세 고희古稀를 앞두고 작성한 글 「연사수록研史隨錄」의 처음과 끝에서도 과연 그러하였다. 아래와 같다.

1. 글머리에
오랜만에 쓰는 이런 글이라서 일정한 체계를 갖춘 것이기를 바랐다. 그런데 정작 펜을 들고 보니, 자칫 잘못하다가는 과거에 했던 이야기를 다시 되풀이하는 꼴이 되지는 않을까 하는 생각이 들었다. 물론 기초적인 이야기들은, 그것이 거의 고의적으로 무시되고 있는 상황에서는, 다시 되풀이하더라도 나쁠 것이 없다고 생각하기는 한다(「연사수록研史隨錄」, 『문학과 사회』 1993년 겨울호; 『연사수록』, 일조각, 1994, p.121).
…

8. 나머지 말
그러나 이 글이 노상 아무런 뼈대가 없는 것이랄 수는 없다. 우선 나는 역사적 사실은 역사적인 관점에서 다루어야 한다고 주장한 것이다. 역사학에서 그것은 당연한 것이 아니냐고 할는지도 모른다. 그러나 그것이 역사가들에게 의해서조차 당연하게 지켜져 온 것만은 아니기 때문에 되풀이해서 강조할 필요가 있다는 생각이다. …

어쩌면 이러한 이야기는 다 아는 평범한 것일 수도 있다. 그러나 평범한 그만큼 중요하다고 생각하는 것이다. 그래서 이 글에서 몇 가지 구체적인 예를 들어가면서 그러한 점들을 이야기해 본 것이다. 구체적인 사실들 못지않게 이러한 <u>기본적인 점들에 대해서도 관심을 가져주었으면 하는 바람이다</u>(같은 글, p.134).

그리고 1994년에 이르러 기왕의 저서들을 체계적으로 정리하고 새로운 저서들을 추가하여 〈이기백한국사학논집李基白韓國史學論集〉을 꾸미기 시작하면서, 이 글을 포함시킴은 물론 그 제목을 서명書名으로 설정해서 『연사수록』을 간행하여 별권別卷으로 삼았다. 더욱이 후학들이 마련한 고희 기념 『한국사학논총韓國史學論叢』이 출간되자, 답례로 필자들에게 일일이 이 책을 증정하였다. 아울러 『논총』 상권上卷의 속표지에는 증정 낙관落款을 찍는 한편 하권下卷의 속표지에는 학문하는 자세에 관한 자신의 다음과 같은 지론持論을 친필(앞의 휘호자료 참조)로 적어 부착하여 동봉하였다.

> 널리 구하여 정확하게 읽고서廣求而精讀
> 깊이 생각해 이치를 궁구하라深思而究理

이러한 학문 자세가 곧 '기초'이자 '기본'으로서 한국사학의 발전을 위해서 무엇보다도 반드시 갖춰져야 할 점이라는 사실을 후학들에게 누누이 강조하기 위함이었음이 틀림없다. 그런데 이 글에서 간과해서는 안 될 되새김거리가 있다고 본다. 이기백이 이렇듯 '기초'·'기본'을 강조하면서, 자신이 왜 그러는지를 밝힌 이유가 무엇인가 하는 점이 바로 그것이다.

먼저의 「1. 글머리에」에서는 '기초적인 이야기들'을 강조함이 "그것이 거의 고의적으로 무시되고 있는 상황"이기 때문이라는 것이다. 그리고 나중의 「8. 나머지 말」에서는 '이러한 기본적인 점들'에 대해서도 "관심을 가져주었으면 하는 바람"에서라는 것인데, 자신이 "역사적 사실은 역사적인 관점에서 다루어야 한다고 주장" 한 것에 대해 "역사가들에게 의해서조차 당연하게 지켜져 온 것만은 아니기 때문"이라고 밝히고 있는 것이다.

한국사학의 이러한 실태 속에서 그는 '기초' 및 '기본'을 줄곧 강조하였으나 그게 잘 받아들여지지 않자 노심초사하면서, 그가 유일하게 취할 수 있는 방법은 그것을 '되풀이'하는 것뿐이었던 듯하다. 그래서 앞에 인용한 짤막한 토막글에서조차도, 「1. 글머리에」에서는 "다시 되풀이하는" 또한 "다시 되풀이하더라도 나쁠 것이 없다고 생각"하고 있음을 토로하였을 뿐만이 아니라 「8. 나머지 말」에서는 "되풀이해서 강조할 필요가 있다는 생각"임을 적고 있는 것이라 하겠다. 그가 스스로 정리한 〈논집〉 15권 전체에서 구사한 어휘를 세밀한 색인 작업을 통해 검증해 본 결과, 이 '되풀이'는 이외에도 꽤 여럿 발견할 수 있었는데, 다음과 같은 경우들이 대표적이다.

ㄱ 이 사료 정리의 필요성은 여기서 몇백 번을 되풀이해 외쳐도 결코 지나치는 일
   은 없다고 믿는다(「3 · 1운동론」, 『사상계』 1962년 3월호; 『민족民族과 역사歷
   史』 초판, 일조각, 1971, p. 236; 신판, 1994, p. 244).
ㄴ 다만 앞에서 제시한 배경 속에서 이해한다면 몇 가지 새로이 이야기할 점도 있
   을 것 같고, 또 이렇게 되풀이함으로 해서 그 중요성이 강조되는 의미도 있을 듯
   하여 감히 붓을 들기로 하였다(「신민족주의사관론」, 『문학과 지성』 1972년 10
   월호; 『한국사학韓國史學의 방향方向』, 일조각, 1978, pp. 94−95).
ㄷ 그걸 대충 정리해서 그때 실었습니다. 그렇기 때문에 이번에 다시 되풀이해
   서 얘기하는 것은 무의미할 것 같지만, 방향을 좀 달리해서 말씀드릴까 합니다
   (「나의 한국사 연구」, 『한국사학사학보』 1, 2000; 『한국전통문화론韓國傳統文
   化論』, 일조각, 2002, p. 292).

아마도 그는 자신이 옳다고 판단하는 한국사학의 발전을 꾀하기 위한 사안에 대해서는 가능하다면 하염없이 되풀이해서 강조하고 싶었던 것 같다. 이는 사료 정리의 필요성에 대해서 언급하면서 "여기서 몇백 번을 되풀이해 외쳐도 결코 지나치는 일은 없다고 믿는다(ㄱ)"고 하였음에서 확연하다. 이렇듯이 그가 '되풀이'하는 것은 그야말로 "그 중요성이 강조되는 의미(ㄴ)"에

서였음은 두말할 나위가 없다. 하지만 그렇다고 해서 같은 내용을 되새기는 게 아니고 "방향을 좀 달리해서 말씀(ⓒ)" 하는 것이었다.

글의 제목상으로 매우 유사해 보이는 경우라 할지라도 예전과는 방향을 달리하여 그 구체적인 내용에 대해 언급하였기에, 면밀히 살피면서 검토하지 않으면 그 속에 담긴 예전에는 없던 새로운 내용을 그냥 지나치기 십상이어서 저자도 일일이 대조하며 거듭 '되풀이'하여 읽다가, 그런 사실을 돌연 깨치고서야 소스라치게 놀란 경우가 한두 번이 아니었다. 그리하여 한국사학의 연구자로서 그의 〈논집〉을 자료로 삼아 심도 있게 연구하기에 앞서 "정확하게 읽고서 깊이 생각해" 그 의미를 제대로 파악하지 않으면 안 되겠다 싶어, 어느 하나도 그냥 지나치지 않으려 힘 기울이던 어느 날, 다음 부분을 새삼 곰삭히게 되었다.

　나는 학문적 활동이란 원래 외로운 것이라고 생각하고 있다. 반드시 많은 독자를 가져야 훌륭한 것이라고 생각하지 않는다. 때로는 진심으로 이해해 주는 단 한 사람의 독자, 어쩌면 그 한 사람이 자기 자신일 수도 있는 그런 독자를 위하여 학문적 활동은 행해지는 것이라고까지 생각하기도 한다. 그렇기 때문에 거기에는 속임수가 통할 수가 없는 것이라고 믿고 있다. (「나의 책 『한국사신론韓國史新論』을 말한다」, 『오늘의 책』 창간호, 1984; 『연사수록』, 일조각, 1994, p.261)

학문적 활동이란 게 본디 독창성을 지향해야 함은 물론이려니와 그러한 작업을 오로지 홀로 수행해야 하는 것인지라 '원래 외로운 것'일 수밖에 없을 터이지만, 이기백은 "때로는 진심으로 이해해 주는 단 한 사람의 독자, 어쩌면 그 한 사람이 자기 자신일 수도 있는 그런 독자를 위하여 학문적 활동은 행해지는 것이라고까지 생각"하고 있었음을 비로소 감지하게 되었던 것이다. 그야말로 상상을 초월하는 발상이라 하지 않을 수 없다고 여겨졌다.

게다가 "그렇기 때문에 거기에는 속임수가 통할 수가 없는 것이라고 믿고 있다"고까지 하였는데, 이 '속임수'라는 게 구체적으로 무엇일까 잘 가늠이 되지를 않았다. 그래서 그의 〈논집〉 전체에서 이 '속임수'라는 어휘가 이외에 또 어느 경우에 쓰였는가를, 나름대로 작성한 색인을 통해 찾아 일일이 되짚어 읽어 보았다. 아래의 경우들이 대표적이다.

㉮ 이렇게 욕심이 많은 나의 가슴속에서 스스로가 도글도글 굴러가는 조약돌같이 느껴지는 고독감이 더욱 커가고 있는 것이다. 어쩌면 인생 자체가 그런 것이 아닐까 하는 생각조차 들기도 한다. 결국 스스로도 알지 못할 장래의 행방은 나 자신이 <u>속임수</u> 없이 지켜볼 수밖에 없을 듯하다(「학문적 고투苦鬪의 연속」, 『한국사 시민강좌』 제4집, 1989; 『연사수록』, 일조각, 1994, p.251).

㉯ 요즈음 가끔 신문지상에 발표되는 정치가들의 발언 속에서, 자기들의 행동을 후대 역사의 심판에 맡긴다는 말을 듣게 된다. 아마 자기의 정치적 행동이 역사적으로 올바르다는 것을 강조하기 위한 것으로 해석된다. 사실 인간의 행위는 부단히 역사의 심판을 받고 있는 것이다. 그리고 그 심판은 속임수가 듣지 않는 냉혹한 것이다(「한국의 전통사회와 현대」, 『월간중앙』 1969년 11월호; 『민족과 역사』 초판, 일조각, 1971, p.110; 신판, 1994, p.106).

㉰ 일본의 기만적인 수단은 일본과의 첫 근대적 조약인 강화도조약江華島條約 때부터였다. 그러니까 일본은 처음부터 <u>속임수</u>로 달려든 것이다. 근대적인 조약의 의의를 모르는 당시의 한국은 스스로 깨닫지 못하는 사이에 불평등조약不平等條約을 승인한 것이었다(「한일관계의 역사적 검토」, 『이대학보』 1962년 3월 26일; 『민족과 역사』 초판, 일조각, 1971, pp.221-222; 신판, 1994, p.231).

이들을 통해 그가 상정想定한 이 '속임수'라는 게 요컨대, 자신 스스로에게도(㉮), 역사의 냉혹한 심판에도 듣지 않는(㉯) 것이며, 역사상의 구체적인 사례로는 한국과 일본 사이에 체결된 강화도조약을 꼽고 있음(㉰)이 드러난다. 따라서 그가 말한 이 '속임수'라는 것은, 결국 연구자 개인의 인생살이에서도 그러하지만 역사에 대한 연구 자체에서는 더더욱 있어서는 결코 안 될 것임을 지적한 것이라 하겠다. 그리고 이러한 '속임수'가 특히 학문에 있어서는 '거짓'과의 '영합'에서 비롯되는 것으로 여기고 있었던 듯싶은데, 다음의 글들에서 이러한 측면이 살펴진다.

Ⓐ 역사적인 사실과 어긋나는 어떠한 해석도 그것은 <u>거짓</u>이며, 이 <u>거짓</u>은 역사학이 부숴 버려야 할 대상물인 것이다. 아무리 겉으로 보기에는 그럴듯한 해석이라도 이러한 <u>거짓</u>에 따를 수는 없다. 그런데 종종 이론理論이라는 명목 아래 이 거짓을 용인한다는 것은 결국 <u>한국사학의 올바른 발전을 저해하는 일밖에 되지가 않는다</u>(「현대 한국사학의 방향」, 『문학과 지성』 1974년 겨울호; 『한국사학의 방향』, 일조각, 1978, p.163).

Ⓑ (그런데) 이러한 모든 분야에서 선생께서는 진실과 <u>거짓</u>을 분명히 가려내도록 노력하시었다.

　그렇기 때문에 어떠한 학파이거나 간에, 가령 유물사관에 입각한 것이더라도 역사적 진실을 증명하는 데 충실한 연구는 이를 높이 평가하셨다. 반대로 그렇지가 못한 것이면 누구의 것이든 비판을 서슴지 않으셨다. 선생께서는 학문의 세계에서 거짓이 개재하는 것을 용서하지 않으신 것이다. 이렇게 함으로써 <u>우리나라의 역사학이 학문으로서 확고한 기반을 갖도록</u> 하신 것이다(「이병도李丙燾 선생을 삼가 애도함」, 『동아일보』 1989년 8월 15일; 『한국사산고韓國史散稿』, 일조각, 2005, p.333).

Ⓒ 사회적인 풍조에 발맞추어서 거기에 영합해서 따라가기만 급급하고, 심지어는 세속적인 출세를 위해서 학문적인 업적, 학문적인 연구를 이용하는 그런 따위의 행동들은 곤란합니다. <u>진리에 대한 외경심을 존중하고 그런 마음을 키우는 것</u>, 우리 마음속에 깊이 지니는 것, 학계에서 그러한 분위기를 조성하는 것이 <u>우리 학문의 발전을 위해서, 그리고 우리나라의 한국사학, 한국고대사학의 발전을 위해서 가장 중요한 전제조건이 되는 것</u>이 아닌가 하는 생각이 듭니다(「격려사」, 『한국고대사연구』 16, 1999; 개제改題「민족주의와 한국사학」, 『한국전통문화론』, 일조각, 2002, p.221).

　이렇게 "역사적 사실과 어긋나는 어떠한 해석도 그것은 거짓"이라 규정하고, "이 거짓은 역사학이 부숴 버려야 할 대상물"로 지목하였으며, "종종 이론이라는 명목 아래 이 거짓을 용인하는 것은 결국 한국사학의 올바른 발전을 저해하는 일밖에 되지가 않는다(Ⓐ)"는 것을 역설하였다. 더욱이 이병도李丙燾 선생을 애도한 글 속에서 "진실과 거짓을 가려내도록 노력"하였음을 적시摘示하고 "학문의 세계에서 거짓이 개재하는 것을 용서하지 않으신 것"을 언급하면서, "우리나라의 역사학이 학문으로서 확고한 기반을 갖도록(ⓑ)" 했음을 높이 평가하고 있음에서도 이러한 면면이 확실히 드러난다. 게다가 학회의 공식 석상에서 한국고대사 전공자들에게 행한 「격려사」에서 "사회적인 풍조에 발맞추어서 거기에 영합해서 따라가기만 급급하고, 심지어는 세속적인 출세를 위해서 학문적인 업적, 학문적인 연구를 이용하는 그런 따위의 행동들은 곤란"하다고 직설적으로 지적하고, "우리 학문의 발전을 위해서, 그리고 우리나라의 한국사학, 한국고대사학의 발전을 위해서" "가장 중요한 전제조건이 되는" "진리에 대한 외경심(ⓒ)"을 존중할 것을 강조하였다.

한국사학의 올바른 발전을 위해서, 한마디로 '거짓'과 '영합'하는 '속임수'를 쓰지 않으며 '진리에 대한 외경심'을 마음속에 깊이 지닐 것을 당부한 것으로, 이는 기실 그 자신이 평생토록 지향하며 실천해온 바 그 자체를 있는 그대로 제시한 것이었다. 그가 이러한 자신의 일관된 마음가짐을 투영시켜 완성한 〈논집〉 가운데서도 스스로 분신分身과 같이 여기고 있었던 저서는 바로 개설서概說書『한국사신론韓國史新論』이었다. 아래의 글에서 여실하다.

ⓐ 어떻든 몸에 병이 들면 고쳐줘야 하듯이, 『신론』에도 병든 곳이 발견되면 이를 곧 고쳐줘야 한다는 생각이 늘 내 마음을 사로잡고 있다. 『신론』은 그러므로 말하자면 나의 분신分身과도 같이 된 셈이다(「나의 책 『한국사신론』을 말한다」, 『오늘의 책』 창간호, 1984; 『연사수록』, 일조각, 1994, p.252).

ⓑ 그러므로 『신론』도 필요에 따라 고치고 보충해 가야 할 것이다. 그것은 나같이 깨달음이 더딘 사람에게는 많은 노력과 괴로움이 따르는 작업이긴 하다. 그러나 나는 『신론』이 병든 곳 없는 건강한 개설서로서 우리 역사를 보다 잘 이해하는 데 한 개의 디딤돌이나마 되어주기를 간절히 바라고 있다(같은 글, p.262).

그는 "몸에 병이 들면 고쳐줘야 하듯이" "병든 곳이 발견되면 이를 곧 고쳐줘야 한다는 생각(ⓐ)"에 "필요에 따라 고치고 보충해" 온 『신론』이, "병든 곳 없는 건강한 개설서로서 우리 역사를 보다 잘 이해하는 데 한 개의 디딤돌이나마 되어주기를 간절히 바라고 있다(ⓑ)"고 밝혔던 것이다. 이 가운데 여느 무엇보다도 "한 개의 디딤돌이라도 되어주기"를 간절히 바란다는 표현은, 곧 그의 자호自號 '여석餘石'을 연상시킨다.

자호 '여석'에 대해 그는 일찍이 '남은 돌멩이', '홀로 남아 있는 돌멩이', '버린 돌' 등으로 풀어 거론한 적이 있었다. 다음의 글들에서 그러하였다.

① (그러나) 해방 뒤의 열띤 분위기 속에서 우리 역사를 연구해 보기를 결심한 이래, 학우로서 서로 격려를 아끼지 않은 지 이미 40년이 되어 가고 있다. 그리고 천 형이 후석後石이란 아호雅號를 쓸 무렵, 나도 호랍시고 여석이라고 시용試用하여 보았다. 이렇게 뒤지고 <u>남은 돌멩이</u>는 서로 통하는 데가 있었던 것일까(「『천관우千寬宇선생 환력기념 한국사학논총』하서賀書」, 1985; 『한국사산고』, 일조각, 2005, p.328).

② 언제쯤이었던가. 나는 내 호를 여석이라 시용해 본 일이 있고, 친구들 중에는 지금도 더러 그렇게 불러주기도 한다. 왜 그런지 <u>홀로 남아 있는 돌멩이</u>같이 스스로가 느껴져서 그렇게 써본 것이다. 그런데 거기엔 그런대로 오기가 있었다. 집 짓는 사람이 <u>버린 돌</u>이 모퉁이의 머릿돌이 되었다고 한 『성경』의 말과 같이, 나도 그럴 수 있을지도 모른다는 교만한 마음이었던 것이다(「학문적 고투의 연속」, 『한국사 시민강좌』제4집, 1989; 『연사수록』, 일조각, 1994, p.250).

이렇듯이 비록 스스로 '남은 돌멩이' 혹은 '홀로 남아 있는 돌멩이'로 느껴지고, 자신이 '버린 돌'과 같은 존재로 여겨질지언정, '모퉁이의 머릿돌'이 되어서라도 한국사학의 발전에 적지 않은 기여를 하고픈 간절한 염원에서 자호를 '여석'으로 선정한 것이었다.

이 같은 이기백 자호 '여석'의 뜻풀이와 관련하여, 그의 한국사학 자체에 관해 매우 심도 있게 논하면서 서양사학자 차하순車河淳 선생께서 근자에 언급한 바가 있다. 아래와 같다.

여석은 자신의 호를 '쓰다 남은 돌'을 뜻하는 여석餘石이라 했으나, 이는 지나친 낮춤이다. 그의 역사세계의 넓이와 깊이로 보아 참으로 우리나라 학계에 우뚝 솟은 거석巨石이라 해야 옳다(「여석과 그의 역사세계」, 『한국사 시민강좌』 제50집, 2012, p.417).

'여석'의 뜻을 '쓰다 남은 돌'로 풀면서 이러한 '지나친 낮춤'은 적절하지 못하니, "그의 역사세계의 넓이와 깊이로 보아 참으로 우리나라 학계에 우뚝 솟은 거석이라 해야 옳다"는 평가를 내리고 있는 것이다. 그럼에도 이기백은 자신이 평생 심혈을 한껏 기울여 자호 '여석'에 걸맞게 '모퉁이의 머릿돌'과 같은 초석礎石을 한국사학의 발전에 마련했다는 사실을 지금 이 순간에도 여전히 가슴 벅차게 여기고 있을 것이다.

2016년 5월
저자 씀

차례

제2부 탐구편

논문 발표지

일러두기

1. 본문에서는 한글·한문 병기併記를 했으나 각주에서는 하지 않았다.
2. 인용문의 경우 맞춤법 등은 출판 당시 원문 그대로의 것에 따랐다.
3. 각주의 전거 제시 때 이기백의 경우 일체 성명을 기재하지 않았다.
4. 각주의 서지 사항에서 일조각의 책은 출판사명을 기입하지 않았다.
5. 찾아보기 가운데 인명 부분은 일본, 서양, 한국 순으로 배열하였다.

서장
'학문적 자서전'에 나타난
이기백한국사학의 시기 구분

1. 「토막 자서전」·「자전적 소론」·'학문적 자서전'

이기백은 매우 일찍부터 자서전을 써 보고자 하는 구상을 품고 있었던 것 같다. 이러한 면면은 자신의 "인생과 학문과 역사에 대해서 생각나는 바를 적어 둔 자그마한 글들[1]"을 모아 1973년에 『독사수록讀史隨錄』을 출간하면 서 그 「머리말」에서 아래와 같이 적어 두고 있음에서 잘 드러나고 있다.

① 「넋두리」는 주로 ⓐ 신변에 얽힌 일들과 관련된 그야말로 넋두리를 늘어놓은 것 이다. 그러나 때로 이러한 넋두리가 약이 된다고 하면 지나친 자만自慢이 되는 것일까.

② 「인연因緣 수제數題」는 ⓑ 젊은 옛날을 회고回顧한 것들이다. ⓒ 말하자면 「토 막 자서전」이라고도 할 수 있을 그런 성질의 것이다. 훗날 내가 자서전을 엮게

---

1 「머리말」, 『研史隨錄』, 일조각, 1994, p. iv. 이후 일조각 출간 저서의 경우 출판사명을 따로 표시하 지 않기로 한다.

된다면 이런 이야기들을 하나의 실에 꿰매어야 할 것이다.
③ 「구름과 화산」은 ⓓ 대학을 갓 나온 시절의 글들이다. 절로 쓰고 싶어서 쓴 것들
이고 혈기에 넘치는 글들이다. 이 책에 넣을까 어쩔까 주저되기도 하였으나, 젊
은 날의 기념으로 넣어 두기로 하였다. 나로서는 처음으로 활자화된 것들이라
서 애착이 가기도 하는 것이다.[2]

　다른 어느 구절보다도 "훗날 내가 자서전을 엮게 된다면 이런 이야기들을
하나의 실에 꿰매어야 할 것(ⓒ)"이라고 쓰고 있음이 단적으로 그의 자서전
구상을 여실히 입증해 주고 있는데, 그러면서 아울러 이러한 글들이 그래서
"말하자면 「토막 자서전」이라고도 할 수 있을 그런 성질의 것"이라고 덧붙이
고 있음에 주목할 만하다. 그야말로 "신변에 얽힌 일들과 관련(ⓐ)"한 것이라
든지, "젊은 옛날을 회고한 것들(ⓑ)"이라든지, "대학을 갓나온 시절의 글들
(ⓓ)"을 「토막 자서전」이라 일컫고 있음이 자못 흥미롭다. 그는 이러한 「토막
자서전」들을 모아 "하나의 실에 꿰매어" 장차 자서전을 엮으려고 하는 구상
이었던 것임이 명백하다.
　이기백의 이런 자서전 구상은 후일, 『독사수록』에 실었던 이 「토막 자서
전」들에다가 그 이후에 쓴 것들을 합쳐서 1994년 고희古稀 기념의 『연사수
록研史隨錄』으로 출간해내면서도 지속되었다. 『독사수록』의 제VII편 「인연 수
제」에 실린 글 가운데 일부를 이 『연사수록』의 제VII편에 실으면서 그 제목
을 「자전적自傳的 소론小論들」이라고 설정하였음에서 이러한 사실을 가늠할
수가 있는 것이다. 이 『연사수록』은, 그 이전의 문고판文庫版 『독사수록』의
내용에다가 단지 첨삭添削만 한 게 아니라, 전체의 체재體裁 역시 꽤 바뀌기
도 하였음은 물론이려니와 새로이 편목篇目이 설정되기도 하였는데, 바로 이
「자전적 소론」편의 새로운 설정이 가장 대표적이다. 이 「자전적 소론」편의
구성 및 내용을 정확히 살피기 위해 『연사수록』 전체 목차 중 이 부분만을 도

---

2 「머리말」, 『讀史隨錄』, 탐구당, 1973, p.4.

표로 작성하여 제시해 보이면, 아래의 〈표 1〉이다.

상세히 대조해 보니, 예전의『독사수록』에 게재한 글 중에서「남강 이승훈 선생의 일면」단 1편만이『연사수록』의「자전적 소론」편에 편집되었을 뿐이고, 그 앞의 4편은 모두『독사수록』출간 이후에 새로이 작성된 글들을 포함시킨 것이었다.「자전적 소론」편의 내용이 이기백 자신의 학문과 관련된 게 대부분을 차지하고 있었으므로, 처음에는 이 기록을 줄기 삼아 여기에 나타난 이기백한국사학의 시기 구분을 시도해 볼 수 있겠다 싶었다. 그러던 어느 날 그의 다른 여러 글들을 거듭거듭 읽던 중 유독 눈에 밟히는 한 구절의 의미를 되새김하다가 이런 생각이 확 바뀌게 되었다. 그 구절은 바로 다음이다.

---

3 「목차」,『연사수록』, 1994, p.xi.

이 책은 『민족과 역사』와 『한국사학의 방향』에 이은 저자의 제3의 사론집史論集이다. 몇 해 전에 저자는 작은 학문적 자서전을 쓰면서 쉬이 사론집을 하나 출판하기를 원한다는 희망을 피력한 일이 있다.[4]

이 글을 무시로 그간 읽으면서도 무심결에 지나치고 말았었는데 그날따라 각별히 새삼스러이 주목하게 된 것은, 다름 아니라 "저자는 작은 학문적 자서전을 쓰면서"라고 한 대목이었다. 이 대목을 되새김하면서, 앞서 거론한 편목 「자전적 소론」을 풀어서 이렇게 적은 게 분명하다고 느껴졌을 뿐만이 아니라 이런 글들이야말로 그가 '학문적 자서전'으로 삼아 작성한 것이라는 점이 마음에 다가왔다. 또한 면밀히 조사해 보니 여기에서 몇 해 전에 썼다고 밝힌 '작은 학문적 자서전'이라고 함은, 1989년 『한국사 시민강좌』에 쓴 「학문적 고투苦鬪의 연속」을 가리키는 것이며, 이 역시 『연사수록』의 「자전적 소론」 편에 포함되어 있었다.

이렇게 생각을 하면서 재차 검토해 본 결과, 이 '학문적 자서전'들이 단지 『연사수록』의 「자전적 소론」 편에만 국한되어 있지 않다는 사실을 비로소 깨쳤다. 『연사수록』 이후에 출간된 〈이기백한국사학론집〉들 중에도 이러한 글들이 몇이 더 있음을 알 수가 있게 되었던 것이다. 그래서 이러한 여러 편의 '학문적 자서전'을 모두 모아 종합적으로 살피고, 그 내용에 나타난 이기백 한국사학의 시기 구분을 그 자신의 이야기들을 통해 이렇게 시도해 보기에 다다르게 되었다.

2. 이기백의 '학문적 자서전' 정리

앞서의 〈표 1〉에 상세히 제시되어 있는 바대로, 「학문적 고투의 연속」과 「나의 책 『한국사신론』을 말한다」라는 글은 그 구체적인 내용 구성상으로 보

---

4 「머리말」, 『韓國史像의 再構成』, 1991, p. iii.

더라도 이기백의 '학문적 자서전'에 들어야 할 것임은 두말할 나위조차 없다. 한 가지 눈에 띄는 사실은, 1989년에 발표된 「학문적 고투의 연속」이라고 한 글의 제목이, 그보다 먼저 1984년에 발표되었던 「나의 책 『한국사신론』을 말한다」 내용의 마지막 항목 '고투의 계속'과 흡사하다는 점이다. 이는 이기백이 「나의 책 『한국사신론』을 말한다」에 이어서 자신의 또 하나의 '학문적 자서전'으로서 「학문적 고투의 연속」을 작성하게 되면서 그 연속임을 드러내기 위한 의도에서 그랬던 게 아닐까 싶다.

한편 「가정생활에서 생각나는 선친의 일들」 및 「지극히 평범한 만남」은 스스로 「자전적 소론들」에도 넣었을 뿐만이 아니라, 자신이 "한국사 연구에 온 힘을 기울이도록 하는 데 결정적인 영향을 끼쳐준[5]" 선친에 대한 회고이다. 그러하기에 그의 '학문적 자서전' 가운데에 꼭 넣어야 할 글이라 생각한다. 그리고 「남강 이승훈선생의 일면」이 『연사수록』 제VII의 「자전적 소론들」 편에 든 것은, 이기백의 가문 배경을 살피고 성장 과정 등에 대해 아는 데에 요긴하다는 점에서 그랬다고 생각된다. 그 맨 첫머리에서 "남강이 세운 오산五山학교를 다닌 나는 항상 '남강선생'이라 들어 왔고 또 그렇게 불러 왔다. 이를 못마땅히 생각한 부친은 '남강할아버지'라 부르라고 일러주던 기억이 난다. 그것은 남강이 나의 종고조부가 되기 때문이다"라고 시작하였을 뿐더러, "… 나는 남강에 대하여 무어고 이야기해야만 할 의무감 같은 것을 항상 느끼어 왔다. 그것은 내가 고대사 전공일망정 한국사를 공부하게 되었다는 인연에다가, 만일 원하기만 했더라면 남강에 관한 자료들을 적지 않게 모아 놓을 수도 있지 않았을까 하는 생각이 들기 때문이다[6]"라고도 기술한 데에서 그러함이 입증된다. 이러한 이유로 해서, 이 글은 그의 '학문적 자서전'에 포함되어 마땅할 것이다.

여기에다가 『연사수록』 이후에 출간된 〈이기백한국사학론집〉에 실린 글

---

5 「지극히 평범한 만남」, 『샘터』 1988년 2월호; 『연사수록』, 1994, p.264.
6 「남강 이승훈선생의 일면」, 『기러기』 3호, 1964년 8월; 『연사수록』, 1994, p.269.

중에서 내용상으로 이기백의 '학문적 자서전'에 의당 최우선적으로 포함시켜야 할 것은, 『한국사산고韓國史散稿』에 실린 「일제시대에 경험한 몇 가지 일들」과 「한국사의 진실을 찾아서」라고 생각되었다. 이 글들은 제목에서도 그대로 드러나듯이 역시 이기백의 '학문적 자서전' 그 자체라고 판단되기 때문이다.

이외에도 「샌님의 넋두리」와 『연사수록』 「머리말」 또한 그의 '학문적 자서전'의 일부로 손색이 없다고 여겨진다. 우선 「샌님의 넋두리」는 비록 『연사수록』 제Ⅵ편의 동일한 편목의 마지막 글이긴 하지만, 앞서 제시한 『독사수록』 「머리말」에서 "때로 이러한 넋두리가 약이 된다고 하면 지나친 자만이 되는 것일까"라고 한 바대로, '샌님', 선비 곧 학자로서 살아온 자신의 심경을 '넋두리'처럼 솔직히 털어놓음으로써 스스로에게 위안慰安의 '약'이 되기를 바라는 심정에서 작성한, 너무나 진솔한 그 자신의 '학문적 자서전'이다. 이 글의 아래와 같은 첫머리부터가 그러하다.

공자孔子는 40에 불혹不惑이라 하였고, 50에 천명天命을 알았다고 하였다. 그런데 나는 이제 50 고개를 넘고도 천명을 알기는커녕 아직 불혹에도 못 이르고 있는 실정이다. 그렇기 때문에 나는 그저 배우는 사람이란 뜻의 학자밖에 되지를 못하는 것인지 모른다.
언제부터 내가 학자되기를 원했는지 잘 모르겠다. 할머니가 전해주던 말에 의하면 나는 퍽 어려서부터 학자되기를 원했다고 한다. 나 자신은 도무지 기억이 나지 않는 이야기이다. … [7]

그리고 『연사수록』 「머리말」은 고희古稀를 맞아 1994년 이 책을 출판하면서 작성한 것으로, 그 가운데 특히 전반부는 전적으로 70년을 살아온 자신의 학자로서의 생애를 회고하면서, '역사의 뒤안길에서의 그늘진 면'에 대해서도

---

7 「샌님의 넋두리」, 『서강타임스』 1975년 9월 1일; 『연사수록』, 1994, p.224.

서술하는 것과 관련하여 "나는 이러한 역사의 그늘진 면을 드러내는 것이 중요한 일이라고 믿고 있다. 그것이 역사의 진실이고, 또 그 진실을 외면하고는 역사를 이해할 수가 없다고 생각하기 때문[8]"임도 소상히 밝혀 놓은 것이다. 그러므로 이것 역시 마땅히 '학문적 자서전'에 포함되어야 한다고 생각한다.

이상 간단히 살펴본 바를 바탕으로, 이기백의 '학문적 자서전' 목록을 발표순으로 나름대로 작성하여 보았다. 다음의 〈표 2〉이다.

〈표 2〉 이기백의 '학문적 자서전' 발표순 목록

순번	제목	기고(혹은 출판)	수록	비고
1	「남강 이승훈선생의 일면」	1964년 8월	「자전적 소론들」, 『연사수록』, 1994	사십자술[9]
2	「가정생활에서 생각나는 선친의 일들」[10]	1974년	〃	오십자술[11]
3	「샌님의 넋두리」	1975년 9월	「샌님의 넋두리」, 『연사수록』	오십자술 보완[12]
4	「나의 책 『한국사신론』을 말한다」	1984년	「자전적 소론들」, 『연사수록』	육십자술[13]
5	「지극히 평범한 만남」	1988년 2월	〃	
6	「학문적 고투의 연속」	1989년	〃	육십오자술[14]
7	「머리말」의 전반부	1994년 7월	『연사수록』	칠십자술[15]
8	「일제시대에 경험한 몇 가지 일들」[16]	1995년 여름호	「학문과 진리」, 『한국사산고』, 2005	칠십자술 보완
9	「한국사의 진실을 찾아서」	2003년 10월, 2004년 8월	〃	팔십자술

8 「머리말」, 『연사수록』, 1994, p. iv.
9 글의 말미 ( ) 안에 "1964년 南岡의 百回誕生日에 즈음하여(p.277)"라고 기입되어 있음으로 이 글이 남강 이승훈선생 탄신 100주년 기념임을 알 수 있으며, 또한 내용 가운데 "남강이 태어난 것은 지금으로부터 꼭 백 년 전인 1864년이었으므로, 내가 태어나던 1924년은 그의 환갑이 되는 해였고, … (p.269)"라고 쓰고 있음으로 보아 동시에 자신의 '四十自述'의 성격을 띤 게 아닌가 한다.
10 이 글은 1974년 6월 父親 李贊甲의 他界 후 곧 출간된 追慕文集 『새날의 전망』(풀무학원, 1974)에 쓴 글로, 原題는 「가정생활에서 생각나는 일들」로 되어 있는데, 그 앞에 게재된 이찬갑의 상세

한 「약력」도 長子 이기백에 의해 작성된 것으로 여겨진다. 노용필, 「이찬갑의 풀무학교 설립을 통한 인간 중심 사상의 구현」, 『한국근현대사회사상사탐구』, 한국사학, 2010, p.395 각주 40) 및 p.415 각주 23) 참조.

11 이 글의 내용은 주로 가정생활 그것도 각별히 부친에 대한 所懷를 주로 담아낸 것으로, 자신의 성장 배경에 대한 것을 위주로 작성한 '五十自述'의 일환이었다고 판단된다.

12 「남강 이승훈선생의 일면」과 「가정생활에서 생각나는 선친의 일들」에 담아내지 못한 자신의 학문과 관련된 얘기들을 상세히 기술한 것이라는 점에서, 父親喪을 치르고 나서 본격적으로 '五十自述'을 쓴 것이라고 생각된다.

13 이 글의 첫 小節의 제목이 「나의 작은 分身」으로 되어 있고, 그 내용의 말미에서도 "어떻든 몸에 병이 들면 고쳐줘야 하듯이, 『신론』에도 병든 곳이 발견되면 이를 곧 고쳐줘야 한다는 생각이 늘 내 마음을 사로잡고 있다. 『신론』은 그러므로 말하자면 나의 분신과도 같이 된 셈이다"라고 한 바대로, 자신의 분신인 『한국사신론』과 연관된 모든 사실을 적고 있다. 이 글이야말로 그의 '작은 학문적 자서전'의 빼놓아서는 안 될 바이며, 이 글을 60세 때에 비로소 쓴 것이므로 따라서 '六十自述'이었다고 여겨진다.

14 이 글은 『한국사 시민강좌』 제4집, 1989에 게재되었던 바, 집필의 계기는 애초에 게재하기로 예정되어 있던 金哲埈의 글이 갑자기 그가 幽明을 달리하게 됨에 따라 그렇지 못하게 된 데에 있었다. 「독자에게 드리는 글」에 이러한 사실을 밝히면서, "그러나 그가 대학에서 정년퇴임하는 자리에서 행한 고별강연 녹음이 남아 있으므로, 이를 정리하여 다음 제5집에 게재할 예정으로 있다. 이에 본 호에는 그 대신 편집자 자신의 것을 싣게 되었음을 양해하여 주기 바란다. 우리나라 역사의 연구과정에서 외로운 고투를 하여온 그 고달픈 기록이, 한국사를 공부하며 고민하는 사람들에게는 도리어 위로가 되는 대목이 있을지도 모르겠다는 생각에서, 감히 빈자리를 메워보려고 한 것이다"라고 하였던 것이다. 이렇듯이 김철준의 글 대신 자신의 글을 집필하여 싣게 되자, 김철준의 처지를 남의 일이라 여기지 않고 때마침 자신도 65세를 맞이하였으니, 마치 자신도 대학에서 정년퇴임 고별강연을 하는 것 같은 기분에 휩싸여 '한국사를 공부하며 고민하는 사람들', 즉 後學들에게 자신의 일생을 돌아보는 글을 작성하여 남긴 것으로 느껴진다.

15 이 「머리말」이 실린 이 책은 古稀를 맞아 『이기백선생고희기념 한국사학논총』 상·하, 1994와 동시에 출판하여 寄稿한 筆者들 모두에게 贈呈되었으며, 이 「머리말」의 전반부는 더욱이 학문에 대한 자신의 당시 심정을 고스란히 담고 있으므로, 이 부분을 '七十自述'의 한 형태로 마련된 것이라고 보아 그르지 않을 것이다.

16 이 글은 해방 50주년을 맞이하여, 일제시대에 자신이 겪은 일들을 중심으로 당시의 역사적 사실들에 대해 명확히 기술해 두어야겠다는 생각에서 집필한 것으로 보인다. 여기에 담긴 내용 중에서 각별히, '우리말의 두 마지막 수업' 항목은 마치 프랑스의 알퐁스 도데 「마지막 수업」과 같이 모국어를 더 이상 배울 수 없게 된 학교 교실에서의 실황을 증언하고 있는 부분으로서, '집총훈련과 졸업생 환송회' 및 '도항증과 이른바 '창씨'' 항목 등은 자신의 오산학교 재학 및 유학 준비 과정에서 겪은 절박한 상황들에 대해 거리낌 없이 담담하게 기술하고 있는 부분으로서 역사적 의의가 상당하다고 판단된다.

3. '학문적 자서전'에서 밝힌 이기백한국사학의 시기별 대표적 담론

이렇듯이 여러 편에 달하는 그의 '학문적 자서전'들을 읽다 보면, 글이 술술 넘어가 이야기 자체에 빠져들어 핵심을 놓치기 십상이다. 그러지 않고 낱낱이 살피면서 분석적으로 제대로 읽기 위해서는, 글들을─그가 「토막자서전」이라 했음에서 힌트를 얻어─토막을 내어 사안별로는 물론이고 시기별로도 정리하며 읽을 수밖에 없었다.[17] 그 결과를 토대로 이기백한국사학의 시기별 대표적 담론談論을 살펴보고자 한다.

(1) 초기: '신앙의 힘으로 해결'에서 '인간을, 그 역사를 있는 그대로 긍정해도 좋으리라'로

이기백한국사학 초기의 실제 면모에 관해 분석하면, 처음에는 '신앙의 힘으로 해결', '민족적 회개 필요' 등을 표방하다가, 나중에는 '인간을, 그 역사를 있는 그대로 긍정해도 좋으리라'로 바뀌고 있었음을 알 수가 있다. 그래서 처음을 Ⅰ기로, 나중을 Ⅱ기로 나누어 살피고자 한다.

1) Ⅰ기: '신앙의 힘으로 해결', '민족적 회개 필요'

이기백이 한국사를 전공하기로 마음을 굳힌 것은 대학 진학 때였는데, 이러한 결정에는 선친의 영향이 결정적이었다. 더욱이 독실한 기독교 신앙생활을 줄곧 하고 있었으므로, 그 영향이 크게 작용하였다. 그래서 당시에 관한 '학문적 자서전'에서는, 아래의 글에서 드러나듯이 자연히 '신앙'·'회개' 등의 용어 사용이 두드러진다.

---

17 그러다 보니 의외로 사안에 따라서는 같은 것일지라도 시기에 따라 사실 자체의 기술에 있어 상세함에 차이가 나는 대목들도 있었을 뿐만이 아니라, 표현된 감정의 정도가 달리 느껴지는 경우도 적지 않았음을 알 수가 있었다. 아마도 글을 쓸 때마다 이기백 자신의 마음에 살아온 인생의 갈피갈피마다에 대한 느낌이 달랐기 때문일 것이다.

대학으로 진학을 할 때에, 나는 한국사를 공부하겠다는 생각을 굳히고 있었다. 이러한 전공 분야의 선택에는 아버지의 영향이 크게 작용하였었다. 그것이 1941년의 일이니, 이제 30년이 넘는 옛날 이야기이다. ⓐ 한국사를 공부하고자 한 뜻은 대개 민족의 장래와 연결된 생각에서였다. ⓑ-1 한국민족이 지난날의 쓰라린 과거를 청산하고, 어떻게 하면 ⓑ-2 새로운 미래를 건설할 수 있을까 하는 생각이 강하게 나를 지배하고 있었다. 그리고 그것을 ⓒ-1 신앙의 힘으로 해결할 수 있다고 믿고 있었다. 말하자면 ⓒ-2 민족적인 회개가 필요하다고 생각했었다. 최후의 심판이란 것을 문자 그대로 믿고 있던 나는, 그 날에 가서 소돔과 고모라와 같이 멸망하지 않도록 할 수 있는 의인義人이 민족 속에서 나와야 한다는 생각이었다.

그러므로, ⓓ 나의 한국사관은 이를 긍정적으로 보기보다는 오히려 부정적으로 보는 편이었다.[18]

먼저 한국사 전공 결정이 "민족의 장래와 연결된 생각(ⓐ)"에서였으며, 구체적으로는 "한국민족이 지난날의 쓰라린 과거를 청산(ⓑ-1)"하고 "새로운 미래를 건설(ⓑ-2)"하는 데에 있었음을 알 수 있다. 그런데 이를 "신앙의 힘으로 해결할 수 있다고 믿고 있었(ⓒ-1)"고 그래서 "민족적인 회개가 필요하다고 생각(ⓒ-2)"하고 있었다. 그리하여 기독교 『성서聖書』에 운위되는 '최후의 심판', '소돔과 고모라', '의인' 등이 이런 바탕 위에서 거론되고 있는 것이다. 이럴 정도로 이기백은 초기에는 민족의 '과거' '청산'과 '미래' '건설'이 '신앙의 힘으로 해결'될 수 있으며, 그러기 위해서도 '민족적 회개'가 '필요'하다고 신념하고 있었다.[19] 그러므로 당시의 이기백이 지녔던 한국사

---

18 「샌님의 넋두리」, 『서강타임스』 1975년 9월 1일; 『연사수록』, 1994, p.224.

19 그렇지만 이는 비단 초기에만 국한되지 않았다. 이러한 강한 기독교 신앙의 신념은 훗날까지도 지속되었는데, 「독자에게 드리는 글」, 『한국사 시민강좌』 제30집·특집―정신적 유산을 남긴 사람들, 2002에서 '우리가 본받을 만한 정신적 유산을 남긴 역사적 인물들'에게 공통적으로 나타나 있는 점에 대해 정리하면서 "첫째로, 그들은 마음이 깨끗한 사람들이었다고 생각한다(p.iv)"고 꼽으면서, "소돔 城은 열 사람의 의인이 없어서 불의 심판을 받았다고 한다. 고뇌 속에서 유혹을 이겨낸 이들은 한국을 멸망으로부터 구원해 준 의인들이었다고 할 수가 있다(pp.iv-v)"고 기술한 대목에서 재차 강조되고 있음을 볼 수 있는 것이다. 김태욱 외 엮음, 『민족과 진리를 찾아서 ―10주기 추모 이기백사학 자료선집―』, 한림대학교 출판부, 2014, pp.142-143 참조.

관은 그 자신도 솔직히 표현한 바대로 "이를 긍정적으로 보기보다는 오히려 부정적으로 보는 편(ⓓ)"이었던 것이다.

2) II 기 : '인간을, 그리고 역사를 있는 그대로 긍정해도 좋으리라'

이렇듯이 "긍정적으로 보기보다는 오히려 부정적으로 보는 편"인 한국사관을 지녔던 그가 긍정적으로 크게 변모하게 되는 것은 인간과 그 역사에 대한 깊은 사색을 통한 깨달음 때문이었다. 아래의 글에, 이러한 생각의 변화상이 잘 묘사되어 있다.

> 그 뒤 나는 서서히 이러한 생각으로부터 벗어나갔다. ⓐ 인간을, 그리고 그 역사를 있는 그대로 긍정해도 좋으리라는 생각으로 기울게 되었다. ⓑ 이른 봄날 아지랑이가 아른거리는 고향 마을의 해양한 잔디밭에서, 녹아나는 눈 밑으로부터 돋아나는 파릇한 새싹을 만지작거리며, 그런 생각에 잠기곤 했던 기억이 새롭다.
> 그런데 그 인간은 역사적인 존재인 것이다. 모든 인간의 활동은 일정한 시간과 공간 속에서 행해지는 것이며, 따라서 그 일정한 시간과 공간의 배경을 빼버린다면 인간의 활동 자체의 의미를 이해할 수가 없게 되는 것이라고 믿게 되었다. 그러므로, ⓒ 모든 인간 활동의 절대성을 부인하고 그 상대성을 인식하는 것이야말로 역사학의 첫 출발이 되는 게 아닐까 하는 생각이 들기 시작했다. 이러한 ⓓ 역사적 사고방법이 마이네케의 『역사주의歷史主義의 입장立場』을 읽으면서 크게 정리가 되어갔던 것으로 기억된다.[20]

방학 때 고향 마을의 "이른 봄날 아지랑이가 아른거리는 … 잔디밭에서, 녹아나는 눈 밑으로부터 돋아나는 파릇한 새싹을 만지작거리며(ⓑ)" 자연의 생태 이치에 대한 체험을 통해, "인간을, 그리고 그 역사를 있는 그대로 긍정해도 좋으리라는 생각으로 기울게 되었(ⓐ)"던 것이다. 이러한 상념 가운데 '인간'에 대해서 "그대로 긍정해도 좋으리라는 생각으로 기울게 되었"던 것은,

---

20 「샌님의 넋두리」, 『서강타임스』 1975년 9월 1일 ; 『연사수록』, 1994, pp.224-225.

다름 아니라 그 자신의 다른 글에 의거하면, 『논어論語』 습득을 통해서였다고 한다. 이러한 사실은, "… 무엇보다도 『논어』는 동양적인 것에서 긍정적인 면을 찾아볼 수 있게 하는 전기를 나에게 마련해주었다[21]"고 고백하고 있음에서 확연하다.

그리고 한편으로 '역사'에 대해서 "그대로 긍정해도 좋으리라는 생각으로 기울게 되었"던 것은, "모든 인간 활동의 절대성을 부인하고 그 상대성을 인식하는 것이야말로 역사학의 첫 출발이 되는 게 아닐까 하는 생각이 들기 시작(ⓒ)"하면서부터였다. 이와 같은 역사에 대한 사고방식은 "마이네케의 『역사주의의 입장』을 읽으면서 크게 정리가 되어갔던 것(ⓓ)"인데, 이는 결국 이기백이 마이네케를 중심으로 한 서양사학의 역사주의의 수용을 통해 한국사학 초석礎石 확립의 토대를 구축했음을 알려 주는 것이라 하겠다.[22]

(2) 중기: '한국사학을 학문으로서의 역사학으로'에서 '개인의 학문적 왕국의 건설'로

이기백한국사학 중기의 자화상自畵像을 그의 '학문적 자서전' 속에서 찾아보면, 처음에는 '한국사학을 학문으로서의 역사학으로'를 표방하지만, 나중에는 '개인의 학문적 왕국의 건설'로 전환되고 있었음을 발견하게 된다. 그래서 처음을 I 기로, 나중을 II 기로 나누어 검토하도록 하겠다.

1) I 기: '한국사학을 학문으로서의 역사학으로'

이기백은 연구 생활의 중기 초반에 한국사학을 학문으로서의 역사학으로까지 끌어올려야 한다는 염원을 간절히 지니고 있었다. 이러한 점은 그 자신의 글 가운데 아래의 대목에서 확연할 뿐더러, 여기에서 당시에 그것을 실행

---

21 『논어』와의 인연」, 『신동아』 1971년 9월호; 『연사수록』, 1994, p.40.
22 노용필, 「한국에서의 역사주의 수용: 이기백 한국사학연구의 초석」, 『한국사학사학보』 23, 2011; 改題, 이 책의 제2부 제1장 「이기백의 역사주의 수용과 한국사학의 초석 확립」을 참조하라.

하기 위한 나름의 구체적인 원칙까지 설정해 두고 있었다는 사실을 또한 확인할 수가 있어 크게 주목이 된다.

어떻든 ⓐ 나는 한국사학을 학문으로서의 역사학으로까지 끌어올려야 한다는 염원을 잠시라도 잊은 적이 없다. 그러기 위하여 나는 나의 마음속으로부터 몇 가지 유혹을 뿌리쳐야만 했다.

그 첫째는 애매한 개념概念을 사용하고 비논리적非論理的인 추리를 하는 일을 극복하는 것이었다. 개념을 분명히 하고, 논리적으로 이론을 전개하는 것은 어느 학문에 있어서나 필수적인 요건이라 하겠다. 그런데 이러한 훈련이 거의 없는 나는 제 멋에 겨워 마음내키는대로 휘두르는 경우가 종종 있었다.

둘째로는 공식주의公式主義로부터 탈피하는 일이었다. 안이하게 공식을 적용하는 것이 한국사학을 과학으로 정립시키는 일로 흔히 생각되어 온 것은 불행한 일이었다. 그러나 이의 극복은 부정만으로서는 안 되며 자신의 이론을 내세워야만 하는 것이기 때문에 결코 쉬운 일만은 아니다.

ⓑ 셋째는 권위주의權威主義나 사교주의社交主義의 유혹을 물리치는 일이었다. 사교적인 방법으로 기성의 권위와 타협함으로써 자기의 권위를 세우고, 그 권위에 굴복하도록 남에게 요구하는 방식은 가장 달콤한 유혹이 아닐 수 없다. 그리고 종종 이 달콤한 유혹에 말려들어가는 자신을 발견하고는 놀라는 일 한두 번이 아니다.[23]

그는 "한국사학을 학문으로서의 역사학으로" 발전시켜야 한다는 염원을 "잠시라도 잊은 적이 없다(ⓐ)"고 강조하면서, 그러기 위해 "유혹을 뿌리"치기 위한 3가지 점의 원칙을 정했던 것이다. 첫째는 "애매한 개념을 사용하고 비논리적인 추리를 하는 일을 극복하는 것"으로, "어느 학문에 있어서나 필수적인 요건"인 "개념을 분명히 하고, 논리적으로 이론을 전개하"겠다는 다짐이었다.

둘째는 "공식주의로부터 탈피하는 일"이라 하였는데, 이 '공식주의'라고

---

23 「샌님의 넋두리」, 『서강타임스』 1975년 9월 1일; 『연사수록』, 1994, pp.224-226.

함이 뒤이어 "공식을 적용하는 것이 한국사학을 과학으로 정립시키는 일로 흔히 생각되어 온 것"이라는 설명으로 보아서 분명 유물사관唯物史觀을 지칭하는 게 틀림이 없다고 이해된다. 따라서 한마디로 유물사관의 탈피를 선언한 것이라고 풀이된다. 그러면서 이를 극복한다는 게 "부정만으로서는 안 되며 자신의 이론을 내세워야만 하는 것이기 때문에 결코 쉬운 일만은 아니다"라고 언급함으로써, 종국에는 자신 나름의 이론 정립을 지향하고 있음도 내비쳤던 것이라 하겠다.

그리고 셋째는 "권위주의나 사교주의의 유혹을 물리치는 일(ⓑ)"로, 이로써 오로지 학문 연구에만 정진하고자 했음이 확연하다. 결국 이 시기에는 이렇게 함으로써 이기백은 '한국사학을 학문으로서의 역사학으로' 발전시키기 위해 온 힘을 쏟았던 것이었다.

2) II기 : '개인의 학문적 왕국의 건설'

이렇듯이 이기백은 당시 "한국사학을 학문으로서의 역사학으로까지 끌어올려야 한다는 염원을 잠시라도 잊은 적이 없다"고 할 정도로 연구에 심혈을 기울여 매진하면서, 이후 그 자신만의 '학문적 왕국의 건설'에 전념하였던 것 같다. 이러한 면모는 다음의 대목에서 엿볼 수 있다고 생각된다.

ⓐ 워낙 마음이 약한 이 시골뜨기는 적당히 어려움을 회피해 오곤 하는 경우가 종종 있었다. 그러다 보면 ⓑ 가슴 한 구석에는 멍이 들고, 멍든 상처는 더욱 커지기만 하는 것이었다. ⓒ 이 상처를 받지 않기 위하여 나는 되도록 일정한 울타리를 쌓고 살려고 하였다. 말하자면 ⓓ 나만의 학문적學問的 왕국王國을 유지해 보려고 했던 것이다. 그러나 자기를 위하여 남을 수단으로서만 이용하려 드는 도도한 물결 속에서 과연 ⓔ 개인의 학문적 왕국의 건설조차가 어느 정도로 허용될 수 있는 것인지를 나는 모른다.[24]

---

24 「샌님의 넋두리」, 『서강타임스』 1975년 9월 1일; 『연사수록』, 1994, p.226.

'개인의 학문적 왕국의 건설(ⓒ)'이 그야말로 "어느 정도로 허용될 수 있는 것인지를 나는 모른다"라고 표현하면서까지, 굳이 자신의 이러한 내면세계를 고스란히 표출한 것은, 이렇게 해서라도 살아남아야만 한다는 생존 욕구가 너무나 절박하리만치 강했기 때문이 아니었을까. "워낙 마음이 약한(ⓓ)" '시골뜨기'가 "가슴 한 구석에는 멍이 들고, 멍든 상처는 더욱 커지기만 하는 (ⓑ)" 상태에서 "이 상처를 받지 않기 위해서" "되도록 일정한 울타리를 쌓고 살려고(ⓒ)" 하면서 이 '개인의 학문적 왕국의 건설(ⓒ)'은 시도되었던 것이라 할 수 있지 않나 생각된다. 한마디로 당시에 이기백은 '한국사학을 학문으로서의 역사학으로' 발전시키기 위해 한국사학의 연구에 매진하면서 일체의 "권위주의나 사교주의의 유혹을 물리치는 일"을 신조로 삼고 오로지 '개인의 학문적 왕국의 건설'로 나아가고 있었던 것이라 하겠다.

(3) 후기: '나만의 학문적 왕국'의 '유지'에서 '시민과 더불어' 공유하기로

이기백한국사학 후기의 실상을 관찰하노라면, '학문적 왕국의 건설' 이후 처음에는 '나만의 학문적 왕국'의 '유지'를 지향하다가, 얼마 지나지 않아서부터는 '시민과 더불어' 공유하기를 추구하고 있음을 목격할 수 있다. 그래서 처음을 Ⅰ기로, 나중을 Ⅱ기로 나누어 분석할 수 있다고 생각한다.

1) Ⅰ기: '나만의 학문적 왕국'의 '유지'

이 '나만의 학문적 왕국'의 '유지'라고 하는 표현은, 방금 앞에서 인용한바 "나만의 학문적 왕국을 유지해 보려고 했던 것(ⓓ)"이라는 대목에서 유일하게 찾아진다. 이에 따라서 이 시기의 이기백한국사학의 화두話頭는 이 '나만의 학문적 왕국'의 '유지'였다고 여겨진다.

이와 같은 그의 '나만의 학문적 왕국' 유지'의 상징적 업적은 사상사 분야에서 이루어졌다. 이기백이 사상사에 대해 초기부터 지녔던 지대한 관심은, "나는 처음 사상사 연구를 염원해 왔으나, 이는 논문 하나를 쓰고 일단 중단되고 말았다[25]"고 하는 대목이라든지, "처음 생각으로는 한국사상사를 순서를 밟아 연구하자는 것[26]"이었다고 밝힌 대목 등등에서 확실히 입증이 된다. 그러던 사상사에 대한 연구를 진척시켜 그 분야의 유일한 단행본 연구서인 『신라사상사연구』를 출간해내었던 것이다. 이와 관련하여서는 이 책의 서문 내용 가운데 특히 아래의 대목에 대한 이해가 요긴하다고 본다.

> 종교학이나 철학 자체로서는 그것은 그것대로 의미가 있는 일일 것이라고 생각한다. 그러나 어떠한 사상을 그 시대의 일정한 사회적 여건 속에서 살던 인간들의 생활과 연결지어 생각하지 않는다면, ⓐ 역사학으로서의 사상사는 성립될 수가 없다. 다른 말로 바꾸어 말한다면, 왜 일정한 시대의 일정한 인간들이 특정 사상에 흥미를 느끼고 혹은 그들의 생명을 걸기까지 했던가하는 산 인간의 생생한 숨결을 사상사의 흐름 속에서 들어야 한다는 말이다. 예컨대 귀족들의 현실적인 정책적 고려나 민중들의 미래에의 애달픈 소원이나 혹은 반항과 타협의 틈바구니에서 몸부림치는 하급귀족들의 고민 같은 것을 사상사의 흐름 속에서 찾아봐야 한다는 이야기가 된다. 그렇게 함으로써 ⓑ 우리나라의 사상사 연구를 역사학으로까지 끌어올릴 수가 있는 것이다.
>
> 워낙 무디고 서툰 솜씨이고 보니, 얼마마한 성과를 제대로 올릴 수가 있었는지 알 수가 없다. 그러나 ⓒ 우리나라 사상사 연구를 역사학으로 정립시켜야 하겠다는 염원은 이 책의 구석구석에까지 스며 있다고 해도 지나친 말이 아니다. 만일 이 책의 독자들이 이 점을 이해해 준다면 저자는 그로써 만족스럽게 생각할 것이다.[27]

이미 앞서 언급한 바대로 이기백은 중기부터 "한국사학을 학문으로서의 역사학으로까지 끌어올려려 한다는 염원을 잠시라도 잊은 적이 없다"고 토로하고 있었음을 상기하면서, 함께 이 대목을 읽노라면 왜 그가 여기에서도 "우리나라의 사상사 연구를 역사학으로까지 끌어올릴 수가 있는 것(ⓑ)"을

---

25 「학문적 고투의 연속」, 『한국사 시민강좌』 4, 1989; 『연사수록』, 1994, p.246.
26 「나의 東洋古典觀」, 『서강타임스』 1967년 10월 3일; 『연사수록』, 1994, p.37.
27 「서」, 『신라사상사연구』, 1986, p.v.

내세우면서, 또한 "우리나라 사상사 연구를 역사학으로 정립시켜야 하겠다는 염원(ⓒ)"을 했는지를 확연히 깨칠 수가 있다고 본다. 이기백은, 말하자면 한국사학을 학문으로서의 역사학으로 끌어올리기 위해서 그 여러 분야 중에서도 가장 사상사 분야에 일생 동안 심혈을 쏟아 부었던 것이라 하겠다. 그리고 이러하기에 본격적인 '역사학으로서의 사상사(ⓐ)'인 『신라사상사연구』의 출간이야말로 그 자신 '나만의 학문적 왕국'의 '유지'의 상징으로서 다른 어느 무엇보다도 먼저 첫 번째로 손꼽아져야 하는 게 아닌가 싶다.[28]

이와 더불어 이기백한국사학에 있어 '나만의 학문적 왕국'의 '유지'의 상징으로 또한 빼놓아서는 안 되는 사실은 이기백이 한국사학 관련 주제를 선정하여 한림과학원翰林科學院의 총서叢書로서 여러 권의 단행본을 기획하여 출간해내었다는 점이라고 생각한다. 그 가운데서도 무엇보다도 〈한국사의 쟁점〉 시리즈가 각별히 그러하였다고 판단되는데, 그 목록의 관련 사항을 도표로 작성하여 제시해 보이면 아래의 〈표 3〉이다.

〈표 3〉 이기백의 한림과학원 총서 기획 목록

순서	서명	구분	공저	출판사	연도
1	현대 한국사학과 사관史觀	한국사의 쟁점 제1책	○	일조각	1991
2	한국사회발전사론	한국사의 쟁점 제2책	×	일조각	1992
3	한국사상韓國史上의 정치형태	한국사의 쟁점 제3책	○	일조각	1993
4	한국사 시대구분론	한국사의 쟁점 제4책	○	소화	1995
5	한국사상사방법론	한국사의 쟁점 제5책	○	소화	1997
6	역사교육, 무엇을 어떻게 가르칠까		○	소화	2000

---

28 이러한 이기백의 사상사 중시의 측면과 관련하여서는 이기동, 「한국사상사 연구자로서의 이기백」, 한림과학원 엮음, 『고병익·이기백의 학문과 역사연구』, 한림대학교 출판부, 2007이 참조가 된다. 그 가운데서도 『신라사상사연구』의 출간에 대해 p.128에서, "1986년 『신라사상사연구』를 발간했는데, 이로써 40년간의 긴 세월 동안 염원해 오던 사상사 연구는 일단 매듭을 짓게 되었다"고 기술하였음이 특히 그러하다.

이를 통해 사관, 사회발전, 정치형태, 시대구분, 방법론 등과 관련한 〈한국사의 쟁점〉 시리즈 5책, 역사교육에 관한 1책, 도합 6책을 한림과학원 총서로서 이기백이 연구책임자가 되어, 자신도 대체로 논문을 같이 발표하여 포함시켜 공저의 형태로 간행해내었음을 확인할 수 있다. 그러면 이러한 책들을 간행해내게 되었던 기획의 궁극적인 의도는 무엇이었을까? 이에 대해서는 아래의 글들에서 그 전모를 거의 정확히 살필 수가 있겠다.

① 한림과학원의 창립 첫해인 1990년도의 역사 연구 과제로서, ⓐ 한국사의 쟁점을 다루는 첫 시도로 「현대 한국사학과 사관」을 문제삼게 된 것은, ⓑ 누구도 선뜻 짊어지지 않으려는 짐을 짊어진다는 심정에서 비롯된 것이다. 만일 그러한 고통을 짊어진 결과로 해서 ⓒ 우리 한국사학에 어떤 극히 자그마한 빛이라도 던져줄 수 있게 된다면, 그것은 커다란 기쁨이 아닐 수 없다.[29]

② ⓓ 학문의 연구를 폐쇄된 울타리로부터 해방시키고, 오직 역사적 진실에만 충실하도록 해야 할 것이다. 이 연구가 그러한 점에서 약간이나마 공헌하는 점이 있다면, 그것으로 이 연구는 충분히 제 구실을 다한 것으로 생각한다.[30]

③ 해방 후 한국 사학은 여러 면에서 큰 발전을 하여 왔다. 그런 중에서도 사상사는 특히 많은 관심을 불러일으킨 분야 중의 하나였다. …(중략)… 한국사상사의 구체적인 문제에 대한 종래의 연구성과를 검토함으로써, 과연 어떻게 하는 것이 ⓔ 한국사상사를 역사학의 한 분야로서 올바로 정립시킬 수 있는가를 생각해 보는 기회를 가지자는 것이었다.[31]

④ (그러므로) ⓕ 먼저 견해가 엇갈리는 역사의 해석을 정리해 둘 필요를 느끼게 된다. 그런 뜻에서 ⓖ 중요한 한국사의 쟁점을 정리하는 작업을 먼저 착수하게 되었던 것이다. 때문에 역사 교육의 문제는 시일을 미루게 되었는데, 이제는 더 이상

---

29 「序文」, 『현대 한국사학과 사관』, 1991, p.v ; 김태욱 외 엮음, 『민족과 진리를 찾아서―10주기 추모 이기백사학 자료선집―』, 한림대학교 출판부, 2014, p.209.

30 「서문」, 『한국사 시대구분론』, 소화, 1997, p.7; 『민족과 진리를 찾아서』, 한림대학교 출판부, 2014, p.223.

31 「서문」, 『한국사상사방법론』, 소화, 1997, p.5; 『민족과 진리를 찾아서』, 한림대학교 출판부, 2014, p.225.

미룰 수 없는 처지에 이르게 된 것이다.[32]

이를 종합해 보면, "한국사의 쟁점을 다루는 첫 시도로(ⓐ)"「현대 한국사학과 사관」을 선정한 것은 "누구도 선뜻 짊어지지 않으려는 짐을 짊어진다는 심정(ⓑ)"에서, 한국사학에 그야말로 "극히 자그마한 빛이라도 던져줄 수 있게(ⓒ)" 되기를 바랐기 때문이었다. 그리고 이와 같이 〈한국사의 쟁점〉 시리즈를 우선적으로 진행한 게 다름 아니라 "먼저 견해가 엇갈리는 역사의 해석을 정리해 둘 필요(ⓕ)"를 느껴, "중요한 한국사의 쟁점을 정리하는 작업을 먼저 착수하게(ⓖ)" 되었으며, 그럼으로 인해서 역사 교육의 문제는 미루게 되어 뒤늦게 다루게 되었다는 것이다.

특히 한국사상사의 방법론을 중점적으로 다룬 게 "한국사상사를 역사학의 한 분야로서 올바로 정립시(ⓒ)"키기 위함이었음을 언급하였음이 주목되는데, 이는 앞서 살폈던 바와 같이 그 자신이 한국사학을 학문으로서의 역사학으로 끌어올리기 위해 각별히 사상사 분야에 일생 동안 심혈을 쏟아 부었던 것 그 자체의 일환이었다고 하겠다. 이렇게 함으로써 종국에는 "학문의 연구를 폐쇄된 울타리로부터 해방시키고, 오직 역사적 진실에만 충실하도록(ⓓ)" 하기 위해서, 이기백은 〈한국사의 쟁점〉 시리즈를 기획하고 또 실행에 옮겨 총 5책에 달하는 전문서를 간행하였던 것이다.

이기백은, 이렇게 함으로써 개인으로서는 시도하기 결코 쉽지 않고, 또 『한국사 시민강좌』 책임편집을 통해서조차도 성취하기 어려운, 한국사의 쟁점들에 대한 학문적인 전문 주제들을 선정하여, 각 분야의 전공자들을 본인의 의중대로 구성하여 진척시켜 나감으로써, 또 하나의 그 자신 나름대로의 '나만의 학문적 왕국'의 '유지'에 박차를 가하였던 것이라 가늠된다. 환언하면 한림과학원 〈한국사의 쟁점〉 시리즈 총 5권의 완간은, 한국사학을 학문으로

---

32 「머리말」, 『역사 교육, 무엇을 어떻게 가르칠까』, 소화, 2000, p.5; 『민족과 진리를 찾아서』, 한림대학교 출판부, 2014, p.228.

서의 역사학으로 끌어올리기 작업의 일환이었으며, 아울러 이기백 그 자신 나름의 '나만의 학문적 왕국'의 '유지'의 상징물이었다고 해도 지나치지 않다고 본다.

2) II기 : '시민과 더불어' 공유하기

이기백은 1987년 책임편집을 맡아 『한국사 시민강좌』를 창간하여 자비自費로 연2회 출판하기 시작한 후, 건강이 허락지 않아 2004년 제35집에 「추기追記」를 남기고 손을 떼기까지 이를 지속하였다. 그가 이렇듯이 『한국사 시민강좌』를 창간하여 발행을 지속한 것은 한국사학을 오로지 '시민과 더불어' 공유하기 위함이었다. 「창간사」의 아래 대목에서 이러한 면면이 잘 밝혀져 있다.

> (그러나) 역사학자들이 연구실에서 연구에 몰두하고 있는 동안, 세상에서는 한국사의 문제를 둘러싸고 무척 시끄러운 논란이 벌어지고 있다. 어떤 사람은 민족을 위한다는 구실 밑에, 어떤 사람은 현실을 위한다는 명분 아래, 한국사를 자기들에게 유리하도록 이용하고 있는 것이다. 그 결과 ⓐ 한국사학은 마치 제단祭壇 위에 놓인 희생물과 같이 되어 가고 있는 실정이다. 이러한 상황 속에서 빚어진 일종의 위기의식이 연구실에서 연구에 전념하기를 염원해 온 역사가들로 하여금 ⓑ-1 우리 시민과 더불어 우리 역사문제에 관하여 서로 이야기를 나누어야겠다는 생각들을 하게끔 만든 것이다. 말하자면 ⓑ-2 연구실과 시민을 연결지어 주는 끈이 필요하다고 느끼게 된 것이다. 이 시민강좌는 바로 그러한 우리 역사학계의 일반적인 요구에 부응하여 탄생하게 되었다고 할 수가 있다.[33]

한국사학이 "마치 제단 위에 놓인 희생물과 같이 되어 가고 있는 실정(ⓐ)" 속에서 이기백이 이를 타개하기 위해서, "우리 시민과 더불어 우리 역사문제

---

33 「『한국사 시민강좌』 간행사」, 『한국사 시민강좌』 제1집·특집─식민주의사관 비판, 1987, pp. iii -iv; 『한국사산고』, 2005, pp. 3-4.

에 관하여 서로 이야기를 나누어야겠다는 생각(ⓑ-1)"을 지니게 되어 마침내 『한국사 시민강좌』를 창간하였다고 한다. 그럼으로써 한국사학자들의 "연구실과 시민을 연결지어 주는 끈(ⓑ-2)"을 마련하는 데에 이르게 되었던 것이다.

이렇게 해서 1987년 『한국사 시민강좌』를 간행하기 시작한 이후 그 자신이 직접 집필하여 이에 게재한 글들과 책임편집자로서 매호의 첫머리에 실은 「독자에게 드리는 글」 등을 통해 강조한 바는, 한국사 자체가 자유와 평등을 누리는 사회를 지향하여 전개되어 왔을 뿐만이 아니라 그렇기 때문에 한국민족의 이상이 이 자유와 평등을 추구하는 민주사회의 건설이었다는 사실이었다. 말하자면 이기백은 『한국사 시민강좌』의 창간 및 간행 지속을 통해 한국사학을 '시민과 더불어' 공유하기를 꾀하면서, 아울러 이를 통해 민족의 이상 실현을 지향하고 있었던 것이라 하겠다.[34]

(4) 만기: '지상은 진리이다'

출판을 위한 마지막 교정 중 이기백이 타계함으로써 그 뒤에야 세상에 나오게 된 『한국사산고韓國史散稿』의 제1편은 「학문과 진리」로, 여기에는 그의 의중에 따라 제목과 같이 주로 학문과 진리에 대해 언급한 그 자신 만기晚期의 글들이 모여져 있다. 이 중에서도 맨 마지막 글인 「한국사의 진실을 찾아서」는 그 자신 최후의 「학문적 자서전」인데, 여기의 다음 대목에서 '지상은 진리이다'라고 제창提唱하고 있다. 학자로서 남긴 이기백 최후의 일성一聲이, 그래서 바로 이 '지상은 진리이다'라는 말이었지 않나 싶기도 한다.

ⓐ 학문은 진리를 탐구하는 것을 목적으로 한다는 평범한 신념으로 지금껏 한국사 연구에 전념해왔다. …(중략)… 오늘날 민족을 지상至上으로 생각하는 경향이

---

34 노용필, 「이기백의 『한국사 시민강좌』 간행과 민족의 이상 실현 지향」, 『한국사학사학보』 29, 2014, p.327; 이 책의 제2부 제3장을 참조하라.

널리 번지고 있다. 그러나 ⓑ 민족은 결코 지상이 아니다. 이 점은 ⓒ 민중의 경우에도 마찬가지이다. ⓓ 지상은 진리이다. 진리를 거역하면 민족이나 민중은 파멸을 면하지 못한다. 오늘의 학자들은 이 점에 대한 믿음을 확고하게 견지해야 한다고 믿는 것이다. 나는 이러한 취지를 살리기 위해서 1987년에 『한국사 시민강좌』(반년간)을 시작하여 오늘에 이르고 있다.[35]

자신이 "학문은 진리를 탐구하는 것을 목적으로 한다는 평범한 신념(ⓐ)"을 지니고 일생 한국사학 연구에 전념하여 왔음을 거듭 밝히면서, 항간에서 힘주어 주장하듯이 "민족은 결코 지상이 아니(ⓑ)"며 또한 "민중의 경우에도 마찬가지(ⓒ)"로 지상至上이 결단코 아니라고 하였다. 한마디로 "지상은 진리이다(ⓓ)"라는 것이다.

이외에도 이러한 이기백의 진리 지상에 대한 신념이 담긴 대표적인 선언은, "민족에 대한 사랑과 진리에 대한 믿음은 둘이 아니라 하나다"라는 것이다. 이 구절은 2002년 POSCO 국제한국학 심포지엄 개회식 축사의 제목이자 또 내용에서 "실은 저 자신도 최근 지병이 악화되어 언제 세상을 떠나게 될지 모르겠다는 생각이 들어서, 제 무덤 앞의 작은 돌에 이렇게 적어 주기를 가족에게 부탁해 놓고 있습니다. '민족에 대한 사랑과 진리에 대한 믿음은 둘이 아니라 하나다'라고 말입니다[36]"라고 그 자신의 육성을 통해 공개적으로 밝히고 있어, 이런 신념의 표현이 처음이라 여겨지기 십상이다. 그러나 이 구절은 면밀히 조사해 보면, 실은 이미 1998년 가을에 작성된 『한국사신론』「한글판 머리말」에서 "진리를 저버리면 학문은 곧 죽는 것이며, 죽은 학문은 민족을 위하여 아무런 쓸모도 없는 헛것에 지나지 않는다. 이를 다른 말로 바꾸어 말하면, 민족에 대한 사랑과 진리에 대한 믿음은 둘이 아니라 하나인 것

---

35 「한국사의 진실을 찾아서」, 제2회 한·일 역사가회의에서 발표, 2003년 10월; 『한국사 시민강좌』 제35집, 2004; 『한국사산고』, 2005, p.115.

36 「민족에 대한 사랑과 진리에 대한 믿음은 둘이 아니라 하나다」, 2002년 10월 10일; 『연사수록』, 1994, p.93.

이다[37]"라고 한 대목에 처음으로 기록되어 있음을 알 수가 있다. 이러했지만, 결국 그의 생애 마지막 한마디는 민족도 민중도 아니고, 오로지 '지상은 진리이다'일 따름이었다고 하겠다.

4. 이기백한국사학의 시기 구분

이기백이 '학문적 자서전' 속에서 자신의 한국사학 연구를 스스로 시기를 구분하여 언급한 경우는 쉽사리 찾아지지 않는다. 눈에 띄는 이러한 예로는 다음 대목이 거의 유일하지 않나 싶다.

> 1963년 가을에 나는 서강西江대학으로 자리를 옮기어 1985년 한림翰林대학으로 갈 때까지 20여 년 동안 근무하였다. 이 시기는 39세에서 60세에 이르는 인생과 학문의 성숙기라고 해도 좋을 때에 해당한다.[38]

이 글이 작성된 게 1994년 자신의 70세 즉 고희古稀 때인데, 이때에 이르러서 스스로 1963년 39세부터 1985년 60세까지 봉직했던 서강대학교 사학과에서의 교수 생활을 일러 말하기를 "인생과 학문의 성숙기"라고 했던 것이다. 이러한 '성숙기'와 같이 인생의 시기를 특징짓는 용어로서 '학업기', '모색기' '성취기' 등을 설정하여 사용하면서, 지금껏 살펴온 '학문적 자서전'에 나타난 이기백한국사학의 시기 구분을 그의 공저·편저 등의 저서와 역서 그리고 총서 발행과 각 시기의 대표적 담론을 중심으로 종합적으로 정리하여 도표로 작성해 보았다. 아래의 〈표 4〉가 그것으로, 이로써 자그마한 매듭의 하나로 삼고자 한다.

---

37 「한글판 머리말」, 『한국사신론』 한글판, 1999, p. iii.
38 「학문적 고투의 연속」, 『한국사 시민강좌』 제4집, 1989; 『연사수록』, 1994, p.246.

〈표 4〉 이기백한국사학의 시기 구분

연령대	구분			(공·편)저(역)서[혹은 총서]	대표적 담론
10대 −20대	학업기 및 모색기	초기	I		'신앙의 힘으로 해결'
30대	성취기		II	새 역사의 창조(역서, 1959)	'인간을, 그리고 역사를 있는 그대로 긍정해도 좋으리라'
				국사신론(1961)	
40대	정립기	토대 확립	I	한국사신론 초판(1967)	'한국사학을 학문으로서의 역사학으로'
				고려병제사연구(1968)	
				고려사 병지 역주 1(1969)	
				민족과 역사(1971)	
		중기		한국현대사론(역서, 1973·1)	
				근대한국사론선(편저, 1973·7)	
50대		방향 설정	II	신라정치사회사연구(1974)	'개인의 학문적 왕국의 건설'
				한국사신론 개정판(1976·9)	
				우리 역사를 어떻게 볼 것인가 (대담집, 1976·12)	
				한국사학의 방향(1978)	
60대	결실기	내실화	I	한국사강좌 고대편(1982)	'나만의 학문적 왕국'의 '유지'
				신라사상사연구(1986)	
				한국상대고문서자료집성 (편저, 1987·1)	
		후기		한국사시민강좌 창간(1987·8), 책임편집(~2004)	
				단군신화론집(편저, 1988)	
				한국사신론 신수판(1990·2)	
				고려귀족사회의 형성(1990·11)	
		재구성		한국사상의 재구성(1991)	
			II	한림과학원 총서(1991~2000)	
				역대한국사론선(편저, 1993·6)	
				한국상대고문서자료집성 (편저, 제2판, 1993·11)	'시민과 더불어' 공유하기
70대				연사수록(1994)	
				한국고대정치사회사연구(1996)	
				한국사신론 한글판(1999)	
80대 및 타계 이후	완숙기	세계화	만기	한국전통문화론(2002)	'지상은 진리 이다'
				한국고전연구(2004)	
				한국사산고(2005)	
				한국현대사론 2판(역서, 2006)	
				한국사학사론(2011)	

제1부 검토 편

한글판 머리말

『한국사신론』은 1967년에 초판이 간행된 이래, 1976년에 개정판, 1990년에 신수판의 두 차례 수정을 거쳐 오늘에 이르고 있다. 수정을 한 때마다 학계의 새로운 연구성과를 힘 닿는 데까지 수용함과 동시에, 한글은 줄여서 일반 독자가 쉽게 접근할 수 있도록 노력해 왔다. 그러나 한국사의 성격상 한문으로 된

제1장

이기백『국사신론』·『한국사신론』의 체재와 저술 목표

1. 머리말

〈이기백한국사학논집〉의 한 권인 개설서『한국사신론』은 이기백의 저술들 가운데 한국사 연구자들뿐만이 아니라, 대학교재로서 명망을 얻으면서 일반인들에게도 가장 대중적으로 알려졌다. 그래서인지 광복 30주년이던 1975년 당시 일반지식인 사회에서 상당한 영향력을 지니던『독서신문讀書新聞』8월 31일호에서 「학계인사 118명이 선정한 광복 30년의 명저名著·역저力著」라는 제목의 기사를 발표하였을 때, 사전辭典이나 여러 필자가 동원된 총서류叢書類를 제외하고 개인의 저서로서는『한국사신론』이 단연 최고점을 얻었던 게 이를 입증해 준다고 할 수가 있다.[1]

더욱이 새로운 21세기를 맞이하면서 지난 세기 역사 속의 사실에 대한 평가를 시도하면서『한국사신론』은 또 다시 지상에 오르내리게 되어 많은 이들

---

1 천관우, 「개성 있는 통사」(『한국사신론』 서평), 『창작과 비평』 1976년 겨울호, 1976, p.543.

의 주목을 끌었다. 서평전문지『출판저널』1999년 1월 5일자 신년 첫 호에서 인문·사회·문화·예술·과학 등 각 분야의 전문가 100인에게서 추천을 받아 동서양 고전 130권을 골라 「21세기에도 남을 20세기의 빛나는 책들」을 발표하였을 때 국내 서적 중에서는『한국사신론』이 가장 많은 표를 얻었던 것이다.[2] 또한 1999년 연말에는 새로운 21세기를 맞이하면서 지난 20세기의 명저를 선정한『중앙일보』에 의해서도 「국내 20선」 중 대표적인 책으로 손꼽아졌다.[3]

　대중적으로『한국사신론』에 대한 평가는 그간 이렇게 행해져왔고, 또한 국내외에서 서평의 형태로 여러 차례 소개된 바가 있었음은 물론이다.[4] 학문적으로는 저자 이기백 자신도, 「나의 책『한국사신론』을 말한다」 등의 글에서 상세히 언급한 바가 있으며[5], 현대 한국의 사학사史學史를 정리한 전문서에서 이미 상론하기 시작한 이래[6], 최근에는 이기백한국사학 전반이나 특정한 분야를 다룬 본격적인 연구 성과들이 나오고 있다.[7] 하지만 이기백한국사학

2 이러한 사실은『조선일보』등의 일간지들에서 상세히 인용하여 보도하였다.『조선일보』1998년 12월 31일 21면 「21세기에 남을 고전 130권, 전문지 '출판저널' 선정」 참조.

3『중앙일보』1999년 12월 23일 19면 「20세기 명저 국내 20선」 참조. 아마도 연대순으로 정리한 것인 듯싶은데, 이 목록에서 역사서 가운데 신채호의『조선상고사』(1931), 백남운의『조선사회경제사』(1933) 그리고 현상윤의『조선유학사』(1949) 다음으로『한국사신론』(1967)을 게시하고 있다.

4『한국사신론』에 대한 그간의 서평으로는 旗田巍(『朝鮮學報』50, 1969), 千寬宇(『창작과 비평』1976 겨울), 나각순(『월간독서』1980년 4월), 閔賢九(『정경문화』1984년 1월;『한국사학의 성과와 전망』, 고려대학교출판부, 2006), 李基東(『신동아』1985년 1월 별책부록), 金彦鎬(『출판저널』1988년 5월 5일) 등이 있고, 그 밖에 일본어판에 대한 것으로는 北村秀人(『朝鮮學報』63, 1972), 영어판에 대한 것으로는 柳永益(『역사학보』119, 1988) 등이 있다.

5 이기백, 「나의 책『한국사신론』을 말한다」,『오늘의 책』창간호, 1984;『硏史隨錄』, 1994. 이외에 몇 편의 글이 더 있는데, 이들에 대해서는 거론할 때마다 제시하기로 한다. 이하 이기백 자신의 글을 인용함에 있어서 각주에다가 일일이 성명을 기재하지 않기로 하겠다.

6 조동걸,『현대한국사학사』, 나남출판, 1998이 가장 대표적이다. 이 책에서는 이기백한국사학을 단독으로 다루고 있지는 않지만, 여러 군데에서 이에 대해 심층적으로 거론하고 있다. 일례로 p.393에서 "식민사학에 대한 종합적인 비판은 이기백의『국사신론』에서 비롯되었다. 그의 「서론」은 뒤에서 재론하지만, 식민사학에 대한 본격적인 비판이었다. 특히 정체성과 후진성의 구별 논리는 당시로서 탁견이었다"고 서술하였음이 그러하다.

7 이기백의 저술과 역사연구 전반에 대한 본격적인 분석으로서는 김용선, 「이기백의 저술과 역사연

에 있어 가장 널리 알려진 『한국사신론』의 전신前身으로서 『국사신론』이 이미 있었다는 사실은 알지라도 판본版本이 초판初版(태성사泰成社, 1961)과 재판再版(제일출판사第一出版社, 1963)으로 나뉘며, 그 체재體裁에 있어서도 약간의 차이가 있다는 점은 전공자들조차도 잘 알고 있지 못한 것 같다. 게다가 새로운 논문이 발표되고 이것이 한국사학의 발전에 도움이 된다고 여겨지는 경우, 저자 이기백이 이를 적극 반영하여 『한국사신론』 한글판(1999)의 출간 이후에도 인쇄를 거듭할 때마다 계속해서 수정하였다는 사실은 전혀 모르는 채, 『한국사신론』은 단지 "출간된 지 오래되어 새로운 연구 성과를 담고 있지 못[8]"한 책이라고만 여기는 경우도 있는 게 오늘의 실정이다.

이에 이 장에서는 『국사신론』 초판(태성사, 1961)[9]·재판(제일출판사, 1963)[10] 및 『한국사신론』 초판(일조각, 1967)[11]·개정판改正版(1976)·신수판新修版

구」, 한림과학원 엮음, 『고병익·이기백의 학문과 역사연구』, 한림대학교출판부, 2007 및 민현구, 「민족적 관심과 실증의 방법론—이기백 사학의 일단—」, 같은 책, 2007 그리고 그의 사상사 연구와 관련해서는 이기동, 「한국사상사 연구자로서의 이기백」, 같은 책, 2007이 있어 크게 도움이 된다. 이 밖에 백승종, 「"진리를 거역하면 민족도 망하고 민중도 망한다"—역사가 이기백의 '진리지상주의'에 대한 몇 가지 생각」, 『역사와 문화』 9, 문화사학회, 2004. 김당택, 「이기백사학과 민족문제」, 『역사학보』 190, 역사학회, 2006. 김기봉, 「"모든 시대는 진리에 직결되어 있다"—한국 역사학의 랑케, 이기백」, 『역사에서의 중앙과 지방』 제49회 전국역사학대회 발표논문집, 전국역사학대회 조직위원회, 2006; 『한국사학사학보』 14, 2006 등도 많은 참조가 된다. 한편 이기백의 한국사학을 전적으로 다룬 것은 아니지만 문화사학자로서의 일면을 다룬 조성을, 「일본의 문화사학과 한국의 문화사학—시대구분을 중심으로—」, 『한국사상사학』 24, 2005 역시 참조가 된다.

8 이런 경우의 단적인 예의 하나가 다음과 같은 한영우, 「해방 이후 분단 체제의 역사학」, 『역사학의 역사』, 지식산업사, 2002, p.394의 서술이 아닌가 싶다.
"그동안 국사개설서로서 가장 많이 읽힌 책은 이기백의 『한국사신론』을 비롯하여 한우근의 『한국통사』 그리고 변태섭의 『한국사통론』이었다. 『한국사신론』은 문장이 평이하다는 평가를 받고, … (중략)… 그러나 1990년대 중반 이후로 위 저서들은 모두 출간된 지 오래되어 새로운 연구 성과를 담고 있지 못하며, 특히 대중들이 선호하는 문화사와 현대사 서술이 미흡하다는 반성이 일어났다. 이제 개설서의 세대교체가 필요한 시점에 다다른 것이다."

9 태성사에서 처음 출판되었으므로 앞으로 편의상 '태성사판'이라 쓰고자 한다.

10 제일출판사에서 재판되었으므로 이를 1961년의 것과 혼돈을 피하기 위해 '제일출판사판'이라 일컫고자 한다

11 일조각에서 처음 출판되었고, 이후 일조각에서만 『한국사신론』이 출판되었으므로 이를 줄여서 간혹 '일조각 초판'이라 부르고자 한다.

(1990) · 한글판(1999)의 6개 판본을 중점적으로 분석하여 이들의 체재와 저술 목표와 관련된 몇 가지 점들을 '있었던 그대로' 드러내 보이고자 한다. 이외에 이들 6개 판본의 여러 면면을 분석하고 조망하는 것이라든가 하는 작업은 워낙 방대한 것으로 여기고 있으므로, 발표자 본인의 향후 연구 과제로 삼을 수밖에 없겠다.

2. 이기백의 한국사학 저술에 대한 연도별 계량적 분석

이기백이 전 생애에 걸쳐 저술한 바를 조사해 보면, 본격적인 학술 논문을 작성하기 시작한 1954년 이후 2004년 소천召天하기까지 총합 49권 449편의 글을 발표하였다는 사실을 알 수 있다. 이를 연도별로 나누어 계량적計量的으로 분석해 보기 위해 표로 작성하여 제시해 보이면, 〈부록-표 1〉과 같다. 이 〈부록-표 1〉을 통해서 적어도 4가지 점을 헤아릴 수 있지 않나 생각되는데, 첫째 연구 논문에서는 고대사 및 고려사 이상으로 사론史論 분야에 대한 비중이 컸다는 점, 둘째 그 다음으로는 논설論說을 많이 발표하였다는 점, 셋째 이런 사론과 논설에 못지않게 수필隨筆 · 추도사追悼辭 등을 많이 발표하였다는 점, 그리고 넷째 서평書評과 논문평論文評 역시 적지 않게 발표하였다는 점이 그것이다.

우선 연구 논문에 있어서 사론 분야가 가장 큰 비중을 차지하게 되었던 것은 다름이 아니라, 이 사론들의 집필이 곧 『국사신론』과 『한국사신론』의 저술 작업과 직결되어 있었기 때문이었다. 다음의 글에서 이런 사실이 여실히 드러나고 있다.

『신론』을 써가는 동안에 나는, 시대구분 이외에도 스스로 물어보지 않으면 안 되었던 많은 문제들이 있었다. 그리고 기회 있을 때마다 그러한 문제들에 대한 내 나름의 대답을 글로 적어서 발표해 왔다. 그러한 글들이 꽤 쌓였기에 이를 『민족民

族과 역사歷史』(1971)란 제목의 책으로 엮어냈다. 이 책에 실린 글들은 특히 일제 日帝의 식민주의사관植民主義史觀에 대하여 여러 각도에서 비판한 것들이 대종을 이루고 있었다. 당시 우리 국민은 소위 '엽전' 의식이란 일종의 열등감에 사로잡혀 있었다. 이것이 식민주의사관의 잔재이며, 이것을 깨뜨리지 않고서는 민족의 장래 를 기약하기가 힘들다고 생각한 때문이었다.

그러나 과오에 대한 소극적인 비판만으로는 그 비판도 불충분할 뿐더러 새로운 한국사관의 정립도 불가능하다는 생각이 들었다. 그래서 보다 적극적인 한국사관 의 정립을 위하여 이리저리 궁리를 하여 써 모은 것이『한국사학韓國史學의 방향 方向』(1978)이었다. 그러나 위의 두 사론집史論集은 모두 우리 민족의 역사를 인 류의 보편성을 토대로 하여 이해하려고 했다는 점에서는 그 기본 입장이 같았다. 다만 그 보편성은 일원적인 법칙에 근거를 둔 것이 아니라 다원적인 법칙에 근거 를 둔 것이며, 민족마다 그 역사가 보편성과 동시에 특수성을 지니게 되는 까닭이 여기에 있다고 생각했던 것이다.

그런데 최근에는 한국사학이 국수주의와 진보주의의 좌우 양편에서 협공을 당 하고 있다는 느낌이 커가고 있다. 특히 국수주의자들이 일부 정치권력과 야합하 여 한국사학을 압살하려는 운동이 한때 극성을 부리었다. 이에 대하여 나는 일종 의 위기의식을 느끼고 한국사학의 정상적인 발전을 옹호하는 글들을 적지 않게 썼 다. 가능하면 가까운 장래에 이런 글들을 모아서『한국사학의 반성反省』이란 제3 의 사론집을 내고 싶다는 생각을 가지고 있다.[12]

이 글의 처음 부분에서 토로吐露하고 있듯이 이기백은『한국사신론』을 써 가면서 "스스로 물어보지 않으면 안 되었던 많은 문제들"에 대해서 "기회 있 을 때마다 … 나름의 대답을 글로 적어서 발표"한 것을 모아서『민족과 역 사』(1971)와『한국사학의 방향』(1978)을 간행해 냈던 것이다. 이 두 사론집은 그렇기 때문에,『국사신론』초판(1961)과 재판(1963) 그리고『한국사신론』초 판(1967)과 개정판(1976)을 저술하고 간행하는 과정에서 작성한 사론들을 모 아서 낸 것임은 재론의 여지가 없다. 이러한 사실을 고스란히 드러내고 있는

---

12 「학문적 고투의 연속」,『한국사 시민강좌』제4집, 1989;『연사수록』, 1994, p.260.

게 『국사신론』의 「서론」 부분을 『민족과 역사』를 출판해 내면서 「식민주의적 한국사관 비판」이란 제목으로 실었다는 점이 될 것이다.[13]

또한 이어서 이러한 2권의 사론집 출판 이후에도 "일종의 위기의식을 느끼고 한국사학의 정상적인 발전을 옹호하는 글들을 적지 않게 썼"고 이를 모아서 "제3의 사론집을 내고 싶다"고 밝혔는데, 머지않아 1991년에 실현되었다. 다만 그 제목이 여기에서 밝힌 바처럼 '한국사학의 반성'이 아니라 『한국사상韓國史像의 재구성再構成』으로 되었는데, 이 「한국사학의 반성」이란 제목이 이미 자신의 첫 번째 사론집 『민족과 역사』의 제1편 편명篇名으로 썼다는 표면적인 이유 외에도 자신의 의중대로 한국사상韓國史像을 재구성해서 올바른 것으로 만들어야겠다는 강한 의욕을 표출한 게 아닌가 생각한다.[14]

---

13 「나의 책 『한국사신론』을 말한다」, 『오늘의 책』 창간호, 1984; 『연사수록』, 1994, p.254.

14 이에 대해서는 「머리말」, 『한국사상의 재구성』, 1991, p. iii에서 "예고할 때의 책 제목은 『한국사학의 반성』이었으나, 이 제목은 옛 사론집의 한 편명으로 이미 나와 있고, 또 너무 소극적이라는 평도 있어서, 새로이 책이름을 모색하게 되었다. 고심한 끝에 『한국사상의 재구성』이라 하였으나, 이번에는 너무 거창한 것 같아서 마음에 꺼림 직하다. 그렇다고 좋은 대안도 생각나지가 않아 그렇게 결정해버리고 말았다"고 하였음이 참고가 된다. 그가 '너무 거창한 것 같아서 마음에 꺼림 직하다'라고 하는 표현을 쓴 것 자체가, 한국사상을 재구성해서 올바른 것으로 만들어야겠다는 강한 의욕을 표출한 것에 대한 조심스러움인 듯하다.

이기백의 이와 같은 현실 상황에 대한 혁신적인 개혁의 의지는, 이미 그 자신이 가장 처음으로 출간한 『새 역사의 창조-덴마크국민고등학교와 농촌사회의 발전-』, 동양사, 1959에서부터 강하게 구체화되었다고 본다. 이 책의 「역자의 말」에서 "여기에 번역한 이 책은 덴마크의 기적이 일어난 열쇠가 어디에 있었는가 하는 우리의 궁금증을 풀어주기에 알맞은 것이라고 믿는다. … 그들의 참된 정신을 이해하고, 그들과 함께 생각하고 실천하고 고민함으로써, 단순한 덴마크 국민고등학교의 모방이 아닌 우리의 현실에 알맞은 농촌 교육의 실현을 위한 용기를 얻게 되리라고 믿는다(pp.5-6)"고 적고 있는 데에서도 그 자신이 현실에 대한 혁신적인 개혁 방안을 얼마나 확고히 신념하고 있었는지가 잘 나타나고 있기 때문이다. 여기에서 이와 관련해서 하나 반드시 짚고 넘어갈 사실은, 이 제목의 원래 제목이 副題로 되어 있는 '덴마크국민고등학교와 농촌사회의 발전The Folk High-school of Denmark and the Development of a Farming Community'이며, '새 역사의 창조'란 책 제목은 譯者인 이기백 자신이 창안해낸 것이라는 점이다. 이렇게 번역서의 제목을 원제목과는 달리 '새 역사의 창조'라고 한 것은 그만큼 당시 현실의 농촌 상황을 덴마크처럼 개혁하여야 새 역사를 창조할 수 있다는 생각에서 비롯한 게 분명해 보이는데, 이는 "역자는 농촌 문제의 전문가도 아니고 농촌 운동가도 아니다. 우리나라의 역사를 연구하는 한 사람의 국사 학도에 불과하다. 그러나 이 번역이 전혀 역자와 무연한 것은 아니다. 역자는 어릴 적부터 家親에게서 덴마크에 대한 이야기를 귀 익혀 왔고, 특히 '그 나라의 역사와 말로써만 그 민족이 『한국사상의 재구성』 역시 『한국사신론』 수정 작업과 동떨어진 게 결코 아니었다. 〈부록-표 1〉에서도 엿볼 수 있듯이 이 책이 출간되기 바로 1년 전인 1990년에 『한국사신론』 신수판이 세상에 선보였기 때문이다. 결국 그는 또 한 번 『한국사신론』을 새로이 내면서 이와 짝하여 제3의 사론집을 이미 약속한 바대로 출간하였던 것이다. 이렇게 『한국사신론』 개정 및 보완 작업과 아울러 사론을 늘 작성하였을 뿐더러, (방금 거론하였듯이) 『국사신론』의 「서론」을 사론집 『민족과 역사』에 「식민주의적 한국사관 비판」이란 제목으로 싣고 있는 것은 『국사신론』과 『한국사신론』 자체의 서명書名에 공통적으로 '신론新論'이 포함되어 있는 바에서도 충분히 우러나오고 있는 대로 이 책들에 사론적인 성격이 짙게 드리우고 있는 것이라고 생각한다. 더더군다나 (뒤에서 더욱 상론할 바이지만) 『한국사신론』 신수판 이후에는 본문에서도 사론을 개진하고 있음을 염두에 두고 보면[15], 그만큼 3권의 사론집은 물론 『국사신론』과 『한국사신론』도 이기백한국사학에 있어서 사론이 대단히 비중이 컸음을 여실히 드러내 준다고 본다.

이와 같이 이기백한국사학에서 무엇보다도 사론의 비중이 컸다는 점과 함께, 〈부록-표 1〉을 통해 그다음으로 헤아릴 수 있는 것은 사론 다음으로 논설을 많이 발표하였다는 점이 될 것이다. 본격적인 논문의 형태를 띤 사론으로는 자신이 하고픈 메시지를 전하기 어려웠기 때문에 일반 시민들을 대상으로 일간지라든가 잡지라든가 형태를 가리지 않고 논설을 실었던 것인데, 이는 그럴 정도로 한국사의 대중화 혹은 '시민과 더불어 공유하기'를 희망한

을 깨우칠 수 있다'고 한 그룬트비히의 말은 자주 들었었다. 이것이 하나의 계기가 되어서 역자는 국사를 공부하게 된 것이었다(pp.7-8)"고 밝히고 있는 점과 뗄 수 없는 깊은 연관이 있다. 즉 자신의 가친, 농촌교육운동가 밝달 李贊甲의 영향을 깊이 받아 형성된 역사관에서 말미암아 한국사를 공부하게 된 데에서 이러한 강한 현실 개혁 의지를 지니게 되었던 것으로 이해된다.

15 『한국사 시민강좌』 제37집, 2005, p.315에 있는 노용필의 談에서 "이런 식으로 『한국사신론』 신수판에서는 대목 사이사이에 사론이 담겨져 있습니다"라고 하여, 이러한 점에 대해서 이미 구체적으로 언급한 바가 있다. 그리고 노용필, 『국사신론』·『한국사신론』 본문의 사론」, 김영한·김한규 (외) 공저, 『이기백한국사학의 영향』, 한국사학, 2015; 이 책의 제1부 제2장 참조.

때문이라고 생각한다. 이러한 그 자신의 간절한 소망은 끝내 『한국사 시민강좌』의 창간으로 이어졌는데, 그 「창간사」에서 "여기에는 학문하는 사람의 임무의 하나가 연구를 통하여 얻은 성과를 시민과 더불어 공유하는 데 있다는 사실에 대한 역사학자들의 노력 부족을 반성하는 뜻이 담겨 있다[16]"고 적고 있음에서 역력하다. 이럴 만치 한국사학을 '시민과 더불어 공유하기' 위해서 일종의 사명감을 지니고 애초부터 그는 논설을 많이 썼던 것이다. 그래서 게재지揭載誌의 종류도 다양할 수밖에 없었는데, 일간지 외에도 재직 중이었던 대학교의 교내 신문들은 물론 제자들의 동창회보 나아가 심지어 손녀의 고등학교의 교내 잡지에 이르기까지 마다하지 않았던 것이라 하겠다.[17]

또한 〈부록-표 1〉을 보면, 사론과 논설에 못지않게 수필과 추도사 등을 많이 발표하였다는 점을 알 수 있다. 이 가운데 수필을 적지 않게 썼던 것은 자신의 인생 체험을 진술하게 적어 놓기 위함이었다고 여겨진다. 이런 측면의 대표적인 표현으로는 「톨스토이 민화집民話集」과 같은 글에서 "읽어가는 중에 … 온 영혼이 뒤흔들리는 것 같은 감동을 받"아 "지금껏 그 감명을 잊을 수 없는 것"[18]으로 적고 있음을 꼽을 수 있고, 또한 그 자신 시詩를 쓰기도 하였었다고 하는데 "그 이후에도 어째서인지 나는 인생의 고독을 되새기며 살아온 듯한 기분에 젖어드는 때가 많았다. 내 시詩라는 것도 대개 이런 때에 씌어졌다[19]"고 밝히고 있는 것과 무관하지 않다고 본다. 자신의 문학적 성향을 그대로 드러냄은 말할 것도 없이 그 자체를 향유하기 위한 측면이 농후하였다고 생각된다.

그리고 추도사를 이홍직李弘稙·이병도李丙燾 등 14명에 달하는 인물들에

---

16 「『한국사 시민강좌』 간행사」, 『한국사 시민강좌』 창간호, 1987; 『한국사산고』, 2005, p.4.

17 이와 관련해서는 「작은 애국자」, 『진선』 8, 진선여중고등학교, 1996; 『한국사산고』, 2005, pp.23-29가 가장 대표적인 예가 될 터이다. 이 글은 서울 역삼동 소재 진선여중고에 재학 중이던 손녀 李恩芝씨를 위해서 寄稿한 것이었다고 들어서 알고 있다.

18 「톨스토이 민화집」, 『삼성문화문고 회보』, 1974; 『연사수록』, 1994, p.41.

19 「학문적 고투의 연속」, 『한국사 시민강좌』 제4집, 1989; 『연사수록』, 1994, p.250.

대하여 직접 쓴 것은 각 개인의 역사적 의미를 높이 사려는 그 자신의 인생관에서 비롯된 것이면서도 아울러 서평과 논문평 역시 적지 않게 발표한 것과 연결고리가 깊다고 판단된다. 즉 추도사로써는 평생을 한국사학의 발전에 기여한 학자들의 업적을 기리기 위함이었고, 서평을 통해서는 연구자의 연구와 그 저술이 가지는 학문적 가치를 논하고, 또한 온당하게 평가하기 위함이었는데, 한국사학의 연구자도 역사 속의 존재로서 파악하여 궁극적으로는 『한국사신론』 개정판에서부터 자신이 표방한 한국사에 대한 '인간 중심의 이해'를 구현하기 위한 것이라고 생각한다.

한편 「서평」은 무려 35편에 달하며, 대상으로 삼은 책은 여러 시대에 걸친 다방면에 관한 것이어서, 상당한 비중을 가지고 평생 진력하였다고 할 수 있겠는데, 이렇게 하였던 것은 일부 자신의 학술적인 논문을 작성하기 위한 토대 구축 작업의 일환이기도 하였지만, 대부분은 『한국사신론』의 수정과 보완을 위한 것이었다. 이러한 점은 『한국사신론』 개정판의 「서序」에서, "한국사학계의 새로운 연구 성과가 축적되어 감에 따라서" 이를 토대로 삼아 『한국사신론』 "개정의 필요성은 더욱 커지게 되었"으며, 그 일은 "결코 쉬운 일이 아니었"는데, "그들 연구 성과를 읽어 나가는 동안에 부닥친 문제들을 어떻게든 스스로 해결해야만 했기 때문에, 개정의 작업은 종종 지체될 수밖에 없었다"[20]라고 밝히고 있는 데에서 헤아릴 수가 있지 않나 한다.

이러한 작업과 관련하여서 결코 간과할 수 없는 게 논문평이라고 하겠다. 강만길姜萬吉의 소위 '민족사학' 연구에 대한 논평인 「광복 30년 국사학의 반성과 방향―'민족사학'론을 중심으로―」와 송찬식宋贊植의 논문 「조선조 사림정치士林政治의 권력구조」에 대한 논평, 단 2개밖에는 전해지지 않지만[21], 이기백이 왜 무엇을 위해 이러한 논문평을 쓰게 되었는지는 강만길의 것은

---

20 「서」, 『한국사신론』 개정판, 1976, p. iii.
21 이 밖에도 서평과 논문평을 더 쓰다가 '차마 뭣해서 덮어' 둔 게 몇 편 더 있었다고 한다. 『한국사 시민강좌』 제37집, 2005, p.327의 노용필의 담.

차치하고라도 특히 송찬식의 논문에 대한 논평을 읽어 보면 곧 알아차릴 수 있다. 즉 "이 연구는 우선 종래의 공백을 메워 주는 연구라는 점에서 주목을 끈다. 한국사의 연구는 그 주제의 선택에 있어서 이러한 빈 공백을 메워 가는 작업이 필요하며, 그러한 의미에서 이 연구의 의의가 크다고 믿는다[22]"고 적고 있음에서 실마리가 찾아진다. 분명『한국사신론』을 개정하고 보완하는 작업의 일환으로 이 논문을 읽고서는 이렇듯이 높이 평가하였던 것이다. 그러고서는 1978년에 발표된 이 논문을 그대로『한국사신론』의 보완에 반영하였던 것인데, 1976년의 개정판에는 말할 것도 없이 반영이 있을 수 없어서 〈제10장 사림세력의 성장〉의 제2절「사림세력의 등장」에서는 찾아지지 않지만, 1990년의 신수판에서는 〈사림정치〉라는 제목의 소절小節을 마련하고 송찬식의 상기 논문을 〈참고參考〉난의 맨 처음에 적고는 그 내용을 전폭적으로 반영하여 서술하였던 것이다.[23] 이와 같이 새로운 연구 성과를 반영하는 일을 위해, 그는 "다른 연구계획을 뒤로 미루고, 게으른 몸에 채찍질을 하여[24]"『한국사신론』을 개정하여 보완하는 작업을 지속적으로 하였던 것이라 하겠다. 이렇게 해서 이루어진『한국사신론』의 결정판이 모름지기 신수판인데, 이 책의 출간 배경에 관해 아는 데에는 다음의 글이 요긴하다.

이러한 격려에 보답하기 위하여 학계의 새로운 연구 성과를 흡수하여 다시 수정을 해야겠다는 생각을 오래 전부터 해왔다. 그럼에도 불구하고 개정판을 낸 후 14년 동안이나 그 뜻을 이루지 못하고 미루어 온 것은, 워낙 저자가 게으른 탓이기도 하지만, 오랜 지병持病으로 인하여 선뜻 이에 착수할 수가 없었던 때문이었다. 그러나 이『한국사신론』을 마치 내 분신分身과 같이 생각하여 거기에 흠이 있으면 이를 곧 고쳐나가겠다던 약속을 너무 오래 지키지 못한 데 대한 심리적 부담을 이

---

22 『경제사학』 2, 1978;『한국사산고』, 2005, p.235.
23 『한국사신론』 신수판, 1990, pp.276–277.
24 「서」,『한국사신론』 개정판, 1976, p.iii.

이상 감내하기가 힘들게 되었다. 이에 이 신수판을 준비하게 된 것이다.[25]

지병으로 건강이 위협을 받으면서도 결국에는 신수판을 출간한 사실을 밝히면서 『한국사신론』을 저자 자신의 "분신과 같이 생각하여 거기에 흠이 있으면 이를 곧 고쳐나가겠다던 약속을 너무 오래 지키지 못한 데 대한 심리적 부담을 이 이상 감내하기가 힘들게 되"어 이를 실행에 옮기게 되었음을 적은 것이다. 이처럼 이기백에게 있어서 『한국사신론』은 분신이어서, 자신의 육체적인 질병을 걸머지고서라도 이 책의 병든 곳은 곧 고쳐 줘야 한다는 생각에, "다른 연구계획을 뒤로 미루고, 게으른 몸에 채찍질을 하여" 이 일에 매진하였던 것이다. 그렇기 때문에 〈부록─표 1〉을 찬찬히 보면, 『국사신론』 초판·재판 그리고 『한국사신론』 초판·개정판·신수판·한글판 하나도 빠짐없이 공통적으로 그것들이 출간되어 나오기 이전 1년 동안 정도 이기백은 다른 저서를 일체 간행하지 않고 이들의 저술에 전념하고 있었음을 간파할 수 있다. 이럴 정도로 『국사신론』·『한국사신론』은 이기백한국사학 전체에 있어 그 자신의 학문적 분신으로서 굳건히 자리 잡고 있었던 것이라 하겠다.

3. 『국사신론』·『한국사신론』 여러 판본의 체재

전체적인 체재體裁로 볼 때, 〈부록─참고표〉 이기백 『국사신론』 및 『한국사신론』의 편篇·장章·절節·소절小節 비교표에서도 드러나듯이 『국사신론』은 초판(1961년)·재판(1963년)의 2개 판본에서는 서론─본문─부록附錄─색인索引으로 되어 있었다. 구체적으로는 서론은 5개의 소절로, 본문은 7편·43장[부附 1]·218소절[부 2]로, 부록은 참고서목參考書目·역대왕실세계표歷代王室世系表로 구성되었다.

---

25 「서」, 『한국사신론』 신수판, 1990, p. iii.

이 『국사신론』 초판과 재판의 체재상에서의 가장 큰 특징은 2가지를 꼽을 수 있다고 본다. 하나는 서론 부분의 5개 소절인 「반도적 성격」, 「사대주의론」 등으로, 여기에서는 일제 어용사가들의 식민주의사관을 정면으로 비판하는 저자 자신의 견해를 나타낸 것이었으며, 본격적으로 식민주의사관을 다룸으로써 많은 이들의 공감을 얻어 이후 이를 계기로 식민주의사관에 대한 비판이 '하나의 붐을 이루다시피하였'다고 한다.[26] 이와 같이 책머리의 서론에서 저자 자신의 의견을 본격적으로 비판하여 제시한 것은 종래의 여느 개설서에서는 전혀 찾아보기 어려운 것이었으므로, 사학사적으로 의미가 적다고 할 수는 없을 것이다.

『국사신론』 초·재판 체재상 특징의 또 다른 하나는 본문과 부록 부분인데, 특히 본문에는 〈참고〉 난을 설정하여 내용 서술의 전거典據를 제시하였으며, 부록에는 「참고서목參考書目」 부분을 설정하여 "연구서적을 위주로 하고 현대로 내려오면서 사료적史料的인 것을 가미하여 작성"하였다.[27] 이러한 측면의 『국사신론』 특징에 관해 헤아리는 데에는 다음과 같은 저자의 글이 적합하다.

본서는 각절各節의 끄트머리마다 최신의 성과를 주로 한 참고논문을 실었다. 연구 논문을 주로 한 이들 문헌은 본서의 내용만으로 만족하지 못하는 독자들에게 다음에 무엇을 읽을 것인가를 제시한 것이다. 이를 통하여 원사료原史料와 보다 광범한 논저에 대한 소개를 받게 될 것으로 믿는다. 그리고 단행본單行本은 대개 광범한 문제를 다루고 있는 경우가 많기 때문에 권말卷末의 부록에 일괄하여 제시하였다. 해설을 붙이지 못한 것이 유감이지만 이들 목록만으로도 지금까지의 연구에 대해서 여러 모로 참고와 반성의 재료를 제공해 줄 것으로 믿는다.[28]

---

26 「나의 책 『한국사신론』을 말한다」, 『오늘의 책』 창간호, 1984; 『연사수록』, 1994, p.253.
27 「참고서목」, 『국사신론』 초판, 태성사, 1961, p.387.
28 「예언」, 『국사신론』 초판, 태성사, 1961, p.2.

저자 자신이 비록 훗날 밝혔듯이 "개설서로서는 자신이 없어서 감히 서문을 못 쓰고[29]" 책의 맨 처음에 적은 「예언例言」에서 이렇게 쓰고 있는 것이다. 이러한 의도와 기대는 이후에도, 한글에만 익숙한 이들을 위해 마련된 『한국사신론』 한글판— 본문의 〈참고〉 난과 부록의 「참고서목」 부분을 의도적으로 빼버렸으므로—을 제외하고는 여러 판본에서 줄곧 지속되었다. 더욱이 『국사신론』의 재판을 내면서는 맨 뒷면의 〈후기後記〉를 빼기는 했지만[30], 본문의 판형을 그대로 유지하였으므로 본문의 〈참고〉 난을 손댈 수 없었던 때문으로 풀이되는데, 초판 이후와 그 이전 것이라도 누락된 것을 모두 모아 「참고서목」 뒤에 「참고논저추가목록參考論著追加目錄」이 덧붙여질 정도로, 저자의 많은 노력이 이러한 체재의 유지와 확충에 집중되었던 것이다.

이러한 특징을 지니고 있는 한편으로는 한계점도 나타나 있어 이는 『한국사신론』으로의 전환에 영향을 미쳤다고 보인다. 하나는 본문의 체재 구성에 있어서 7편·43장[부 1]·218소절[부 2]로 되어 있는 사실에서도 쉽게 드러나듯이 장 다음에 바로 소절이 나옴으로써 구성상 조화롭지 못한 것 같은 감을 준다는 점이다. 또 하나는 전체 체재 가운데 장의 '부1'과 소절의 '부2'는 구체적으로 찾아보면, 제3편 「고대통일국가」 중 제1장 「통일신라의 정치와 사회」 다음에다가 붙인 '[부]발해渤海, 발해의 건국, 정치와 문화'인데, 이렇게 된 것은 편명을 「고대통일국가」로 정해놓고 보니 발해를 여기에 본격적으로 포함시킬 수 없는 문제가 발생하였기 때문이 아니었나 한다. 이는 종국에는 시대구분문제에서 비롯된 것이므로, 저자 자신도 「예언」에서 담담하게 밝힌

---

29 「학문적 고투의 연속」, 『한국사 시민강좌』 제4집, 1989; 『연사수록』, 1994, pp.243-244.

30 이러한 점에 대해서는 「학문적 고투의 연속」, 『한국사 시민강좌』 제4집, 1989; 『연사수록』, 1994, pp.243-244의 다음과 같은 글이 있다.
"그러나 개설서로서는 자신이 없어서 감히 序文을 못쓰고 後記에 '금전에 대한 유혹'을 뿌리치지 못하고 쓰게 된 경위를 고백함으로써 일종의 사죄를 하는 기분을 나타냈다. 그랬더니 이를 英譯한다는 이야기가 나온 뒤였다고 생각되지만, 金元龍씨가 그 '금전에 대한 유혹'이니 하는 後記를 빼버리고 좀 당당해지라고 충고를 하는 바람에 재판 때에는 그 후기를 빼버리고 말았다."

바대로 "개설槪說에 있어서 시대구분은 생명과도 같은 것이겠으나 저자의
지금의 견식이나 국사학의 오늘의 수준이 사회와 문화의 발전과정에 입각한
구분법을 불가능하게 하였다. 그러므로 잠시 편의적인 구분에 따를 수밖에
없었[31]"던 때문에 생긴 취약성이 노정露呈된 것이라 하겠다.[32]

　그러다가 『한국사신론』 초판(1967년)에서는 전체 체재로 볼 때 서장—본
문—부록—색인으로 구성되었다. 『국사신론』의 '서론'을 '서장序章'으로
수정하면서 「한국사의 새로운 이해」라는 제목을 달았는데, 이렇게 한 "이유
는 이 부분이 본문의 다른 장과 마찬가지 비중을 가지는 한 장이란 것을 나
타내", "한국사를 이해하는 데 대한 적극적인 의견을 제시하려고 한 것이었
다."[33] 특히 그 가운데의 글 「한국사의 주체성」과 「한국사의 체계화」 등에서
이러한 면면이 잘 우러나오고 있다. 그리고 이 서장 역시 3개의 절로 나눈 것
을 필두로 해서, 본문에서는 편을 없애면서 역시 종전에 없었던 절을 새로이
설정하여 모두 19장 85절 257소절로 됨으로써 비로소 본문의 장·절·소절
체재가 꾸며지기 시작하였는데, 이것이 체재면에서는 『한국사신론』 초판이
지니는 가장 큰 장점의 하나라고 할 수 있다. 그리고 이 체재는 이후 개정판
(1976년)·신수판(1990)·한글판(1999) 모두에서 일관되었다.

　한편 부록에서는, 「참고서목」으로만 되어 있었던 종전과는 달리 새로운 체
재가 시도되어 그것이 「참고 고전古典 서목書目」과 「참고 연구 서목」으로 분
화되었다. 앞의 「참고 고전 서목」은 "한국사에 관하여 한국인이 저술한 고전
들의 간략한 초록抄錄"으로 "일정한 체계를 갖추어 서술한 연구적 성격을 띤
서적들만을 추려 모았"으며 "각 서적들의 내용을 이해하는 데 도움이 되도록

---

31 「예언」, 『국사신론』 초판, 태성사, 1961, p.2.
32 이러한 한계에 대해 이기백은 「나의 책 『한국사신론』을 말한다」, 『오늘의 책』 창간호, 1984; 『연
사수록』, 1994, p.256에서 "아니 오히려 보통 개설서들이 그러했듯이 왕조를 중심으로 하고, 거
기에다가 적절히 고대니 근대니 하는 말을 배합했다고 하는 게 보다 옳을 것이다. 따라서 이 시대
구분은 종래의 낡은 방법을 그대로 따랐다고 할 수가 있다"고 한 바가 있다.
33 「나의 책 『한국사신론』을 말한다」, 『오늘의 책』 창간호, 1984; 『연사수록』, 1994, p.254.

간단한 설명을 가하고 편목을 적기摘記"한 것이었다.[34] 그리고 뒤의 「참고 연구 서목」은 "현대의 연구 서적을 위주로 하여 작성하였"으며, 개설 등의 19개 항목으로 나누어 "각 항은 한국어·동양어·서양어로 나누어 배열하였"고 "내용이 포괄적包括的인 것에서 개별적個別的인 것으로, 시대가 앞선 것에서 뒤진 것으로 배열"하였던 것이다. 이렇게 함으로써 앞서의 『국사신론』에 비해 좀 더 종합적이고 체계적인 목록이 작성되었다고 하겠으며, 나아가 모름지기 동양어 및 서양어 연구서들까지 정리해 둠으로써 장차 영역英譯에 대비한 작업을 마친 셈이었고, 따라서 이러한 체계화된 체재의 정착은 그럼으로써 "한국사로 하여금 세계사에 참여하는 시민권市民權을 누릴 수 있도록[35]" 한 것이라고 평가할 수 있지 않나 한다.

이러한 『한국사신론』 초판 체재에 있어서, 종전의 『국사신론』의 경우 「부附」로 처리되었던 것을 포함하면 도합 7편 43장 218소절(부2)이었던 데에 비하여, 서장과 본문 18개 장을 합하여 19장 85절 257소절이 됨으로써 몇 가지 점에서 한계가 나타나기도 하였다고 지적할 수 있을 듯하다. 우선 서장을 제외하고, "한국사를 전체로 18개의 시대로 나누어서 한 시대를 한 장으로 다룬 것[36]"으로, 시대를 세분하다 보니 생긴 문제였겠지만 그 하위의 단위인 절이 85개나 되어 너무 과다하게 세분화하여 설정한 게 아닌가 싶기도 하다. 물론 이 점은 『한국사신론』 개정판에서 77절 252소절을 설정함으로써 종전과 비교해서 소절의 수는 거의 변화가 없지만 절의 수가 상당히 감소되어 저자가 다분히 이런 점을 인식하고 있었음을 반증해 주는 게 아닌가 한다. 또한 소절 자체에 있어서도 전반적으로 새로운 구상에서 말미암은 것이었겠으나, 『국사신론』 및 『한국사신론』 여러 판본의 소절 제목을 비교해서 정리한 〈부록-표2〉에서 잘 드러나듯이 『국사신론』의 소절 제목 가운데 37개를 삭제하고 62

---

34 『한국사신론』 초판, 1967, p.407.
35 「한국사의 체계화」, 『한국사신론』 초판, 1967, p.10.
36 「나의 책 『한국사신론』을 말한다」, 『오늘의 책』 창간호, 1984; 『연사수록』, 1994, p.257.

개를 신설했다는 사실은 전체적인 체재가—오늘날에 와서야 할 수 있는 결과론적인 평가지만—, 「서장」은 설정되어 있는데 정작 「종장」은 없는 데에서도 가늠되듯이 아직 완성 단계로 진입하지 못한 것이었다고 할 수 있겠다.

이러한 점을 누구보다도 깊숙이 늘 고민하던 이기백은 이를 해결하기 위해 『한국사신론』의 개정판 준비를 서둘렀던 것 같다. 개정판의 「서」에서 중점적으로 손을 댄 점 3가지를 들었는데, 첫째는 "한국사의 전개과정에 대한 저자의 견해를 좀 더 분명히 드러내고자" 「종장 한국사의 발전과 지배세력」을 새로이 첨가한 점, 둘째로는 "장·절을 다시 조절하고 이에 맞도록 내용에도 수정을 가하였다"는 점, 셋째는 각 소절의 참고문헌을 "망라주의網羅主義로부터 선택주의選擇主義로 바꾸도록 낡은 것을 버리고 새 것을 취하도록 하였다"[37]는 점 등이 그것이다.

이러한 방침에 따라 자연히 가장 변화가 크게 나타날 수밖에 없었던 게 체재 가운데 가장 하위 단위인 소절이었다. 〈부록-표 2〉에서 보이듯이 초판과 비교하여 개정판에서는 삭제한 소절이 48소절(16.2%)이고, 신설한 소절이 무려 72개(24.4%)나 되었으며, 게다가 통합한 경우 19소절(6.4%), 분리한 경우 6소절(2.0%)로 이들을 전부 합치면 거의 50%에 육박할 정도였음을 알 수 있다. 즉 그만큼 『한국사신론』 개정판의 소절은 초판의 그것을 거의 절반 가까이 수정하여 새로 썼던 것이라 하겠다. 그럼으로써 체재에 있어서 개정판은 완성도가 높아졌던 것이며, 이를 대본으로 삼아서 『한국사신론』 영역英譯 작업을 시작할 수 있었으며, "정확하고도 우아한 영어로써 번역"되어 "한국 역사를 영어사용권에 보급·전파하는 데 획기적 공헌"[38]을 할 것으로 기대를 모았다.

한편 부록의 「참고서목」에 있어서도 체재가 종전의 초판과는 달라졌다. 「참고 고전 서목」과 「참고 연구 서목」으로 분리되어 있었던 것을 "약간의 설

---

37 「서」, 『한국사신론』 개정판, 1976, p. iii.
38 유영익, (영문판 *A NEW HISTORY OF KOREA*) 「서평」, 『역사학보』 119, 1988, p.132 및 p.139.

명을 붙여" "고전과 현대의 연구서와를 합쳐서 작성하"[39]고, 19개 항목으로 나누었던 것이다. 그리고 이 체재는 이후 신수판에서도 그대로 유지되었는데, "약간의 설명을 붙"였다는 표현을 구사했지만 이 개정판의 「참고서목」에서의 설명은, 초판에서 그야말로 '간단한 설명을 가[40]' 한 것과는 비교가 되지 않을 정도로 상세하고 친절한 것이었는데, 단적인 예를 들면 맨 처음의 〈1. 총설〉의 첫 줄에서 "조선시대에 이르면 많은 개설서가 유교적인 입장에서 저술되었는데, 다음 것은 그 대표적인 것이다[41]"라고 쓰고 있음이 그러하다고 하겠다. 「참고서목」의 이러한 체재는 이후 신수판에서도 일관되게 견지되었는데, 원래의 방침대로 종전에 혹 미처 정리하지 못했던 것과 개정판 이후 새로이 나온 단행본들을 정리하여 확충하였다. 그럼으로써 명실공히 "한국사 연구를 위한 입문의 구실을 하도록[42]" 되었던 것이라 하겠다.

4. 『국사신론』·『한국사신론』 여러 판본의 저술 목표[43]

이기백이 한국사 개설을 처음으로 집필한 것은, 그의 회상에 의하면 이미

---

39 「참고서목」, 『한국사신론』 개정판, 1976, p.466.

40 「참고 고전 서목」, 『한국사신론』 초판, 1967, p.407. 이러한 '간단한 설명'은 초판의 이 「참고 고전 서목」에만 있고, 뒤의 「참고 연구 서목」에는 전혀 설명이 가해지지 않았는데, 개정판과 신수판에서는 고전과 연구서를 구분하지 않고 통합해서 핵심적인 설명을 가하고 있음이 주목된다.

41 『한국사신론』 개정판, p.466 및 신수판, p.505. 이 첫머리에 다만 개정판에서는 '이조시대'라는 표현을 썼지만, 신수판에서는 '조선시대'로 바꾸고 있으며, 그 내용에 있어서도 적지 않은 부분을 수정하고 있음이 주의를 요한다.

42 『한국사신론』 개정판, p.466 및 신수판, p.505.

43 여기에서 저술 '목표'라고 한 것은, 곧 뒤에서 상론할 바이지만 이기백이 『국사신론』을 저술할 당시를 회상하면서 "이 책을 쓰면서 나는 몇 가지 목표를 세웠다"(「한국사신론」, 「나의 20세기」(6), 『조선일보』 1999년 11월 9일 21면; 「나의 20세기─한국사신론」, 『한국사산고』, 2005, p.78)고 하였음에 따른 것이다. 통상적인 사전의 의미로 보더라도, '목적'은 "실현하려고 하는 일이나 나아가는 방향"을 가리킬 뿐이지만, '목표'는 "어떤 목적을 이루려고 지향하는 실제적 대상으로 삼음 또는 그 대상"을 말하는 것이므로, 여기서는 '목적'이란 말보다는 '목표'가 더 적절하다고 여긴다. 국립국어연구원, 『표준국어대사전』 상, 두산동아, 1999, p.2194 및 p.2198 참조.

1945년 그의 나이 21세 때의 일이었다. 일제에 의해 6월 20일에 군대에 징병으로 끌려 나갔다가 8월 15일 해방 이후에 소련군의 포로로 포로수용소에 있었는데, 이때 동료 포로들과 함께 고향에 돌아가서 해방된 독립국가의 국민으로 활동하려면 사전에 지식이 있어야 되겠다는 취지에 동의하여 교양강좌를 할 때, 한국사 강의록을 만들기 위해 역사 개설을 썼다는 것이다. 그 내용은 예전에 열심히 읽어서 머릿속에 있는 신채호申采浩의 「조선역사상 일천년래 제일대사건」(『조선사연구초』 수록)과 함석헌咸錫憲의 「성서적 입장에서 본 조선역사」 등의 글을 그대로 정리한 것이었으므로 흐트러짐이 없었으며, 또 분량은 200자 원고지 100장 혹은 150장 가량으로 되었을 것인데, 지금은 그 실물을 지니고 있지는 못하지만 그것이 자신의 최초의 개설이라고 한다.[44]

그러다가 해방 이후 용산중학교 교사와 육군사관학교 교수 등을 거치고 나서 1956년부터 홍익대학 등 여러 학교에서 강사 생활을 할 때 중·고등학교 교과서를 집필하였었고[45], 1958년 이화여대 교수가 되었을 무렵[46] 교재를 위한 국판 200여 면의 개설 집필을 부탁받고 실행에 옮겼으며, 그 후 1960년 봄에 그 교재를 약 배로 늘려달라는 요청이 있자 이를 계기로 본격적인 집필에 착수하여 1961년 태성사에서 『국사신론』을 출간하였다. 그 「후기」에서 이러한 출간의 경위에 대해 밝히면서 첫마디로 "국사를 공부하는 사람이면 누구나 알뜰한 개설 한 권쯤 내놓고 싶다는 욕심이 없을 이 없다. 나라서 예외일 수는 없다. 그러나 이렇게 속히 기회가 올 줄은 몰랐다. 적어도 10년 이후를 바라고 있었던 것이다. 그것이 논문집 한 권 내지 못한 채 개설을 내놓는 부끄러움을 가지게 되었다"고 기술하였으며, 또한 "그런대로 나는 지난봄부터 지금에 이르기까지 거의 1년 가까운 기간을 꼬박 이 책을 위하여 소비하

---

44 「나의 한국사 연구」, 『한국사학사학보』 1, 2000; 『한국전통문화론』, 2002, pp.295-296.
45 「학문적 고투의 연속」, 『한국사 시민강좌』 제4집, 1989; 『연사수록』, 1994, p.243.
46 「이기백선생 약력」, 『이기백선생고희기념 한국사학논총』 상─고대편·고려시대편─, 1994, p. v 참조.

였다. 원래 생각이 민첩하지 못한데다가 써가면서 써갈수록 태산泰山과 같이 다가서는 곤란을 몇 차례고 겪었다"고 집필 과정의 고충을 토로吐露하였다고 하겠다.[47]

(1) 『국사신론』 초판·재판

그러면 그가 『국사신론』 초판을 내면서 이토록 "써가면서 써갈수록 태산과 같이 다가서는 곤란을 몇 차례고 겪었"던 것은 무엇 때문이었을까? 이어지는 「후기」에 보면 자신 나름대로의 '야심野心'이 있었으므로 그러하였던 것임을 알 수가 있다. 즉 "처음 시작할 때에는 야심이 없지도 않았다. 국사를 새로운 체계에 의하여 정리할 자신이 없는 바에는 다른 점에서나마 남다른 특색을 지녀야겠다는 생각이었다. 그것은 이왕에 나온 개설들뿐 아니라 논문 저서들까지도 일단 통독한 뒤에 그 성과를 충분히 반영시키자는 생각이었다. 그리고 그 논문이나 저서들을 참고 난에 실어서 국사를 공부하려는 사람들에게 길잡이의 역할을 해보자는 것이었다. 이 근본방침을 나는 끝까지 견지하려고 노력하였다"고 밝히고 있음에서 잘 드러나고 있는 것이다. 이러한 근본방침은 훗날 『한국사신론』의 모든 판본에도 동일하게 준수되었는데, 『국사신론』 초판의 경우에는 이외에도 그가 집필하면서 목표로 삼은 게 또 하나 있었다. 이에 대해서는 다음의 글이 있다.

나의 첫 개설서는 1961년 3월에 『국사신론』이란 이름으로 간행되었다. 어설픈 개설서이긴 하지만, 이 책을 쓰면서 나는 몇 가지 목표를 세웠었다.
그 첫째는 과거의 연구 성과를 충실히 반영한다는 것이었다. 그리고 내가 참고한 모든 연구논저를 참고란에 적어 넣어서 연구입문서의 구실도 감당하도록 하였다. 둘째는 민족적인 자주성을 강조하는 것이었다. 이 뜻을 서론에서 강조해 두었는데, 자연히 일제의 식민주의사관에 대한 체계적인 비판을 처음으로 시도한 것이

---

47 「후기」, 『국사신론』 초판, 태성사, 1961, pp.413-414.

되었다.

이 서론은 그 후 여러 사람이 다투어 식민주의사관을 비판하게 되는 계기를 마련해 주었다. 한편 일반 독자에게는 우리 민족에 대한 열등감을 씻어 주는 계기가 되기도 하였다. 어떤 분은 외국에서 이 서론을 읽고 눈물을 흘렸다는 말을 해주었는데, 나는 그 분의 공감을 얻은 것만으로도 이 책의 저술이 충분한 보상을 받은 것이라고 생각하고 있다.[48]

이를 통해『국사신론』초판의 저술에 있어서 과거의 연구 성과를 충실히 반영하고, 참고한 모든 연구논저를 〈참고〉난에 적어 넣어서 연구입문서의 구실도 감당하도록 함과 아울러, '민족적인 자주성을 강조하는 것'이 또 하나의 목표였음을 밝히고 있는 것이다. 그렇기는 하지만, 여기에서 이를 좀 더 숙고해 볼 여지가 있다고 본다.

과거의 연구 성과를 충실히 반영하고 모든 연구논저를 〈참고〉난에 적어 넣어서 연구입문서 구실도 하도록 한다는 것은 서술 방법상의 문제였다면, 이 '민족적인 자주성을 강조하는 것'은 내용상 보다 본질적인 문제였으므로 이게 특히 중점을 둔 궁극적인 목표였다고 함이 옳겠기에 그렇다.[49] 따라서 이 뜻을 서론에서 강조하게 되었으며, 그야말로 "자연히 일제의 식민주의사관에 대한 체계적인 비판을 처음으로 시도한 것이 되었"던 것이라 하겠으며[50],

---

48 「나의 20세기」(6), 『조선일보』 1999년 11월 9일 21면; 『한국사산고』, 2005, p.78.

49 앞 글의 『조선일보』 기고문에는, "나는 첫 개설서인 『국사신론』을 쓰면서 몇 가지 목표를 세웠었다. 그중 특히 중점을 두었던 것은 민족적인 자주성의 강조였다. 이 뜻을 서론에서 분명히 밝혔는데, … (이하는 인용문과 동일하다)"라고 되어 있어, 인용문의 "그 첫째는 과거의 연구성과를 충실히 반영한다는 것이었다. 그리고 내가 참고한 모든 연구논저를 참고 난에 적어 넣어서 연구입문서의 구실을 감당하도록 하였다"라고 한 부분이 빠져 있다. 아마도 신문사의 편집상의 사정으로 원고량을 조절하면서 생긴 일이었던 듯하다. 『한국사산고』의 간행 준비를 하면서 저자에게 모든 원고를 컴퓨터로 입력하여 일조각에 편의를 제공하도록 했을 때, 親筆의 원고가 몇 꼭지 들어 있었는데, 원래의 원고와 본의가 아니게 달라진 경우에는 반드시 원래의 것을 보관해 두었다가 그렇게 했던 것으로 알고 있다. 그렇더라도 이 기고문은 『국사신론』 저술에서 그가 특히 중점을 두었던 게 민족적인 자주성의 강조였음을 엿보게 해주는 하나의 傍證이 아닌가 생각한다.

50 그럼에도 불구하고 많은 이들이 이런 사실을 알면서도 인정하지 않는 한국사학계의 풍토에 대해 이기백은 적지 않게 마뜩하지 않았던 모양이다. 「나의 책 『한국사신론』을 말한다」, 『오늘의 책』

결국 『국사신론』 초판의 목표는 궁극적으로는 '민족적인 자주성을 강조하는 것'이었다고 하겠다. 그리고 이 점은, 체재상 본문의 판형을 그대로 유지하면서 뒷부분의 「후기」를 삭제하고 추가로 「참고논저추가목록」을 첨부한 재판에서도 여전하였다. 하지만 저자로서 이기백은 이 『국사신론』이 마음에 들지 않아 개정을 추진하기에 이르렀고, 그것이 1963년 재판의 출판 이후 불과 4년 만에 달성되었으며, 『한국사신론』이란 제목으로 세상에 모습을 드러냈던 것이다.

(2) 『한국사신론』 초판·개정판

『국사신론』에서 『한국사신론』으로 개편한 것은, 개편이라기보다는 완전히 새로운 저술을 출간한 것이나 진배없는 일이었다고 하는 게 옳다.[51] 앞서 살펴보았듯이 시대구분이 바뀌었기 때문에 체재면에서 보더라도, 『국사신론』은 7편·43장[부1]·218소절[부2]였던 데에 비해, 『한국사신론』은 19장·85절·257소절이어서 가장 하위 단위인 소절만이 존속되었을 뿐 상위의 구조인 편―장이 장―절로 바뀜에 따라 전면적인 손질이 이루어졌음을 충분히 알 수 있다.

이에 대해 이기백 자신도 "『한국사신론』으로 개편하면서 이 시대구분을

창간호, 1984; 『연사수록』, 1994, p.254에서 "다만 섭섭한 것은 그분들이 같은 내용을 말하면서도, 그리고 분명히 이 서론을 읽었을 터인데도, 이에 대하여 언급이 없는 것이었다. … 다행히 최근에 국내외의 몇 분이 이 사정을 알아차리고 이 점을 밝혀준 것은 적이 위안이 된다"고 쓰고 있는 것이다.

51 이러한 점은 『한국사신론』 초판의 「序文」, p.3에서도 이미 "비록 부분 부분을 보면 舊著와 같은 곳이 있기는 하나 거의 새 저서와 같이 내용이 달라지게 되었다. 書名을 갈고 판을 고쳐 짜는 까닭이 여기에 있는 것이다"고 밝혀 두었음에서도 잘 드러나고 있다. 이 『한국사신론』 초판의 「서문」을 쓴 시기와 장소를 p.4의 말미에 '1966년 겨울 劍橋 一隅에서 著者'라고 적어 두었는데, 당시에 이기백은 Harvard 대학교의 초청으로 미국에 체재 중이었으며, 영문판 *A New History of Korea*, Translated by Edward W. Wagner with Edward J. Shultz, ILCHOKAK, 1984, p.x 에 보면, 'Winter, 1966 Cambridge, Massachusetts'라 되어 있으므로 '검교'가 곧 'Cambridge'의 한자 표기임을 알겠다.

완전히 새롭게 바꾸었다. 『한국사신론』은 분명히 『국사신론』을 개편한 것이고, 상당히 많은 부분의 서술이 그대로 계승되긴 하였다. 그러나 이 시대구분이 달라짐으로 해서 완전히 새 저술과 같이 되었다고 해도 지나친 말이 아니다. 『국사신론』의 개정판으로 하지 않고 책 이름을 바꿔서 『한국사신론』으로 한 것은 그 때문이었다[52]"고 밝히고 있음에서 이론의 여지가 있을 수 없겠다. 스스로의 "마음에 드는 것이 못 되었"던 『국사신론』을 이렇듯이 "완전히 새 저술과 같이 되었다고 해도 지나친 말이 아니"게 되어서야 비로소 이기백 본인이 "내 것다운 개설서가 되었다[53]"고 고백하였다.

그러면 이 『한국사신론』 초판에서 그가 목표로 삼았던 것은 무엇이었을까. 이에 대해서는, 이미 이기백 스스로 다음과 같이 정리해 둔 바가 있어 편리하다.

> 『한국사신론』은 무엇보다 지배세력의 변화를 기준으로 한국사 발전을 체계화한데에 특색이 있다. …(중략)… 『한국사신론』의 또 하나 특색은 한국사의 독자성을 최대한 살리려고 한 것이었다. 가령 조선시대 사회를 우선 고유한 용어로서 '양반사회'라고 부르는 것이 옳다고 생각한 것이다. …(중략)… 일찍이 성호星湖 이익李瀷이 "우리나라는 스스로 우리나라이므로 그 규제와 형세가 절로 중국사와 달라야 한다"고 갈파한 바와 같이, 한국사의 독자성을 중시해야 한다. 그리고 나서 세계사와 비교를 해야 한다.[54]

크게 보면 2가지였다. 하나는 지배세력의 변화를 기준으로 한국사 발전을 체계화하는 것이었고, 또 다른 하나는 한국사의 독자성을 최대한 살리려는 게 그것이다. 먼저 지배세력의 변화를 기준으로 한국사 발전을 체계화함에

---

52 「나의 책 『한국사신론』을 말한다」, 『오늘의 책』 창간호, 1984; 『연사수록』, 1994, p.256.
53 「학문적 고투의 연속」, 『한국사 시민강좌』 제4집, 1989; 『연사수록』, 1994, pp.243-244에서 "어떻든 『국사신론』은 할 수 없이 쓴 것으로서 마음에 드는 것이 못 되었다. 그러다가 1967년에 『한국사신론』을 냄에 이르러 내 것다운 개설서가 되었다고 할 수가 있다"고 한 바가 있다.
54 「나의 20세기」(6), 『조선일보』 1999년 11월 9일 21면; 『한국사산고』, 2005, pp.79-80.

있어서는, 한국사 연구는 '인간이 없는 역사학'이라고 비판한 하타다 다카시旗田巍의 지적에 자극받아 인간을 중심으로 생동감이 넘치는 체계를 갖추기 위해 "일정한 시기에 역사의 주도권을 쥐고 있던 사회적 지배세력을 기준으로 해서 시대를 구분하"였던 것이다.[55] 그리고 한국사의 독자성을 중시해야 한다고 하는 점은 앞의 글에서 보듯이 성호星湖 이익李瀷에게서 영향을 받고 있었던 것이다.

이런 목표로 심혈을 기울여 저술된 『한국사신론』 초판이었건만 이기백 자신은 만족할 수가 없었다고 한다. 그래서 초판이 나온 1967년으로부터 채 10년도 지나기 전인 1976년에 개정을 행하였다. 굳이 이때에 개정판을 내게 된 것은, "1976년이면 해방된 지 30년이 넘는 때였"는데, "이렇게 30년이 지난 시점에서도 거듭 식민주의사관에 대한 비판에 열을 올리는 게 좀 창피스럽게 느껴"졌고, "우리 역사를 마치 일제의 어용사가들만이 연구해 온 것과 같이 그것만을 말해야 하는가 하는 자책自責하는 마음도 생"겨서 초판의 「서장」에 손대면서였다.[56]

이 개정판의 구체적인 개정 방향은, 서장 「한국사의 새로운 이해」를 고쳐 쓰고 이 서장의 설정에 짝하기 위해 종장 「한국사의 발전과 지배세력」을 새로이 첨가하였으며, 장·절을 조정함은 물론 그에 따라 내용도 수정하였고, 소절마다의 〈참고〉에 "되도록 낡은 것을 버리고 새 것을 취하도록" 하였으며 권말卷末의 「참고서목參考書目」에는 "간단한 설명을 붙"인 것이었다. 종전과 마찬가지로 지배세력의 변천에 기준을 두고 시대구분을 하고, 새로운 연구 성과를 반영하여 본문의 서술도 고쳐 쓰는 등의 변화를 추구하였지만, 이렇게 서장을 고쳐 쓰고 종장을 새로이 편성하면서 행한 개정의 궁극적인 목표는, 한마디로 "이 책에서 드러내고자 한 한국사의 전개과정에 대한 저자의

---

55 「한국사의 진실을 찾아서」, 제2회 한·일역사가회의 발표문, 2003년 10월; 『한국사 시민강좌』 제 35집, 2004년 8월; 『한국사산고』, 2005, pp.113-114.
56 「나의 책 『한국사신론』을 말한다」, 『오늘의 책』 창간호, 1984; 『연사수록』, 1994, p.254.

견해를 좀 더 분명히 밝"히는 것이었다.[57]

하지만 개정판을 내서 자신의 의중을 반영했음에도 불구하고, 여전히 만족하지를 못하였다. 개정판에서는 "훨씬 원 의도에 접근하여 갔으나", 예컨대 청동기시대와 초기 철기시대를 '성읍국가城邑國家와 연맹왕국聯盟王國'이라고 표현한 것에는 인간이 나타나 있지가 않아서, 그리고 19세기 부분에서도 예전대로 '양반신분체제의 동요와 농민의 반란'으로 하였지만 이것조차도 중인中人의 존재를 부각시키지를 못해 못내 불만스러웠다고 스스로 여기고 있었던 것이다.[58] 그리하여 또 새로운 판본을 모색하기에 이르렀고, 결국 1990년 신수판이라 하여, 개정판에 버금가는 대대적인 수정을 가해 출판하게 되었다.

(3) 『한국사신론』 신수판 · 한글판

『한국사신론』의 신수판을, 종전의 개정판과 비교해 보면 장의 제목이 제3장 '왕족중심의 귀족사회'에서 '중앙집권적 귀족국가의 성장'으로, 제8장 '사대부의 등장'에서 '신흥사대부의 등장'으로 그리고 제12장 '양반신분체제의 동요와 농민의 반란'에서 '중인층의 대두와 농민의 반란'으로 3군데가 바뀌었으나, 시대구분 문제에서 파생되는 장－절 체재면의 변화에 있어서는 별반 크게 달라지지 않았다고 할 수 있다. 하지만 소절의 경우로 내려가면 〈부록－표 2〉에서 드러나는 바와 같이 88.1%에 달하는 231소절은 전과 동일하나, 31소절의 경우 개정판과 조금이라도 달라지고 있으므로 주의를 환기할 필요가 있다 하겠다.

이러한 시대구분의 변화에 따른 구성상의 변화 측면을 넘어서서, 그러면 내용상에 있어서 신수판 저술의 목표는 무엇이었을까? 크게 보아 2가지였을 것으로 생각한다. 하나는 지금까지 자신의 견해에 대한 오해를 불식시키고

---

57 「서」, 『한국사신론』 개정판, 1976, pp. iii~iv.
58 「나의 책 『한국사신론』을 말한다」, 『오늘의 책』 창간호, 1984; 『연사수록』, 1994, p.258.

자 하는 것이었고, 또 하나는 구체적인 역사적 사실에 관한 학자들의 학설에 대해서까지 본격적으로 자신의 사론을 분명하게 개진하고픈 것이었다고 보는 것이다. 먼저의 것, 즉 자신의 견해에 대한 오해를 불식시키고자 하는 게 신수판 저술 목표의 하나였으리라고 하는 점은, 아래의 글에서 완연히 드러나고 있다.

저는 『한국사신론』의 신수판의 서장에서 '지배세력' 다음에 괄호를 하고 '주도세력'이라고 써넣었습니다. 역사를 주도하는 세력이라 해서 오해를 불식하기 위해서 새로 넣은 것입니다. 저는 이 글에서 신석기시대 씨족사회의 지배세력은 그 구성원 전체였다고 했는데, 이를 읽어보면 제가 말한 지배세력이라는 것이 지배계급이 아닌 것을 금방 알 텐데, 읽어보지는 않고 그저 자기네와 의견이 같지 않으니까 우선 비판하고 보자는 식인 것 같아요. 그리고 뒤에는 제가 '민중'이라는 말을 했습니다. 온 국민이 정치에 참여한다고 한 것을 민중이 점점 지배세력이 된다고 얘기를 했는데, 민중이 지배계급이 될 수는 없는 것입니다. 앞뒤를 전혀 읽어보지 않고 비판을 합니다.[59]

한국사를 생동감이 넘치는 체계를 갖춘 것으로 서술하기 위해 '인간 중심의 이해'를 시도하고 그에 따라서 사회적 지배세력을 기준으로 해서 시대구분을 하여 개정판을 저술한 것에 대해서 비판이 일자, 신수판의 「서장序章」에서 "이 책에서 시도된 시대구분의 기준은 사회적 지배세력(주도세력)에 놓여 있다[60]"고 서술하고 괄호 안에 '주도세력'을 분명히 표기해서 본의本意는 '역사를 주도하는 세력'이라 한 것임을 다시 한 번 강조하여 오해를 불식시키려 했음을 읽을 수 있겠다.

그리고 방금 앞에서 이기백 『한국사신론』 신수판 저술의 또 하나의 목표에 대해, 구체적인 역사적 사실에 관한 학자들의 학설에 대해서까지 본격적으로

59 「한국사의 전개와 현대」, 『지성의 현장』 1호, 1996; 『한국사를 보는 눈』, 문학과 지성사, 1996, pp.23-24.
60 「서」, 『한국사신론』 신수판, 1990, p.9.

자신의 사론을 분명하게 개진하고픈 것이었다고 본다고 했는데, 이는 신수판 「서」의 다음 구절 자체에서 여실히 드러난다고 여긴다.

신수판을 냄에 있어서 가장 마음을 쓴 것은, 새로운 연구 성과를 많이 반영시키는 것이었다. 아직도 진행 중인 논쟁에 대해서조차도 되도록 이를 소개하기로 하였다. 그리고 이러한 새 학설에 대하여 저자의 의견을 첨부하기도 하였는데, 그것이 한 사람의 학자로서의 책임이라고 믿었기 때문이다.[61]

새로운 연구 성과를 반영한다는 원칙은 『국사신론』 초판 이래의 변함없는 것이었으므로 별반 새로울 것도 없다고 할지도 모르지만, 이 경우에는 지금까지와는 확연히 달라졌던 것이다. 적어도 2가지 점에서 그렇다고 생각하는데, 첫째는 "아직도 진행 중인 논쟁에 대해서조차도 되도록 이를 소개하기로 하였다"는 점이 그렇고, 둘째는 "새 학설에 대하여 저자의 의견을 첨부하기도" 했다는 점이 그렇다.

그러면 여기에서 그가 말하는 저자의 의견이란 게 무엇인가? 그것은 다름이 아니라 논쟁거리거나 새로운 학설에 대한 저자 자신의 의견, 즉 사론을 본문 속에 밝혀 놓았다는 사실을 드러낸 것이다. 이는 『한국사신론』 저술에 있어서 초유初有의 일임에도 이기백은 "그것이 한 사람의 학자로서의 책임이라고 믿었기 때문"이라고 담담히 적어 두었던 것이다. 결국 『한국사신론』 신수판에 다다라서 이제는, 초기의 「서론」과 이후 「서장」에서만 사론을 비중 있게 다루었던 데에서 벗어나 본문에서도 본격적으로 사론을 서술하는 단계로까지 발전하였음을 알겠다. 이는 지금껏 『국사신론』이든 『한국사신론』이든 공통적으로 '신론'을 책 제목에 줄곧 변함없이 굳이 붙여온 것도 궁극적으로는 이러한 것을 목표로 삼고 있었기 때문이 아니었나 싶게 해준다. 바꾸어 말하자면 개설서 제목에 줄곧 '신론'을 넣어온 의도 역시, 문자 그대로 자신의

---

61 「서」, 『한국사신론』 신수판, 1990, p. iv.

'새로운 사론'을 「서론」이나 「서장」은 물론 본문의 구체적인 역사적 사실에 관한 학자들의 학설에 대해서까지 명료하게 제시하고픈 데에 있었던 것으로 이해하자는 것이다.

이러한 신수판의 1990년 출판 이후 채 10년이 지나지 않은 1999년 한글판을 출판하였다. 이는 새로운 세기를 맞이하면서 '한국사의 대중화' 혹은 '한국사, 시민과 더불어 공유하기'를 위하여 한글판으로 판형版型을 바꾸었던 것이다. 이는 이기백 자신이 책임편집으로 주관하여 1987년부터 출판하던 『韓國史 市民講座』의 한자漢字 제호題號를 1997년 제21집부터 한글로 바꾸어 『한국사 시민강좌』로 한 것도 역시 시민들의 요구에 부응하기 위해 한 것이었다고 풀이된다. 말하자면 『한국사신론』 한글판의 저술은, '한국사, 시민과 더불어 공유하기'의 일환으로서 행해졌던 것이라 하겠다. 이러한 점과 관련해서는 아래의 글에 확실하게 그의 이러한 의도가 담겨져 있다고 본다.

> 『한국사신론』은 원래 국한문 혼용이었기 때문에 읽기가 어렵다는 말이 있어서 금년 초에 한글판을 새로 냈다. 그 머리말에서 나는 미켈란젤로의 말을 인용해서 "10세기 뒤에 보라"라고 하였다. 확실한 사실에 근거해서 한국사의 큰 흐름을 개관한 이 『한국사신론』이 오래도록 생명을 유지하면서, 한국의 과거에 대한 인식뿐만이 아니라 현재와 미래에 대한 전망에도 도움이 되기를 희망하고 있고, 또 그럴 수 있으리라고 믿고 있다.[62]

이 글에서는 국한문 혼용이어서 읽기 어렵다는 말이 있어 한글판을 새로 냈다고 했는데, 실제의 「한글판 머리말」에서는 "이에 독자의 소리에 응해서 한글 전용으로 하되 필요한 한문은 괄호 안에 처리하는 한글판을 내기에 이른 것이다[63]"라고 적고 있다. 국한문 혼용에 익숙하지 않고 한글에만 익숙한 독자들을 위해서 낸 것인데, 그 어간에는 한국유네스코의 도움을 받아 시각

---

62 「한국사신론」, 「나의 20세기」(6), 『조선일보』 1999년 11월 9일 21면; 『한국사산고』, 2005, p.80.
63 「한글판 머리말」, 『한국사신론』 한글판, 1999, p.iii.

장애인용 점자點字『한국사신론』의 출간 작업을 진행해 가면서 각계각층의 광범위한 시민들을 위한 '한국사, 시민과 공유하기'에 대해 절실하게 느낀 바가 깊어 실행에 옮기게 되었던 것으로 알고 있다.

여기에서 한 가지 더 살필 것은, 방금 인용한 그 자신의 글 속에서 "한국의 과거에 대한 인식뿐만이 아니라 현재와 미래에 대한 전망에도 도움이 되기를 희망하고 있고, 또 그럴 수 있으리라고 믿고 있다"고 술회하고 있는 대목이다. 한마디로『한국사신론』이 단순히 과거에 대한 인식을 갖추는 데에 쓰임새가 있기만을 바라는 게 아니라, "현재와 미래에 대한 전망에 도움이 되기를 희망"하는 데에까지 이르고 있었던 것이다. 여기에 바로 이기백『한국사신론』한글판 저술의 궁극적인 목표의 하나가 설정되어 있었던 것이라 하겠다.

5. 이기백『국사신론』·『한국사신론』 저술의 특징과 역사적 의의

지금까지『국사신론』과『한국사신론』의 6개 판본을 살피고 분석하여 알게 된 점들을 바탕으로, 이제 이들 저술에 나타난 특징과 그 역사적 의의는 무엇이었는가를 정리해 보도록 하겠다. 다만 이 가운데 특징[64]의 경우, 6개 판본에서 일률적으로 공통된 게 아니고 서로 차이가 날지라도 도리어 그것 자체가 또 하나의 특징일 수 있다는 견지에서 이를 아울러 살펴보고자 한다.

---

64 일반적으로 사전적 의미를 조사해 보면, '特色'은 '보통의 것과 다른 점'을 가리키며, '特徵'은 '다른 것에 비하여 특별히 눈에 뜨이는 점'이라 쓰이므로, 여기에서는 '특색'보다는 '특징'이 적절하다고 믿는다. 그러므로 앞에서도 잠시 살핀 바대로 이기백 자신은『한국사신론』초판에 대해 언급하면서 종전과 달라진 점을 설명하면서 '특색'이라는 표현을 구사하였지만, 여기에서는 '특징'으로 쓰고자 한다. 국립국어연구원,『표준국어대사전』하, 두산동아, 1999, p.6469 및 p.6473 참조.

(1) 『국사신론』·『한국사신론』 저술의 특징

이기백의 『국사신론』·『한국사신론』 저술의 특징으로서는 크게 보아, 첫째 내용적인 면에서 사론史論 우선優先의 개설概說이었다는 점, 둘째 서술적인 면에서 기왕의 연구 성과를 충실히 반영하여, 구체적인 사실을 통한 공평한 서술을 지향하였다는 점, 셋째 형식적인 면에서 전거를 명백히 밝힘으로써 그리하여 장차 한국사를 깊이 알아보려고 하는 사람들에게 하나의 입문서 구실도 할 수 있도록 한 점, 그리고 넷째 역사의 중심을 무엇으로 파악하는가 하는 면에서 사회세력으로서 인간 중심의 이해를 전면적으로 표방하였다는 점 등을 꼽을 수 있다고 본다. 이러한 4가지의 특징 가운데 앞의 셋째까지는 물론 『국사신론』·『한국사신론』 6가지 판본에서 일률적으로 모두 드러나는 데에 반해, 마지막 넷째의 특징은 『한국사신론』 개정판 이후에야 정착한 것임을 먼저 지적해 둠이 옳겠다. 이러한 4가지 특징에 대해, 이제 좀 더 정리해 보도록 하자.

『국사신론』 및 『한국사신론』 저술 특징의 첫째로, 내용적인 면에서의 특징으로 '사론 우선의 개설서[65]'이었다는 점을 들 수 있는 근거는 이기백 자신의 글 곳곳에서 적지 않게 찾아 제시할 수 있을 터이다. 그 가운데 가장 특징적인 부분이 『국사신론』 「서론」으로서 국내외에서 주목을 받았던 식민주의사관에 대한 비판이었는데, 『한국사신론』 초판을 내면서 이를 『민족과 역사』로

---

65 '개설'은 '내용을 줄거리만 잡아 대강 설명함. 또는 그런 글이나 책'이라 국어사전에 일반적으로 풀이가 되어 있고 또한 이기백의 글 속에서도 『국사신론』·『한국사신론』을 지칭하여 '개설서'라고 적고 있으므로(특히 그의 글 '개설과 사론', 「학문적 고투의 연속」, 『한국사 시민강좌』 제4집, 1989; 『연사수록』, 1994, p.243 등) 별반 사용에 있어 지장이 없겠지만, 그 앞에 붙인 '사론 우선'이 논란의 여지가 있을 수 있으므로 이 표현의 의미부터 명확히 해두고자 한다. 국어사전에서 '優先'을 조사해 보면 여러 용례가 있음을 알 수 있는데, 어떤 일에 앞서서 '먼저'라는 의미일 경우에는 副詞로서 한자 표기가 '于先'이 옳고, 名詞로서 '딴 것에 앞서 특별하게 대우함'이라는 의미일 경우에는 한자 표기가 '優先'이 옳다고 되어 있다. 따라서 여기에서는 이기백이 사론을 특별하게 대우하였다는 점을 염두에 두어 '優先'이라는 표현을 쓰는 것임을 밝혀 두고자 한다. 국립국어연구원, 『표준국어대사전』 상, 두산동아, 1999, p.200 및 중, p.4655 참조.

옮기고 대신 「서장」으로 새로이 「한국사의 새로운 이해」를 써넣어 한국사의 체계화 등을 내세웠었지만. 끝내는 신수판에 이르러서 「식민주의사관의 청산」이라 하여 이를 재정리하여 하나의 소절로 설정하지 않을 수 없게 되었던 것이다. 이와 관련하여 다음과 같이 이기백은 쓰고 있다.

개정판을 내면서 나는 이 서장序章에 대하여 무척 고민을 많이 하였다. …(중략)… 이제 다시 한 번『신론』을 개정하는 일이 있게 된다면 도로 그 부분을 부활시켜야겠다고 생각하고는 있지만, 이것은 우리 모두를 위해서 슬픈 일이라고 가슴 아파하고 있다.[66]

실제로『한국사신론』신수판에서는 식민주의사관에 대한 비판을 담은 사론을 다시 한 소절로 해서 정리해 놓았다. 그러면서 결론 내리기를, "요컨대 일제 어용학자들의 식민주의적 한국사관은 한마디로 현실적인 정치적 목적을 위하여 객관적 진리를 압살한 것이었다. 그러므로 그것은 진리의 추구를 그 생명으로 삼는 학문이랄 수가 없는 것이다. 이 왜곡된 한국사관을 타파하지 않고서는 새로운 한국사학이 올바로 발전할 수 없으리라는 것은 명백한 일이다. 그리고 나아가서, 객관적 진리를 두려워할 줄 모르고 정치적 목적을 위하여 봉사하는 또 다른 유형의 왜곡된 한국사관은, 식민주의사관의 사생아와 같은 것으로서, 한국사학의 정상적인 발전을 위하여 이를 경계해야 마땅한 일이다"[67]라고 했던 것이다.

그는 결국 일제 어용학자들의 식민주의사관도 타파해야 하지만, 한국사학의 올바른 발전을 위해서는 그것의 사생아와 같은 또 다른 유형의 왜곡된 한국사관 역시 경계해야 함을 설파하면서, 이 「식민주의사관의 청산」이란 사론을 어쩔 수 없이『한국사신론』의 신수판에 넣고 이후 한글판에서도 그대

---

66 「나의 책『한국사신론』을 말한다」,『오늘의 책』창간호, 1984;『연사수록』, 1994, pp.254-255.
67 「식민주의사관의 청산」,『한국사신론』신수판, 1990, pp.2-3 및 한글판, 1999, pp.4-5.

로 두면서도 결코 만족해하지 않았던 것이다. 그런데다가 또한 앞서 잠시 거론하였던 바대로, 초기의 「서론」과 이후 「서장」에서만 사론을 비중 있게 다루었던 데에서 벗어나 본문에서도 본격적으로 사론을 서술하는 단계로까지 발전하였던 것이었다. 구체적으로 일례를 들자면, 〈양반사회〉 소절에서 "최근 조선 초기의 신분제가 크게 양인良人과 천인賤人으로 갈라질 뿐이며, 양반兩班과 상민常民은 모두 같은 양인으로서 그 사이에는 신분상 차이가 없었다고 주장하는 새로운 견해가 나타나고 있다. 그러나 이러한 주장은 법조문法條文과 사회의 실제와를 구별하여 보지 않는 데서 일어난 잘못이다[68]"고 쓰고 있는 것이다. 이는 한글판에서도 그대로 유지되고 있으므로, 따라서 이럴 정도로 『국사신론』 초판부터 『한국사신론』 한글판에 이르기까지 줄곧 사론 우선이었다고 할 수 있겠다.

『국사신론』 및 『한국사신론』 저술 특징의 둘째로, 서술적인 면에서의 특징으로 기왕의 연구 성과를 충실히 반영하여, 구체적인 사실을 통한 공평한 서술을 지향한 점을 들 수 있겠다. 이는 『국사신론』과 『한국사신론』 도합 6개 판본에서 일관되게 취하고 있는 바이므로, 새삼스러운 부연이 전혀 불필요하다. 어느 때나 현실과 가장 가까운 시기인 현대사 부분에 있어서 논란이 있게 마련인데, 이 점에 대해서는 이기백은 공평한 서술을 지향하고자 힘을 기울였음을 다음과 같이 술회하고 있음은 경청할 만하다고 본다.

해방 후의 한국현대사를 서술하는 데는 많은 어려움이 따른다. 아마 이 점은 누구나가 느끼고 있으리라고 생각한다. 그러나 확실한 구체적 사실을 공평한 입장에서 서술한다면 이 어려움을 전혀 극복하지 못할 것도 없다고 생각한다. 나는 『한국사신론』의 현대사 부분을 서술하는 데 이 원칙에 충실하도록 노력하였다. 그러나 솔직히 말해서 그러한 노력이 별로 인정을 못 받았던 게 아닌가 하는 느낌이다. 그런 중에 양심적인 학자로 널리 알려진 하타다旗田巍 교수는 나의 고심한 흔적을

---

68 「조선 양반사회의 성립」, 『한국사신론』 신수판, 1990, p.236.

인정하고, 남북한이나 국내외를 막론하고 『한국사신론』의 현대사 서술이 다른 어느 저술보다도 가장 공정하다고 평가해 주었다. 그래서 역시 노력을 알아주는 사람이 있구나 하고 위로를 받았다는 사실을 여기에 참고로 적어 두고자 한다.[69]

자신이 『한국사신론』의 현대사 부분 서술에서도 "확실한 구체적 사실을 공평한 입장에서 서술한다"는 원칙에 충실하도록 노력했고, 그렇기 때문에 일본인 학자 하타다로부터 "다른 어느 저술보다도 가장 공정하다"는 평가를 받았다는 사실을 적고 있는 것이다. 한국사의 대세 속에서 현대사를 이와 같이 파악하는 문제에 대해서 이기백은 이미 『국사신론』 초판에서부터 그렇게 해왔음을 밝힌 바가 일찍이 있었는데, "이렇게 전개되어 온 흐름이 현재에 어떻게 이어지고 있는가를 제시하여, 오늘의 우리가 서 있는 역사적 위치를 보다 잘 이해할 수 있도록 기대했던 것이다. 그러므로 처음 『국사신론』을 쓸 때에 나는 바로 그 시점에서 벌어진 '4월 혁명'까지를 다루었다. 그러나 뒤에 두 차례 개정을 하면서도 그 이후의 시기에 손이 미치지 못하고 말았다. 그렇다고 그것이 현재에 무관심한 때문이었던 것은 아니다. 『신론』에서 기술된 한국사의 대세 속에서 충분히 오늘의 사실들을 판단할 수 있는 기준이 제시되었다고 믿는 것이다[70]"라고 썼음이 그러하다.

『국사신론』과 『한국사신론』 저술 특징의 셋째로는, 이 점은 이미 앞에서 상론한 것으로 체재 즉 형식적인 면에서의 특징으로 각 소절의 〈참고〉와 부록의 〈참고서목〉 체재 채택을 통해 저술의 전거典據를 명백히 밝힌 점을 지적해야 옳겠다. 그리하여 장차 한국사를 깊이 알아보려고 하는 사람들에게 하나의 입문서 구실도 할 수 있도록 한 것 역시 들어야 하겠다.

그리고 『국사신론』 및 『한국사신론』 저술 특징의 넷째로는, 이해면에서의 특징으로, 사회세력으로서 인간 중심의 이해를 전면적으로 표방한 것을 들어

---

69 「바닌 교수의 『한국사신론』 서평에 답함」, 『삼일문화원소식』 21, 2002; 『한국전통문화론』, 2002, p.289.
70 「나의 책 『한국사신론』을 말한다」, 『오늘의 책』 창간호, 1984; 『연사수록』, 1994, p.262.

마땅하겠는데, "요컨대 한국사를 그 근본에서 이해하기 위하여는 한국사에서 인간을 재발견하려는 노력이 필요하다. 이러한 노력이 없이는 한국사에 대한 이해가 알맹이가 없는 껍데기를 붙드는 데 그치고 말 염려가 있다. 그러므로 한국사를 인간의 역사로서 파악하는 의식적인 노력이 오늘의 한국사학에서는 무엇보다도 필요하다"고 서술하였음이 각별하다.[71]

(2) 『국사신론』·『한국사신론』 저술의 역사적 의의

『국사신론』 및 『한국사신론』 저술의 역사적 의의로는 적어도 첫째, 모든 연구 성과를 반영하여 개설서를 쓴 것, 둘째, 비교사적 적합성을 확보하여 시대구분을 독자적으로 완성해 가면서 한국사의 발전과정을 정리한 것, 그리고 셋째, 인간 중심의 이해를 통해 정치 혹은 제도가 아닌 생활문화사에 상당한 비중을 두어 역사 서술을 하였다는 것 등을 들어야 할 것으로 생각한다.

그 가운데 우선, 모든 연구 성과를 반영하였다는 점에 대해서는, 이미 앞에서도 거론한 바가 있으므로 재론할 필요가 없을 터이나, 모든 연구 성과를 받아들인다는 것 자체가 어떠한 수준을 말하는 것이며, 아울러 무슨 의미인지 등등에 대해서는, 이기백 자신의 아래 글을 되새김해 봄으로써 좀 더 명확해지리라 기대한다.

어떻든 모든 연구 성과를 받아들인 개설서를 쓰는 것, 이것이 나의 목표의 하나였다. 그런 의미에서 『신론』은 우리 학계의 공동의 저작이라고 해도 좋은 성질의 것이다. 다만 당연한 일이긴 하지만, 그러한 연구성과를 받아들이느냐 안 받아들이느냐, 또 전체의 줄기 속에서 어디에 배치하느냐, 그리고 어느 만큼의 비중을 주어 다루어야 하느냐 하는 것은 물론 전적으로 나 자신의 책임하에 이루어졌다.[72]

---

71 「인간 중심의 이해」, 『한국사신론』 개정판, 1976, pp.4-5.
72 「나의 책 『한국사신론』을 말한다」, 『오늘의 책』 창간호, 1984; 『연사수록』, 1994, p.260.

목표의 하나가 "모든 연구 성과를 받아들인 개설서를 쓰는 것"임을 다시 한 번 강조하면서, 이런 의미에서 『한국사신론』이 "우리 학계의 공동의 저작이라고 해도 좋을 성질의 것"이라고까지 언급하고 있는 것이다. 연구자들의 뛰어난 연구 성과를 섭취해서 『국사신론』과 『한국사신론』의 6개 판본을 거듭 저술해 온 데에 대한 저자의 소회所懷를 진솔하게 표현한 것이라 하겠다. 그러면서 '물론 전적으로 나 자신의 책임하에 이루어졌다'는 사실을 분명히 밝혀두고 있음도 간과할 수 없을 것이다. 이러한 면면과 관련해서는, 개정판에만 국한해 보더라도 "우선 새로운 연구성과를 이해하는 데만도 많은 정력을 소비했었다. 게다가 그들 연구성과를 읽어가는 동안에 부닥친 문제들을 어떻게든 스스로 해결해야만 했기 때문에, 개정의 작업은 종종 지체될 수밖에 없었다. … 끝으로, 한국사의 진실을 찾아내기 위하여 노력을 기울여 온 많은 동학同學들의 연구성과가 이 책의 밑거름이 되었음을 적어서, 동학 여러분에 대한 감사의 뜻을 전하고자 한다[73]"고 적었음도 아울러 기억해야 하겠다.

『국사신론』 및 『한국사신론』 저술의 역사적 의의의 둘째로는, 비교사적比較史的 적합성을 확보하여 시대구분을 독자적으로 완성해 가면서 한국사의 발전과정을 정리한 것을 들어야 할 것으로 생각한다. 시대구분 문제 자체가 이기백한국사학에서의 줄곧 하나의 화두話頭였음은 재론이 필요치 않는 것이며, 그 함의含意와 귀결歸結에 대해서는 상세한 천착穿鑿이 요구가 되므로 여기에서는 일단 다음과 같은 이 문제에 관한 거의 최종적인 이기백의 서술敍述에 귀 기울여 보고자 한다.

나는 『한국사신론』을 저술하면서 분명히 그러한 관점을 떠나서 나의 독자적인 관점을 내세운 것이다. 나의 관점에서는 그 같은 공식적 견해에 맞출 필요를 느끼지 않는다. 그 공식에 의하지 않더라도 한국사의 발전과정을 훌륭하게 정리할 수

---

73 「서」, 『한국사신론』 개정판, 1976, p.iv.

있다는 것이 내 생각이다. …(중략)… 그런데 나는 한국에는 봉건사회가 없었다고 생각하는 것이다. 그 근거는 한국에는 봉건영주가 없었기 때문이다. 즉 봉건이 없는 봉건사회는 생각할 수가 없다는 것이 내 생각이다.…(중략)… 그런데 내 생각으로는, 한국과 마찬가지로 봉건영주가 없던 러시아에서도 꼭 같은 문제가 제기되는 게 아닌가 한다. 그리고 최근에 실제로 그러한 문제가 제기된 사실을 알게 되었다. 즉 레닌은『러시아에서의 자본주의의 발전』(1889)이란 저서에서 자본주의 이전 단계의 러시아 사회를 봉건제 혹은 봉건국가라 하지 않고 농노제 혹은 농노제국가라고 했다고 한다. …(중략)… 스탈린은 아시아적 생산양식을 아시아적 특수성으로 규정한 것으로 나는 알고 있는데, 이 같은 일은 모두 학문적 후퇴라는 게 내 생각이다. 오늘의 러시아 역사가들이 깊이 검토해 봐야 할 과제일 것 같다.[74]

한마디로『한국사신론』저술을 통해 자신의 "독자적인 관점을 내세운 것"이고 "공식적 견해에 맞출 필요를 느끼지 않"으며 "그 공식에 의하지 않더라도 한국사의 발전과정을 훌륭하게 정리할 수 있다는 것"이 자신의 생각임을 분명히 하였던 것이다. 그러면서 레닌의 주장에 따르면 러시아의 역사도 결코 '공식' 즉 유물사관에 맞지 않는다는 사실을 지적하고, 스탈린의 주장에 입각해서 유물사관에 따르면 그것은 '학문적 후퇴'라고 하였던 것이다. 러시아의 역사학자에게 훈계하듯이 일갈—喝한 이 글을 통해서 자신의 시대구분에 관한 견해를 펼쳐 보인 것이며, 러시아의 역사에 대한 비교사적인 접근을 통해 자신의 학문적 신념을 확고히 정립하고 있음을 드러낸 것이라 하겠다. 이것이『국사신론』과『한국사신론』6개 판본의 저술을 통해서 시대구분 문제에 관해 지속적으로 고민해오던 귀결이었으므로, 따라서『국사신론』및 『한국사신론』저술의 역사적 의의의 하나로, 이렇듯이 비교사적 적합성을 확보하여 시대구분을 독자적으로 완성해 가면서 한국사의 발전과정을 정리한 것을 들어야 한다고 생각하는 것이다.

---

74 「바닌 교수의『한국사신론』서평에 답함」,『삼일문화원소식』21, 2002;『한국전통문화론』, 2002, pp.276-277.

그리고 『국사신론』 및 『한국사신론』 저술의 역사적 의의의 셋째로는, 인간 중심의 이해를 통해 정치 혹은 제도가 아닌 생활문화사에 상당한 비중을 두어 역사 서술을 하였다는 점을 들어야 하겠다. 『국사신론』 초판과 재판에서는 신앙·민속·종교·예술·문학·음악·미술 등을 상세히 기술하였을 뿐더러 심지어 통일신라시대 부분에서는 〈문화의 황금시대〉라는 소절을 설정하여 당시의 문화 발전에 대한 애착을 표명하였을 정도였다. 그러다가 『한국사신론』 초판에서는 '구석기문화', '청동기문화', '철기문화' 외에도 절에서 「근대문화의 발생」이라는 용어를 구사하기도 하였으며, 「양반문화의 융성」을 설정하기도 하였는데 이 가운데의 〈서원과 향약〉 소절을 개정판에서는 「사림세력의 등장」절에 옮기고 대신에 〈보학譜學과 예학禮學〉 소절을 신설하여 보학과 예학의 사회사적 의미를 설명하였다.

게다가 개정판에서는 〈원시예술〉이란 소절 등을 신설하였고, 조선후기 부분에 많은 수정을 가하면서 특히 문화 분야에 진력하였는데, 「실학의 발달」절을 세분하여 상세히 서술하였다. 뿐만 아니라 종전의 「새 종교의 유행」절을 「평민문화의 발전」절로 확대하여 바꾸면서 종래의 〈천주교의 전파〉와 〈동학의 등장〉 외에 〈학문과 사상〉, 〈평민문학의 융성〉, 〈미술계의 변화〉 소절을 확충하였던 것이 가장 두드러졌다고 하겠으며, 게다가 「예술의 새 양상」이란 절을 신설할 정도였다. 그러더니 신수판에 이르러서는 고대사 분야에서 개정판의 〈향가〉 소절을 〈향가와 한문학〉으로 수정하여 확대하였고, 〈음악과 무용〉과 〈미술〉 소절을 신설하였으며, 종전의 「귀족문화」라는 절을 「문신귀족」으로 구체화하면서 종전의 〈한문학의 숭상〉이라는 소절을 〈문학과 음악〉으로 확장하는 변화를 가져왔다.

이러한 문화 부분에 대한 서술 확충은 인간 중심의 이해를 통해 정치 혹은 제도가 아닌 생활문화사에 상당한 비중을 두어 역사 서술을 하였다는 특징을 여실히 보여 주는 것이라 판단하는데, 사례를 일일이 열거하기보다는 『국사신론』 및 『한국사신론』의 생활문화 관련 소절들을 비교하여 표로 작성해 보왔더니, 더욱 확연히 면모가 드러났다. 그게 〈부록-표 3〉인데, 소절의 총계를 내보니『국사신론』초판 및 재판 50개 →『한국사신론』초판 58개 →『한국사신론』개정판 65개 →『한국사신론』신수판 및 한글판 67개로 점증漸增하고 있는 추이推移를 알 수 있었다. 이만큼 이기백『국사신론』·『한국사신론』 저술에서는 신수판 및 한글판만을 보더라도 전체 256소절 중 67소절, 26.1%에 달할 정도로 생활문화사를 상당히 비중 있게 서술하고 있었던 것이라 하겠다.

6. 맺는 말

이기백이『한국사신론』을 분신分身처럼 여겼으며 새로운 연구 논문 및 저서가 나옴에 따라 거듭하여 수정하여 여러 판본이 저술되었다는 점은 앞에서도 잠시 거론한 적이 있다. 그런데 한 가지 분명히 유념해야 할 사실은, 같은 판본일지라도 동일한 내용으로 되어 있지 않았다는 점이다. 이러한 사실에 대해서도 이기백은 '있었던 그대로' 아래와 같이 써놓았음이 보인다.

그동안 나의 머릿속에서『신론』에 대한 관심이 사라진 적이 없었다는 것은 조금도 보탬이 없는 사실이다. 새 논문이 나오면 곧 참고란에 적어 넣도록 하였으며, 귀찮아서 빼먹고 나면 으레 후회를 하곤 하여 왔다. 새 논문으로 인해서 내용을 수정하게 되면, 자연히 조금씩 손을 대게 되어서, 같은 개정판이라도 1976년의 것과 지금의 것과는 적지 않게 달라졌다. 출판사 일조각에는 미안한 일이지만, 어떤 한 면 전체를 판을 새로 짜야만 하는 일이 몇 번이고 있었다. …(중략)… 어떻든 몸에 병이 들면 고쳐 줘야 하듯이,『신론』에도 병든 곳이 발견되면 이를 곧 고쳐 줘야 한다는 생각이 늘 내 마음을 사로잡고 있다.『신론』은 그러므로 말하자면 나의 분신과도 같이 된 셈이다.[75]

---

75 「나의 책『한국사신론』을 말한다」,『오늘의 책』창간호, 1984;『연사수록』, 1994, p.252.

늘상『한국사신론』의 수정과 보완에 여념이 없었음을 토로吐露하면서, 이 글에서 특히 "새 논문으로 인해서 내용을 수정하게 되면, 자연히 조금씩 손을 대게 되어서, 같은 개정판이라도 1976년의 것과 지금의 것과는 적지 않게 달라졌다"고 하였음을 간과해서는 안 된다고 본다. 즉 같은 판본일지라도 인쇄를 거듭하면서 지속적으로 수정하였음을 밝히고 있는 것이다. 그런데 이와 같은 양상은 개정판에서만 드러나는 게 결코 아니었다. 이후에 나온 신수판, 심지어 한글판에서도 지속되었음을 조사해 보면 알게 된다. 가장 대표적인 사례를 표로 작성하여 제시해 보이면, 〈부록-표 4〉와 같다.『한국사신론』한글판 내용 가운데의 대표적인 수정 사례로 한글판 1판 1쇄(1999년 1월 10일 발행)의 〈집강소의 설치와 항일전〉소절이 같은 판 6쇄(2001년 6월) 이후의 판본에서는 제목이 〈폐정개혁 요구와 항일전〉으로 바뀌면서 내용도 대대적으로 수정되었음을 알 수 있는 것이다.

이렇듯이 이기백은 앞의 글에서와 같이 "어떻든 몸에 병이 들면 고쳐 줘야 하듯이,『신론』에도 병든 곳이 발견되면 이를 곧 고쳐 줘야 한다는 생각"을 늘 마음에 끼고 생애를 살았으며, 그래서『한국사신론』을 '분신'으로 여겼던 것이다. 몸에 배어 있던 이 습관은 소천召天을 앞두고서도 그대로여서, 머리맡에『한국사신론』을『성서聖書』와 함께 놓아두고 무시로 수정하였던 것이다.

제2장

『국사신론』·『한국사신론』 본문의 사론

1. 머리말

이기백은 어느 무엇보다도 한국사의 대세大勢를 서술하여 체계화體系化를 꾀하기 위해 『국사신론』과 『한국사신론』을 집필하였음을 강조하였다. 그러므로 체계화가 궁극적인 목표였음이 확연한데, 이에 관해서는 그 자신의 단독 저서로서 맨 처음 출간한 『국사신론』, 그것도 그 서문序文에 해당한다고 할 「예언例言」에 가장 잘 드러나 있다. 다음이다.

1. 본서本書는 일반 국민의 산 교양이 될 수 있도록 국사의 대강大綱을 서술하는 것을 목적으로 하였다. 서술에 있어서는 개별적인 사실의 나열보다도 종縱과 횡橫으로 얽혀진 상호 간의 관련성을 중요시하였다. …
4. 본문本文 중에서는 개인의 학설을 일일이 소개하지 않았다. 본서가 개설서槪說 書요 또 참고문헌參考文獻을 덧붙인 만큼 관용이 있기를 빈다.[1]

---

1 「例言」, 『국사신론』, 태성사, 1961; 제일출판사, 1963, p.2.

첫머리에서 "국사의 대강을 서술하는 것을 목적으로 하였다"고 밝히면서, "서술에 있어서는 개별적인 사실의 나열보다도 종과 횡으로 얽혀진 상호 간의 관련성을 중요시하였다"고 분명히 적시하고 있는 것이다. 그런 후 개인의 학설을 일일이 소개하지 않는 것에 대해 양해를 구하며, 참고문헌을 낱낱이 붙였으므로 관용을 빌고 있지만, 이렇듯이 참고문헌을 상세히 정리한 것은, 기실은 그 성과를 충분히 반영하여 남다른 특색을 지니게 하기 위함이었다. 이러한 면모에 대해서는 아래와 같이 밝히고 있음이 주목된다.

처음 시작할 때에는 야심이 없지도 않았다. 국사를 새로운 체계에 의하여 정리할 자신이 없는 바에는 다른 점에서나마 남다른 특색을 지녀야겠다는 생각이었다. 그것은 이왕에 나온 개설들뿐 아니라 논문 저서들까지도 일단 통독한 뒤에 그 성과를 충분히 반영시키자는 생각이었다. 그리고 그 논문이나 저서들을 참고란參考欄에 실어서 국사를 공부하려는 사람들에게 길잡이의 역할을 해보자는 것이었다. 이 근본방침을 나는 끝까지 견지하려고 노력하였다.[2]

여기에 자신의 속내를 고스란히 드러내고 있듯이, 그의 야심은 "국사를 새로운 체계에 의하여 정리"하는 것이었는데, 자신이 없어 "남다른 특색을 지녀야겠다는 생각"에서 기왕의 연구 성과를 "충분히 반영시키자는 생각"이었다. 그래서 그는 새로운 논문이나 저서들을 〈참고〉 난에 실어 국사를 공부하려는 이들에게 '길잡이의 역할'을 하고자 했던 것이며, "이 근본방침을 … 끝까지 견지하려고 노력하였"음을 확인할 수 있다.[3]

---

2 「後記」, 『국사신론』, 태성사, 1961, p.413.
3 이러한 그의 생각은 1963년 『국사신론』 재판을 제일출판사에서 출판하면서 작성한 아래의 「再版序」에도 잘 정리되어 있다.
　"(그러나) 우리는 각자가 가진 관심의 각도에서 자기대로의 한국사에 대한 흥미를 충분히 살릴 수가 있다고 믿는다. 이러한 의미에서 한국사에 대한 적절한 길잡이가 되는 책이 요구되는 것이 아닌가 한다. 이 책은 이러한 요구에 응할 수 있도록 주의를 기울여 쓰여진 개설서이다. 그러므로 개설로서 참신한 내용을 갖도록 노력할 뿐 아니라, 아울러 참고란에서 새로운 연구성과를 소개하도록 꾀하였던 것이다." (「再版序」, 『국사신론』, 제일출판사, 1963, p.1.)

이와 같이 새로운 체계에 의하여 정리함은 물론 새로운 논문과 저서들을 반영하여 '남다른 특색'을 지니게 하고자 하였으므로[4], 서명書名도 『국사신론』·『한국사신론』이라 하여 그 가운데 굳이 '신론'를 넣은 것이었음이 분명하다. 이기백 나름대로 정한 개설서 집필의 이러한 원칙은 이후 1967년의 『한국사신론』 초판에 이르러 시대구분에 대하여도 체계적인 서술을 시도하면서도 유지되었고[5], 또한 1976년의 『한국사신론』 개정판에서도 대체로 역시 여전히 그러하였다.[6]

한편 "남다른 특색을 지녀야겠다는 생각"에 걸맞게 하느라고 책이름에 '신론'을 표방함과 아울러 그가 『국사신론』에서 시도한 또 하나는 다름 아니라 그 「서론緖論」에서 본격적인 사론史論을 쓴 것이었다. 그리고 그것을 골격으로 삼아 보충한 사론을 『한국사신론』 초판의 「서장序章」에서도 담아냈다. 이 『국사신론』 「서론」과 『한국사신론』 초판 「서장」의 내용을 가늠하기 위해 그 구성을 비교하여 표로 정리하여 제시해 보이면 다음의 〈표 1〉이다.

---

4 노용필, 「이기백 『국사신론』·『한국사신론』의 체재와 저술 목표」 하, 『한국사학사학보』 20, 2008, pp.7~11; 이 책의 제1부 제1장, pp.65~70.

5 「서문」, 『한국사신론』 초판, 1967, p.3의 다음과 같은 대목에서 이러한 면모를 여실히 알 수가 있다. "舊著 국사신론을 내놓은 것이 1961년 봄, 그러니까 지금으로부터 약 6년 전의 일이다. 그 6년 동안에 한국사의 연구는 크게 발전하였다. 단순한 개별적인 史實의 해명뿐만이 아니라, 한국사의 전체적인 이해를 위한 노력들이 꾸준하게 이루어졌던 것이다. 그러므로, 이들 새로운 연구성과에 비추어서 구저를 수정해야 할 곳들이 허다하게 나타나게 되었다. 더구나, 구저에서 아무런 의견도 제시하지 못하였던 시대구분에 대하여도 이제 희미하나마 체계적인 서술을 꾀하여 볼 시기에 도달한 느낌을 갖게 되었다."

6 「서」, 『한국사신론』 개정판, 1976, p.iii의 아래 부분에 이와 같은 점이 잘 나타나 있다. "『한국사신론』은 원래 한국사의 큰 흐름을 하나의 줄기에 의해서 새로 정리해 보고자 하는 생각으로 쓴 것이었다. 비록 이러한 저자의 의도가 충분히 살려지지는 못하였지만, 저자의 뜻한 바가 적지 않이 독자의 공감을 얻게 되었던 것은 큰 기쁨이 아닐 수 없었다.
그러나 저자로서는 좀 더 명확하게 한국사의 흐름을 체계화시키지 못한 점들에 대한 개정이 언제고 행해져야 하리라는 생각을 늘 지니고 있었다. 최근 한국사학계의 새로운 연구성과가 축적되어 감에 따라서 이러한 개정의 필요성은 더욱 커지게 되었다. 다른 연구계획들을 뒤로 미루고, 게으른 몸에 채찍질을 하여 개정에 착수하게 된 까닭이 여기에 있었다."

〈표 1〉『국사신론』「서론」과『한국사신론』초판「서장」구성 비교

『국사신론』「서론」	『한국사신론』초판「서장」
서론	서장 한국사의 새로운 이해
×	제1절 주체성의 인식
반도적 성격론	반도적 성격론
사대주의론	사대주의론
×	한국사의 주체성
×	제2절 한국사와 민족성
당파성의 문제	당파성의 문제
문화적 독창성의 문제	문화적 독창성의 이론
×	제3절 한국사의 체계화
정체성停滯性의 이론	정체성의 이론
×	한국사의 체계화

〈표 1〉에서 보듯이『국사신론』「서론」에서는「반도적 성격론」,「사대주의론」,「당파성의 문제」,「문화적 독창성의 문제」,「정체성의 이론」등의 사론을 기술하였다. 그 후『한국사신론』초판에 이르러서는「서론」이 아닌「서장」을 설정하여 그 아래「주체성의 인식」,「한국사와 민족성」,「한국사의 체계화」등의 3개 절로 나눈 뒤 앞서『국사신론』「서론」에서 썼던 사론에다가「한국사의 주체성」,「한국사의 체계화」등의 사론을 첨가하여, 주체성과 체계화를 더욱 강조하여 드러내게 되었던 것이다. 이럴 정도로 이기백은『국사신론』「서론」과『한국사신론』초판「서장」을 통해 무엇보다도 식민주의사관을 본격적으로 반박하여 타파하는 사론을 전면적으로 서술하였던 것이다. 그러면서도 애초부터 염두에 두고 개설서 집필의 목적으로 삼았던 한국사의 체계화를 더욱 강조하기에 힘 기울였다.『국사신론』「서론」과『한국사신론』초판「서장」에 실었던 이와 같은 사론을 이기백은 그 후 간행한 자신의 첫 번째 사론집史論集『민족과 역사』에「식민주의적 한국사관 비판」이라 제목을 붙여 옮겨서 실었다.[7] 이러한 사실 역시 그가 이『국사신론』「서론」과『한국사신론』초판

---

7 『민족과 역사』, 1971, pp.2–11.

「서장」의 내용 자체가 자신의 사론이었음을 스스로 분명하게 각인시켜 준 것이라 하지 않을 수가 없을 것이다.

그런 후 그것 대신 『한국사신론』 개정판에서는 「서장」을 설정하여 사론을 새로이 써서, 그 제목을 「한국사의 새로운 이해」라고 하여 역시 여실히 '신론'임을 밝혔다. 이후 신수판을 내면서도 이 사론의 체재를 유지하며 항목을 추가하기도 하였는데, 이러한 점들을 살피고자 『한국사신론』 개정판·신수판·한글판 「서장」의 구성을 비교하여 표로 작성한 게 다음의 〈표 2〉다.

〈표 2〉 『한국사신론』 개정판·신수판·한글판 「서장」 구성 비교

『한국사신론』 개정판	『한국사신론』 신수판	『한국사신론』 한글판
서장 한국사의 새로운 이해	서장 한국사의 새로운 이해	서장 한국사의 새로운 이해
제1절 근대 한국사학의 전통	제1절 근대 한국사학의 전통	제1절 근대 한국사학의 전통
×	식민주의사관의 청산	식민주의사관의 청산
근대사학의 전통	근대사학의 전통	근대사학의 전통
전통의 계승과 발전	전통의 계승과 발전	전통의 계승과 발전
제2절 한국사의 체계적 인식	제2절 한국사의 체계적 인식	제2절 한국사의 체계적 인식
인간 중심의 이해	인간 중심의 이해	인간 중심의 이해
보편성과 특수성	보편성과 특수성	보편성과 특수성
한국사의 시대구분	한국사의 시대구분	한국사의 시대구분

『한국사신론』 개정판 「서장 한국사의 새로운 이해」 안에 제1절 「근대 한국사학의 전통」과 제2절 「한국사의 체계적 인식」을 설정하고, 각각 「근대사학의 전통」, 「전통의 계승과 발전」 그리고 「인간 중심의 이해」, 「보편성과 특수성」, 「한국사의 시대구분」이라는 세부 항목을 구성하여 자신의 사론들을 정리하여 제시하였던 것이다. 여기에서도 역시 전통과 그 계승 못지않게 '체계적 인식'을 무게 있게 다루고 있음을 주목해 마땅하겠다. 이후 신수판에서는 「식민주의사관의 청산」을 추가함으로써, 개정판 이후 식민주의사관이 채 청산되지 않은 현실에 안타까움을 표하면서 이에 대한 심각한 반성이 있어야

함을 다시금 환기시키는 사론을 재차 삽입하였던 것이다.[8]

아울러 신수판에서는 이전과는 다른 또 하나의 새로운 면모가 덧붙여졌음이 그 「서문」에 기록되었다. 그것은 다름이 아니라 바로 본문에도 사론을 첨가하고 그 사실을 특기特記하였던 것이다. 다음의 대목에서 이러한 사실이 확인된다.

신수판을 냄에 있어서 가장 마음을 쓴 것은, 새로운 연구성과를 보다 많이 반영시키는 것이었다. 아직도 진행 중인 논쟁에 대해서조차도 되도록 이를 소개하기로 하였다. 그리고 이러한 새 학설에 대하여 저자의 의견을 첨부하기도 하였는데, 그것이 한 사람의 학자로서의 책임이라고 믿었기 때문이다. 이러한 결과로 각 소절小節마다에 있는 '참고' 난이나 부록의 '참고서목參考書目'이 양적으로 크게 늘어나게 되었다. 그러므로 이 책은 장차 한국사를 깊이 알아보려고 하는 사람들에게 하나의 입문서入門書 구실도 할 수 있으리라고 기대해 본다.[9]

여기에서 "새로운 연구 성과를 보다 많이 반영"하여, "장차 한국사를 깊이 알아보려고 하는 사람들에게 하나의 입문서 구실도 할 수 있"게 하고자 했음은, 예전과 그리 별반 크게 달라진 것이라고까지 할 수는 없을 것이다. 하지만 "새 학설에 대하여 저자의 의견을 첨부하기도" 하였다고 적은 것은 전에는 전혀 찾아볼 수 없었던 새로운 내용이라 하지 않을 수가 없다.[10]

이에 따라 본문에서 새 학설에 대한 저자의 의견 곧 사론이 곁들여진 부분들을 일일이 조사하여 본 결과, 해당 부분이 적지 않을 뿐더러 그 내용 역시 그리 간단하지도 않음을 파악할 수 있었다. 그런데다가 그러한 본문 사론이

---

8 그의 이러한 심정은 신수판에 정리되기 이전부터 이미 「식민주의사관을 다시 비판한다」, 『동아일보』 1982년 10월 7일; 『연사수록』, 1994, pp.88-92 및 「식민주의사관 논쟁」, 『한림학보』 1985년 4월 16일; 『韓國史像의 再構成』, 1993, pp.2-7 등에 잘 담겨져 있다.

9 「서」, 『한국사신론』 신수판, 1990, p. iv.

10 노용필, 「이기백 『국사신론』·『한국사신론』의 체재와 저술 목표」 하, 『한국사학사학보』 20, 2008, pp.12-14; 이 책의 제1부 제1장, pp.70-73.

담긴 부분을 여러 판본의 해당 내용과 샅샅이 대조해 가며 살펴본 결과, 결코 신수판에만 국한되지 않고 그 이전의 판본들에서도 이미 그러한 본문에 사론이 담긴 부분들을 발견할 수 있음을 알 수가 있었다. 그러므로 이와 같이 파악하게 된 이기백의 『국사신론』·『한국사신론』 본문에 기술된 사론들에 대해서 집중적으로 검토해 보고자 하는 것이다.

2. 본문 사론의 내용

우선 『국사신론』·『한국사신론』 본문의 사론들을 모두 조사하여 차례별로 항목을 정리하였다. 여기에서 '차례별'이라고 함은, 『국사신론』·『한국사신론』의 모든 판본을 통틀어 기술된 차례를 가리키는 것이다. 그리하여 『국사신론』·『한국사신론』의 판본에 따라 비단 시대구분이 달리 시도되고 또한 그에 따라 장章·절節의 구성과 순서가 변화되었더라도 그와 상관없이 기술된 차례에 따라 정리한 것인데, 그것이 다음의 〈표 3〉으로, 이를 통해 본문 사론이 기술된 항목명과 그 전체 수효를 확인할 수가 있다.

이 〈표 3〉을 통해 본문 사론의 항목이 40에 달한다는 점과 또한 본문 사론이 어느 특정 시대 및 주제에 국한된 게 아니라는 점이 살펴진다. 이 〈표 3〉을 바탕으로 삼아, 각 항목의 세부적이고 구체적인 분석을 위해, 무엇보다도 먼저 본문 사론의 차례별 내용을 일일이 점검하기로 하겠다.

(1) 구석기시대의 유적의 발견과 그 연대

1960년 초중반, 그러니까 이기백이 처음으로 『국사신론』의 초판을 내던 1961년과 그것의 재판을 출간하던 1965년까지도 구석기시대에 관한—한국인에 의해 이루어진—독자적인 고고학考古學의 연구 성과가 거의 없다시피 하던 실정이었으므로, 이에 대해 개설서에서 논한다는 것은 필설筆舌로 다하기 어려운 일이었던 것으로 헤아려진다. 이런 당시의 상황 속에서도 그는, 예

〈표 3〉 본문 사론의 차례별 항목

일련번호	차례별 항목
1	구석기시대의 유적 발견과 그 연대
2	구석기인의 혈통
3	중석기시대의 시기 설정과 그 연대
4	한국민족의 형성과 계통
5	신석기시대의 모계사회(모계제)설
6	신석기시대의 사회조직
7	태양신 · 태양숭배 그리고 샤머니즘
8	금석병용기金石併用期의 설정
9	즐문토기인櫛文土器人과 무문토기인無文土器人의 종족상 차이 그리고 그 계통의 구별
10	부족국가설部族國家說과 성읍국가론城邑國家論
11	고조선古朝鮮의 건국 위치와 영역 경계 설정
12	단군왕검檀君王儉의 성격 문제
13	부족국가연맹체설部族國家聯盟體說과 연맹왕국론聯盟王國論
14	고조선의 사회적 발전 파악에 대한 비판
15	기자동래설箕子東來說 및 기자조선설箕子朝鮮說 비판
16	위만衛滿의 실체와 위만조선의 성격 문제
17	한사군漢四郡의 위치 문제
18	삼한三韓의 위치와 문화 단계 설정
19	초기국가의 노예제사회설奴隷制社會說 비판
20	삼국의 건국 시기에 관한『삼국사기三國史記』의 기록 비판
21	삼국시대 농민층의 분화와 유인遊人의 실체 파악
22	삼국시대 향鄕 · 부곡민部曲民의 천민설賤民說 및 노예사회설 비판
23	고려의 관료제사회설官僚制社會說 비판
24	묘청妙淸의 난 성격에 관한 견해
25	무인정권의 역사적 평가에 대한 견해
26	조선의 양천제사회설良賤制社會說 비판
27	서원의 기능에 대한 견해
28	당쟁에 대한 견해
29	실학의 성격에 관한 견해
30	경세치용학파經世致用學派의 중농주의설重農主義說 비판
31	이용후생학파利用厚生學派의 중상주의설重商主義說 비판
32	천주교 수용과 유행의 역사적 의미에 대한 견해
33	동학의 교리 내용에 대한 견해
34	동학 봉기의 역사적 성격에 대한 견해: 농민반란 · 농민전쟁에서 혁명운동으로, 그리고 반항운동으로
35	동학군 집강소執綱所의 성격과 역할에 대한 견해
36	독립협회 활동 방향에 대한 견해
37	광무개혁光武改革의 근대사주류설近代史主流說 비판
38	항일의 제형태諸形態와 성과에 관한 견해
39	6 · 25동란의 '한국전쟁'설 비판
40	민주국가건설론: 자유 · 통일 지향에서 자유 · 평등 지향으로

전에 일본의 식민주의 사학자들이 악의적으로 제시한 한국에는 구석기시대
가 존재하지 않았다고 하는 학설을 타파하기 위해서도 기왕의 발굴 보고서 및
연구 업적에 대한 분석과 재검토를 토대로 이에 대한 사론을 이미 『국사신론』
초판에서부터 서술하고 있었다. 그리고 또한 이후의 판본에서도 지속적으로
보다 상론하고 있음을 찾아볼 수가 있다. 아래의 부분들에서 그렇다.

① 한국사의 주인공인 한국민족이 반도의 무대에 등장한 정확한 연대를 헤아릴 수
는 없다. 구석기시대의 것으로 생각되는 유적으로는 반도 북단인 두만강豆滿江
기슭의 동관진潼關鎭에서 발견된 것이 있을 뿐이다. 이 유적에서는 포유동물哺
乳動物의 화석과 함께 인공이 가해졌다고 생각되는 한 개의 석기와 약간의 골
각기骨角器가 발견되었던 것이다. 하지만 이 부근에는 신석기시대 유적이 많이
산재散在해 있어서 그것과 서로 혼효混淆되었을 가능성이 있으므로 동 유적 출
토의 유물을 곧 화석과 연결시켜서 구석기시대의 것으로 단정하기를 꺼려 왔었
다. 그러나 유물이 출토하는 황토층黃土層의 지질적 성격이나 동물의 화석 및
유물 등을 만주滿洲·화북華北 등의 그것과 비교 연구한 결과 그것이 구석기시
대의 유적일 것이라고 추정하는 긍정적인 견해도 있다. 반도에는 빙하기氷河期
에 얼음으로 덮인 부분이 지극히 적어서 인류의 서식棲息을 방해하지는 않았을
것이라는 자연적 조건은 한국에도 구석기시대가 있었으리라는 견해를 뒷받침
하고 있다. 화북·만주·일본 등 한국을 에워싼 여러 지역에서 구석기시대의 존
재가 확실하게 알려지고 있으므로 인류의 서식이 가능했던 한국에만 구석기시
대인이 살지 않았으리라고는 생각되지 않는다. 다만 현재로서는 그들의 구체적
인 생활상이 거의 미지未知의 세계에 속한다고 할 수 밖에 없다.[11]
② 한국사의 주인공인 한국민족이 그의 역사 무대에 등장한 정확한 연대를 헤아릴
수는 없다. 몇 해 전만 하더라도, 구석기시대의 유적으로는 함북咸北 두만강 기
슭 동관진의 것이 보고되었을 뿐이었다. 이 유적에서는 맘모스 등 포유동물의
화석과 함께 인공이 가해졌다고 생각되는 몇 개의 석기와 골각기가 발견되었던
것이다. 하지만, 이 부근에는 신석기시대의 유적이 많이 흩어져 있어서 그것과
혼동될 가능성이 있기 때문에, 그 유적에서 나온 유물들을 곧 화석과 연결시켜

---

11 「구석기시대」, 『국사신론』, 태성사, 1961; 제일출판사, 1963, p.11.

서 구석기문화에 속하는 것으로 단정하기를 꺼려하는 사람도 있었다. 그런데, 최근에는 여기저기서 구석기시대의 유적이 보고되기 시작하였다. 그러므로, 가까운 장래에 한국의 구석기문화에 대한 정확한 지식을 얻게 될 것이 틀림없다고 믿는다.

원래 한국에는 빙하氷河가 거의 습래하지 않았기 때문에, 그 시대에도 사람이 살 수 있는 충분한 자연적 조건을 갖추고 있었던 것이다. 게다가 한국을 에워싼 시베리아·중국·일본 등의 여러 지역에서 확실한 구석기시대의 유적이 발견되고 있으므로, 한국에 구석기시대가 존재했으리라는 것은 거의 확실시되기에 이르렀다. 그리고, 이제 실제 유적들이 점점 알려지기 시작한 것이다. 다만, 현재로서는 아직 상세한 보고를 얻지 못하고 있으므로, 구석기문화의 구체적인 모습을 자세히 이야기할 수는 없다.[12]

③ 한국이라는 역사 무대에 사람이 살기 시작한 정확한 연대를 지금 헤아릴 수는 없다. 얼마 전만 하더라도, 구석기시대의 유적으로는 함북 종성鐘城의 동관진 것이 보고되었을 뿐이었다. 이 유적에서는 맘모스 등 포유동물의 화석과 함께 인공이 가해졌다고 생각되는 몇 개의 석기와 골각기가 발견되었던 것이다. 하지만 이 부근에는 신석기시대의 유적이 많이 흩어져 있어서 그것과 혼동될 가능성이 있기 때문에, 그 유적에서 나온 유물들을 곧 화석과 연결시켜 구석기시대에 속하는 것으로 단정하기를 꺼리는 학자도 있었다. 그런데 최근에는 여기저기서 구석기시대의 유적이 보고되어 한국의 구석기시대를 그 윤곽이나마 짐작할 수가 있게 되었다.

현재 알려져 있는 구석기시대의 유적으로는 함북 웅기雄基의 굴포리屈浦里, 평남平南 중화中和의 상원읍祥原邑, 충남忠南 공주公州의 석장리石壯里, 충북忠北 제천堤川의 포전리浦田里(점말동굴) 등의 것이 유명하다. 그리고 이 밖에도 조사가 진행되고 있는 구석기시대 유적이 몇 군데 있다. 이러한 보고들에 의하면 구석기시대의 유적은 거의 전국적으로 분포되어 있으며, 따라서 구석기인은 전국 각지에 널리 살고 있었음을 알 수가 있다.

구석기시대의 연대는 아직 분명하지가 않다. 그러나 석장리의 후기구석기시대에 속하는 두 문화층의 연대가 각기 약 3만년 전과 2만년 전의 것으로 알려진 것을 기준으로 해서 대체적인 짐작을 할 수가 있게 되었다. 아마 구석기인은 수

---

12 「구석기문화」, 『한국사신론』 초판, 1967, p.13.

십만 년 전의 전기구석기시대부터 살기 시작하여 오랜 세월을 거치는 동안에 점점 그들의 생활과 문화를 향상시켜 나갔을 것으로 생각된다.[13]

④ 한국의 역사도 물론 구석기시대부터 시작되며, 이것은 오늘날 하나의 움직일 수 없는 학문적 상식으로 되어 있다. 그러므로 왕조를 중심으로 해서 고조선의 건국으로부터 한국사를 시작하려는 것은 잘못된 낡은 생각이다. 널리 알려진 바와 같이 홍적세에는 4번의 빙하기氷河期가 있었지만, 한국에는 거의 빙하가 덮인 곳이 없었으므로, 빙하기에도 다른 지방보다는 생활조건이 좋은 편이었다. 그러나 한국의 구석기시대가 확실하게 알려진 것은 그리 오랜 옛날 일이 아니다. 얼마 전만 하더라도 구석기시대의 유적으로는 1933년에 조사된 함북 종성의 동관진유적이 보고되었을 뿐이었다. 이 유적에서는 홍적세에 살다가 이미 멸종한 맘모스·코뿔소(서犀) 등 포유동물의 화석과 함께, 인공이 가해졌다고 생각되는 몇 개의 석기와 골각기가 발견되었던 것이다. 그런데 부근의 신석기시대 유적의 유물과 혼동될 가능성이 있다고 하여 이를 구석기시대 유적으로 인정하는 것을 꺼리는 견해가 있었다. 그러나 한국인의 조상이 오래 전부터 살고 있던 만주에서는 1931년에 조사된 흑룡강성黑龍江省 하르빈의 고향둔顧鄕屯유적을 비롯하여 많은 구석기시대 유적이 발견되고 있다. 그리고 동관진에서 그리 멀지 않은 두만강 북쪽 길림성吉林省 안도安圖의 석문산촌石門山村동굴에서도 구석기시대 유적이 발견되었다. 그러므로 동관진의 유적도 구석기시대의 것임이 확실하다고 생각된다.

한국의 구석기시대 유적에 대한 조사 발굴이 활발하게 진행된 것은 1960년대에 들어와서의 일이다. … 이들 유적에 대한 조사 보고에 의하면 구석기시대의 유적은 전국적으로 분포되고 있으며, 따라서 구석기인은 전국 각지에 널리 분포되어 살고 있었음을 알 수가 있다.

한국 구석기시대의 연대는 여러 가지 학설이 나오고 있으나, 아직 단정해서 말할 단계에까지는 이르지 못하고 있다. 다만 석장리의 후기 구석기시대에 속하는 두 문화층의 연대가 각기 약 3만 년 전과 2만 년 전의 것으로 판명되었다. 그러나 전기 구석기시대의 유적도 여럿이 보고되고 있으므로, 적어도 50만년 전 정도까지 그 연대가 올라갈 수 있을 것으로 추측된다. 그러므로 구석기인은 수십만년의 오랜 세월을 거치는 동안에 점점 그들의 생활과 문화를 향상시켜

---

13 「구석기시대」, 『한국사신론』 개정판, 1976, pp.9~10.

나갔던 것이다.[14]

『국사신론』에서는 이미 발굴된 동관진 유적을 기왕에는 ① "구석기시대의 것으로 단정하기를 꺼려 왔었"지만, "긍정하는 견해도 있다"고 정리하고, "한국에만 구석기시대인이 살지 않았으리라고는 생각되지 않는다"고 자신의 견해를 밝혔다. 그러더니『한국사신론』초판본에서는 ② "최근에는 여기저기서 구석기시대의 유적이 보고되기 시작"하여 "이제 실제 유적들이 점점 알려지기 시작"하였다고 서술하였다. 그 후 개정판에서는 ③ "구석기시대의 유적은 거의 전국적으로 분포되어 있으며, 따라서 구석기인은 전국 각지에 널리 살고 있었음을 알 수가 있다"고 적고 나서, "아마 구석기인은 수십만 년 전의 전기구석기시대부터 살기 시작"하였을 것으로 전망하였는데, 드디어 신수판에 이르러서는 "전기 구석기시대의 유적도 여럿이 보고되고 있으므로, 적어도 50만 년 전 정도까지 그 연대가 올라갈 수 있을 것으로 추측된다"고 수정하였다. 이와 같은 그의 '(1) 구석기시대의 유적의 발견과 그 연대'에 관한 사론은, 기존의 연구 성과에 대한 재검토를 통해 자신의 견해를 제시하고, 이에 그치지 않고 새로운 연구 성과를 반영하여 이를 입증하려고 함은 물론 앞으로의 전망까지 예언하듯이 제시하였고, 결과적으로 그것이 발굴 결과 사실로 입증되기에 이른 것임을 읽을 수 있다.

(2) 구석기인의 혈통

구석기인의 혈통血統이 과연 현재의 한국인과 연결되는 것인지에 대해서도 관심을 기울였는데, 이에 대해서는 정리가 어려웠던 듯『한국사신론』개정판 이후에서부터야 기술하였다. 아래에 보듯이 개정판에서는 분명하지가 않다고만 하였다가, 신수판에 이르러 구체적인 발굴 결과를 소개하고 나서도

---

14 「구석기시대」,『한국사신론』신수판, 1990, pp.10−11; 「구석기시대」,『한국사신론』한글판, 1999, pp.11−12.

부정적임을 밝혔다.

① 그러나 그들의 혈통이 오늘의 한국민족에 계승되어 내려온 것인지 어떤지는 분명하지가 않다.[15]

② [구석기시대에 살던 사람의 뼈도 여럿 발견되었다. 덕천의 승리산동굴에서는 두 개의 이빨이 박혀 있는 35살 가량 되는 남자의 아래턱뼈 1점이 발견되었고 평양의 만달리동굴에서는 24~30살가량 되는 남자의 거의 완전한 머리뼈 1점과 아래턱뼈 2점이 발견되었으며, 청원의 두루봉동굴에서는 3~4살 되는 어린이 2사람의 모든 뼈가 발견되었다. 이 밖에도 인골의 파편이 더 발견되고 있으므로 점차로 구석기시대에 살던 사람들의 모습이 발전하여 온 양상도 알 수가 있게 될 것으로 기대된다.][16] 그러나 이들 구석기인의 혈통이 오늘의 한국인에 계승되어 내려온 것인지 어떤지는 분명하지가 않으며, [오히려 부정적인 견해가 지배적이다.][17]

이 부분에서 주목되는 바는, 북한에서 발굴된 덕천 승리산동굴, 평양 만달리동굴의 인골 및 남한에서 발굴된 청원 두루봉동굴의 인골 등의 경우를 각각 나이까지 제시할 정도로 상세히 거론하여 매우 구체적인 서술을 하였음은 물론 "이 밖에도 인골의 파편이 더 발견되고 있으므로 점차로 구석기시대에 살던 사람들의 모습이 발전하여 온 양상도 알 수가 있게 될 것으로 기대된다"고 전망이 담긴 예언까지 제시하고 있음이다. 그러면서도 "오히려 부정적인 견해가 지배적이다"라는 자신의 사론을 끝내 붙여두었던 것이다.

(3) 중석기시대의 시기 설정과 그 연대

한국에서 출판된 여느 개설서에도 전혀 서술된 바가 없는 사실을 기술한

---

15 「구석기시대」, 『한국사신론』 개정판, 1976, p.10.

16 인용문 속의 [ ]는 쉬이 구별되도록, 앞뒤의 판본과 비교해서 새로이 추가된 부분이거나 표현이 변경된 경우를 표시한 것으로, 이하도 그러하다.

17 「구석기인의 생활과 문화」, 『한국사신론』 신수판, 1990, p.13; 「구석기인의 생활과 문화」, 『한국사신론』 한글판, 1999, pp.12-14.

항목이 바로 이 중석기시대中石器時代와 관련된 것이다. 그것도 초기의 어느 판본에서도 시도하지 않다가, 신수판에 와서야 비로소 다음과 같이 비교적 상세히 서술하였다.

B.C. 8000년경에 홍적세는 끝나고 충적세가 시작되었으며, 동시에 빙하기도 끝나고 기후가 따뜻해졌다. 이에 따라 빙하가 녹은 물로 말미암아서 해면이 점점 상승하게 되었고, 맘모스와 같은 짐승은 북쪽 한대寒帶로 옮아간 대신 토끼와 같은 빠른 짐승이 등장하였다. 이러한 빠른 짐승을 잡기 위하여 활을 만들어 쓰게 되었고, 또 잔석기(세석기細石器)를 뼈나 나무에 판 홈에 꽂아서 낫이나 작살처럼 사용하는 모듬연장(복합도구複合道具)도 만들어 쓰게 되었다. 이 시기를 중석기시대라고 하는데, 구석기시대로부터 신석기시대로 넘어가는 과도기에 해당한다. 한국에서는 아직 확실한 중석기 유적이 발견되지 않고 있으나, 그것이 존재했을 것임은 거의 의심이 없다. 경남 상노대도上老大島의 조개더미(패총貝塚)의 최하층 유적 같은 것이 그러한 예의 하나라고 지목되고 있다.[18]

선사시대와 관련하여 이와 같은 중석기시대의 설정이 세계 고고학계에서는 일반화되어 있는 게 사실이었고,[19] 김원룡金元龍의 『한국고고학개설韓國考古學概說』에도 이미 서술되었지만,[20] 그러다가 경남 상노대도 유적의 발굴 결과 이를 중석기시대의 것으로 여기는 보고가 발표되고 또 이와 관련된 정리가 1983년에 이르러 시도되자[21], 진작부터 이러한 점을 익히 터득하고 있

---

18 「신석기인의 등장」, 『한국사신론』 신수판, 1990, p.15; 「신석기인의 등장」, 『한국사신론』 한글판, 1999, p.15.

19 고고학 분야에서의 중석기시대의 설정과 그 개념에 관해서는 John J. Gowlett 지음, 배기동 옮김, 「용어해설」, 『문명의 여명―옛 인류의 고고학』, 범양사, 1988, pp.200~201 그리고 그 구체적인 양상 등에 대한 상세한 내용은 에드워드 파이도크·헨리 호지스 지음, 노용필 옮김, 「중석기시대 물가생활 / 중석기시대 황야생활」, 『고대 브리튼, 그들은 어떻게 살았을까』, 2009, pp.22~28 등에서 확인할 수 있다.

20 김원룡, 「구석기 및 중석기문화의 문제」, 『한국고고학개설』 초판, 일지사, 1973; 제3판, 「중석기문화」, 제3판, 1986, pp.20~21.

21 최복규의 이 연구 성과는 『한국사신론』 신수판, 1990, p.18의 〈참고〉 난에 '최복규, 「중석기문화」(『한국사론』 12, 국편위, 1983)'라고 소개되어 있다.

었을 그로서는[22] 평소 세계사 속의 한국사를 강조하는 지론에 입각해서 이런 상황을 타개하기 위해서라도 중석기시대에 대한 서술을 1990년의 신수판에서 설정하여 구체화하기에 이르렀던 것 같다. 즉 연구자들의 구체적인 발굴 조사 보고서에 이에 관한 게 거의 없는 상태에서 이를 거론하기 어려웠을 것이므로, 1976년의 개정판까지도 이에 관해 기술을 하지 못하다가, 드디어 1990년의 신수판에서 처음으로 중석기시대에 관한 개념 소개와 더불어 자신의 견해를 펼쳐 보였던 것이라 가늠된다.

다만 한 가지 아쉬운 것은, 항목에 있어서 중석기시대를 독립되게 설정하지 못하고, 〈신석기인의 등장〉이라는 항목 앞부분에서 1개의 단락으로 언급하는 데에 그쳤음이다. 기왕의 연구 성과가 부족한 데에 따라 단독 항목으로는 설정하기가 마뜩치 않으므로 고육책으로 그리한 것이라 여겨진다. 비록 그렇다손 치더라도, 이후 현재까지도 이에 대한 본격적인 연구 성과가 거의 없는 형편이고 또 여느 개설서에서도 전혀 언급이 없는 주제인 것을 보면, 한국사학의 사학사적인 큰 흐름의 측면에서는 그가 오히려 다소 시대를 앞서 갔다는 느낌조차 든다.

(4) 한국민족의 형성과 계통

한국민족이 언제부터 형성되기 시작하였으며, 그 계통은 어찌 되는 것인가에 대해서는 한국사에 관심이 조금이라도 있는 이들이라면 매우 궁금해 하는

---

22 西村眞次, 「原人の生活と中石器時代」, 『文化人類學』, 早稻田大學出版部, 1924, pp.33-43에서 이미 중석기시대의 설정은 물론 그 특징까지 비교적 상세히 논하고 있었음을 찾아볼 수 있는데, 이기백이 早稻田大學 사학과에 진학한 1942년에도 여전히 니시무라 신지의 강의가 진행되고 있었으며, 이기백 역시 이 강의를 수강하였으므로 이때부터 이미 중석기시대에 대한 지식을 지니며 깊은 관심을 기울이고 있었을 것임에 거의 틀림이 없을 것이다. 이기백 자신이 니시무라 신지의 강의를 수강했다는 사실을 그의 글 가운데 직접 밝힌 것은 「국가와 종교를 보는 하나의 시각— 순교자의 문제—」, 역사학회 편, 『역사상의 국가권력과 종교』, 2000; 『한국전통문화론』, 2002, pp.122-123의 "제가 早稻田대학 사학과에 진학한 것이 1942년 가을 학기입니다. 그때가 일제 말기라서 한 학기 단축이 되어 가을 학기에 진학하게 되었는데, 그 첫 학기에 들은 강의 중에 니시무라 신지 선생의 인류학개론이 있었습니다"라고 한 대목이다.

점이기에, 어느 개설서에서나 의당 다루어야 할 문제였음은 두말할 나위가 없을 것이다. 그러므로 『국사신론』·『한국사신론』에서도 그러하였는데, 그 서술의 내용도 판본에 따라 변함은 말할 것도 없고, 그에 따라 사론의 내용도 변화되고 있음이 눈에 띈다.

①-가 이때에 등장한 신석기시대인이 현재의 한국민족의 조상임은 분명하다. 한국민족의 계통은 언어로써 대략이나마 짐작할 수가 있다. 한국어는 언어학상 알타이(Altai)어에 속하고 있다. 알타이어를 사용하고 있는 민족으로서는 서쪽의 토이기족土耳其族으로부터 시작하여 시베리아의 제민족諸民族·몽고족蒙古族·통고사족通古斯族·일본족日本族 등이 있다. 한국민족도 이들과 계통을 같이하는 알타이어족語族에 속하는 것이다.

그들은 일정한 시기에 1회에 한하여 반도로 이동해 온 것은 아니었다. 수천 년의 긴 세월을 거치면서 여러 차례 파상적波狀的인 이동을 하여 왔다. 또 비록 같은 알타이어족에 속한다 하드라도 그간에는 약간의 종족적 문화적 차이가 있었던 것이다. 그러한 여러 요소가 복잡한 역사적인 과정을 거치는 동안에 융합融合되어서 드디어 한국민족을 형성하기에 이르른 것이다.[23]

①-나 이때에 등장한 신석기인이 현재의 한국민족의 조상임은 분명하다. 한국민족의 계통은 언어로써 대략이나마 짐작할 수가 있다. 한국어는 언어학상 알타이(Altai)에 속하고 있다. 알타이어를 사용하고 있는 민족으로서는 서쪽의 토이기족으로부터 시작하여 시베리아의 여러 민족, 몽고족·퉁구스족·일본족 등이 있다. 한국 민족도 이들과 계통을 같이하는 알타이어족에 속하는 것이다.

그들은 일정한 시기에 한 번에 이동해 온 것이 아니었다. 수천 년의 긴 세월을 거치면서 여러 차례 파상적인 이동을 하여 왔었다. 또, 비록 같은 알타이어족에 속한다 하더라도, 그 사이에는 종족적으로나 문화적으로 약간의 차이가 있었던 것이다. 그러한 여러 요소가 복잡한 역사적인 과정을 거치는 동안에 융합되어서, 드디어 한국민족을 형성하기에 이른 것이다.[24]

② 이 같은 신석기문화의 파상적인 이동으로 말미암아 한국의 신석기시대는 세 차

---

23 「신석기시대인의 등장」, 『국사신론』, 태성사, 1961; 제일출판사, 1963, p.12.
24 「신석기인의 등장」, 『한국사신론』 초판, 1967, p.14.

례의 큰 변화를 겪었다. 이들 신석기인의 혈통은, 구석기인과는 달리, 끊기지 않고 계승되어 한국민족의 형성에 참여한 것으로 보인다. 이들은 오랜 역사적인 과정을 거치는 동안에 서로 융합되고 [또 청동기시대의 새 요소들과 결합되어서] 한국민족을 형성하기에 이르렀던 것으로 생각된다.[25]

③ 이 같은 토기의 변화를 통하여 미루어 볼 때에 한국의 신석기시대는 세 차례의 큰 변화를 겪었던 셈이다. 현재 이 신석기인, 특히 빗살무늬토기인을 고古아시아족으로 보는 경향이 농후하지만, 아직은 확실하게 증명된 사실이 아니다. 다만 중국과는 다른 북방계통의 인종인 것만은 분명하다. 그들은 필시 여러 차례에 걸쳐 파상적인 이동을 해왔을 것으로 생각된다. 이들 신석기인의 혈통은, 구석기인과는 달리 끊기지 않고 계승되어 한국 민족의 형성에 참여한 것으로 보인다. 이들은 오랜 역사적인 과정을 거치는 동안에 서로 융합되고 또 청동기시대의 새 요소들과 결합되어서 한국 민족을 형성하기에 이르렀을 것이다.[26]

한국민족의 '조상'을 『국사신론』 및 『한국사신론』 초판까지는 ①-가 '신석기시대인' 혹은 ①-나 '신석기인'으로 기술하였으나, 『한국사신론』 개정판 이후에는 ②, ③ "신석기인의 혈통은, 구석기인과는 달리 끊기지 않고 계승되어 한국민족의 형성에 참여한 것으로" 보고, "또 청동기시대의 새 요소들과 결합되어서 한국민족을 형성하기에 이르렀을 것"으로 서술하였다. 한편 그 계통은 『국사신론』 및 『한국사신론』 개정판까지에서는 언어학상 알타이족으로 보고 있는 반면에, 신수판에 이르러서는 "신석기인, 특히 빗살무늬토기인을 고아시아족으로 보는 경향이 농후하지만, 아직은 확실하게 증명된 사실이 아니다"라고 수정하였음이 주목되어야 할 것이다. 이는 민족의 계통을 종래와는 사뭇 다르게 보고 있는 것이므로, 신수판 및 그것을 그대로 잇고 있는 한글판의 사론에 나타난 커다란 변화의 하나였다고 해도 지나치지 않을 것이다.

---

25 「신석기인의 등장」, 『한국사신론』 개정판, 1976, pp.11–13.
26 「신석기인의 등장」, 『한국사신론』 신수판, 1990, pp.17–18; 「신석기인의 등장」, 『한국사신론』 한글판, 1999, p.18.

(5) 신석기시대의 모계사회(모계제)설

신석기시대의 한국사회 역시 모계제사회母系制社會였다는 유물사관唯物史觀의 의견이 주된 학설로 자리 잡고 있었던 초기의 연구 성과를 취해 이기백도『국사신론』초판에서는 그렇게 본 것 같다.[27] 그러면서도 아울러 조심스럽게 이후에는 점차 부계사회로 전환한다는 점을 함께 거론하였다. 다음에서 확인이 된다.

① 그리고 신석기시대의 일정한 시기에는 낳은 자식이 아버지의 씨족氏族에 속하는 것이 아니라 어머니의 씨족에 속하는 모계사회母系社會였던 것 같다. 고구려의 서옥제婿屋制, 신라의 낭서계위제娘婿繼位制, 무가巫家의 모계적 경향 등등이 모두 이러한 사실을 증명해 주는 것으로 생각된다. 그러나 뒤에 점차 부계사회父系社會로 넘어가게 되었다.[28]

② 그리고 신석기시대의 일정한 시기에는 자식이 아버지의 씨족에 속하는 것이 아니라, 어머니의 씨족에 속하는 모계제가 행해졌던 것 같다. 고구려의 서옥제 같은 것이 이러한 사실을 반영시켜 주는 것으로 생각된다. [그러나, 뒤에 점차 부계제로 넘어가게 되었다].[29]

③ 그리고, 신석기시대의 일정한 시기에는 모계제가 행해졌던 것으로 믿어져 왔다. 결혼한 뒤에 남자가 여가女家에 가서 여자 부모의 허락을 받아야 서옥에서 아내와 같이 잘 수 있고, 자식을 낳아 큰 뒤에야 아내를 데려갈 수 있었다는 고구려의 서옥제 같은 것은 그 유제일 것으로 생각되었다. [그러나 최근에는 이 모계제의 존재에 회의적인 의견들도 제시되고 있다.][30]

---

27 유물사관과 관련한 이러한 그의 이해와 관련하여서는 「학문적 고투의 연속」,『한국사 시민강좌』제4집, 1989;『연사수록』, 1994, p.240에서, "해방 이후 심하게 불어 닥친 정치계의 변화와 함께, 역사학에서도 유물사관에 대한 관심이 고조되었다. 이것은 나에게는 전혀 새로운 세계였던 것이다. 그래서 그에 관한 책들을 열심히 읽게 되었다. 당시 맑스가 제시한 아시아적·고대적(노예적)·봉건적·자본주의적인 사회발전이 필연적이었다는 소위 유물사관공식에 대한 글들이 쏟아져 나왔다. 그런 글들은 한결같이 이 공식에 충실하는 것이 과학적인 역사라고 강조하였다"라고 하였음이 참고가 된다.

28 「씨족사회」,『국사신론』, 태성사, 1961; 제일출판사, 1963, p.17.

29 「씨족 공동체의 사회」,『한국사신론』초판, 1967, p.17.

30 「씨족 공동체의 사회」,『한국사신론』개정판, 1976, p.16.

④-가 그리고 신석기시대의 일정한 시기에는 모계제가 행해졌던 것으로 믿어져 왔다. 결혼한 뒤에 남자가 여자집에 가서 여자 부모의 허락을 받아야 서옥에서 아내와 같이 잘 수 있고, 자식을 낳아 큰 뒤에야 아내를 데려가 살 수 있었다는 고구려의 서옥제 같은 것은 그 유제일 것으로 생각되었다. 그러나 최근에는 이 모계제의 존재에 회의적인 의견들이 제시되고 있다.[31]

④-나 그리고 신석기시대의 일정한 시기에는 모계제가 행해졌던 것으로 믿어져 왔다. 결혼한 뒤에 남자가 여자집에 가서 여자 부모의 허락을 받아야 [신부집의 뒤켠에 사위를 위해 지은 조그만 집](서옥婿屋)에서 아내와 같이 잘 수 있고, 자식을 낳아 큰 뒤에야 아내를 데려갈 수 있었다는 고구려의 서옥제 같은 것은 그 유제일 것으로 생각되었다. 그러나 최근에는 이 모계제의 존재에 회의적인 의견들이 제시되고 있다.[32]

곧 『국사신론』에서는 ① '부계사회' 그리고 『한국사신론』 초판에서는 ② '부계제'로 넘어간다고 썼던 것이다. 하지만 개정판부터 줄곧 "최근에는 이 모계제의 존재에 회의적인 의견들이 제시되고 있다"라는 사론을 덧붙이고 있는 것이다. 이는 초판 출간 이후에 발표된 새로운 학술 논문의 성과를 반영한 것으로 판단되는데[33], 서옥제의 경우를 더 이상 모계제와 연결해 보지 않는 근자의 연구 성과[34]에 의해서도 올바른 견해였음이 입증되고 있다고 하겠다.

(6) 신석기시대의 사회조직

신석기시대의 사회조직에 관해 논하면서 그것이 씨족氏族만 있었던 게 아

---

31 「씨족 공동체의 사회」, 『한국사신론』 신수판, 1990, pp.21-22.

32 「씨족 공동체의 사회」, 『한국사신론』 한글판, 1999, p.21.

33 이는 개정판, 1976, p.17의 〈참고〉 난에 '최재석, 「한국 고대 가족에 있어서의 모계·부계의 문제」(『한국사회학』 4, 1968)'라고 한 데에서 읽을 수 있다.

34 이와 관련하여서는 이기동, 「민족학적으로 본 문화계통」, 『한국사』 1 총설, 국사편찬위원회, 2002, p.129에서 "고구려조에는 서옥제가 기술되어 있는데, 이 같은 혼인습속은 이른바 '일시적 妻訪婚temporay matrilocal marriage'의 일종으로 볼 수 있으며, 반드시 모계제를 이야기하는 것이 아님은 물론이다"라고 한 지적이 참고가 된다.

니라 그것이 연결되어 부족部族이라는 보다 큰 사회를 형성하게 된다고 보았던 견해를 『국사신론』 초판 이후 『한국사신론』 한글판까지도 줄곧 견지하였다. 그러면서도 세부적인 논의에서는 변화가 조금씩 나타나고 있었고, 또한 신수판에 이르러서는 기본적인 사회조직이 과연 무엇이었는가에 대한 사론이 덧붙여졌다.

① (하지만) 씨족은 신석기시대의 유일한 사회형태인 것은 아니었다. 인구의 증가로 인하여 분열된 동계同系의 씨족, 혹은 혼인관계로 가까운 관계에 있는 씨족 등등이 연결하여서 부족이라는 보다 큰 사회를 형성하게 되었기 때문이다. 이 부족은 현재의 군郡 정도의 크기를 가진 사회로서 점차 지연적地緣的인 경향을 농후하게 가지게 되었지마는, 그 사회 구성의 원칙에 있어서는 씨족과 대동소이한 것이었다. 즉 부족장은 소속 씨족장들에 의하여 선거되었다. 신라의 6촌 촌장들이 모여서 혁거세赫居世를 추대하였다거나, 가야의 9간九干이 모여서 수로首露를 추대한 것 등은 이러한 부족장 선거의 사실을 설화화說話化한 것으로 생각된다. 부족장의 선거뿐 아니라 부족 전체에 관계되는 중요한 일들은 모두 이 씨족장회의에서 결정되었던 것이다.[35]

② (하지만,) 씨족은 신석기시대의 유일한 사회 형태였던 것은 아니다. 인구의 증가로 인하여 분열된 동계同系의 씨족이나, 혼인 관계로 해서 가까운 사이에 있는 씨족 등이 연결하여서 부족이라는 보다 큰 사회를 이루게 되었기 때문이다. 이 부족은 [현재의 군 정도의 크기를 가진 사회로서], 점차 지연적인 경향을 가지게 되었다. 그러나, 그 사회 구성의 원칙은 씨족과 대체로 마찬가지였다. 즉, 부족 전체에 관계되는 일들은 모두 씨족장들의 회의에서 결정되었던 것이다. 그리고, 부족장은 이들 씨족장에 의하여 선거되었다. 신라의 6촌 촌장들이 모여서 혁거세를 추대하였다거나, 가야의 9간이 모여서 수로를 추대하였다거나 하는 것 등은 이러한 부족장 선거의 사실을 설화화한 것으로 생각된다.[36]

③ (하지만) 씨족은 신석기시대의 유일한 사회 형태였던 것은 아니다. 인구의 증가로 인하여 분열된 씨족이나, 혼인 관계로 해서 가까운 사이에 있는 씨족 등이

---

35 「씨족사회」, 『국사신론』, 태성사, 1961; 제일출판사, 1963, p.17.
36 「씨족 공동체의 사회」, 『한국사신론』 초판, 1967, p.18.

연결하여서 부족이라는 보다 큰 사회를 이루게 되었기 때문이다. 이 부족은 지연적인 경향을 지니게 되었으나 그 사회 구성의 원칙은 씨족과 대체로 마찬가지였다. 즉, 부족 전체에 관계되는 일들은 모두 씨족장들이 회의에서 결정하였던 것이다. 그리고, 부족장은 이들 씨족장에 의하여 선거되었다. 신라의 6촌 촌장들이 모여서 혁거세를 추대하였다거나, 가야의 9간이 모여서 수로를 추대하였다거나 하는 것 등은 이러한 부족장 선거의 사실을 설화화한 것으로 생각된다.[37]

④ (하지만) 씨족은 신석기시대의 유일한 사회 형태였던 것은 아니다. 인구의 증가로 인하여 분열된 씨족이나, 혼인관계로 해서 가까운 사이에 있는 씨족 등이 연결하여서 부족이라는 보다 큰 사회를 이루게 되었기 때문이다. … 가야의 9干이 모여서 수로를 추대하였다거나 하는 것 등은 이러한 부족장 선거의 사실을 설화화한 것으로 생각된다. [최근에는 이 부족이 신석기시대의 기본적인 사회조직인 것으로 보는 견해가 나오고 있다. 그러나 신석기시대의 기본이 되는 사회단위는 가족이나 부족이 아니며, 종래와 같이 씨족이었다고 보는 것이 정당하다고 생각한다.][38]

부족에 대해서 설명하면서 『국사신론』부터 『한국사신론』 한글판에 이르기까지는 "사회 구성의 원칙은 씨족과 대체로 마찬가지였다"고 일관되게 기술하였는데, 다만 『국사신론』 및 『한국사신론』 초판까지는 "현재의 군 정도의 크기를 가진 사회"라는 대목이 있었으나, 그 이후 개정판부터에서는 그것이 제외되었다. 아마도 이러한 서술의 내용 수정은 개정판 이후 성읍국가론을 제기하면서 그 규모를 오늘날의 군 정도의 크기로 상정하고 있었던 자신의 견해와 상충되기 때문이었지 않았나 추측된다.

뿐만 아니라 『한국사신론』 신수판에 이르러서는, 이전에는 전혀 없던 사론 즉, "최근에는 이 부족이 신석기시대의 기본적인 사회조직인 것으로 보는 견해가 나오고 있다. 그러나 신석기시대의 기본이 되는 사회 단위는 가족이나

---

37 「씨족 공동체의 사회」, 『한국사신론』 개정판, 1976, pp.16-17.
38 「씨족 공동체의 사회」, 『한국사신론』 신수판, 1990, p.22; 「씨족공동체의 사회」, 『한국사신론』 한글판, 1999, p.21.

부족이 아니며, 종래와 같이 씨족이었다고 보는 것이 정당하다고 생각한다"는 대목이 첨가되었다. 이는 신석기시대의 기본 사회단위를 가족이나 부족이라고 하는 견해에 대해서, 그렇지 않고 종래와 같이 씨족이라고 보는 게 옳다는 자신의 견해를 명백히 제시한 것이다.

(7) 태양신·태양숭배 그리고 샤머니즘

태양신太陽神의 존재를 인정하고 그를 숭배하는 태양숭배崇拜 그리고 이러한 원시적 종교 형태에 관한 서술에 있어서도 동일한 내용으로 시종일관하지 않았다. 판본마다 고쳐 적었을 뿐만 아니라 특히 샤머니즘과 관련해서는 거의 매번 달리 서술하였던 것이다.

① 인간뿐 아니라 우주의 삼라만상이 모두 영혼靈魂을 가지고 있는 것으로 그들은 믿고 있었던 것 같다. 그러한 것 중에는 신격화神格化되어 신앙信仰의 대상이 된 것도 있었다. 태양 같은 것은 그 대표적인 것이었다. 이 태양숭배의 신앙은 시체屍體를 동침東枕으로 하여 매장埋葬하였다는 데에도 나타나지마는 특히 난생설화卵生說話에서 이를 알 수 있다. 주몽朱蒙의 모母 유화柳花는 태양의 빛이 몸에 비친 뒤에 잉태하여 주몽을 낳았는데 알로 낳았다. 또 알에서 나온 혁거세는 몸에서 빛을 발하기 때문에 이름을 밝(박朴, 불거내弗炬內, 혁赫)이라고 하였던 것이다. 이들은 모두 그들의 위대한 시조始祖를 태양의 아들로 생각했음을 나타내는 것이다. 이 태양으로써 대표되는 선신善神은 인간에게 행복을 준다고 생각되었으나 반면에 암흑暗黑에 사는 귀류鬼類 같은 악신惡神은 인간에게 질병疾病·기근饑饉 등의 화禍를 가져오는 것으로 믿었다. … 이 무격巫覡 신앙과 같은 유형의 원시적인 종교형태는 동북아시아 일대에 공통적으로 발견되는 것이며 이를 일반적으로 샤머니즘(Shamanism)이라고 부르고 있다.[39]

②-가 산이나 강이나 나무와 같은 자연물들의 영혼도 인간의 그것과 마찬가지인 것으로 생각하였다. 그런 것 중에는 신격화한 것도 있었다. 태양은 그 대표적인 것이었다. 태양숭배의 신앙이 가장 잘 나타나 있는 것은 난생설화인데, 이러

---

39 「무격신앙」, 『국사신론』, 태성사, 1961; 제일출판사, 1963, p.18.

한 예는 허다하게 찾아볼 수 있다. 가령 유화는 태양의 빛이 몸에 비친 뒤에 잉태하여 주몽을 낳았는데 알로 낳았다고 한다. 또, 알에서 나온 혁거세는 몸에서 빛을 발하기 때문에 이름을 '밝'(박・혁・불구내弗矩內)이라 하였다고 전한다. 이들은 모두 위대한 인물을 태양의 아들로 생각했음을 나타내는 것이다.

　태양으로 대표되는 선신은 인간에게 행복을 가져다준다고 생각되었으나, 반면에 암흑에 사는 귀류鬼類와 같은 악신은 인간에게 불행을 가져오는 것으로 믿었다. 이 무격신앙과 같은 유형의 원시적인 종교 형태는 동북아시아 일대에 공통적으로 발견되는 것이며 이를 일반적으로 샤머니즘(Shamanism)이라고 부르고 있다.[40]

②-나 산이나 강이나 나무와 같은 자연물들의 영혼도 인간의 그것과 마찬가지인 것으로 생각하였다. 그런 것 중에는 신격화한 것도 있었다. 태양은 그 대표적인 것이었다. 태양숭배의 신앙이 가장 잘 나타나 있는 것은 난생설화인데, 이러한 예는 허다하게 찾아볼 수 있다. 가령 유화는 태양의 빛이 몸에 비친 뒤에 잉태하여 주몽을 낳았는데 알로 낳았다고 한다. 또, 알에서 나온 혁거세는 몸에서 빛을 발하기 때문에 이름을 '밝'(박・혁・불구내)이라 하였다고 전한다. 이들은 모두 위대한 인물을 태양의 아들로 생각했음을 나타내는 것이다.

　태양으로 대표되는 선신은 인간에게 행복을 가져다준다고 생각되었으나, 반면에 암흑에 사는 귀류鬼類와 같은 악신은 인간에게 불행을 가져오는 것으로 믿어졌다. … 이 무격신앙과 같은 유형의 원시적인 종교 형태는 [세계 어디서나 공통적으로 발견되는 것이지만,] 동북아시아 일대에서는 이를 일반적으로 샤머니즘(Shamanism)이라고 부르고 있다.[41]

③ 산이나 강이나 나무와 같은 자연물들의 영혼도 인간의 그것과 마찬가지인 것으로 생각하였다. [그러므로 그들은 스스로의 생각을 가지고 활동을 하며 인간과 접촉을 하는 것으로 생각하였다. 그런데 그들 중에는 인간에게 행복을 가져다주는 선한 것이 있는가 하면, 인간에게 불행을 가져다주는 악한 것도 있는 것으로 믿었다.] 그리고 때로는 그런 것들이 신격화되는 경우도 있었다. [그런데 종래 태양신은 인간에게 행복을 가져다주는 선신의 대표적인 것으로 신석기인들이 믿었으리라고 일반적으로 생각해 왔다. 그러나 최근에는 이러한 태양숭배의

---

40 「무격신앙」, 『한국사신론』 초판, 1967, pp.18-19.
41 「무격신앙」, 『한국사신론』 개정판, 1976, pp.17-18.

신앙이 신석기시대에 존재했으리라는 데에 회의적인 견해도 나타나고 있다.]…
[우리는 이를 보통 무격신앙이라고 부르고 있는데,] 이와 동일한 유형의 원시적
인 종교형태를 동북아시아 일대에서는 일반적으로 샤머니즘Shmanism이라 부
르고 있다. [그러나 이와 비슷한 종교형태는 세계 어디서나 공통적으로 발견되
는 것으로서 반드시 동북아시아에 국한된 현상은 아니다.][42]

④ 산이나 강이나 나무와 같은 자연물들의 영혼도 인간의 그것과 마찬가지인 것
으로 생각하였다. 그러므로 그들은 스스로의 생각을 가지고 활동을 하며 인간
과 접촉을 하는 것으로 생각하였다. 그런데 그들 중에는 인간에게 행복을 가져
다주는 선한 것이 있는가 하면, 인간에게 불행을 가져다주는 악한 것도 있는 것
으로 믿었다. 그리고 때로는 그런 것들이 신격화되는 경우도 있었다. 그런데 종
래 태양신은 인간에게 행복을 가져다주는 선신의 대표적인 것으로 신석기인
들이 믿었으리라고 일반적으로 생각해 왔다. 그러나 최근에는 이러한 태양숭
배의 신앙이 신석기시대에 존재했으리라는 데에 회의적인 견해도 나타나고 있
다. … [이를 무술巫術신앙이라고 부르는 것이 적절하게 생각되는데] 이와 동일
한 유형의 원시적인 종교형태를 동북아시아 일대에서는 일반적으로 샤머니즘
Shamanism이라 부르고 있다. 그러나 이와 비슷한 종교형태는 세계 어디서나
공통적으로 발견되는 것으로서 반드시 동북아시아에 국한된 현상은 아니다.[43]

태양신과 그에 대한 태양숭배에 관해,『국사신론』초판부터『한국사신론』
개정판까지는 그것이 신석기인의 무격신앙으로 여겨 오다가, 신수판에 이르
러서는 ③ "종래 … 신석기인들이 믿었으리라고 일반적으로 생각해 왔다. 그
러나 최근에는 이러한 태양숭배의 신앙이 신석기시대에 존재했으리라는 데
에 회의적인 견해도 나타나고 있다"고 다른 견해를 소개하였던 것이다. 더
욱이 이와 같이 사용하던 무격신앙이라는 용어를 버리고 한글판에서부터
는 ④ "이를 무술巫術신앙이라고 부르는 것이 적절하게 생각되는데"라고 하
여, 무술신앙이라는 용어를 비로소 사용하기 시작하였다. 게다가 샤머니즘

---

42 「무격신앙」,『한국사신론』 신수판, 1990, p.23.
43 「무술신앙」,『한국사신론』 한글판, 1999, p.22.

에 대해서도 줄곧 "이와 동일한 유형의 원시적인 종교형태를 동북아시아 일 대에서는 일반적으로 샤머니즘Shamanism이라 부르고 있다"고 기술하였는 데, 신수판 이후에는 여기에다가 ③, ④ "그러나 이와 비슷한 종교형태는 세 계 어디서나 공통적으로 발견되는 것으로서 반드시 동북아시아에 국한된 현 상은 아니다"라는 사론을 덧붙이고 있음에 유의해야 한다. 이는 아마도 샤 머니즘을 전 세계적인 문화 현상으로 파악하고 있는 미르치아 엘리아데의 *Shamanism*을 접하고 나서 그 내용을 숙독하여 비로소 반영한 게 아닌가 추 정된다.[44]

(8) 금석병용기의 설정

『국사신론』의 두 판본에서만 오로지 서술되어 있었던 게 바로 이 금석병 용기金石併用期의 설정 항목이었다. 당시에는 한국에서의 청동기 및 철기시 대에 관한 발굴이 본격적으로 이루어진 적이 거의 없었던 소치였다. 다음과 같다.

금속문화의 전래는 한국사회의 면목을 크게 새롭게 하였다. 그러나 금속기의 전 래가 신석기시대의 모습을 전면적으로 변화시킨 것은 아니었다. 동기銅器 · 청동기 青銅器 · 철기鐵器 등의 새로운 도구가 사용되고, 지석묘支石墓 · 옹관甕棺 등 새로 운 양식의 분묘墳墓가 만들어졌으나 한편 석기 · 수혈竪穴 · 패총貝塚 등의 신석기 시대 이래의 전통을 그냥 유지해 오는 것도 있었다. 이리하여 이를 고고학상 금석 병용기라고 부른다.[45]

---

44 Mircea Eliade, *Shamanism—Archaic Techniques of Ecstasy*, Princeton University Press, 1974. 한글 번역은 이윤기 역, 『샤머니즘—고대적 접신술』, 까치, 1992 참조. Eliade의 이 책 한글 번역본이 국내에서 출간되기 이전에, 이기백은 영문판으로 이미 보았음이 거의 틀림이 없을 것이 다. 저자는 1979년 1학기에 학부생으로서 이기백 교수의 〈한국사개설〉 강의를 수강한 바가 있는 데, 당시 샤머니즘과 관련하여 엘리아데의 영문판 서명을 제시하며 설명을 하였으므로 서강대학 교 로욜라도서관에서 이를 찾아 읽어 본 적이 있었음을 지금도 또렷이 기억하고 있음으로 해서 그러하다.

45 「금석병용기」, 『국사신론』, 태성사, 1961; 제일출판사, 1963, p.20.

이 금석병용기에 대한 서술은 일본인들의 해방 이전 연구 성과에서는 거의 일반화되어 있는 실정이었고,[46] 또한 해방 이후에도 여전히 그런 분위기였기 때문에 그에 따른 바였다고 보인다. 하지만 청동기 및 철기 시대에 대한 본격적인 발굴 결과들이 속속 발표됨으로써, 이는 타파되기에 이르렀고, 그러므로 그 이후의『한국사신론』초판에서부터 이에 대해 전혀 언급조차 하지 않게 되었다. 한 가지 이채로운 것은, 새로운 도구로서 청동기와 철기 외에 동기를 들고 있는데, 이 역시 일본 고고학계의 일반적인 설명을 대학 시절 수강을 통해 익히 알고 있었기에[47] 그랬던 게 아닌가 짐작된다.

(9) 즐문토기인과 무문토기인의 종족상 차이 그리고 그 계통의 구별

한국에서의 고고학이 서서히 발달함에 따라『국사신론』에서는 구체적인 서술이 별로 뚜렷하지 못하였으나『한국사신론』초판 이후부터는 비교적 상세히 서술되기에 이른다. 이러한 경우에 해당되는 대표적인 사례가 바로 즐문토기인櫛文土器人과 무문토기인無文土器人에 관한 것인데, 이 역시 이후에도 거듭 새로운 내용으로 손질되었다.

① 한국의 신석기시대에는 현재 그 선후관계를 분명히 알 수 없는 두 계통의 사회가 존재하고 있었다. 그 하나는 시베리아 지방과 연결되는 즐문토기 제작인의 사회였다. … 이 즐문토기는 신석기시대의 유적에서만 나오고 있으므로 금석병용기로 들어서면서 소멸된 것으로 보인다.

즐문토기문화를 가진 사회와 공존하던 다른 하나는 무문토기 제작인의 사회였다. 이 무문토기문화의 사회는 전자前者와는 달리 만주지방과 연결을 가지는 것이었다. … 이 무문토기는 금석병용기의 유적에서도 출토되고 있으므로 이들은 신석기시대 이후까지도 그 문화를 유지하고 있었음을 알 수가 있다.

---

46 西村眞次,「金石竝用期」,『文化人類學』, 早稻田大學出版部, 1924, pp.33-43.

47 西村眞次,「金屬器時代」,『文化人類學』, 早稻田大學出版部, 1924, p.55. 이러한 점과 관련해서는 앞의 각주 22)에서 제시한 바가 있는「국가와 종교를 보는 하나의 시각―순교자의 문제―」,『한국전통문화론』, 2002, pp.122-123를 참조하시라.

이같이 성격이 다른 계통의 문화를 가진 두 사회는 서로 고립되어 있었던 것 같다. 그것은 두만강 유역에서는 즐문토기와 무문토기의 유적이 거리가 근접해 있는 경우에라도 이를 분명히 구별할 수 있다는 점에서 알 수 있다. 그러나 시기가 뒤지는 유적에서는 양자兩者가 혼재混在하는 경우도 있으므로 상호간에 접촉을 가지게 되었음을 알 수 있다. 그러나 금석병용기의 유적에서는 무문토기는 출토하지만 즐문토기는 찾아볼 수 없는 것을 보면 무문토기문화의 사회는 즐문토기문화의 사회를 동화하여 금석병용기로 넘어간 것 같다.[48]

② 새로이 등장한 무문토기인들은 즐문토기인들과는 다른 조건 밑에서 살고 있었다. 그들의 유적은 아무리 거리가 근접해 있는 경우라도 즐문토기인의 유적과는 뚜렷이 구별되고 있는 것이다. 그런데, 시기가 뒤지는 유적에서 가끔 이들 토기가 섞여 나오는 것을 보면, 두 사회는 뒤에 서로 접촉을 가지게 되었음을 알 수 있다. 그러나, 청동기시대에는 즐문토기의 유적을 찾아볼 수 없으므로, 무문토기인은 즐문토기인을 정복하거나 혹은 동화하여 새로운 사회의 주인공이 된 것 같다.[49]

③ 이들 청동기인과 신석기인과의 관계는 분명하지가 않다. 다만 즐문토기 유적과 무문토기 유적은 아무리 거리가 근접해 있는 경우라도 뚜렷이 구별되고 있다. 이 사실은 양자가 다른 생활 조건 밑에서 살았으며, 종족상으로도 차이가 있었으리라는 사실을 나타내준다. 그러나 이 두 토기가 섞여서 나오는 경우가 있는 것은 교체기의 접촉 현상을 나타내준다. 즐문토기의 무늬가 비파형동검琵琶形銅劍이나 다뉴세문경多鈕粗紋鏡의 무늬에 계승되는 것도 양자의 문화적 전승 관계를 말해준다. 그러나 청동기시대에 들어서면 즐문토기의 유적이 자취를 감추고 만다. 이것은 결국 청동기인이 새로운 사회의 주인공이 되었음을 의미하는 것으로 해석된다.[50]

④ 이들 청동기인과 신석기인과의 관계는 분명하지가 않다. … 이것은 결국 청동기인이 새로운 사회의 주인공이 되었음을 의미하는 것으로 해석된다. [이러한 교체 현상을 고아시아족으로부터 알타이족으로의 변화로 보는 견해가 현재 비교적 널리 행해지고 있으나, 아직은 이를 증명할 확실한 근거를 찾기는 힘들다. 이것은, 같은 알타이족 내부의 다른 종족의 교체 현상으로 이해할 수는 있는 것

48 「유적과 유물에 나타난 생활상」, 『국사신론』, 태성사, 1961; 제일출판사, 1963, pp.12-14.
49 「청동기문화」, 『한국사신론』 초판, 1967, p.20.
50 「청동기의 사용」, 『한국사신론』 개정판, 1976, pp.20-21.

이어서, 장차의 남은 숙제로 되어 있다.]⁵¹

『국사신론』에서는 방금 앞의 '(8) 금석병용기의 설정' 항목에서 언급하였듯이 금석병용기를 설정하고 있었으므로, 그 인식의 영향이 아무래도 있을 수밖에 없어, 예컨대 "즐문토기는 신석기시대의 유적에서만 나오고 있으므로 금석병용기로 들어서면서 소멸된 것"으로 보고, 또 "무문토기는 금석병용기의 유적에서도 출토되고 있으므로 이들은 신석기시대 이후까지도 그 문화를 유지"했다고 보는 등의 약간의 착오가 드러나게 되었다. 이를 극복하여 『한국사신론』 초판에서부터는 ②와 ③에서 보듯이 신석기시대에는 즐문토기, 청동기시대에는 무문토기가 각각 사용되는 것으로 정리하여 서술되기에 이르렀다. 그러다가 신수판 이후에는 신석기인과 청동기인의 관계를 설명하면서, 예전에는 볼 수 없었던 전혀 새로운 내용을 담아냈는데, 신석기인에서 청동기인으로의 이러한 교체 현상을 ④ "고아시아족으로부터 알타이족으로의 변화로 보는 견해가 현재 비교적 널리 행해지고 있으나, 아직은 이를 증명할 확실한 근거를 찾기는 힘들다. 이것은, 같은 알타이족 내부의 다른 종족의 교체 현상으로 이해할 수는 있는 것이어서, 장차의 남은 숙제로 되어 있다"고 하여 매우 유보적이면서도 한편으로는 자신의 견해를 뚜렷이 제시해 놓고 있음을 볼 수 있다.

(10) 부족국가설과 성읍국가론

학술 용어의 정확한 사용을 매우 중시하던⁵² 이기백은 『국사신론』과 『한국사신론』 초판에서는 한국 최초의 국가 형태를 부족국가部族國家로 규정하다

---

51 「청동기의 사용」, 『한국사신론』 신수판, 1990, pp.25−26; 「청동기의 사용」, 『한국사신론』 한글판, 1999, pp.24−25.
52 이에 대한 구체적인 언급은 뒤의 '5. 본문 사론의 대세' 가운데서도 특히 '학술 용어의 정확한 개념 파악과 설정에 끊임없는 관심을 경주하여 판을 거듭할수록 그 정도가 심화되었다는 점' 부분에서 다루어질 것이다.

가『한국사신론』개정판에서부터는 성읍국가城邑國家로 수정하였다. 학문적으로 그게 옳다고 믿어 과감히 그런 것이다.

① 고조선사회에 부족국가라고 부르는 부족 단위의 정치적 사회가 형성되는 연대나 과정은 오늘날 정확히 알 길이 없다. 그러나 대동강 유역 일대에는 부족장급에 속하는 많은 세력가들이 산재散在해 있어서 이들은 각기 조그마한 규모에서나마 원시적인 국가형태를 가지게 되었던 것이다. 그 중에서 가장 주목할 만한 것이 평양平壤지방의 조선이었다. …

　대동강 유역 일대에 산재하던 여러 부족국가들은 그 중 가장 유력한 자를 중심으로 연합해서 하나의 연맹체聯盟體를 형성하기에 이른 것으로 생각된다.[53]
② 지석묘支石墓는 처음으로 정치적 지배자가 탄생했다는 것을 말하여 주는 좋은 기념물이다. 이제 부족의 족장들은 그 대표자가 아니라, 이를 지배하는 권력자가 되었다. 바야흐로 정치적 사회가 싹트고 있음을 알 수 있다. 이것을 단순한 부족이라고 부르기보다는, 오히려 부족국가라고 불러야 할 것이다.[54]
③ [이들 정치적 지배자가 다스리는 영토는 그리 넓지가 못했을 것이다. 나지막한 구릉丘陵 위에 토성土城을 쌓고 살면서 성 밖의 평야에서 농경農耕에 종사하는 농민들을 지배해 나가는 정도의 것이었다고 생각된다.] 이러한 소국小國은 종래 흔히 부족국가라고 불러 왔으나, 오히려 성읍국가라고 부르기에 알맞은 존재들이다. [비록 부족적인 전통을 가지고 있었다 하더라도 부족 이외의 다른 요소들까지도 포함한 지연地緣 중심의 정치적 기구를 지니고 있었을 것이기 때문이다. 이 성읍국가는 한국에 있어서의 최초의 국가였으며, 따라서 한국에서의 국가의 기원은 성읍국가로부터 잡아야 할 것이다.][55]
④ 이들 정치적 지배자가 다스리는 영토는 그리 넓지가 못했을 것이다. 나지막한 구릉 위에 토성이나 목책木柵을 만들고 스스로를 방위하면서 그 바깥 평야에서 농경에 종사하는 농민들을 지배해 나가는 정도의 것이었다고 생각된다.

　[이러한 정치적 단위체를 종래 흔히 부족국가라고 불러 왔다. 그러나 부족국

---

53 「고조선사회의 태동 / 고조선 부족연맹의 성립」,『국사신론』, 태성사, 1961; 제일출판사, 1963, pp.24-25.
54 「청동기문화」,『한국사신론』 초판, 1967, p.22.
55 「성읍국가의 성립」,『한국사신론』 개정판, 1976, pp.25-26.

가는 원시적 개념인 부족과 그와는 상치되는 새 개념인 국가와의 부자연스런 결합이어서, 이는 학문적으로 부적합하다는 것이 현 학계의 일반적인 견해이다. 그 대신 도시都市국가 혹은 성읍국가라는 용어를 새로이 사용하였고, 최근에는 일부 인류학자들이 국가 형성의 전 단계를 지칭하는 데 이용한 chiefdom을 번역한 족장族長사회·추장酋長사회·군장君長사회 등의 용어도 사용하고 있다. 그런데 도시국가는 인구가 밀집한 도시다운 면모를 필요로 한다는 점에서 호응을 얻지 못하고 있다. 또 chiefdom은 국가의 앞 단계로 추정되고 있으나 실상 국가와의 차이가 명백하지 못한 흠을 가지고 있다. 그래서 최근에는 군장국가라고도 하고 있으나, 이는 문자상 왕국과 별반 차별이 없는 것이어서 왕국의 전 단계를 표현하는 용어로서는 부적당한 것이다. 그 대신 성읍이란 말은 우리나라의 옛 기록에 초기국가를 멸하고 개편한 행정구획의 명칭으로 사용된 예가 있기 때문에, 그 전 단계의 국가를 지칭하는 데 이를 사용하는 것이 매우 자연스럽다. 마치 신라의 신분제도를 카스트제라고 하지 않고 골품제骨品制라고 부르듯이, 우리나라의 초기국가를 성읍국가라고 부르는 것이 가장 적절한 것으로 생각한다.] 이 성읍국가는 한국에 있어서의 최초의 국가였으며, 따라서 한국에 있어서의 국가의 기원은 성읍국가로부터 잡아야 할 것이다.[56]

부족 단위의 정치적 사회이기에 ①의 『국사신론』과 ②의 『한국사신론』 초판에서는 이를 부족국가라고 불러야 할 것이라고 하였지만, 그 개정판에서는 ③ "이러한 소국은 종래 흔히 부족국가라고 불러 왔으나, 오히려 성읍국가라고 부르기에 알맞은 존재들"이라고 하였던 것이다. 그러면서 아울러 "이 성읍국가는 한국에 있어서의 최초의 국가였으며, 따라서 한국에서의 국가의 기원은 성읍국가로부터 잡아야 할 것"임을 천명하였다. 그 후 신수판에서는 ④와 같이 부족국가·도시국가·성읍국가·족장국가·추장사회·군장사회 그리고 그것의 영문 표기인 chiefdom 등의 용어를 열거하고 그 하나하나의 단점 등을 구체적으로 지적한 뒤 그중에서 성읍국가를 가장 적절한 것으로 생각하

---

56 「성읍국가의 성립」, 『한국사신론』 신수판, 1990, pp.32-33; 「성읍국가의 성립」, 『한국사신론』 한글판, 1999, pp.29-30.

는 이유까지도 자상하게 기술하는 사론을 쓰고 있음을 살펴야 하겠다.

(11) 고조선의 건국 위치와 영역 경계 설정

고조선의 역사에 관해 기술한 게 이 항목에서가 처음이 아니었다. 사실은
이미 구석기시대를 설명하면서, 앞서 '(1) 구석기시대의 유적의 발견과 그 연
대' 항목에서 이미 제시하였듯이, "한국의 역사도 물론 구석기시대부터 시작
되며, 이것은 오늘날 하나의 움직일 수 없는 학문적 상식으로 되어 있다. 그
러므로 왕조를 중심으로 해서 고조선의 건국으로부터 한국사를 시작하려는
것은 잘못된 낡은 생각이다"라고 지적한 바가 있었던 것이다. 그러므로 이러
한 인식의 바탕 위에서 그 건국 위치와 영역 경계에 대해 기술하고 있음을 알
아야 할 것이다.

① (그러나) 대동강 유역 일대에는 부족장급部族長級에 속하는 많은 세력가들이
   산재해 있어서 이들은 각기 조그마한 규모에서나마 원시적인 국가형태를 가지
   게 되었던 것이다. 그중에서 가장 주목할 만한 것이 평양지방의 조선이었다.[57]
② 고조선은 대동강 유역의 평양에 자리 잡고 있었던 것 같다. 곰 토템 씨족의 족장
   을 군장君長으로서 받드는 이 부족국가는 군郡 하나 정도를 지배하는 조그마한
   정치적 사회였을 것이다. …
     이 고조선 부족국가는 이어 대동강과 요하遼河 유역 일대에 흩어져 있는 여
   러 부족 국가들과 연합해서, 하나의 커다란 연맹체를 형성하기에 이르렀다.[58]
③ 성읍국가로서의 고조선은 원래 대동강 유역의 평양에 자리 잡고 있었던 것 같
   다. 이 성읍국가는 평양 부근의 평야를 지배하는 조그마한 정치적 사회였을 것
   이다. …
     이 고조선 성읍국가는 이어 대동강과 요하 유역 일대에 흩어져 있는 여러 성
   읍국가들과 연합해서 하나의 커다란 연맹체를 형성하고 그 통치자는 왕이라고

---

57 「고조선사회의 태동」, 『국사신론』, 태성사, 1961; 제일출판사, 1963, p.24.
58 「고조선사회의 성장」, 『한국사신론』 초판, 1967, p.23.

칭하기에 이르렀다.[59]

④ 성읍국가로서의 고조선은 아사달阿斯達에 건국하였다고 한다. [아사달은 곧 훗
날의 왕검성일 터이지만, 그 위치는 원래 대동강 유역의 평양이었던 것으로 전
해져 왔다. 그런데 최근에는 요하 유역이었다고 주장하는 설도 대두하고 있으
며, 혹은 처음 요하 유역에 있다가 뒤에 대동강 유역으로 옮겼다는 설도 나타나
고 있다.] 이 고조선 성읍국가는 아사달 일대의 평야를 지배하는 조그마한 정치
적 사회였을 것이다. …

이즈음에 고조선은 연을 칠 계획을 하고 있었다고 하는데, 이것도 연맹왕국
으로의 성장 없이는 불가능한 일이다. 이때 연과는 요하 내지 대릉하大凌河를
경계선으로 하고 서로 대립하고 있었으며, 연이 고조선을 교만하고 잔인하다고
한 것을 보면 고조선이 독자적인 세력을 자랑하며 강한 군사력을 갖고 있었음
을 알 수가 있다.[60]

고조선의 건국 위치에 대하여, 『국사신론』에서부터 『한국사신론』 개정판
까지는 평양의 대동강 유역인 것으로 여겨 오다가, 신수판에 이르러서는 아
사달을 주목하면서 그 위치에 관한 학설을 정리하여 제시하고 있다. 즉 ④
"아사달은 곧 훗날의 왕검성일 터이지만, 그 위치는 원래 대동강 유역의 평
양이었던 것으로 전해져 왔다. 그런데 최근에는 요하 유역이었다고 주장하
는 설도 대두하고 있으며, 혹은 처음 요하 유역에 있다가 뒤에 대동강 유역으
로 옮겼다는 설도 나타나고 있다"고 하였던 것이다. 게다가 신수판에서는 연
燕과의 경계선을 '요하 내지 대릉하'라고 하여, 이것 역시 학설 채택에 있어
신축성을 보이고 있다. 자신의 주장을 내세우기보다는 여러 학설을 소개하
는 데에 그치는 듯한 인상이 짙으나, 아무래도 의견이 분분하므로 그리하였
던 것으로 보인다.

---

59 「고조선사회의 성장」, 『한국사신론』 개정판, 1976, pp.26-27.
60 「고조선사회의 성장」, 『한국사신론』 신수판, 1990, pp.33-34; 「고조선사회의 성장」, 『한국사신
론』 한글판, 1999, pp.30-31.

(12) 단군왕검의 성격 문제

고조선의 단군왕검檀君王儉에 대해 성격을 어떻게 규정하는가 하는 문제에 대해서도 많은 고민을 했을 것으로 보인다.[61] 다름 아니라 이 항목과 관련된 서술에 있어서도 판본마다 새로운 정리를 가미하고 있음을 발견할 수 있기 때문이다.

① 그 군장君長은 곰(웅熊)토템씨족의 족장이었던 듯하며 아마도 단군왕검이라 칭했던 것 같다. 단군이라 함은 제사장祭司長을 말한다. 왕검이라 함은 정치적 군장을 뜻하는 것으로 생각되므로, 단군왕검은 제정祭政을 겸하는 존재가 아니었던가 한다. 단군이 하느님(태양신)을 나타내는 것으로 여겨지는 환인桓因의 손자였다는 것은 일반 민중과는 다른 군장으로서의 위엄과 권력을 가지고 있었음을 상징코자 한 것이었다.

　　단군에 관한 기록은 물론 문자 그대로를 믿을 수가 없는 신화神話인 것이다. 그러나 신화라고 해서 이를 허황한 후대의 조작으로 돌린다며는 한국의 씨족사회에 토테미즘이 있었다는 귀중한 역사적 진실을 찾아내지 못하고 말 것이다. 더욱이 고려 이후에 단군은 전 민족의 시조로 추대되어 민족의 독립정신 및 통일의식을 상징하여 온 만큼 그가 지니는바 민족적 의의는 큰 바가 있다. 단지 현재 전하고 있는 단군신화는 원시적인 요소와 후대의 윤색이 섞여 있는 만큼 이해에 조심스러운 점이 많다. 또 비록 완전히 그 내용이 파악된다고 하더라도 이것만으로써는 고조선의 형성과정을 충분히 이해할 수 있는 것이 아니라는 점을 아울러 알아야 할 것이다.[62]

② 그 군장은 단군왕검이라고 칭했던 것 같은데, 그는 곧 제정을 겸하는 존재가 아니었던가 한다. 단군이 하느님, 즉 태양신을 나타내는 것으로 여겨지는 환인의 손자였다는 것은 그가 정치적 지배자로서의 위엄과 권력을 가지고 있음을 상징

---

61 단군신화에 대한 그의 학문적 관심 표명은 「단군신화의 문제점」, 『서강타임스』 1963년 9월 21일; 『한국고대사론』, 탐구당, 1975; 증보판, 일조각, 1995, pp.14~20은 물론이고, 이 글과 함께 여러 학자들의 단군신화에 관한 論考를 편집하여 정리한 『단군신화론집』, 새문사, 1988; 증보판, 1990 의 간행에도 잘 집약되어 있다.

62 「고조선사회의 태동」, 『국사신론』, 태성사, 1961; 제일출판사, 1963, p.24.

코자 한 것 같다.[63]

③ 그 군장은 단군왕검이라고 칭했던 것 같은데, 그는 곧 제정을 겸하는 존재가 아니었던가 한다. 단군왕검이 태양신을 나타내는 것으로 여겨지는 환인의 손자였다는 것은 그가 정치적 지배자로서의 위엄과 권력을 가지고 있음을 상징코자 한 것 같다.[64]

④ 그 정치적 지배자는 단군왕검이라고 칭했던 것 같은데, 그는 곧 제사祭祀를 겸해서 맡은(제정일치祭政一致) 존재가 아니었던가 한다. 단군왕검이 하늘에 있는 태양신을 나타내는 것으로 여겨지는 환인의 손자였다는 것은, 그가 정치적 지배자로서의 위엄과 권력을 가지고 있음을 상징코자 한 것 같다. [하늘에 대한 신앙, 태양에 대한 신앙이 이렇게 해서 발생하였다는 주장은 매우 흥미롭다.][65]

단군신화에서 단군왕검의 할아버지로 되어 있는 환인을 『국사신론』에서는 '하느님(태양신)' 그리고 『한국사신론』 초판에서는 '하느님, 즉 태양신'으로 표현하였다가, 이후에는 '하느님'을 제외하고 '태양신'으로만 표현한 것부터가 고민이 많았음을 드러내 주는 것이라 여겨진다. 더욱이 단군왕검에 대해서도 『국사신론』에서는 "단군이라 함은 제사장을 말한다. 왕검이라 함은 정치적 군장을 뜻하는 것으로 생각"한다고 정리하였다가, 이후에는 이 설명을 일절 제외시키고 "곧 제정을 겸하는 존재가 아니었던가 한다"고 쓰고 있음도 그러한 사정을 풍기고 있다고 보인다. 그러다가 신수판 이후에는 "하늘에 대한 신앙, 태양에 대한 신앙이 이렇게 해서 발생하였다는 주장은 매우 흥미롭다"고 자신의 논평을 덧붙이고 있음 역시 주의 깊게 살펴야 할 점이라고 생각한다.

---

63 「고조선사회의 성장」, 『한국사신론』 초판, 1967, p.23.
64 「고조선사회의 성장」, 『한국사신론』 개정판, 1976, p.26.
65 「고조선사회의 성장」, 『한국사신론』 신수판, 1990, p.34; 「고조선사회의 성장」, 『한국사신론』 한글판, 1999, p.31.

(13) 부족국가연맹체설과 연맹왕국론

처음에 '부족국가'설을 채택하였다가 나중에 '성읍국가'설로 수정한 것의 연장선상에서, '부족국가연맹체'설을 주장하던 것을 '연맹왕국'설로 바꾸게 됨은 피할 수 없는 일이었던 것 같다. '부족국가'설을 포기하였는데, 거기에서 발전한 다음 단계의 국가 단계를 논하면서 여전히 '부족국가'를 삽입하여 '부족국가연맹체'설을 내세울 수는 없는 이치였던 것이다. 그래서 '성읍국가'들이 '연맹'을 이루어 결국 '왕국'으로 발전된다는 구도를 설정하기에 이르렀던 데에 따른 것이었다고 가늠된다.

① 대동강 유역 일대에 산재하던 여러 부족국가들은 그중 가장 유력한 자를 중심으로 연합해서 하나의 연맹체를 형성하기에 이른 것으로 생각된다.[66]

② 이 고조선 부족국가는 이어 대동강과 요하 유역 일대에 흩어져 있는 여러 부족 국가들과 연합해서, 하나의 커다란 연맹체를 형성하기에 이르렀다. 그러므로 같은 고조선이라고 하지마는, 여기에는 커다란 사회적 발전이 있었음을 알 수 있다. 이러한 발전의 시기를 확인할 도리는 없으나, 늦어도 B.C. 4세기경이었을 것으로 생각된다. 그것은 주周가 쇠약해지고 연燕이 왕을 칭할 무렵에 고조선에서도 스스로 왕을 칭하였다고 하는 데서 알 수 있다. 이 왕이라는 칭호는 조그마한 부족국가의 군장에게보다는 부족연맹장에게 적합한 표현이기 때문이다. 더구나, 이즈음에 고조선은 연을 칠 계획을 하고 있었다고 하는데, 이것도 부족연맹체로의 성장 없이는 불가능한 일인 것이다. 이때 연과는 요하를 경계선으로 하고 서로 대립하고 있었던 것 같으며, 연이 고조선을 교만하고 잔인하다고 한 것을 보면 고조선이 강대한 독자적 세력을 자랑하고 있었음을 알 수가 있다.[67]

③ 이 고조선 성읍국가는 이어 대동강과 요하 유역 일대에 흩어져 있는 여러 성읍국가들과 연합해서 하나의 커다란 연맹체를 형성하고 그 통치자는 왕이라고 칭하기에 이르렀다. 이 단계의 고조선은 연맹왕국이라고 부르는 것이 적합할 것이다. 따라서 같은 고조선이라고 하지만 여기에는 커다란 사회적 발전이 있었

---

66 「고조선 부족연맹의 성립」, 『국사신론』, 태성사, 1961; 제일출판사, 1963, p.25.
67 「고조선사회의 성장」, 『한국사신론』 초판, 1967, pp.23-24.

음을 알 수 있다. 이러한 사회적 변화의 시기를 확인하기 힘드나, B.C. 4세기 이전이었을 것임은 분명하다. 그것은 주가 쇠약해지고 연이 왕을 칭할 무렵에 고조선에서도 스스로 왕王을 칭하였다고 하였기 때문이다. 이 왕이라는 칭호는 조그마한 성읍국가의 군장에게보다는 연맹왕국의 지배자에게 적합한 표현이다. 이즈음에 고조선은 연을 칠 계획을 하고 있었다고 하는데, 이것도 연맹왕국으로의 성장 없이는 불가능한 일이다. 이때 연과는 요하를 경계선으로 하고 서로 대립하고 있었으며, 연이 고조선을 교만하고 잔인하다고 한 것을 보면 고조선이 강대한 독자적 세력을 자랑하고 있었음을 알 수가 있다.[68]

④ 이 고조선 성읍국가는 이어 대동강과 요하 유역 일대에 흩어져 있는 여러 성읍국가들과 연합해서 하나의 커다란 연맹체를 형성하게 되었는데, 이러한 성장과정에서 그 통치자를 일컫는 왕의 칭호는 ['기자'라고 부르게 되었던 것으로 생각된다. 중국의 은殷이 망했을 때 기자箕子가 한국으로 왔다는 설화는 이 양자의 발음이 동일한 데서 말미암은 잘못된 전승이다.] 이 단계의 고조선은 연맹왕국이라고 부르는 것이 적합할 것이다. …

이러한 사회적 발전의 시기를 확인하기는 힘드나, B.C. 4세기 이전이었을 것임은 분명하다. 그것은 주가 쇠약해지고 연이 '왕'을 칭할 무렵에 고조선에서는 스스로 '왕'을 칭하였다고 하였기 때문이다. 이 B.C. 4세기경에는 중국의 철기문화를 받아들이게 되었으므로, 고조선은 더 한층 국가적인 발전을 이룩하였다고 생각된다. 그러나 연맹왕국의 골격은 그대로 유지되었다고 보이는데, 후일 위만衛滿에 대한 처우 같은 것을 보면 이를 대강 짐작할 수가 있다. 이즈음에 고조선은 연을 칠 계획을 하고 있었다고 하는데, 이것도 연맹왕국으로의 성장 없이는 불가능한 일이다. 이때 연과는 요하 내지 대릉하大凌河를 경계선으로 하고 서로 대립하고 있었으며, 연이 고조선을 교만하고 잔인하다고 한 것을 보면 고조선이 독자적인 세력을 자랑하며 강한 군사력을 갖고 있었음을 알 수가 있다.[69]

『국사신론』에서는 고조선의 경우를 언급하며 연맹체를 형성하였다는 점

---

68 「성읍국가의 성립」, 『한국사신론』 개정판, 1976, pp.26−27.
69 「고조선사회의 성장」, 『한국사신론』 신수판, 1990, p.34; 「고조선사회의 성장」, 『한국사신론』 한글판, 1999, p.31.

을 제시하였을 뿐 별다른 구체적 언급이 없었으나, 『한국사신론』 초판에서는 당시 고조선의 지배자가 왕을 칭하였다는 중국 측 문헌 기록을 거론하면서 "이 왕이라는 칭호는 조그마한 부족국가의 군장에게보다는 부족연맹장에게 적합한 표현"이라 하여 부족연맹체로 성장하였음을 처음으로 기술하기 시작하였다. 그러다가 개정판에 와서는 "이 왕이라는 칭호는 조그마한 성읍국가의 군장에게보다는 연맹왕국의 지배자에게 적합한 표현"이라고 수정하고 있는 것이다. 이후 신수판에 이르러서는 더욱이 "그 통치자를 일컫는 왕의 칭호는 '기자'라고 부르게 되었던 것으로 생각된다. 중국의 은이 망했을 때 기자가 한국으로 왔다는 설화는 이 양자의 발음이 동일한 데서 말미암은 잘못된 전승이다"라는 사론을 삽입하여, 이른바 기자동래설箕子東來說을 부정하는 데에까지 이르고 있음을 주목해야 할 것이다.

(14) 고조선의 사회적 발전 파악에 대한 비판

방금 본 바대로 고조선이 성읍국가에서 연맹왕국으로 발전하였음을 『한국사신론』 개정판 이후 서술하였는데, 여기에서 더 나아가 고조선에 있어서 이렇게 커다란 발전이 있었다는 점을 신수판에서 강조하면서도 더불어 주의를 요하는 점에 대해 아래와 같이 각별히 자신의 견해를 제시하고 있음을 지나쳐서는 안 된다.

> 이 고조선 성읍국가는 이어 대동강과 요하 유역 일대에 흩어져 있는 여러 성읍국가들과 연합해서 하나의 커다란 연맹체를 형성하게 되었는데, … 이 단계의 고조선은 연맹왕국이라고 부르는 것이 적합할 것이다.
> [따라서 같은 고조선이라고 하지만 여기에는 커다란 사회적 발전이 있었음을 알 수 있다. 고조선이 마치 건국 초기부터 만주와 한반도 북부에 걸친 대제국이었다고 생각하는 것은 역사의 발전을 무시한 잘못된 생각이다.][70]

---

70 「고조선사회의 성장」, 『한국사신론』 신수판, 1990, p.34; 「고조선사회의 성장」, 『한국사신론』 한

이와 함께 고조선의 역사에 대한 비판 사론으로서는, 앞의 '(1)구석기시대의 유적 발견과 그 연대'에서 이미 제시하였듯이, "한국의 역사도 물론 구석기시대부터 시작되며, 이것은 오늘날 하나의 움직일 수 없는 학문적 상식으로 되어 있다. 그러므로 왕조를 중심으로 해서 고조선의 건국으로부터 한국사를 시작하려는 것은 잘못된 낡은 생각이다"라고 지적한 것을 함께 염두에 두고 살펴야 할 것이다. 정리하자면, 마치 고조선에서부터 한국사가 시작된다고 보는 것도, 고조선이 건국 초기부터 만주와 한반도 북부에 걸친 대제국이었다고 생각하는 것에 대해서도 "잘못된 생각"임을 드러내놓고 철저히 비판하고 있는 것이라 하겠다.

(15) 기자동래설 및 기자조선설 비판

앞의 '(13)부족국가연맹체설과 연맹왕국론' 항목에서도 이미 언급한 바 있듯이, 소위 기자동래설에 대해서 『한국사신론』 신수판에 이르러서 본격적으로 비판하였지만, 그렇다고 해서 그 이전에도 그것을 인정한 것은 결코 아니었다. 이 같은 기자동래설에 대한 비판은 『국사신론』에서도 이미 행해지고 있었음을 아래에서 찾아볼 수 있다.

①-가 … 초기의 금속문화는 다양성을 띠고 있었다. 그러므로 명도전明刀錢 등 중국화폐의 유입을 예시하여 이 시기의 금속문화가 한족漢族의 유이민流移民에 의하여 재래齎來되고, 따라서 대동강 유역이 금속문화의 전래와 더불어 한족의 지배를 받은 것같이 생각하여 소위 기자조선의 존재를 인정하려고 하는 것은 잘못이다. 그것은 이 금석병용기의 유물들이 중국적인 영향을 받은 것이면서도 중국제中國製와는 스스로 차이가 있는 데에서도 알게 된다. 더구나 동검銅劍 · 동탁銅鐸 · 다뉴세문경多鈕細紋鏡 등의 용범鎔范이 출토되는 것은 그들이 출토지에서 만들어졌다는 것을 말하는 것이다. 이러한 점은 북방계의 이질적인 요소가 개재介在한다는 점과 아울러 토착사회의 독자적인 문화 수용을

글판, 1999, p.31.

말하여 주는 것이다. 더욱 이 금석병용기에 지배적이었던 지석묘와 같은 분묘 양식이 결코 한족의 것일 수 없다는 점에서도 위의 결론은 분명한 것이다.[71]

①-나 대동강 유역 일대에 산재하던 여러 부족국가들은 그중 가장 유력한 자를 중심으로 연합해서 하나의 연맹체를 형성하기에 이른 것으로 생각된다. 이러한 사회적인 발전은 어쩌면 기자전설에 약간이나마 반영된 바가 있는 것인지도 모른다. 전설에 의하면 중국 은말殷末(B.C. 12세기)에 기자가 와서 단군조선의 뒤를 이어 새로운 왕조 기자조선을 건설하였다고 한다. 그러나 서기전 12세기에는 한국은 아직 신석기시대의 씨족사회여서 부족연맹이 형성되기 이전이었으며, 한민족의 주周라 하더라도 그 무대가 황하黃河 중류 지방에 한하였던 시대였으므로 기자라는 개인이 반도까지 와서 왕이 되었다는 것은 도시 있을 수 없는 일이다. 아마 고조선의 왕실이 그 계보를 장식裝飾하려는 의도에서거나 혹은 후의 낙랑군樂浪郡시대에 한족의 식민정책을 관념적으로 합리화하기 위한 필요에서 이 기자동래설이 조작되었을 것이다. [오히려 위만에게 멸망을 당하던 당시의 왕실 성이 한씨韓氏였다는 점이 나타나고 있으므로 이를 기자조선이라기보다는 한씨조선이라고 명명命名하여 부르는 것이 나을 것 같다.]

이 한씨조선과 소위 단군조선과의 왕실관계의 연결은 분명하지가 않으며 혹은 그 사이에 지배부족의 교대가 있었음직도 하다는 추측이 가능할 뿐이다. 만일 이러한 교대가 있었다며는 그것은 단순한 지배부족의 교체에 그치는 것이 아니라 사회적인 발전을 뜻하는 것인지도 모른다. 그리고 그것은 상기上記한 부족연맹체의 형성 그것을 말하는 것이리라고 해석할 수도 있게 된다. 이러한 변화의 시기를 확인할 수는 없으나 늦어도 전국초戰國初(B.C. 4세기)에는 이 연맹장은 중국식의 왕을 칭하였던 것으로 알려지고 있다.[72]

② 이 새로운 금속문화가 중국문화의 영향을 농후하게 받고 있음은 무엇보다도 명도전과 같은 중국 화폐의 발견이 이를 증명해 주고 있다. [그러나, 이를 근거로 해서 대동강 유역이 철기문화의 전래와 함께 한족의 정치적 지배를 받은 것 같이 생각하여, 기자조선의 전설을 새로운 의미로 해석하려는 것은 잘못이다.] 퉁구스 계통의 다뉴세문경과 같은 많은 북방문화의 요소와 함께 중국의 영향을 받으면서도 이를 독특하게 변형시킨 세형동검細形銅劍이나 동과銅戈 등의 존

---

71 「금석병용기」, 『국사신론』, 태성사, 1961; 제일출판사, 1963, pp.20-21.
72 「고조선 부족연맹의 성립」, 『국사신론』, 태성사, 1961; 제일출판사, 1963, p.25.

재가 이를 증명하고 있다. 그리고, 각지에서 많은 용범이 발견되는 것도 새로운 금속문화가 식민문화 아닌 토착문화였음을 말해 주는 것이다.[73]

③ 이 새로운 금속문화가 중국문화의 영향을 농후하게 받고 있음은 무엇보다도 명도전과 같은 중국화폐의 발견이 이를 증명해 주고 있다. 그러나, 이를 근거로 해서 대동강 유역이 철기문화의 전래와 함께 한족의 정치적 지배를 받은 것 같이 생각하여, 기자조선의 전설을 새로운 의미로 해석하려는 것은 잘못이다. 독자적인 세형동검이나 청동과 및 다뉴세문경 등이 이 시기의 문화적 주류를 이루고 있고, 또 스키타이 계통의 동물형대구動物形帶鉤와 같은 많은 북방문화의 요소가 존재하는 사실이 이를 반증하고 있다. 그리고, 각지에서 많은 용범이 발견되는 것도 이 금속문화가 식민지문화가 아닌 토착문화였음을 말해 준다.[74]

④-가 이 고조선 성읍국가는 이어 대동강과 요하 유역 일대에 흩어져 있는 여러 성읍국가들과 연합해서 하나의 커다란 연맹체를 형성하게 되었는데, [이러한 성장과정에서 그 통치자를 일컫는 왕의 칭호는 '기자'라고 부르게 되었던 것으로 생각된다. 중국의 은殷이 망했을 때 기자가 한국으로 왔다는 설화는 이 양자의 발음이 동일한 데서 말미암은 잘못된 전승이다.] 이 단계의 고조선은 연맹왕국이라고 부르는 것이 적합할 것이다.[75]

④-나 이 새로운 금속문화가 중국문화의 영향을 농후하게 받고 있음은 무엇보다도 명도전과 같은 중국화폐의 발견이 이를 증명해 주고 있다. 그러나, 이를 근거로 해서 고조선이 철기문화의 전래와 함께 중국의 정치적 지배를 받은 것 같이 생각하여, 기자조선의 전설을 새로운 의미로 해석하려는 것은 잘못이다. 독자적인 세형동검이나 청동과 및 다뉴세문경 등이 이 시기의 문화적 주류를 이루고 있고, 또 스키타이 계통의 동물 모양의 띠고리와 같은 많은 북방문화의 요소가 존재하는 사실이 이를 반증하고 있다. 그리고 이들 금속도구를 만든 거푸집(용범)이 많이 발견되는 것도 이 금속문화가 식민지문화가 아닌 토착문화였음을 말해 준다.[76]

---

73 「철기문화의 전래」, 『한국사신론』 초판, 1967, pp.25 – 26.
74 「철기의 사용」, 『한국사신론』 개정판, 1976, p.29.
75 「고조선사회의 성장」, 『한국사신론』 신수판, 1990, p.34; 「고조선사회의 성장」, 『한국사신론』 한글판, 1999, p.31.
76 「철기의 사용」, 『한국사신론』 신수판, 1990, p.36; 「철기의 사용」, 『한국사신론』 한글판, 1999, p.33.

『국사신론』에서는 특히 기자조선의 존재 자체를 부정하였다. 즉 ①-가 "대동강 유역이 금속문화의 전래와 더불어 한족의 지배를 받은 것같이 생각하여 소위 기자조선의 존재를 인정하려고 하는 것은 잘못이다"라고 하였던 것이다. 이로써도 『국사신론』에서부터 자신의 사론을 제시하고 있음을 명백히 확인하게 된다. 그리고 이는 이후 신수판, 나아가 한글판에까지도 지속적으로 서술되었으므로 그의 지론이었음을 알겠다. 다만 『국사신론』의 다른 부분에서는 ①-나 "아마 고조선의 왕실이 그 계보를 장식하려는 의도에서거나 혹은 후의 낙랑군시대에 한족의 식민정책을 관념적으로 합리화하기 위한 필요에서 이 기자동래설이 조작되었을 것이다. 오히려 위만에게 멸망을 당하던 당시의 왕실 성이 한씨였다는 점이 나타나고 있으므로 이를 기자조선이라기보다는 한씨조선이라고 명명하여 부르는 것이 나을 것 같다"고 하여 당시에 일부에서 제기되었던 '한씨조선'설[77]에 동조하기도 하였음은 비판꺼리가 된다고 본다. 물론 이후에는 일체 두 번 다시 기술하지 않았지만.

(16) 위만의 실체와 위만조선의 성격 문제

앞서 살핀 바대로 기자동래설 및 기자조선설에 대해서는 비판하였으나 위만衛滿의 실체와 위만조선 자체에 대해서는 그렇지가 않았다. 그 실체를 부정하거나 비판하기보다는 되레 이를 긍정하고, 이를 당시 사회 발전과 연관해 적극적으로 해석하였던 것이다.

① 진秦은 중국을 통일한 지 불과 10여년 만에 망하고 한漢이 이에 대신하였다. …
이렇게 어수선한 정국이 전변轉變하는 동안 중국으로부터 동방으로 망명하여

---

77 이병도, 「기자조선의 정체와 소위 箕子八條敎에 대한 신고찰」, 『한국고대사연구』, 박영사, 1976, pp.53-54. 특히 p.53 중에서는 "箕는 원래 기자의 氏姓이 아니기 때문에 韓으로써 創氏한 것이니와 …" 그리고 p.54 중에서는 "이러한 것을 고려해서 나는 년래에 종래 소위 「기자조선」을 韓氏朝鮮이라고 일컬어 왔던 것이다"고 하였음에서 이러한 주장을 읽을 수 있다.

오는 자가 더욱 많아졌다. 그중의 한 사람인 위만은 천여 명의 무리를 이끌고 왔다고 한다. 위만은 처음 고조선의 준왕準王을 달래어 북방 수비의 임을 맡더니 유망민流亡民들의 세력을 기반으로 그 힘이 커지자 준왕을 축출하고 스스로 왕王이 되었다(B.C. 194–180). 이때 준왕은 남분南奔하여 진국辰國으로 가서 한왕韓王이라고 칭하였다 한다.

서기전 4세기에서 3세기로 바뀔 무렵에 행해진 연燕의 침략에서 비롯하여 한족의 정치적·군사적·경제적 세력은 쉬지 않고 동방으로 진출하고 있었다. 이러한 대세의 추이가 드디어는 위만으로 하여금 한족 세력을 배경으로 하는 새로운 왕조를 건설케 한 것이었다. 그러나 이 위씨조선이 순전한 중국인 이주자들에 의하여 지배되는 식민지정권이었다는 과거의 통념은 최근 학자들에 의하여 비판을 받고 있다. 그러한 비판의 근거는 첫째 위만이라는 인물이 연인燕人이 아니라 조선인이었으리라는 점에 있다. 그가 조선으로 올 때에 상투를 짜고 조선복을 입었다는 것, 그가 국호를 여전히 조선이라고 했다는 것이 위만의 민족적 소속에 대한 새로운 주장의 근거이다. 둘째로 그의 정권에는 토착 조선인이 고위를 차지하고 있었다는 점이다. 니계상尼谿相 참參은 그 뚜렷한 존재이다. [그러나 비록 기록상에는 나타나지 않더라도 위씨조선 당시에 토착민의 족장 세력은 지방에 여전히 건재하고 있었던 것이다. 그것은] 연대가 위씨조선 시대와도 겹치는 지석묘군이 대동강 유역 일대에서 많이 발견되는 것으로 증명된다. 가령 평남平南 용강龍岡의 석천산石泉山 같은 데에는 각기 31·43·47기로 되는 3군의 지석묘군이 군재群在하고 있다. 이러한 지석묘군은 수백년간 토착하는 지방세력이 유지되고 있었음을 뜻하는 것이다. 이상의 여러 가지 점에서 미루어 생각할 때에 위씨조선은 비록 금속문화에 보다 친숙한 중국인 유망민의 세력을 배경으로 했다고 하더라도 중국인의 식민지정권일 수는 없다. 오히려 토착하는 조선인의 족장 세력을 온존溫存하는 부족연맹적인 정권이었다. 이리하여 고조선사회는 대륙의 금속문화 세력과 타협하여 새로운 양상을 띠며 일단의 비약을 하게 되었다.[78]

② (그러나,) 진은 중국을 통일한 지 불과 10여년 만에 망하고 한이 이에 대신하였다. … 이렇게 정국이 뒤바뀌는 동안, 중국으로부터 동쪽으로 망명하여 오는 자가 더욱 많아졌다. 그중의 한 사람인 위만은 천여 명의 무리를 이끌고 왔다고

---

[78] 「위씨조선」, 『국사신론』, 태성사, 1961; 제일출판사, 1963, pp.26–27.

한다. 위만은 처음 고조선의 준왕을 달래어 북방 수비의 임무를 맡더니 유망민들의 세력을 기반으로 그 힘이 커지자 준왕을 축출하고 스스로 왕이 되었다(B.C. 194-180). 이때 준왕은 남쪽 진국으로 가서 한왕이라고 칭하였다 한다.

B.C. 4세기에서 3세기로 바뀔 무렵에 행해진 연의 침략에서 비롯하여 한족의 정치적·군사적·경제적 세력은 쉬지 않고 동쪽으로 진출하고 있었다. 이러한 대세의 추이가 드디어는 위만으로 하여금 한족 세력을 배경으로 하는 새로운 왕조를 건설케 한 것이었다. 그러나, 이 위씨조선이 순전한 중국인 이주자들에 의하여 지배되는 식민지 정권이었다는 과거의 통념은 최근 학자들에 의하여 비판을 받고 있다. 그러한 비판의 논거는, 첫째 위만이라는 인물이 연인燕人이 아니라 조선인이었으리라는 점에 있다. 그가 조선으로 올 때에 상투를 짜고 조선옷을 입었다는 것, 그가 국호를 여전히 조선이라고 했다는 것이 위만의 민족적 소속에 대한 새로운 주장의 근거이다. 둘째, 그의 정권에는 토착 조선인이 고위를 차지하고 있었다는 점이다. 니계상 참은 그 뚜렷한 존재이다. [뿐만 아니라, 연대가 위씨조선 시대와도 겹치는 지석묘군이 대동강 유역 일대에서 많이 발견되는 것은 토착하는 지방 세력이 여전히 유지되고 있었음을 뜻하는 것이다.] 이러한 점으로 미루어 생각할 때에 위씨조선은 비록 철기문화에 보다 친숙한 중국인 유망민의 세력을 배경으로 했다고 하더라도, 중국인의 식민지 정권일 수는 없다. 오히려 토착하는 조선인의 족장 세력을 온존하는 부족연맹적인 정권이었다. 이리하여, 고조선사회는 [대륙의 철기문화 세력과 타협하여] 새로운 양상을 띠며 일단의 비약을 하게 되었다.[79]

③ (그러나,) 진은 중국을 통일한 지 불과 10여년 만에 망하고 한이 이에 대신하였다. … 이렇게 정국이 뒤바뀌는 동안, 중국으로부터 동쪽으로 망명하여 오는 자가 더욱 많아졌다. 그중의 한 사람인 위만은 천여 명의 무리를 이끌고 왔다고 한다. 위만은 처음 고조선의 준왕으로부터 변경을 수비하는 임무를 맡더니 유망민들의 세력을 기반으로 그 힘이 커지자 준왕을 축출하고 스스로 왕이 되었다(B.C. 194-180). 이때 준왕은 남쪽 진국으로 가서 한왕이라고 칭하였다 한다.

B.C. 4세기에서 3세기로 바뀔 무렵에 행해진 연燕의 침략에서 비롯하여, 한족의 정치적·군사적·경제적 세력은 쉬지 않고 침투해 들어오고 있었다. 이러한 대세의 추이가 드디어는 위만으로 하여금 한족 세력을 배경으로 하는 새로

79 「위씨조선」, 『한국사신론』 초판, 1967, pp.26-27.

운 왕조를 건설케 한 것이었다. [[그러나, 이 위씨조선이 순전한 중국인 이주자들에 의하여 지배되는 식민지 정권이었다는 과거의 통념은 최근 [여러] 학자들에 의하여 비판을 받고 있다. 그러한 비판의 논거는, 첫째 위만이라는 인물이 연인이 아니라 조선인이었으리라는 점에 있다. 그가 조선으로 올 때에 상투를 틀고 조선옷을 입었다는 것, 그가 국호를 여전히 조선이라고 했다는 것이 위만의 민족적 소속에 대한 새로운 주장의 근거이다. 둘째, 그의 정권에는 고조선인으로서 높은 직위를 차지하는 자가 많았다는 점이다. 니계상 참은 그 뚜렷한 존재이다. 이러한 점들로 미루어 생각할 때에]] 위씨조선은 비록 철기문화에 보다 친숙한 중국인 유망민의 세력을 배경으로 했다고 하더라도, 중국인의 식민지 정권일 수는 없다. 오히려 고조선인의 세력을 바탕으로 한 연맹왕국적인 정권이었다. [이리하여, 고조선사회는 새로운 양상을 띠며 일단의 비약을 하게 되었다.][80]

④ (그러나,) 진은 중국을 통일한 지 불과 10여년 만에 망하고 한이 이에 대신하였다. … 이렇게 정국이 바뀌는 동안, 중국으로부터 동쪽으로 망명하여 오는 자가 더욱 많아졌다. 그러한 망명자 중의 한 사람인 위만은 천여 명의 무리를 이끌고 왔다고 한다. 위만은 처음 고조선의 준왕으로부터 변경을 수비하는 임무를 맡더니 유망민들의 세력을 기반으로 그 힘이 커지자 준왕을 축출하고 스스로 왕이 되었다(B.C.194-180). 이 때 준왕은 남쪽 진국으로 가서 한왕이라고 칭하였다 한다.

B.C. 4세기에서 3세기로 바뀔 무렵에 행해진 연의 침략에서 비롯하여 중국의 정치적·군사적·경제적 세력은 쉬지 않고 침투해 들어오고 있었다. 이러한 대세의 추이가 드디어는 위만으로 하여금 중국인 유망민 세력을 배경으로 하는 새로운 왕조를 건설케 한 것이었다. 그러나, 위만은 중국으로부터의 망명인이었을 뿐이므로 그의 왕조는 중국의 식민정권은 아니었다. 그는 자기의 취약한 왕권을 유지하기 위하여 고조선의 토착세력과 결합할 필요가 있었다. '상相'이라는 직명으로 나오는 인물들이 바로 그러한 토착세력가였던 것으로 생각된다. 그러므로 위만조선은 비록 철기문화에 보다 친숙한 중국인 유망민의 세력을 배경으로 했다고 하더라도, 중국인의 식민정권일 수는 없다. 오히려 고조선인의

---

80 「위씨조선」, 『한국사신론』 개정판, 1976, p.30.

세력을 바탕으로 한 연맹왕국적인 정권이었다.[81]

『국사신론』 초판에서부터 '대세의 추이'임을 내세우면서 "위만으로 하여금 한족 세력을 배경으로 하는 새로운 왕조를 건설케 한 것"이라고 하고는, 이 ① "위씨조선이 순전한 중국인 이주자들에 의하여 지배되는 식민지정권이었다는 과거의 통념은 최근 학자들에 의하여 비판을 받고 있음"을 소개하면서, 이어서 구체적인 점을 들고 낱낱이 이를 설명하였는데, 여기에서도 자신의 사론을 적극적으로 전개하고 있음을 우리는 목격하게 된다. 이후 이 사론은 『한국사신론』 초판 이후에도 지속되더니, 신수판에서부터는 빠졌다. 그러고는 ④ "위만은 중국으로부터의 망명인이었을 뿐이므로 그의 왕조는 중국의 식민정권은 아니었다. 그는 자기의 취약한 왕권을 유지하기 위하여 고조선의 토착세력과 결합할 필요가 있었다. '상'이라는 직명으로 나오는 인물들이 바로 그러한 토착세력가였던 것으로 생각된다"고만 서술하는 데에 그쳤을 뿐이었다. 아마도 이러한 자신의 사론이 이미 앞서의 『국사신론』 및 『한국사신론』의 여러 판본에서 줄곧 펼쳐졌고 또한 이러한 내용이 일반에게 널리 알려졌다고 여겨, 이렇게 간단히 종합하여 정리해 서술하였던 게 아닐까 헤아려진다.

(17) 한사군의 위치 문제

한사군漢四郡의 위치에 관한 서술에 있어서는 거의 동일한 내용을 줄곧 기술하였다. 그러면서도 약간의 손질만이 행해졌는데, 그 차이점을 살피기 위해서는 면밀히 대조해 보아야지만 찾아낼 수 있을 정도였다.

① (그러다가) 한漢은 위씨조선을 멸망시킨 그해(B.C.108)에 위씨조선의 판도 안

---

81 「위만조선」, 『한국사신론』 신수판, 1990, pp.37-38; 「위만조선」, 『한국사신론』 한글판, 1999, pp.33-34.

에다 낙랑樂浪·진번眞番·임둔臨屯의 세 군군郡을 두고, 그다음 해(B.C.107)에 예맥濊貊의 땅에 현토군玄菟郡을 두어 소위 한사군이 성립되었다. 다만, 사군의 위치에 대하여는 고래로 이설이 많아 지금껏 학계에서 공인되는 통설이 나타나지 못하고 있다. 그러나, 대략 낙랑군은 대동강 유역의 조선 고지故地, 진번군은 자비령慈悲嶺 이남 한강漢江 이북의 진번 고지, 임둔군은 함경남도의 임둔 고지, 현토군은 압록강 중류 동가강佟佳江 유역의 예맥 고지ㅡ앞서 창해군滄海郡이 개척되던 지방ㅡ에 설치된 것으로 생각된다. 이 설에 의하면, 한의 사군은 한강 이북의 지역에 한하였던 것으로 되지만, 반도의 독립된 토착사회들을 단위로 하고 설치되었다는 흥미 있는 결론에 도달하는 셈이다.[82]

② (그러다가) 한은 위씨조선을 멸망시킨 그해(B.C.108)에 위씨조선의 판도 안에다 낙랑·진번·임둔의 세 군을 두고, 그다음 해(B.C.107)에 예맥의 땅에 현토군을 두어 소위 한사군이 성립되었다. [다만, 사군의 위치에 대하여는 예로부터 이설이 많아 지금껏 학계에서 공인되는 통설이 나타나지 못하고 있다.] 그러나, 대략 낙랑군은 대동강 유역의 조선 고지, 진번군은 자비령 이남 한강 이북의 진번 고지, 임둔군은 함경남도의 임둔 고지, 현토군은 압록강 중류 동가강 유역의 예맥 고지[ㅡ앞서 창해군이 개척되던 지방ㅡ]에 설치된 것으로 생각된다. 이 설에 의하면, [한의] 사군은 한강 이북의 지역에 한하였던 것으로 되지만, [반도의] 독립된 [토착]사회들을 단위로 하고 설치되었다는 흥미 있는 결론에 도달하는 셈이다.[83]

③ 한은 위씨조선을 멸망시킨 그해(B.C.108)에 위씨조선의 판도 안에다 낙랑·진번·임둔의 세 군을 두고, 그다음 해(B.C. 107)에 예의 땅에 현토군을 두어 소위 한사군이 성립되었다. 그 위치는 낙랑군이 대동강 유역의 고조선 지방, 진번군이 자비령 이남 한강 이북의 옛 진번 지방, 임둔군이 함남의 옛 임둔 지방, 현토군은 압록강 중류 동가강 유역의 예 지방에 설치된 것으로 생각된다. 이 설에 의하면, 사군은 한강 이북의 지역에 한하였으며, 일정한 독립된 사회들을 단위로 하고 설치되었다는 흥미 있는 결론에 도달하는 셈이다.[84]

④ 한은 위만조선을 멸망시킨 그해(B.C.108)에 위만조선의 판도 안에다 낙랑·진번·임둔의 세 군을 두고, 그다음 해(B.C. 107)에 예의 땅에 현토군을 두어 소위

---

82 「군현의 변천」, 『국사신론』, 태성사, 1961; 제일출판사, 1963, pp.30-31.
83 「군현의 성립」, 『한국사신론』 초판, 1967, p.30.
84 「한의 군현」, 『한국사신론』 개정판, 1976, p.32.

한의 사군이 성립되었다. 그 위치는 낙랑군이 대동강 유역의 고조선 지방, 진번
군이 자비령 이남 한강 이북의 옛 진번 지방, 임둔군이 함남의 옛 임둔 지방, 현
토군은 압록강 중류 동가강 유역의 예 지방이었던 것으로 생각된다. 이 설에 의
하면, 4군은 한강 이북의 지역에 한하였으며, 일정한 독립된 사회들을 단위로
하고 설치되었다는 흥미 있는 결론에 도달하는 셈이다.[85]

　　그 차이점의 첫째는 "다만, 사군의 위치에 대하여는 고래로 이설이 많아 지
금껏 학계에서 공인되는 통설이 나타나지 못하고 있다"고 한 대목이 『국사신
론』과 『한국사신론』 초판에서만 들어 있을 뿐이지, 그 외에서는 제외되고 있
음이다. 이는 이설異說이 분분함을 고려하여 그랬던 것으로 사료된다. 그리
고 그 차이점의 둘째는 "이 설에 의하면, 한의 사군은 한강 이북의 지역에 한
하였던 것으로 되지만, 반도의 독립된 토착사회들을 단위로 하고 설치되었다
는 흥미 있는 결론에 도달하는 셈이다"라고 『국사신론』과 『한국사신론』 초
판에서는 서술했던 것을, 그 이후에는 그 가운데 밑줄 그은 "반도의"와 "토
착" 부분을 삭제한 것이다. 이 역시 한사군의 위치를 한반도만으로 국한해서
파악하려는 데에 대해서 많은 이론異論들이 제기되고 있음을 의식하고 반영
한 결과일 듯싶다.

(18) 삼한의 위치와 문화 단계 설정

　　삼한三韓의 위치와 그 문화 단계의 설정과 관련하여서는 3가지 점에서 각
판본의 서술 내용을 주목해 보아야 한다고 생각한다. 첫째는 그 위치에 대한
기술이고, 둘째는 그 문화의 구체적인 내용에 대한 파악이며, 셋째는 그 문화
의 단계에 관한 규정이다,

　　① 한사군의 설치가 진국辰國에 끼치는 영향은 큰 것이었다. 금속문화의 광범한

---

85 「한의 군현」, 『한국사신론』 신수판, 1990, p.40; 「한의 군현」, 『한국사신론』 한글판, 1999, p.36.

전파가 한강 이남지역의 사회적 발전에 중요한 역할을 하였음을 이미 한 군현의 영향을 논할 때에 언급한 바가 있었다. 이즈음 도작稻作이 행해진 것도 이와 아울러 주목되어야 할 것이다. [이들은 비록 우마牛馬를 농경에 이용할 줄은 몰랐으나 철제농구는 사용하고 있었다.] 한편, 유이민의 이주도 더욱 증가되었다. 이들 유이민은 그들이 가지는 정치적 방법과 금속문화에 대한 지식으로서 토착사회와 결합하여 점차 그 세력을 키워가게 되었다. 이러한 결과 새로 개편된 것이 마한·진한·변한의 삼한이었을 것이다. 삼한의 위치에 대하여는 [말썽 많은] 논의가 거듭되고 있는데, 종래 마한은 경기·충청·전라 지방, 진한은 경상도의 낙동강 동부, 변한은 경상도의 낙동강 서부로 생각되어 왔었다. 그러나 진한을 한강 유역에 비정比定하는 새로운 견해도 있다.[86]

② 한사군의 설치가 진국에 끼치는 영향은 큰 것이었다. 금속문화의 광범한 전파가 한강 이남 지역의 사회적 발전에 중요한 구실을 하였음을 이미 한 군현의 영향을 논할 때에 언급한 바가 있었다. 이즈음 도작이 더욱 발달한 것은 이와 아울러 주목되어야 할 것이다. 한편, 유이민의 이주도 더욱 증가되었다. 이들 유이민은 그들이 가지는 정치적 방법과 금속문화에 대한 지식으로서 토착사회와 결합하여 점차 그 힘을 키워가게 되었다. 이러한 결과 새로 개편된 것이 마한·진한·변한의 삼한이었을 것이다. 삼한의 위치에 대하여는 논의가 거듭되고 있는데, 종래 마한은 경기·충청·전라 지방, 진한은 경상도의 낙동강 동쪽, 변한은 경상도의 낙동강 서쪽으로 생각되어 왔었다. 그러나 진한을 한강 유역에 비정하는 새로운 견해도 있다.[87]

③ 철기문화의 광범한 전파는 한강 이남 지역의 사회적 발전에 중요한 구실을 하였다. [김해패총金海貝塚에서 탄화炭化된 쌀이 나오는 것으로 알 수 있듯이,] 이즈음 벼농사(도작)가 더욱 발달한 것은 이와 아울러 주목되어야 할 것이다. 한편, 유이민의 이주도 더욱 증가되었다. 이들 유이민은 그들이 가지는 정치적 방법과 금속문화에 대한 지식으로서 진국의 토착 세력과 결합하여 점차 그 힘을 키워가게 되었다. 이러한 결과 새로 개편된 것이 마한·진한·변한의 삼한이었다. 삼한의 위치에 대하여는 논의가 거듭되고 있는데, 종래 마한은 경기·충청·전라 지방, 진한은 경상도의 낙동강 동쪽, 변한은 경상도의 낙동강 서쪽으로 생

---

86 「삼한의 분립」, 『국사신론』, 태성사, 1961; 제일출판사, 1963, p.51.
87 「삼한의 분립」, 『한국사신론』 초판, 1967, p.49.

각되어 왔었다. 그러나 진한을 한강 유역에 비정하는 새로운 견해도 있다.[88]

④ 철기문화의 광범한 전파는 한강 이남 지역의 사회적 발전에 중요한 구실을 하였다. 김해패총에서 탄화된 쌀이 나오는 것으로 알 수 있듯이, 이즈음 벼농사(도작)가 더욱 발달한 것은 이와 아울러 주목되어야 할 것이다. [최근 B.C. 1세기로 추정되는 경남 의창 다호리茶戶里의 토광목곽묘土壙木槨墓에서 나온 철제농구나 청동검·칠기고배漆器高杯·붓 등도 이미 농경이 크게 발달하고 문자를 사용할 줄 하는 이 시기의 높은 문화수준을 증명하여 주는 것이다.] 한편, 유이민의 이주도 더욱 증가되었다. 이들 유이민은 그들이 가지는 정치적 방법과 금속문화에 대한 지식으로서 진국의 토착세력과 결합하여 점차 그 힘을 키워가게 되었다. 이러한 결과 새로 개편된 것이 마한·진한·변한의 삼한이었다. 3한의 위치에 대하여는 논의가 거듭되고 있는데, 종래 마한은 경기·충청·전라도 지방, 진한은 경상도의 낙동강 동쪽, 변한은 경상도의 낙동강 서쪽으로 생각되어 왔었다. 그러나 진한을 한강 유역에 비정하는 견해도 있다. [이 시기를 국가 이전의 chiefdom 단계로 보는 견해도 있으나, 이 견해는 경남 다호리 유적의 발굴 결과로 이제는 그 설 땅을 잃었다고 해도 지나친 말이 아니다.][89]

첫째 삼한의 위치에 대해서는 일관되게 "3한의 위치에 대하여는 논의가 거듭되고 있는데, 종래 마한은 경기·충청·전라도 지방, 진한은 경상도의 낙동강 동쪽, 변한은 경상도의 낙동강 서쪽으로 생각되어 왔었다. 그러나 진한을 한강 유역에 비정하는 견해도 있다"고 서술하고 있음을 알 수가 있다. 앞의 것, 즉 마한은 경기·충청·전라도 지방, 진한은 경상도의 낙동강 동쪽, 변한은 경상도의 낙동강 서쪽으로 비정하는 것은 다산茶山 정약용丁若鏞 이래 거의 그대로 좇고 있는 게 아닌가 싶은데, 이에 반해 "진한을 한강 유역에 비정하는 견해"는 임창순任昌淳의 논문[90]에서 제기된 견해로, 이를 줄곧 소개하고 있는 게 꽤 이채롭다고 여겨진다. 다만『국사신론』에서만 "말썽 많은 논의"

---

88 「진국과 삼한」,『한국사신론』개정판, 1976, p.39.

89 「진국과 삼한」,『한국사신론』신수판, 1990, p.48; 「진국과 삼한」,『한국사신론』한글판, 1999, pp.41-42.

90 임창순, 「진한위치고」,『사학연구』6, 1959.

라는 표현을 구사했다가 『한국사신론』 초판 이후에서는 단지 "말썽 많은"을 빼버리고 "논의"라고만 썼음도 지적할 수 있겠다.

둘째, 문화의 구체적인 내용에 대한 파악에 있어서 주목되는 바는, 『국사신론』에서만 "이들은 비록 우마를 농경에 이용할 줄은 몰랐으나 철제농구는 사용하고 있었다"고 기술하였던 것을 『한국사신론』 초판 이후에서는 이를 제외시키고 있다는 점이다. 초기에는 농업생산력의 발달에도 관심을 크게 기울이고 있던 터였기에 이러한 내용의 서술을 넣었던 것 같은데, 논란의 여지가 생길까 하여 제외시킨 것 같다. 다만 아쉬운 것은 여기에서 우마의 축력 이용을 농경에 이용할 줄 몰랐다고 상정한 게 역사적 사실과는 배치되는 것이므로, 제외시킨 게 잘못되었다고는 생각되지 않으나 다만 축력의 종류에서 소와 말을 함께 상정한 것은 탁견으로 여겨진다. 이러한 기술이 우경뿐만이 아니라 마경까지도 염두에 두었던 서술이었다고 볼 때에, 꽤 흥미로운 견해를 표방한 게 되기 때문이다.[91] 이러한 점과 더불어 신수판에 이르러 "최근 B.C. 1세기로 추정되는 경남 의창 다호리의 토광목곽묘에서 나온 철제농구나 청동검·칠기고배·붓 등도 이미 농경이 크게 발달하고 문자를 사용할 줄 아는 이 시기의 높은 문화수준을 증명하여 주는 것이다"라고 기술하였음 역시 기억되어야 할 사실이다.

그리고 셋째, 삼한 문화의 단계에 관한 규정과 관련하여, 이전에는 전혀 찾아 볼 수 없던 서술을, 신수판에 이르러서 "이 시기를 국가 이전의 chiefdom 단계로 보는 견해도 있으나, 이 견해는 경남 다호리 유적의 발굴 결과로 이제는 그 설 땅을 잃었다고 해도 지나친 말이 아니다"라고 확신에 찬 어조로 서술하였던 것을 괄목해 보아야 할 것이다. 이는 앞서 '(10)부족국가설과 성읍국가론' 항목에서 이미 검토한 바와 같이 성읍국가설을 주창하고 있는 것과

---

91 한국 고대 사회에서 牛耕뿐만 아니라 馬耕이 행해졌을 가능성에 대한 지적은, 노용필, 「고구려·신라의 중국 農法 수용과 한국 농법의 발전」, 『한국도작문화연구』, 한국연구원, 2012, pp.146–151 참조

정면적으로 배치되는 것이라 그랬다고 여겨지며, 또한 그 앞에서 기술한 바대로 경남 창원시 다호리 유적의 실제 면모로 볼 때 그것이 단연코 chiefdom 단계로는 결코 설정할 수 없겠다는 신념에서 내린 판단이었다고 보인다.

(19) 초기국가의 노예제사회설 비판

여기에서 '초기국가'라고 함은 성읍국가가 형성되고 연맹왕국으로 발전한 시기로, 아직 고구려, 백제, 신라 등의 중앙집권적 귀족국가로 발전되기 이전의 시기를 통틀어 지칭하는 의미로, 세계 고고학계에서는 때론 이를 영문으로 'early state'라고 표기하는 것을 직역하여 편의상 사용한 것이다. 어쨌든 이 무렵의 사회적 성격에 대해 유물사관에서는 노예제奴隸制사회라는 견해가 지금도 생명력이 있다고 믿는 모양이나, 한국사에서도 그러려니 여기는 견해에 대해 문제를 지적하는 사론을 신수판에 이르러 다음과 같이 기술하였다.

> 성읍국가 내지 연맹왕국 시대의 사회는 이 농민들의 거주지인 촌락을 기반으로 하고 그 위에 서 있었다. 그러므로 이 사회를 노예제사회였다고 하는 것은 사실과 일치하지 않는다. 비록 소수의 지배층이 많은 노예를 순장殉葬하였다 하더라도, 그들이 그 사회의 주된 생산담당자였다고는 할 수가 없을 것이기 때문이다.[92]

당시 사회에 노예가 있었고 또 그들이 순장되었다고 하더라도 그것은 일부에 그칠 뿐, 다수인 농민들이 "그 사회의 주된 생산담당자"였기에 노예제사회라고는 결코 볼 수 없다는 지적인 것이다. 즉 순장제가 있었다고 해서 그것이 곧 노예제사회라고는 볼 수 없다는 견해를 표방한 것으로[93], 이는 이러

---

92 「촌락과 농민」, 『한국사신론』 신수판, 1990, p.50; 「촌락과 농민」, 『한국사신론』 한글판, 1999, p.44.

93 殉葬이 행해지고 있었다고 해서 이를 당시의 사회가 노예제사회라는 증거로 볼 수 없음은 후일 그가 「유물사관적 한국사관」, 『현대 한국사학과 사관』, 1991; 『韓國史像의 재구성』, 1991,

한 사안을 구체적인 사례로 삼아 유물사관 자체를 비판하고 있는 것이라 하겠다.

(20) 삼국의 건국 시기에 관한 『삼국사기』의 기록 비판

삼국의 건국 시기에 관한 『삼국사기三國史記』의 기록 자체에 문제가 있음은 널리 알려져 있는 사실일 것이다. 이러한 사료적인 문제점에 대해서도 처음의 『국사신론』에서는 나름의 비판을 가하는 기술을 하였다.

> 삼국사기에 의하면 삼국 중 가장 먼저 건국한 것은 서기전 57년의 신라요 그 뒤에 고구려와 백제가 약 20년의 간격을 두고 서기전 37년과 18년에 각기 건국한 것으로 되어있다. 여기의 건국을 고대국가의 그것으로 생각한다면 그것은 터무니없는 거짓이 된다. 이를 부족연맹체의 형성으로 생각하더라도 고구려를 제외하고는 그 연대를 신용하기가 힘든다. 결국 삼국사기의 건국 연대에는 후대의 조작이 섞여 있는 것이 분명하다. 아마 삼국을 통일한 신라가 고구려보다 앞선 첫 갑자년甲子年(B.C. 57)으로써 그 건국 연대를 잡고 백제는 맨 뒤로 돌리게 된 것 같다.[94]

결국 "고구려를 제외하고는 그 연대를 신용하기가 힘든다. 결국 삼국사기의 건국 연대에는 후대의 조작이 있는 것이 분명하다"고 하였던 것이다. 이러한 『삼국사기』 초기 기록에 대한 사료 비판의 사론은, 하지만 너무나 일반적으로 널리 알려져 있는 점이라 굳이 서술하는 게 개설서에서는 적합하지 않은 것으로 판단하여, 이후의 『한국사신론』 여러 판본에서는 일체 재론하지 않았다고 살펴진다.

---

pp.197-198에서 상세히 논한 바가 있다. 한편 고구려 왕릉 순장자들의 경우를 중심으로 살펴서, 고구려 사회가 노예제사회였다고 하는 주장에 대한 비판은 노용필, 「고구려 왕릉 순장자의 사회적 처지─고구려사회의 노예제설 비판의 일환으로─」, 『한국고대사회사상사탐구』, 한국사학, 2007, pp.49-72 참조.

94 「고대국가」, 『국사신론』, 태성사, 1961; 제일출판사, 1963, pp.57-58.

(21) 삼국시대 농민층의 분화와 유인의 실체 파악

삼국시대 농민의 사회적 비중을 높이 평가하여 그들의 사회적 분화에 대한 관심을 표명함으로써 당시 사회의 실상을 서술하기도 하였다. 그러면서 고구려의 경우를 중심으로 그 과정에서 발생하는 용민傭民과 유인遊人에 대한 학설을 소개하면서 자신의 견해를 포함시키기도 하였다.

(그러나,) 신분적으로 양인인 자영自營농민들이 차지하는 사회적 비중은 절대적인 것이었으며, 이들은 각기 자기들의 자영지를 경작하고 있었다. 이러한 자영농민들은 국가에서 직접 파악하고 있었으며, 조세租稅·공부貢賦와 역역力役의 부과 대상이 되었다. 즉 처음에는 인두人頭를 단위로 해서, 뒤에는 재산을 기준으로 3등으로 나뉜 호戶를 단위로 해서 국가에 포布와 곡곡穀을 냈으며, 일정한 기간의 방수防戍나 축성築城·축제築堤와 같은 역역에도 동원되었다.

촌락에 거주하는 농민들은 마전麻田의 경우에서와 같이 아직 공동경작을 하기도 하였으므로 공동체적인 전통을 계승하고 있는 셈이다. 그러나 이들은 원칙적으로 각자의 자영지를 경작하는 자영농민이었고, 따라서 농민층의 사회적 분화가 크게 진행되었다. 농민들 중에는 그 결과 때로 토지를 잃고 용민으로 전락되기도 하였다. 고구려의 을불乙弗(미천왕美川王)이 수실촌水室村의 호민豪民이었을 음모陰牟의 집에서 용작傭作하던 때의 모습에서 이를 짐작할 수 있다. 이들은 용작에 의해서 그들의 생활을 이어 나가는 빈민이었으며, 고구려의 유인遊人 같은 것은 그런 층이었을 것이다. 그러므로, 이들에 대한 세금징수도 자영농민보다는 가벼웠던 것이다. 춘궁기에 곡식을 빌려 주었다가 추수기에 받아들이는 진대법賑貸法 같은 것이 행해지게 되는 것도 이러한 사회적 배경 속에서 이해되어야 할 것이다. 그러나 유인에 대해서는 이를 말갈靺鞨·거란契丹 등의 부용민附庸民을 말하는 것이라는 주장도 있다.[95]

신분이 양인인 자영농민의 사회적 비중을 "절대적인 것"으로 파악하고, 이들은 "원칙적으로 각자의 자영지를 경작하는 자영농민"이었음을 설파하였

---

95 「촌주와 농민」, 『한국사신론』 신수판, 1990, p.86; 「촌주와 농민」, 『한국사신론』 한글판, 1999, pp.73-74.

다. 그리고 이러한 농민들이 사회적 분화가 크게 진행되어 그 결과 용민으로 전락하기도 하였으며, 고구려의 유인이 그러한 경우였을 것으로 서술하였다. 그러면서도 이 유인에 대해 "이를 말갈·거란 등의 부용민을 말하는 것이라는 주장도 있다"고 덧붙여 소개하고 있다. 이는 곧바로 뒤에서 보게 되는 바와 같이 삼국시대 농업생산력의 근원이 이들에게 있었음을 말하여, 결국에는 당시 사회가 노예의 노동력이 중심이 되었던 노예제사회가 아님을 지적하고자 하였던 것이라 가늠된다.

(22) 삼국시대 향·부곡민의 천민설 및 노예사회설 비판

거듭 삼국시대 농업 생산력을 양인 신분의 자영농민이 담당했었다는 점을 강조하면서, 종래에 천민의 거주지로 여겨졌던 향鄕·부곡部曲에 대해서도 그 주민이 일반 군郡·현縣의 그것과 같이 양인이었다는 주장을 소개하며, 당시의 사회가 결코 노예사회가 아니었다는 자신의 견해를 전개하기도 하였다. 다음이 그렇다.

신라에는 촌만이 아니라 향·부곡 등으로 불리는 지방행정구획이 또한 설정되어 있었다. 종래 군·현·촌이 양인의 거주지인 데 대하여, 향·부곡은 노비적인 신분을 가진 천민의 거주지로 생각되어 왔다. 그러나 향·부곡에도 군·현에서와 마찬가지 장관이 임명되고 그 주민도 군·현의 주민과 마찬가지로 인식되고 있었다는 주장이 나와서 주목되고 있다. 그러므로 신라에서 농경에 종사하는 노동인구의 대부분을 차지한 것은 일반 자유민인 자영농민自營農民이었음이 분명하다. 또 건축이나 주종鑄鐘 등 기술직에 종사하는 사람들도, 강고내미强古乃未가 나마奈麻의 관등을 받고 있는 것과 같이 그 신분이 하급 귀족에 속하고 있는 경우도 있을 정도여서, 결코 천민만은 아니었다. 따라서 이 시대를 노예사회라고 하는 주장은 잘못된 것임을 알 수가 있다.[96]

---

96 「민중생활」, 『한국사신론』 신수판, 1990, pp.114-115; 「민중생활」, 『한국사신론』 한글판, 1999, pp.97-98.

더더군다나 금석문 자료에서 찾아지는 신라의 강고내미라고 하는 실존 인물의 경우를 예로 들면서 기술직에 종사하는 사람들 가운데는 하급 귀족에 속하는 경우도 있을 정도였으므로, "결코 천민만은 아니었다"는 주장을 펼쳤다. 그러면서 "따라서 이 시대를 노예사회라고 하는 주장은 잘못된 것임"을 지적하였던 것이다. 지금까지 보아온 이상과 같은 일련의 서술은 궁극적으로는 한국 고대사회가 노예제사회였다고 보는 유물사관 자체를 부정하고[97], 정확한 실상을 규명하기 위함이었다고 보아 틀림이 없다.

(23) 고려의 관료제사회설 비판

고려사회의 성격 규정과 관련된 핵심 논쟁은 그 사회를 귀족사회貴族社會로 볼 것인가 아니면 관료제官僚制사회로 볼 것인가 하는 문제였다. 1973년 역사학회 월례발표회에서부터 시작되어[98] 10여 년 이상 지속되었던 이 논쟁에 대해서도 핵심 내용을 정리하여 제시한 후, 이에 관한 자신의 의견을 개진해 두었다.[99] 이런 이유로 해서 1990년 간행의 신수판에서 처음으로 이 사론

---

97 유물사관에 대한 상세한 비판은 그의 글 가운데 보기 드물 정도의 장문인 「유물사관적 한국사관」, 『현대 한국사학과 사관』, 1991; 『韓國史像의 재구성』, 1991, pp.174-212에서 행해졌다.

98 애초에 이 논쟁은 1973년 『역사학보』 제58집에서 朴菖熙와 金毅圭가 역사학회 월례발표회에서의 구두 발표 내용을 게재한 데서 촉발되었는데, 월례 발표회에 거의 빠짐없이 참석하는 등 당시 임원으로서 역사학회의 운영에 깊이 간여하던 이기백 자신의 의중이 발표 주제는 말할 것도 없고 발표자 선정에도 상당히 깊이 반영되었던 게 거의 틀림이 없을 것이다.

99 이러한 고려시대의 성격 규정 학술 논쟁과 관련하여서는 그가 다음과 같이 지적하고 있음 역시 참고가 되어 마땅할 것이라고 보아, 직접 관련된 부분만을 중심으로 일부 소개하고자 한다.
   "최근의 한국사학계에는 몇 가지 두드러진 학문적 논쟁이 있었다. 커다란 문제만을 적어 보더라도 구석기문화를 에워싼 문제들을 위시해서, 고려의 家産官僚制사회설과 귀족사회설, 조선 초기의 民本사회설과 兩班사회설, 士林派의 성격 규정 문제, 公田과 私田의 개념에 관한 문제 등등 이루 셀 수 없이 많이 있다. … 그러나 결론이 틀린 학설이라도 만일 논문으로서의 기본성격을 갖추고 있는 경우에는, 그렇지가 못한 논문이 결론만을 옳게 내리고 있는 경우보다도 학계에 유익을 끼칠 수 있다는 점을 알아야 한다. 가령 고려사회가 가산관료제사회였느냐 귀족사회였느냐 하는 논쟁의 경우를 들어보자면, 어느 한쪽 혹은 양쪽 모두가 틀렸는지도 모르지만, 그러나 양쪽 주장은 모두 고려사회에 대한 이해를 더욱 깊이하고 정밀하게 하였다는 점에서 학계에 크게 기여하였다고 할 수가 있다. … 명확하지 않은 개념을 가지고서는 학문이 성립될 수가 없는 것이다. 그런데 논쟁에서 종종 개념규정을 불분명하게 하는 경향을 드러내곤 하였다. 예컨대 가산관료제

이 삽입되게 되었음은 말할 것도 없다.

> 최근 고려를 관료제사회로 보는 새 견해가 제기되고 있다. 그러나, 고려는 혈통을 존중하는 신분제사회였고, 상위 신분층이 사회의 지배세력을 형성하고 있었으므로, 이를 귀족사회라고 이해하는 것이 옳다고 생각한다.[100]

신수판의 이 내용 바로 밑 〈참고〉 난에 그 사이에 발표된, 이에 관한 박창희朴菖熙, 김의규金毅圭, 박용운朴龍雲, 한충희韓忠熙의 논문은 물론 이기백 자신의 논문 그리고 박창희와 김의규의 재검토 논문 등이 상세하게 기입되어 있음을 찾아볼 수 있다. 그래서 고려사회의 성격 규정에 관한 학설을 위에서와 같이 간결하게 정리한 후 결론적으로 "귀족사회라고 이해하는 것이 옳다고 생각한다"고 언급하였던 것이라고 생각된다.

(24) 묘청의 난 성격에 관한 견해

『국사신론』과 『한국사신론』에서는 일관되게, 고려 전기 문벌 중심의 귀족사회를 크게 동요하게 한 사건으로 이자겸李資謙의 난과 묘청妙淸의 난을 꼽았다. 이 중에서도 묘청의 난에 관해서는 서경파·풍수지리설파·배타주의파(배외파)인 묘청 일파와 개경파·유학파·사대주의파인 김부식 일파의 대립으

란 말은 베버가 사용한 것이었지만, 처음 이 개념이 명확하게 인식되었던 것으로는 보이지가 않는다. 그러므로 자연히 논쟁은 초점이 맞지 않는 것과 같은 느낌이었다. 그러다가 점차 그 개념이 명확하게 되면서 논쟁도 더욱 분명하게 되었음은 물론이다. 필자 자신도 관련되어 있던 문제였기 때문에 손쉽게 생각되어 여기서 가산관료제의 예를 들었지만, 이 점은 다른 논쟁의 경우에도 다름이 없었다고 생각한다. … 논쟁이 없는 학계는 침체된 학계라고 할 수가 있다. 논쟁은 더욱더 권장되어야 할 것이다. 그러나 학문적 논쟁은 학문의 발전에 기여하는 방향에서 이루어져야지 이를 저해하는 방향에서 이루어져서는 안 된다. 그러기 위해서는 논쟁이 지켜야 할 원칙들에 관심을 쏟아야 하리라고 믿는다"「과학적 한국사학을 위한 반성과 제의」, 『역사학보』 104, 1984; 『한국사상의 재구성』, 1991, pp.124-125.
100 「귀족정치의 지향」, 『한국사신론』 신수판, 1990, p.157; 「귀족정치의 지향」, 『한국사신론』 한글판, 1999, p.132.

로 상세히 기술하고 있다.

① 이상과 같이 서경파西京派 · 풍수지리설파風水地理說派 · 배타주의파排他主義派로 지목되는 묘청妙淸 일파의 주장은 김부식金富軾을 그 대표로 하는 개경파開京派 · 유학파儒學派 · 사대주의파事大主義派의 공격의 적的이 되었다. 그들의 미신적 행위는 더욱 비난의 재료가 된 것이다. … 그러나 김부식의 지휘를 받는 관군에게 1년 만에 서경이 함락하고 난은 진압되었다.

　　[이 묘청의 난은 지방 대립, 사상 대립, 대외정책의 대립 등 일련의 흥미 있는 사실을 우리에게 제공하여 주고 있다. 특히 묘청 일파의 칭제稱帝 건원建元의 주장 및 정금론征金論을 과대평가하여 묘청의 실패를 독립사상의 패배라고 분개憤慨하는 논자까지 나오고 있는 것이다. 이러한 견해는 전혀 무시할 수는 없다 하더라도 묘청 등의 견해가 진정한 독립사상이었느냐 하는 데는 의심이 없을 수 없다. 오히려 묘청의 주장은 배타주의라고 해야 할 것이다. 국제관계의 정당한 인식과 자타自他의 실력에 대한 정확한 판단이 결여되었고 따라서 실력의 양성을 토대로 한 것이 아니라 풍수의 덕에 힘입으려는 미신에 근거를 둔 정금론이었기 때문이다. 요컨대 묘청의 난은 서경세력의 개경세력에 대한 반항에서 일어난 것이었다고 보는 것이 가장 타당할 것이다.]¹⁰¹

② 이상과 같이, 서경파 · 풍수지리설파 · 배타주의파로 지목되는 묘청 일파의 주장은 김부식을 그 대표로 하는 개경파 · 유학파 · 사대주의파의 공격의 대상이 되었다. 그들의 미신적 행위는 더욱 비난의 재료가 된 것이다.…그러나, 김부식의 지휘를 받는 관군에게 1년 만에 서경이 함락하고 난은 진압되었다.¹⁰²

③ 이상과 같이, 서경파 · 풍수지리설파 · 배외파로 지목되는 묘청 일파의 주장은 김부식을 그 대표로 하는 개경파 · 유학파 · 사대파의 공격의 대상이 되었다. 서경파의 미신적 행위는 더욱 비난의 재료가 된 것이다. … 그러나, 김부식의 지휘를 받는 관군에게 1년 만에 서경이 함락되고 난은 진압되었다.¹⁰³

④ 이상과 같이 서경파 · 풍수지리설파 · 배외파로 지목되는 묘청 일파의 주장은 김부식을 그 대표로 하는 개경파 · 유학파 · 사대파의 공격의 대상이 되었다. 서경

---

101 「묘청의 난」, 『국사신론』, 태성사, 1961; 제일출판사, 1963, p.163.
102 「이자겸의 난」, 『한국사신론』 초판, 1967, p.147.
103 「묘청의 난」, 『한국사신론』 개정판, 1976, p.168.

파의 비합리적 사고와 행위는 더욱 비난의 재료가 된 것이다. ··· 그러나, 김부식의 지휘를 받는 관군에게 1년 만에 서경이 함락되고 난은 진압되었다.[104]

『국사신론』에서는 유달리 상론하였음이 크게 눈에 띄는데, "특히 묘청 일파의 칭제 건원의 주장 및 정금론을 과대평가하여 묘청의 실패를 독립사상의 패배라고 분개하는 논자까지 나오고 있는 것이다"라고 한 대목에서 이 논자는 곧 신채호申采浩를 말하는 것으로 여기에서 상론한 글은 바로 그의 「조선역사상 일천년래 제일대사건」이었다. 그러면서 이에 대해 자신의 논평 역시 개진하였으니, "이러한 견해는 전혀 무시할 수는 없다 하더라도 묘청 등의 견해가 진정한 독립사상이었느냐 하는 데는 의심이 없을 수 없다. ··· 요컨대 묘청의 난은 서경세력의 개경세력에 대한 반항에서 일어난 것이었다고 보는 것이 가장 타당할 것이다"라고 기술하였던 것이다. 그런 후 이후의 판본에서는 이러한 자신의 사론은 일체 제외시켜 버리고 그 골격의 내용만을 추려서 정리하여 서술하였다.

(25) 무인정권의 역사적 평가에 대한 견해

『국사신론』에만 기술하였을 뿐 이후의 여타 판본에서는 더 이상 기술하지 않았던 사론의 하나가 바로 이것이다. 『국사신론』 초판이 발행된 1961년과, 재판이 발행된 1963년 이후, 그것도 『한국사신론』 초판이 발행되는 1967년 어간의 당시 상황과 깊은 관련이 있어 그런 게 아니었을까 싶다.

최씨의 무인정권이 외세의 압력을 받음이 없이 순탄한 발전을 수행하였다면 한국 역사의 발전은 어떠한 방향을 걷게 되었을 것인가. 이것은 물론 어리석은 질문임에는 틀림이 없으나 또 적이 궁금한 수수께끼가 아닐 수 없다. 비록 여러 가지 차이점이 있을 것이지마는 거의 동시에 무인막부武人幕府를 건설한 일본의 경우와

---

104 「묘청의 난」, 『한국사신론』 신수판, 1990, p.191; 「묘청의 난」, 『한국사신론』 한글판, 1999, p.159.

대비할 때에 더욱 그러하다. 하여튼 무인정권은 그 독재의 기초가 확립될 지음 커다란 대외적인 시련을 겪지 않으면 안 되었으니 그것이 곧 몽고蒙古의 침입이었다. 그리고 이 시련에 과감히 항거하던 무인정권은 결국 그 시련을 끝까지 이겨내지 못하고 말았던 것이다.[105]

　　무인정권이 "순탄한 발전을 수행하였다면 한국 역사의 발전은 어떠한 방향을 걷게 되었을 것인가"라는 명제를 제시하며 기술한 이 사론을 통해 그가 일본의 경우까지 제시하면서 펼쳐 보이고자 했던 자신의 내밀한 생각은 무엇이었을까? "시련에 과감히 항거하던 무인정권"이 "그 독재의 기초"를 '확립'하여 "그 시련을 끝까지 이겨내"었더라면 하는 아쉬움을 일면 지니고 있었던 게 아닐까? 그래서 한국 역사의 발전에 계기가 되었더라면 좋았겠다는 자신 내면의 한 자락을 조심스레 펼쳐 보였던 게 아니었던가 짐작된다. 원고 집필 당시의 매우 혼란된 정치 상황을 겪으면서 지녔을 이러한 상념의 나래를 1961년의 『국사신론』 간행 때에는 용기 내어 그대로 두었으나, 하지만 더 이상 그대로 두게 되면 많은 오해를 불러일으킬 수도 있다는 조심스러움에 접어 버리고, 1967의 『한국사신론』 초판부터에서는 전혀 내색도 하지 않게 되었던 게 아니었나 추측할 뿐이다.

(26) 조선의 양천제사회설 비판

　　『국사신론』 초판부터 『한국사신론』 개정판까지에서는 조선사회가 양반사회라고 하는 사실에 대해 의문의 여지가 없다고 믿어 왔던 것 같다. 그러다가 신수판에 이르러서는 이에 반대되는 학설이 제기된 것에 대해 관심조차 표명하지 않는 것은 옳지 않다는 판단을 내리고 극력으로 이에 대해 논평을 서슴지 않았던 듯하다.

---

105 「몽고와의 항쟁」, 『국사신론』, 태성사, 1961; 제일출판사, 1963, p.171.

① 이조李朝의 사회를 움직여 나간 지배적인 사회층은 사대부士大夫였다. 사대부들은 결국 관직을 얻으면 문반文班이나 무반武班의 양반兩班에 속하게 되는 것이다. 이로 인해서 뒤에 양반이란 말은 문무의 관직을 차지할 수 있는 사회적 신분층에 대한 칭호로 광범하게 사용되기에 이르렀다. 그리고, 이조 사회의 정치·경제·문화를 움직여 나간 사회층이 바로 이들이었던 까닭에 이를 양반사회라고 불러 마땅할 것이다.[106]

② 이조의 사회를 움직여 나간 지배적인 사회 계층은 사대부였다. 사대부들은 결국 관직을 얻으면 문반이나 무반의 양반에 속하게 되는 것이다. 이로 인해서 뒤에 양반이란 말은 문무의 관직을 차지할 수 있는 사회적 신분층에 대한 칭호로 광범하게 사용되기에 이르렀다. 그리고, 이조사회의 정치·경제·문화를 움직여 나간 계층이 바로 이들이었던 까닭에 이를 양반사회라고 불러 마땅할 것이다.[107]

③ 조선의 사회를 움직여 나간 지배적인 사회계층은 사대부였다. 사대부들은 결국 관직을 얻으면 문반이나 무반의 양반에 속하게 되는 것이다. 이로 인해서 양반이란 말은 문무의 관직을 차지할 수 있는 사회적 신분층에 대한 칭호로 사용되기에 이르렀다. 그리고 조선사회의 정치·경제·문화를 움직여 나간 계층이 바로 이들이었던 까닭에, 이를 양반사회라고 불러 마땅할 것이다. [최근 조선 초기의 신분제가 크게 양인良人과 천인賤人으로 갈라질 뿐이며, 양반과 상민常民은 모두 같은 양인으로서 그 사이에는 신분상 차이가 없었다고 주장하는 새로운 견해가 나타나고 있다. 그러나 이러한 주장은 법조문法條文과 사회의 실제와를 구별하여 보지 않는 데서 일어난 잘못이다.][108]

신수판에서 "최근 조선 초기의 신분제가 크게 양인과 천인으로 갈라질 뿐이며, 양반과 상민은 모두 같은 양인으로서 그 사이에는 신분상 차이가 없었다고 주장하는 새로운 견해가 나타나고 있다. 그러나 이러한 주장은 법조문과 사회의 실제와를 구별하여 보지 않는 데서 일어난 잘못이다"라고 명명백

---

106 「양반사회」, 『한국사신론』 초판, 1967, p.203.
107 「양반사회」, 『한국사신론』 개정판, 1976, pp.209—210.
108 「양반사회」, 『한국사신론』 신수판, 1990, p.236; 「양반사회」, 『한국사신론』 한글판, 1999, p.196.

백하게 비판하는 사론을 달아 두었던 것이다. 여기에서는 이 주장을 학술적으로 뭐라 하는지도 밝히지 않았는데, 밝힘으로써 오히려 혼란을 가중시키는 게 아닐까 하는 염려에서 그런 것으로 살펴진다. 이 학설에 대해서 이기백은 '민본제民本制사회설'이라는 학술 용어를 사용하였는데, 이에 대해서는 구체적으로 "물론 그러한 신분제를 어떻게 이해하느냐 하는 데는 반드시 의견이 일치하지가 않아서, 가령 고려의 사회가 가산관료제사회였다든가, 혹은 조선의 초기사회는 양천良賤의 두 신분으로 구성된 민본제사회였다든가 하는 학설이 제기되기도 하였다[109]"라고 한 데에서나 또한 "최근의 한국사학계에는 몇 가지 두드러진 학문적 논쟁이 있었다. 커다란 문제만을 적어 보더라도 구석기문화를 에워싼 문제들을 위시해서, 고려의 가산관료제사회설과 귀족사회설, 조선 초기의 민본사회설과 양반사회설, 사림파의 성격 규정 문제, 공전公田과 사전私田의 개념에 관한 문제 등등 이루 셀 수 없이 많이 있다[110]"고 한데에서 찾아진다.

(27) 서원의 기능에 대한 견해

조선시대 서원書院의 기능에 대한 견해는 『국사신론』 초판부터 『한국사신론』 개정판까지에서는 무척이나 부정적인 경향이 농후했다가, 그 이후 차츰 긍정적인 측면을 고려한 듯하다. 즉 사회 발전에 도움이 되지 않고 오히려 저해되는 것으로 보다가, 후에는 그러한 면을 굳이 강하게 드러내지 않는 쪽으로 서술의 태도를 전환하였다고 살펴지는 것이다.

① (그러나) 서원은 [그것이 국가의 경제를 침식하여 경제적인 문제를 야기시켰다 는 데에 중요한 의미가 있는 것은 아니다.] 사화士禍에 의하여 강압을 받은 유학

---

109 「현대의 한국사학」, 『한국학보』 41, 1985; 『한국사상의 재구성』, 1991, p.104.
110 「과학적 한국사학을 위한 반성과 제의」, 『역사학보』 104, 1984; 『한국사상의 재구성』, 1991, p.124.

자들이 그들의 활로를 서원에서 개척했다는 데에 [보다] 중요한 사실이 있다. 주자학朱子學의 융성은 이 서원을 터전으로 하고 이루어진 것이었다. 그러나 당쟁黨爭이 격심하여지면서 이 서원은 단순한 학문의 도장이 아니라 붕당朋黨의 근거지가 되었다. 동족同族의 자제子弟를 모아서 교육을 함으로써 맺어진 사제지간이란 혈연에 의하여 맺어진 부자지간과 마찬가지로 인간을 속박하는 중요한 제약이 되었다. 스승의 설은 비록 그릇된 것이라 하더라도 제자가 이를 반대하지 못하였다. 이황李滉의 계통인 영남학파嶺南學派는 의례히 주리파主理派여야 하고 이이李珥의 계통인 기호학파畿湖學派는 의례히 주기파主氣派여야 한다. [독창이 죽은 학문이 대를 이어 계승될 뿐이었다. 중국의 명대明代에 새로운 양명학陽明學이 일어나고 청대淸代에는 고증학考證學이 일어났건만 이조의 유학이 의연히 주자학에 고착하여 질식하고 만 것은 이러한 침체된 학풍學風에 말미암는 것이었다.] 또 같은 스승을 섬긴 제자들 사이에도 그 유대는 든든한 것이었다. 그들은 동문계同門契 등을 통하여 동학의 의誼를 두텁게 할 뿐만 아니라 당쟁에 있어서나 출세에 있어서나 모두 시비是非를 초월해서 결합할 수 있었다. [그러므로 서원은 이조 주자학의 온상이기도 하였지마는 동시에 학문을 진취성 없고 독창성 없는 죽은 것으로 만든 곳이기도 하였다.][111]

② (그러나) 서원은 무엇보다도 사화에 의하여 강압을 받은 사람들에게 그들의 활로를 서원에서 개척했다는 데에 중요한 의미가 있다. 주자학의 융성은 이 서원을 터전으로 하고 이루어진 것이었다. 그러나 당쟁이 격심하여지면서 이 서원은 단순한 학문의 도장이 아니라 붕당의 근거지가 되었다. 동족의 자제를 모아서 교육을 함으로써 맺어진 사제지간이란 혈연에 의하여 맺어진 부자지간과 마찬가지로 인간을 속박하는 중요한 제약이 되었다. 스승의 설은 비록 그릇된 것이라 하더라도 제자가 이를 반대하지 못하였다. [[이황의 계통인 영남학파는 으레 주리파라야 하고 이이의 계통인 기호학파는 으레 주기파라야 했다. [그러므로, 양명학 같은 것은 발전할 여지가 없었다.] 또 같은 스승을 섬긴 제자들 사이에도 그 유대는 든든한 것이었다.]] 그들은 동문계 등을 통하여 동학의 의를 두텁게 할 뿐만 아니라 당쟁에 있어서나 출세에 있어서나 모두 시비를 초월해서 결합할 수 있었다.[112]

---

111 「서원」,『국사신론』, 태성사, 1961; 제일출판사, 1963, p.232.
112 「서원과 향약」,『한국사신론』 초판, 1967, pp.249-250.

③-가 사화에 의하여 탄압을 받은 사람들에게 그들의 활로를 개척해 주고 성공의 터전을 마련해 준 것이 서원이었다.[113]

③-나 당쟁이 격심하여지면서 이 서원도 단순한 학문의 도장이 아니라 붕당의 근거지가 되었다. 동족의 자제를 모아서 교육을 함으로써 맺어진 사제의 사이란 혈연에 의하여 맺어진 부자父子의 그것과 마찬가지로 인간을 속박하는 중요한 제약이 되었다. 스승의 설은 비록 그릇된 것이라 하더라도 제자가 이를 반대하지 못하였다. 그들은 동문계 등을 통하여 동학의 의를 두텁게 할 뿐만 아니라 당쟁에 있어서나 출세에 있어서 모두 시비를 초월해서 결합하였던 것이다.[114]

④-가 사화에 의하여 탄압을 받은 사람들에게 그들의 활로를 개척해 주고 성공의 터전을 마련해 준 것이 서원이었다.[115]

④-나 이렇게 붕당이 학파의 대립과 밀접한 관계를 가지고 있으므로 해서, 자연히 서원이 붕당의 근거지가 되는 경향을 나타내기에 이르렀다. 같은 서원에서 수학한 사람들이 동문계를 조직하여 그들의 우의와 결속을 다지는 현상도 이런 속에서 생겨나게 되었다.[116]

⑤-가 사화에 의하여 탄압을 받은 사람들에게 그들의 활로를 개척해 주고 성공의 터전을 마련해 준 것이 서원이었다.[117]

⑤-나 이렇게 붕당이 학파의 대립과 밀접한 관계를 가지고 있었으므로, 자연히 서원이 붕당의 근거지가 되는 경향을 나타내기에 이르렀다. 같은 서원에서 수학한 사람들이 동문계를 조직하여 그들의 우의와 결속을 다지는 현상도 이런 속에서 생겨나게 되었다.[118]

심지어 『국사신론』 초판에서는 "서원은 이조 주자학의 온상이기도 하였지마는 동시에 학문을 진취성 없고 독창성 없는 죽은 것으로 만든 곳이기도 하였다"고 서술하였을 정도였다. 그리고 『한국사신론』 초판과 개정판에서는

---

113 「서원과 향약」, 『한국사신론』 개정판, 1976, p.248.
114 「당쟁의 발생」, 『한국사신론』 개정판, 1976, p.250.
115 「서원과 향약」, 『한국사신론』 신수판, 1990, p.275.
116 「붕당의 발생」, 『한국사신론』 신수판, 1990, p.278.
117 「서원과 향약」, 『한국사신론』 한글판, 1999, p.229.
118 「붕당의 발생」, 『한국사신론』 한글판, 1999, p.232.

동일하게 "그들은 동문계 등을 통하여 동학의 의를 두텁게 할 뿐만 아니라 당쟁에 있어서나 출세에 있어서나 모두 시비를 초월해서 결합할 수 있었다" 라고도 하였던 것이다. 그러다가 『한국사신론』 신수판 이후에서는 "같은 서원에서 수학한 사람들이 동문계를 조직하여 그들의 우의와 결속을 다지는 현상도 이런 속에서 생겨나게 되었다"는 정도로, 다소 완화된 표현으로 서술하고 있다. 이러한 서술 태도의 변화는, 처음에는 그렇지 못하다가 나중에는 사림세력의 대두라는 요소 즉 당시 사회 주도세력의 변화를 비로소 염두에 두게 되면서 서원의 기능에 대해서도 사림세력의 근거지로서 지니는 역사적 의미를 부정적으로만 보지 않게 된 데에 따른 게 아니었을까 싶다.

(28) 당쟁에 대한 견해

앞서 본 바대로 서원의 기능에 대해 『국사신론』 및 『한국사신론』 초판에서 부정적으로 기술하였듯이 당쟁黨爭에 대해서도 그러하였다. 『국사신론』에서는 『한국사신론』 초판의 그것보다 오히려 더 심하게 오로지 부정적으로만 서술한 감도 없지 않다.

① 이상에서 우리는 남·북·노·소의 가장 중요한 네 파의 대립을 중심으로 당쟁사의 대략을 더듬어 왔다. 그것은 지루한 반복의 역사였다. 비록 정쟁의 논제는 달랐고 대립된 파는 달랐으나 쫓아내고 쫓기어나고 다시 복수를 하고 다시 쫓기어나는 같은 과정이 되풀이된 것이다. 정쟁의 논제는 사회의 개선이나 국민의 생활 향상에 있는 것이 아니었다. 복상服喪문제라든가 세자책립世子冊立문제와 같은 왕실의 가족적 규범에 관한 문제가 가장 많았다. [사회성이 결여된 관념적인 정치론이었다.] 이러한 문제를 가지고 온 양반사회가 싸웠던 것이다. 당쟁에 가담하지 않은 양반은 있을 수 없었다. 이미 파가 다르면 나면서부터 원수였다. 그들은 서로 혼인을 통하지 않았고, 한자리에 앉아 담소談笑하기를 꺼려했고, 섬기는 스승이 달랐다. 이이가 서인西人이 득세하면 문묘文廟에 종사從祀가 되고 남인南人이 득세하면 출향黜享이 되던 사정만 보더라도 그들이 얼마나 당파의 계통이라는 것을 중하게 생각했는가를 알 수 있다. 이 같이 이조

의 양반들은 지극히 편협한 태도로서 인습因襲과 명분名分에 얽매이어 있었다. [자유로운 인간성은 억압되고 따라서 사회적인 개혁이나 문화적인 발전은 좀처럼 기대할 수가 없었다.]¹¹⁹

② 이상에서 우리는 남·북·노·소의 가장 중요한 네 파의 대립을 중심으로 당쟁 사의 대략을 더듬어 왔다. 그것은 지루한 반복의 역사였다. 비록 정쟁의 논제는 달랐고 대립된 파는 달랐으나 쫓아내고 쫓겨나고 다시 복수를 하고 다시 쫓겨 나는 같은 과정이 되풀이된 것이다. 정쟁의 논제는 사회의 개선이나 국민의 생 활 향상에 있는 것이 아니었다. 복상 문제라든가 세자 책립 문제와 같은 왕실의 가족적 규범에 관한 문제가 가장 많았다. 이러한 문제를 가지고 온 양반사회가 싸웠던 것이다. 당쟁에 가담하지 않은 양반은 있을 수 없었다. 이미 파가 다르 면 나면서부터 원수였다. 그들은 서로 혼인을 통하지 않았고, 한자리에 앉아 담 소하기를 꺼려했고, 섬기는 스승이 달랐다. 이이가 서인이 득세하면 문묘에 종 사가 되고 남인이 득세하면 출향이 되던 사정만 보더라도 그들이 얼마나 당파 의 계통이라는 것을 중하게 생각했는가를 알 수 있다. 이 같이 이조의 양반들은 지극히 편협한 [배타적] 태도로서 의리와 명분에 얽매어 있었다.¹²⁰

당쟁사 자체가 "지루한 반복의 역사"였다고 하거나 "당쟁에 가담하지 않 은 양반은 있을 수 없었다"고 쓰고 있는 것은 『국사신론』과 『한국사신론』 초 판에서 마찬가지였다. 허나 "자유로운 인간성은 억압되고 따라서 사회적인 개혁이나 문화적인 발전은 좀처럼 기대할 수가 없었다"고 하는 부분은 『국사 신론』에만 있을 뿐, 『한국사신론』 초판에서는 삭제되었다. 이후의 판본에서 는 이러한 부정적인 서술은 일체 보이지 않는다. 그것은 이후에는 당쟁 자체 의 부정적인 측면만을 강조하는 식민주의사관에서 벗어나기에 주력하였기 때문으로 이해된다.¹²¹

---

119 「사색당파의 싸움」, 『국사신론』, 태성사, 1961; 제일출판사, 1963, pp.252-253.
120 「사색당파의 싸움」, 『한국사신론』 초판, 1967, p.254.
121 이러한 저자의 생각은 특히 이기백의 「나의 한국사 연구」, 『한국사학사학보』 1, 2000; 『한국전 통문화론』, 2002, p.306의 다음과 같은 대목을 읽으면서 지니게 되었다. "사실은 이런 일들이 계기가 돼서 『한국사 시민강좌』가 시작되었습니다. 요즘도 그렇지만 저에게도 자꾸 질문을 했 습니다. 아주 잘 아는 사람들도 고조선의 영토가 어디까지였다는데 어떻게 됐느냐고 질문합니

(29) 실학의 성격에 관한 견해

조선 후기 실학實學의 성격에 대한 서술에 있어서도 처음의 내용에다가 나중에는 새로운 사항을 추가해 가면서 완성시켜 나갔음을 알 수 있다. 즉 처음에는 실증적이고 독창적이라는 점만을 지적하다가 나중에는 민족적인 성격도 띠었음을 추가하여 설명하였던 것이다. 말할 것도 없이 이러한 정리에도 그 자신의 견해가 반영된 것임이 분명하다.

①-가 이렇게 학문의 대상이 현실적인 것으로 되면 그 방법도 변할 수밖에 없었다. 즉, 실학자들의 연구방법은 실증적實證的이었다. 모든 결론을 확실한 전거典據에 의하여 내렸던 것이다. 그러므로, 반드시 과거의 전통이나 스승의 설에 맹종해야 할 필요를 느끼지 않았다. 그들 스스로의 연구 성과와 어긋나는 것이 있으면 선학先學의 설이라도 거리낌 없이 비판하였다. 말하자면 그들의 학문은 독창적이었던 것이다. 이리하여 이조의 학문은 새로운 발전을 하게 되었다.[122]

①-나 이렇게 학문의 대상이 현실적인 것으로 되면 그 방법도 변할 수밖에 없었다. 즉, 실학자들의 연구 방법은 실증적이었다. 모든 결론을 확실한 전거에 의하여 내렸던 것이다. 그러므로, 반드시 과거의 전통이나 스승의 설에 맹종하려고 하지를 않았다. 그들 스스로의 연구 성과와 어긋나는 것이 있으면 선학의 설이라도 거리낌 없이 비판하였다. 말하자면 그들의 학문은 독창적이었던 것이다. 이리하여 이조의 학문은 새로운 발전을 하게 되었다.[123]

②-가 이렇게 학문의 대상이 현실적인 것으로 되면 그 방법도 변할 수밖에 없었다. 즉, 실학자들의 연구 방법은 실증적이었다. 모든 결론을 확실한 전거에 의하여 내렸던 것이다. 그러므로, 반드시 과거의 전통이나 스승의 설에 맹종하려

다. 이래서는 안 되겠다 싶었습니다. 그래서 그 사람들이 식민주의사관이 무엇인지도 모르고 있다 싶어서 창간호에서는 그것부터 알려 주려고 했습니다. …(중략)… 당쟁도 그렇습니다. 당쟁은 수치스러운 것이니 교과서에서 간단히 다루라는 것이었습니다. 그러나 당쟁이 어떤 것인지 그 성격을 올바로 이해하게 되면 절대로 국민들이 열등감을 갖게 되지 않았을 것이라고 생각했습니다. 우리나라 당쟁이라는 것은 점잖은 것입니다. 일본의 사무라이들의 그 복수극이나 서양 중세의 봉건영주들의 전쟁에 비하면, 우리나라 당쟁이야말로 정말 점잖은 싸움이 아니겠습니까."

122 「실학의 발생」, 『국사신론』, 태성사, 1961; 제일출판사, 1963, p.259.
123 「실학의 발생」, 『한국사신론』 초판, 1967, p.269.

고 하지를 않았다. 그들 스스로의 연구 성과와 어긋나는 것이 있으면 선학의 설이라도 거리낌 없이 비판하였다. 말하자면 그들의 학문은 독창적이었던 것이다. [그리고 그들이 관심을 가진 현실이 바로 조선의 현실이었기 때문에 그들의 학문은 민족적 성격을 띤 것일 수밖에 없었다.] 이리하여 이조의 학문은 새로운 비약을 하게 되었다.[124]

②-나 이렇게 학문의 대상이 현실적인 것으로 되면 그 방법도 변할 수밖에 없었다. 즉, 실학자들의 연구 방법은 실증적이었다. 모든 결론을 확실한 전거에 의하여 내리려고 했던 것이다. 그러므로, 반드시 과거의 전통이나 스승의 주장에 맹종하려고 하지를 않았다. 그들 스스로의 연구성과와 어긋나는 것이 있으면 선학의 학설이라도 거리낌 없이 비판하였다. 말하자면 그들의 학문은 독창적이었던 것이다. 그리고 그들이 관심을 가진 현실이 바로 조선의 현실이었기 때문에 그들의 학문은 민족적 성격을 띤 것일 수밖에 없었다. 이리하여 조선의 학문은 새로운 비약을 하게 되었다.[125]

『국사신론』과 『한국사신론』 초판에서는 실학의 성격이 실증적이고 독창적이라는 점을 들어 말하면서, 그래서 당시의 학문이 "새로운 발전을 하게 되었다"고 썼었다. 그러던 것이 개정판에서부터는 ②-가 "그리고 그들이 관심을 가진 현실이 바로 조선의 현실이었기 때문에 그들의 학문은 민족적 성격을 띤 것일 수밖에 없었다"는 부분을 삽입하고, 그래서 당시의 학문이 "새로운 비약을 하게 되었다"고 수정하였다.[126] 결국 이렇게 실학의 학문적 성격을 논함에 있어 지속적으로 수정해 가면서 종합적으로 정리한 것 자체가 그 자신의 견해를 정리하여 완성도를 높여 간 것이다.

(30) 경세치용학파의 중농주의설 비판

농업 중심의 이상국가 건설을 구상하여 제시한 소위 경세치용학파經世致

---

124 「실학의 발생」, 『한국사신론』 개정판, 1976, p.278.

125 「실학의 발생」, 『한국사신론』 신수판, 1990, pp.306-307; 「실학의 발생」, 『한국사신론』 한글판, 1999, p.255.

126 노용필, 「책머리에」, 『한국도작문화연구』, 한국연구원, 2012, p.5 참조.

用學派의 유형원柳馨遠, 이익李瀷, 정약용丁若鏞 등의 학설을 정리하여 제시한 후, 이들의 주장을 중농주의重農主義라고 지적한 학설에 대해 정면으로 반박하는 자신의 견해를 명료하게 제시하기도 하였다. 중농주의라는 용어의 개념이 그런 게 아니라는 것이었다.

> 이들은 자신이 토지를 소유하고 경작하는 독립된 자영농민을 기본으로 하는 이상국가의 건설을 목표로 하였다. 즉, 사농일치士農一致의 원칙에서 신분적인 차별을 없이 하고, 교육의 기회를 균등히 하여 능력 위주로 관리를 등용하며, 상공업의 발전이나 화폐의 유통에 의한 농촌경제의 침식을 방지할 것을 주장하였다. 이같이 이들이 농업을 중심으로 한 이상국가를 구상하였으나, 그렇다고 인위적인 질서를 배격하고 자연질서를 존중하여 경제 분야에서 농업을 중요시하는 중상주의重農主義라고 하는 것은 잘못이다.[127]

이들이 농업을 중심으로 한 이상국가를 세우려 하였다고 해도, 이들을 중농주의라고 할 수는 결코 없다는 견해를 피력한 것이다. "인위적인 질서를 배격하고 자연질서를 존중하여 경제 분야에서 농업을 중요시하는" 게 중농주의인데, 이들이 그렇게 주장하지는 않았다라는 의견이라 하겠다. 부연하자면 경제사에서 중농주의라고 할 때에는 "인위적인 질서를 배격하고 자연질서를 존중하여 경제 분야에서 농업을 중요시하는" 것을 의미하는데, 이들 경세치용학파는 그렇지 않으므로 그렇게 볼 수 없다는 자신의 사론을 분명히 해두었던 것이라 하겠다.

(31) 이용후생학파의 중상주의설 비판

상공업 중심의 부국안민론富國安民論을 펼친 박제가朴齊家, 홍대용洪大容 등의 북학파北學派, 즉 이용후생학파利用厚生學派 실학자들의 학문적 성격에

---

127 「농업 중심의 이상국가론」, 『한국사신론』 신수판, 1990, p.308; 「농업 중심의 이상국가론」, 『한국사신론』 한글판, 1999, p.257.

대해 논하면서도 역시 자신의 사론을 적극적으로 제시하였다. 이들이 아무리 상공업 중심을 부르짖었을지언정, 그렇다고 해서 이들을 중상주의重商主義라고 하는 것은 잘못이라는 지적이다.

농촌의 건전한 발전을 토대로 한 사회의 개혁을 주장한 경세치용학파와는 달리, 서울의 도시적 분위기 속에서 자란 실학의 일파가 새로이 성장하였다. 이들의 학문은 점차로 활발하여진 상공업과 깊은 관계를 가지고 있었으며, 상공업의 발전을 통하여 사회의 번영을 이룩하여 보자는 이른바 이용후생의 학문이었다. 이것은 실학의 새로운 발전이라고 하겠는데, 종래 이들의 학문을 흔히 북학이라고 불러 왔다. 때로는 이를 중상주의라고 부르는 경우도 있으나 이는 잘못이다. 나라의 부를 증대하기 위하여는 금·은을 많이 소유해야 하며, 그 목적을 위하여 수입을 억제하고 수출을 늘려야 한다는 중상주의를 북학과 같다고 할 수가 없다.[128]

요컨대 경제사에서의 중상주의는 "나라의 부를 증대하기 위하여는 금·은을 많이 소유해야 하며, 그 목적을 위하여 수입을 억제하고 수출을 늘려야 한다"는 것인데, 이는 북학파의 주장과는 적합하지 않다는 것이다. 상공업 중심을 강조하였다고 해서, 이를 한자로 표기했을 때 마치 중상주의라고 해도 무방할 것처럼 주장하는 것에 대해 한마디로 "이는 잘못이다"라는 것이다. 인접 학문에서 쓰는 학문 용어의 개념을 제대로 검증조차 거치지 않고 천연덕스럽게 쓰면서 주장을 펴는 이들에게 일침을 가한 지적이라 하지 않을 수 없겠다.

(32) 천주교 수용과 유행의 역사적 의미에 대한 견해

『국사신론』과 『한국사신론』의 다른 어느 항목보다도 가장 실감 넘치게 자신만의 표현으로 자신의 견해를 담아낸 게 바로 이 부분이 아닐까 생각하게

---

128 「상공업 중심의 부국안민론」, 『한국사신론』 신수판, 1990, p.309; 「상공업 중심의 부국안민론」, 『한국사신론』 한글판, 1999, p.257.

된다. 그만큼 조선 후기 역사 속에서 천주교의 수용과 그 유행의 역사적 의미에 대해 그 자신이 크게 높이 평가하고 있었음을 여실히 드러내주는 것일 듯하다.

① 당시 신자信者들의 그룹[을 명도회明道會라고 불렀는데 여기]에는 이승훈李承薰·이가환李家煥·정약전丁若銓·정약종丁若鍾·[정약용丁若鏞·]권철신權哲身·권일신權日身·이벽李蘗 등 남인南人의 명사名士와 김범우金範禹 같은 중인中人계급의 인물도 섞여 있었다. 그런가 하면 부녀자들 특히 과부와 궁녀宮女들도 많이 믿었다. 즉 양반 중에는 정권에 참여하지 못한 남인의 시파時派학자, 계급적으로는 억압 받는 중인이나 상민 및 사회적으로 차별 대우를 받는 부녀자들이 천주교를 많이 믿었다는 것은 흥미 있는 사실이다. 모든 인간은 한결같이 천주의 자녀라는 평등사상에 그들이 공명하고 있었음이 분명하다. 중인이나 상인들이 양반과 한자리에 앉아서 천주에게 예배를 올릴 수 있다는 것은 감격적인 일이었을 것이다. 또 안방살이에 갇혀 있던 부녀자들이 공공한 회합會合에서 남자들과 한자리에 앉을 수 있다는 감격도 마찬가지였을 것이다. 평등사상뿐 아니라 현실에 낙망落望한 그들에게 천국天國에 대한 설교說敎는 그대로 복된 소식이었을 것이다. [이러한] 천주교가 유행한다는 것은 양반관료 중심의 사회, 가부장제적家父長制的인 가족제도의 사회, 유교지상주의儒敎至上主義의 사회에 대한 사상적인 도전이었다.[129]

② 당시 신자들의 그룹에는 이승훈·이가환·정약전·정약종·권철신·권일신[·이벽] 등 남인의 명사와 김범우 같은 중인계급의 인물도 섞여 [있었다. 그런가 하면 부녀자들, 특히 과부와 궁녀들도 많이 믿었다.] 즉, 양반 중에서는 정권에 참여하지 못한 남인의 시파학자, 계급적으로는 [억압 받는 중인이나 상민 및 사회적으로 차별 대우를 받는 부녀자들이 천주교를 많이 믿었다는 것은 흥미 있는 사실이다. 모든 인간은 한결같이 천주의 자녀라는 평등사상에 그들이 공명하고 있었음이 분명하다. 중인이나 상인들이 양반과 한자리에 앉아서 천주에게 예배를 올릴 수 있다는 것은 감격적인 일이었을 것이다. 또, 안방살이에 갇혀있던 부녀자들이 공공한 회합에서 남자들과 한자리에 앉을 수 있다는 감격도 마찬가

---

129 「천주교의 전래」, 『국사신론』, 태성사, 1961; 제일출판사, 1963, p.264.

지였을 것이다. 평등사상뿐 아니라 현실에 낙망한 그들에게 천국에 대한 설교는 그대로 복된 소식이었을 것이다.] 천주교가 유행한다는 것은 양반관료 중심의 사회, [가부장제적인 가족제도의 사회,] 유교지상주의의 사회에 대한 사상적인 도전이었다.[130]

③-가 당시 신자들의 그룹에는 이승훈·[이벽·]이가환·정약전·정약종·정약용·권철신·권일신 등 남인의 명사名士가 [많았는데, 이들은 대개 이익李瀷의 문인들이었다. 그리고] 김범우 같은 중인계급의 인물도 섞여[서 중요한 역할을 하였다.] 즉 양반 중에서는 정권에 참여하지 못한 남인의 [시파]학자, 신분적으로는 중인들이 서학을 많이 믿었다.

　　[이들 서학西學 신봉자들은 서양 선교사들의 전도에 의해서보다도 중국으로부터 전래된「천학초함天學初函」등의 천주교 서적들을 읽고 자발적으로 이에 깊은 관심을 가지게 되었다. 그 까닭은 소수 벌열閥閱의 집권으로 말미암은 사회적 정치적 모순을 극복하는 길을 서학에서 찾으려고 했기 때문이다. 성리학과는 반대로 인간원죄설을 주장하는 서학이, 약한 자를 억누르고 개인의 이익을 추구하는 데 골몰하는 벌열들이나 부농富農·거상巨商들로 말미암아 빚어진 모순에 가득 찬 현실 속에서, 이에 비판적인 재야학자들에게 매력을 느끼게 했던 것이다. 암담한 현실 속에서 몸부림치던 일부 경세치용의 실학자들은 종교적 신앙을 통하여 천국을 건설하는 데 새로운 희망을 느끼게 되었던 것으로 보인다. 그러므로] 서학이 유행한다는 것은 벌열 중심의 양반사회, 성리학지상주의의 사상적 [질곡에 대한 일종의] 도전이었다. [이러한 초기 서학 신봉자들의 사상은 이벽에 의하여 잘 대표되고 있다.][131]

③-나 당시 신자들의 그룹에는 이승훈·이벽·이가환·정약전·정약종·정약용·권철신·권일신 등 남인의 명사가 많았는데, 이들은 대개 이익의 문인들이었다. 그리고 김범우 같은 중인 계급의 인물이 섞여서 중요한 역할을 하였다. 즉, 양반 중에서는 정권에 참여하지 못한 남인의 학자, 신분적으로 [양반보다 지위가 떨어지는] 중인들이 서학을 많이 믿었다.

　　이들 서학 신봉자들은 서양 선교사들의 전도에 의해서보다도 중국으로부터 전래된『천학초함』등의 천주교 서적들을 읽고 자발적으로 이에 깊은 관심을

---

130 「천주교의 전파」,『한국사신론』초판, 1967, p.286.
131 「천주교의 전파」,『한국사신론』개정판, 1976, pp.285-286.

가지게 되었다. 그 까닭은 소수 벌열의 집권으로 말미암은 사회적·정치적 모순을 극복하는 길을 서학에서 찾으려고 했기 때문이다. [인간의 본성이 선하다고 믿는] 성리학과는 반대로, 서학은 [인간이 태어나면서부터 악하다고 하는] 인간 원죄설을 주장하는 것이었다. 약한 자를 억누르고 개인의 이익을 추구하는 데 골몰하는 벌열들이나 부농·거상들로 말미암아 빚어진 모순에 가득 찬 현실 속에서, 이에 비판적인 재야학자들이 이 서학에 매력을 느끼게 되었던 것이다. [그러니까] 암담한 현실 속에서 몸부림치던 일부 경세치용의 실학자들은 종교적 신앙을 통하여 [지상에] 천국을 건설하는 데 새로운 희망을 느끼게 되었던 것으로 보인다. 그러므로 서학이 유행한다는 것은 벌열 중심의 양반사회, 성리학지상주의의 사상적 질곡에 대한 일종의 도전이었다. 이러한 초기 서학 신봉자들의 사상은 이벽에 의하여 잘 대표되고 있다.[132]

『국사신론』과 『한국사신론』 초판에서 "중인이나 상인들이 양반과 한자리에 앉아서 천주에게 예배를 올릴 수 있다는 것은 감격적인 일이었을 것이다. 또, 안방살이에 갇혀 있던 부녀자들이 공공한 회합에서 남자들과 한자리에 앉을 수 있다는 감격도 마찬가지였을 것이다. 평등사상뿐 아니라 현실에 낙망한 그들에게 천국에 대한 설교는 그대로 복된 소식이었을 것이다"라고 쓴 부분은 그야말로 이들이 느꼈을 '감격'이 그대로 전해지는 듯한 느낌이 들 정도다. 더욱이 신수판 이래로 새로 쓰인 "약한 자를 억누르고 개인의 이익을 추구하는 데 골몰하는 벌열들이나 부농·거상들로 말미암아 빚어진 모순에 가득 찬 현실 속에서, 이에 비판적인 재야학자들이 이 서학에 매력을 느끼게 되었던 것이다. 그러니까 암담한 현실 속에서 몸부림치던 일부 경세치용의 실학자들은 종교적 신앙을 통하여 지상에 천국을 건설하는 데 새로운 희망을 느끼게 되었던 것으로 보인다"고 한 부분 역시 자신의 느낌을 담아내면서도 당시 사람들의 심정이 그대로 전달되는 듯한, 그래서 매우 문학적인 분

---

132 「서학의 전파」, 『한국사신론』 신수판, 1990, p.314; 「서학의 전파」, 『한국사신론』 한글판, 1999, p.261.

위기가 물씬 우러나는 서술이라 해서 지나치지 않을 것 같다.

(33) 동학의 교리 내용에 대한 견해

서학, 즉 천주교에 대항하여 창도했다고 하는 동학東學의 교리 내용에 대해
서도 여느 개설서에서 찾아보기 어려운 깊이 있는 내용을 담아 서술하였다.
그러면서도 그 가운데에 역시 자신의 견해를 담아낸 대목이 몇몇 포함되어
있어 주목된다. 『한국사신론』 초판 이후에서 "이러한 사상은 사회적인 신분
이나 계급을 초월한 모든 인간의 평등을 부르짖은 것이었고, 따라서 사회적
으로 압박 받는 농민들에게 환영을 받았던 것"이라고 쓴 부분이 대표적으로
그러하다고 본다.

① 농민들의 불만은 민란으로뿐 아니라 종교운동으로도 전개되었다. [그것이 동학
이었다.] 동학은 철종 때에 [몰락한 양반의 후예인] 최제우崔濟愚(수운水雲)가
제창하기 시작한 것이었다. 유儒·불佛·선仙 3교의 장점을 취하여 서학, 즉 천
주교에 대항한다고 하였으나 그 교리 속에는 천주교에서 취한 것도 없지 않았
으며 또 민간의 무격신앙을 많이 받아들이기도 하였다. 그러므로 천주를 모신
다든가 지기至氣가 이른다든가 하는 고등종교와 통하는 면도 있었지만 한편 주
문呪文을 외우고 산제山祭를 지내고 굿을 하는 것과도 같은 무답舞踏를 하는
등 미신적 면도 있었다. 더구나 「궁궁을을弓弓乙乙」이라고 쓴 부작을 병자病者
가 살라먹으면 병이 낫는다든가 하는 주장을 내세우기도 하였다. 제병장생濟病
長生, 불노불사不老不死, 영세무궁永世無窮 등의 주장과 아울러 그 지상천국의
사상은 생활에 피곤한 농민들의 심정에 그대로 영합迎合되었던 것이다.[133]
②-가 농민들의 불만은 민란으로뿐 아니라 종교운동으로도 전개되었던 것이다.
동학은 철종(1849-1863) 때에 최제우(수운)가 제창하기 시작한 것이었다.
유·불·선 3교의 장점을 취하여 서학, 즉 천주교에 대항한다고 하였으나, 그 교
리 속에는 천주교에서 취한 것도 없지 않았으며 또 민간의 무격신앙을 많이 받
아들이기도 하였다. [이리하여 이루어진 그의 사상은 동경대전東經大全·용담

---

133 「동학의 발생」, 『국사신론』, 태성사, 1961; 제일출판사, 1963, pp.276-277.

유사龍潭遺詞 등 그의 저서에 나타나 있다.

그는 인내천人乃天, 즉 인간과 천(신)을 한 가지로 생각하였다. 그에 의하면 인심은 곧 천심이요, 사람을 섬기는 것은 곧 천을 섬기는 것과 같다고 생각하였다.] 이러한 사상은 사회적인 신분이나 계급을 초월한 모든 인간의 평등을 부르짖은 것이었고, [따라서] 사회적으로 압박 받는 농민들에게 환영을 받았던 것이다. 동학이 농민들에게 환영 받은 또 하나의 이유는 주문을 외우고 산제를 지내는 등 농민들의 전통적인 무격신앙과 서로 통하는 점이 있어서 쉽사리 이해되었기 때문이었다.[134]

②-나 천주교가 서울을 중심으로 퍼져 갔다고 하면, 동학은 농촌 속에서 자라났다. 농민들의 사회적 불만이 동학이라는 종교운동으로 나타났던 것이다. 동학은 철종(1849-1863) 때에 최제우가 제창하기 시작한 것이었다. 유·불·선 3교의 장점을 취하여 서학(천주교)에 대항한다고 하였으나, 그 교리 속에는 천주교에서 취한 것도 있으며 또 민간의 무격신앙을 받아들인 것도 있었다. 이리하여 이루어진 그의 사상은 『동경대전』·『용담유사』 등에 나타나 있다.

그는 인내천, 즉 인간과 천(신)을 한 가지로 생각하였다. 그에 의하면 인심은 곧 천심이요, 사람을 섬기는 것은 곧 천을 섬기는 것과 같았다. 이러한 사상은 사회적인 신분이나 계급을 초월한 모든 인간의 평등을 부르짖은 것이었다. 사회적으로 압박받는 농민들에게 환영을 받은 까닭이 주로 여기에 있었던 것이다. 동학이 농민들에게 환영 받은 또 하나의 이유는 주문을 외우고 산제를 지내는 등 농민들의 전통적인 무격신앙과 서로 통하는 점이 있어서 쉽사리 이해되었기 때문이기도 하였다.[135]

②-다 천주교가 서울을 중심으로 퍼져 갔다고 하면, 동학은 농촌 속에서 자라났다. 농민들의 사회적 불만이 동학이라는 종교운동으로 나타났던 것이다. 동학은 철종(1849-1863) 때에 최제우가 제창하기 시작한 것이었다. 유·불·선 3교의 장점을 취하여 서학(천주교)에 대항한다고 하였으나, 그 교리 속에는 천주교에서 취한 것도 있으며 또 민간의 무격신앙을 받아들인 것도 있었다. 이리하여 이루어진 그의 사상은 『동경대전』·『용담유사』 등에 나타나 있다.

그는 인내천, 즉 사람은 곧 하늘(신)이라 하여 이 둘을 한 가지로 생각하였다.

---

134 「동학의 발생」, 『한국사신론』 초판, 1967, p.288.
135 「동학의 발생」, 『한국사신론』 개정판, 1976, p.309.

그에 의하면 인심은 곧 천심이요, 사람을 섬기는 것은 곧 하늘을 섬기는 것과 같았다. 이러한 사상은 사회적인 신분이나 계급을 초월한 모든 인간의 평등을 부르짖은 것이었다. 사회적으로 압박받는 농민들에게 환영을 받은 까닭이 주로 여기에 있었던 것이다. 동학이 농민들에게 환영 받은 또 하나의 이유는 주문을 외우고 산제를 지내는 등 농민들의 전통적인 무격신앙과 서로 통하는 점이 있어서 쉽사리 이해되었기 때문이기도 하였다.[136]

동학의 교리에 대한 이러한 그의 깊은 관심은 해방 이후 대학에서 우리말로 우리나라 역사 강의를 처음 들을 때 이병도李丙燾로부터 「한국사상사」과목을 수강하면서부터 깊었던 것으로,[137] 그래서 『국사신론』을 위시한 그의 개설서 모두에서 이에 관해 이렇게 상론할 수 있었던 것으로 가늠된다. 다만 그랬기에 최제우의 기본 주장이 '인내천'이었다고 정리하게 되었던 것 같은데, 기실은 최제우는 '시천주侍天主'를 주창하였고, 이후 최시형崔時亨이 '사인여천事人如天'을 부르짖었으며, 이들을 계승한 손병희孫秉熙가 천도교天道教로 개명한 후에 '인내천'이라 선포한 데에 불과한 것이었다.[138] 허나 그 이후 동학의 핵심 주장이 마치 애초부터 '인내천'인 양 일컬어지던 것을 따른 게 아니었을까 싶다.

한편 또 하나 주목되는 것은, 동학의 교리에 대해 논하면서 어느 판본에서나 줄곧 "서학 즉 천주교에 대항한다고 하였으나 그 교리 속에는 천주교에서

---

136 「동학의 발생」, 『한국사신론』 신수판, 1990, p.339; 「동학의 발생」, 『한국사신론』 한글판, 1999, pp.281−282.
137 이 사실에 대해서는 다음의 글에 그가 적어 놓은 바에 근거한다. "우리나라 선생들로부터 우리말로 우리나라 역사 강의를 듣는다는 사실 자체가 그저 감격 그것이었다. 연구실에 꽂혀 있는 많은 책을 대하는 것만으로도 큰 감격이었다. 첫 학기에 들은 강의는 이병도 선생의 한국사상사와 『宋史』 고려전 강독, 그리고 孫晉泰 선생의 『三國志』 東夷傳을 중심으로 한 고대사연습이었다. 이 선생의 한국사상사는 동학교문의 형성과 발전에 관한 것이었는데, 이미 작성된 원고를 읽어 가시며 설명을 첨가하여 주었다. 뒤에 선생은 그 원고를 상실하였다 하면서 내 노트를 얻어다 활자화한 것으로 기억하고 있다." 「학문적 고투의 연속」, 『한국사 시민강좌』 제4집, 1989, p.168; 『연사수록』, 1994, p.237.
138 신일철, 「동학사상의 전개」, 『동학사상의 이해』, 사회비평사, 1995, p.47.

취한 것도 없지 않았으며"라고 한 대목이다. 이것은 최제우가 『동경대전』 중 「논학문論學文」에서 "이 사람들은 도를 서도라 하며 학을 천주라 하고 교는 성교聖敎라고 하니 이는 천시天時를 알고 천명天命을 받은 것이 아니겠는가" 라고 우선 서학을 극구 인정 내지는 칭찬하는 듯이 설명하고는 "내 또한 두 려워서 다만 늦게 태어난 것을 한탄할 즈음에 마침내 동학을 깨우치게 되었 다"고 쓰고 있는 데에 근거를 둔 견해라고 풀이된다. 「논학문」의 이러한 구절 들은, 천주교가 최제우의 동학 창도와 교리 형성에 그만큼 영향을 끼쳤음을 알려 주는 바라고 이해할 수 있으며[139], 결국 최제우가 동학을 창도한 데에 서 학 즉 천주교의 영향을 무시할 수는 없다고 하겠다.[140] 따라서 동학 교리 중에 천주교에서 취한 것도 없지 않다고 『국사신론』 및 『한국사신론』 본문에 서술 한 이기백의 사론은 분명한 근거를 지녔고, 그래서 아울러 충분히 일리가 있 는 것이었다고 보아 틀림이 없다.

(34) 동학 봉기의 역사적 성격에 대한 견해: 농민반란·농민전쟁에서 혁명 운동으로, 그리고 반항운동으로

『국사신론』과 『한국사신론』의 여러 판본에 실린 본문 사론 가운데 서술 에 있어 판본마다 가장 커다란 변화의 모습을 찾아볼 수 있는 게 바로 이 동 학 봉기의 역사적 성격에 대한 경우라고 생각한다. 『국사신론』 및 『한국사신 론』 초판에서는 '농민반란'·'농민전쟁'으로 쓰더니, 개정판에서는 '혁명운 동'으로 썼고, 그리고 신수판과 그것을 한글로 풀어쓴 한글판에서는 '반항운 동'으로 썼던 것이다.

①-가 [한국 역사상 최대의 조직적 농민반란인] 동학란은 고종 31年(1894) 전라도

---

139 노용필, 「천주교가 동학에 끼친 영향」, 『부산교회사보』 34, 부산교회사연구소, 2002; 『한국천주 교회사의 연구』, 한국사학, 2008, pp.409-410.
140 신일철, 「동경대전과 용담유사」, 『동학사상의 이해』, 사회비평사, 1995, p.129.

고부古阜의 민란에서 발단하였다.[141]

①-나 동학란은 양반사회에 항거하여 일어난 대규모적인 농민전쟁이었다. 그러나 농민들의 힘을 근대적인 방향으로 이끌어 갈 수 있는 지도층을 동학 안에서 발견할 수는 없었다. 심지어 북접北接을 대표하는 최시형崔時亨 등은 국가의 역적이요 사문師門의 난적亂賊이라고까지 부르며 무장봉기를 반대하였다. 그런가 하면 이에 가담한 몰락양반이나 서리층胥吏層은 자신의 야망을 위하여 이에 가담하였을 뿐이었다. [게다가 당시의 국제정세는 너무나 동학군에 불리하였다.] 이리하여 안으로는 양반계급의 압박에 대항하고 밖으로는 외국의 침략에 대항하여 싸운 동학란은 결국 양자의 연합세력에 의하여 실패하고 만 것이었다.[142]

②-가 동학란은 고종 31年(1894) 전라도 고부의 민란에서 발단하였다.[143]

②-나 동학란은 양반사회에 항거하여 일어난 대규모적인 농민전쟁이었다. [그러나, 농민들의 힘을 근대적인 방향으로 이끌어 갈 수 있는 지도층을 동학 안에서 발견할 수는 없었다.] 심지어 북접을 대표하는 최시형 등은 국가의 역적이요 사문의 난적이라고까지 부르며 무장봉기를 반대하였다. [이러한 동학 내부의 분열은 동학군의 전투력을 크게 약화시켰던 것이다.] 그런가 하면, 이에 가담한 몰락양반이나 서리층은 자신의 야망을 위하여 이에 가담하였을 뿐이었다. [한편 동학란은 외국 특히 일본상인의 경제적 침입에 대한 반항이었다. 처음 척왜斥倭는 정책으로써 정부에 제시되었으나 일본군이 개입함에 미쳐서는 이와 직접 싸웠던 것이다. 그러나, 근대적인 무기와 훈련을 가진 일본군을 당해낼 만큼 동학군은 강하지가 못하였다.] 이리하여 안으로는 양반 중심의 봉건적 체제에 대항하고 밖으로는 외국의 [자본주의] 침략에 대항하여 싸운 동학란은 결국 양자의 연합 세력에 의하여 실패하고만 것이었다.[144]

③-가 이렇게 확대되고 조직화된 동학에 가담한 농민들이 대규모적인 군사행동을 [수반한 혁명革命운동을] 일으킨 것은 고종 31년(1894)의 일이었다.[145]

③-나 동학농민군의 봉기는 양반사회에 항거하여 일어난 대규모적인 농민들의

---

141 「동학란의 발생」, 『국사신론』, 태성사, 1961; 제일출판사, 1963, p.305.
142 「동학란」, 『국사신론』, 태성사, 1961; 제일출판사, 1963, p.308.
143 「동학난의 발생」, 『한국사신론』 초판, 1967, p.316.
144 「폐정개혁과 난의 실패」, 『한국사신론』 초판, 1967, p.319.
145 「동학농민군의 봉기」, 『한국사신론』 개정판, 1976, p.337.

혁명운동이었다. [동학은 이 농민들을 결집시킬 수 있는 조직을 제공하여 주었다.] [비록 북접을 대표하는 최시형 등은 국가의 역적이요 사문의 난적이라고까지 부르며 무장봉기를 반대하였다 [[하더라도, 남접을 중심으로 한 농민의 항쟁 의욕을 꺾을 수는 없었다.]] 한편 동학농민군의 봉기는 일본 상인의 경제적 침략에 대한 항쟁이기도 하였다. 처음 척왜는 정책으로써 정부에 제시되었으나 일본군이 개입함에 미쳐서는 이와 직접 싸웠던 것이다. [일단 정부군과 휴전했던 동학농민군의 재봉기는 이에 말미암은 것이었다. 그리고 이 항일전에는 북접도 가담하여 통일 전선을 폈다.] 그러나, 근대적인 무기와 훈련을 가진 일본군을 당해낼 만큼 동학농민군은 강하지가 못하였다. 이리하여 안으로는 양반 중심의 사회체제에 항거하고 밖으로는 외국의 자본주의 침략에 대항하여 싸운 동학농민군은 결국 양자의 연합 세력에 의하여 실패하고 말았던 것이다.[146]

④-가 이렇게 확대되고 조직화된 동학에 가담한 농민들이 대규모적인 군사행동을 일으킨 것은 고종 31년(1894)의 일이었다.[147]

④-나 동학농민군의 봉기는 양반사회에 항거하여 일어난 대규모적인 농민들의 반항운동이었다. 동학은 농민들을 결집시킬 수 있는 조직을 제공하여 주었다. 한편 동학농민군의 봉기는 일본 상인의 경제적 침략에 대한 항쟁이기도 하였다. 처음 척왜斥倭는 정책으로써 정부에 제시되었으나 일본군이 개입함에 미쳐서는 이와 직접 싸웠던 것이다. 일단 정부군과 휴전했던 [남접의] 동학농민군 재봉기는 이에 말미암은 것이었다. 그리고 이 항일전에는 [지금까지 소극적이었던] 북접도 가담하여 통일 전선을 폈다. 그러나, 근대적인 무기와 훈련을 받은 일본군을 당해낼 만큼 동학농민군은 강하지가 못하였다. 이리하여 안으로는 양반 중심의 사회체제에 항거하고 밖으로는 외국의 자본주의 침략에 대항하여 싸운 동학농민군은 결국 양자의 연합 세력에 의하여 실패하고 말았던 것이다.[148]

『국사신론』의 한 부분에서는 ①-가 "한국 역사상 최대의 조직적 농민반

---

146 「집강소의 설치와 항일전」, 『한국사신론』 개정판, 1976, pp.341-342.

147 「동학농민군의 봉기」, 『한국사신론』 신수판, 1990, p.369; 「동학농민군의 봉기」, 『한국사신론』 한글판, 1999, p.308.

148 「집강소의 설치와 항일전」, 『한국사신론』 신수판, 1990, pp.373-374; 「집강소의 설치와 항일전」, 『한국사신론』 한글판, 1999, pp.311-312; 「폐정개혁 요구와 항일전」, 『한국사신론』 한글판, 2001, pp.311-312.

란인 동학란"이라 서술하였고, 같은 책의 다른 한 부분에서는 ①-나 "동학
란은 양반사회에 항거하여 일어난 대규모적인 농민전쟁"이라 서술하였다.
그랬던 것을『한국사신론』초판의 앞부분에서는『국사신론』에서 "한국 역
사상 최대의 조직적 농민반란인"이라 한 부분을 삭제하고 단지 ②-가 '동학
란'이라고만 하였고, 뒷부분에서는 여전히 ②-나 "동학란은 양반사회에 항
거하여 일어난 대규모적인 농민전쟁"이라 하였다. 이러한 서술에서 "한국
역사상 최대의 조직적 농민반란인"이라는 수식을 붙이건 붙이지 않건 '동학
란'이라고 설정하였으면, 그것을 '농민전쟁'으로 성격 규정을 할 수도 없고
또 해서도 안되는 게 아니었던가 여겨진다. 그런데『국사신론』과『한국사신
론』초판에서는 그렇게 썼었다. 그랬던 것을 개정판에는 앞부분(③-가)이건
뒷부분(③-나)이건 일률적으로 '혁명운동'으로 규정하였다.

그러더니 신수판에 이르러서는 앞부분(④-가)에서는 "농민들이 대규모적
인 군사행동을 일으킨 것"이라고만 서술하고 뒷부분(④-나)에서는 "동학농
민군의 봉기는 양반사회에 항거하여 일어난 대규모적인 농민들의 반항운동
이었다"고 서술하였던 것이다. 이토록 판본마다 달리 서술할 수밖에 없었던
것은 저자 자신이 매우 고민이 많아 여러 생각이 있었기에 그랬을 것으로 사
료된다. 그만큼 정확한 개념 규정 및 온당한 서술을 위해 하염없이 고민을 거
듭하였음이 있었던 그대로 표출된 것이라고 할 밖에 없을 듯하다.[149] 앞으로
도 이것이 누군가에게는 늘 고민거리가 될 것이다.

(35) 동학군 집강소의 성격과 역할에 대한 견해

동학군 집강소執綱所의 성격과 역할에 대해 기술하면서도, 여느 부분과 마

---

[149] 이와 같은 동학농민운동과 관련한 그의 사관이 압축적으로 잘 드러나 있는 것은,「우리 근대사
를 보는 시각」,『동아일보』1994년 1월 1일;『연사수록』, 1994, p.111의 다음 대목이다. "(그러
나) 우리가 근대사에서 계승해야 할 올바른 전통이 찾아지지 않는 것은 아니다. 그러한 하나의
예로서 동학농민운동을 들 수가 있다. … 그러므로 여기서는 사회적 개혁과 외침에 대한 항쟁이
란 두 관점에서 올바른 자세를 취한 것으로 이해할 수가 있다."

찬가지로 판을 거듭하면서 수정하였는데, 그러면서 일부 자신의 견해를 삽입하기도 하였다. 집강소를 일종의 민정기관으로 본 것도 그렇거니와, "이들 요직에는 행정에 대한 지식이 있는 잔반이나 향리들이 임명"되었다고 기술한 것도 그렇다고 할 수 있지 않나 한다.

①-가 이에 동학군은 전주全州에서 철퇴하여 각기 출신지로 돌아가고 충청도에서 일어난 다른 동학군도 해산하였다. 그러나 동학교도들은 촌촌설포村村設包를 구호로 그들의 조직을 각지에 침투시키었다. 더욱 전라도 53군에는 집강소라는 일종의 민정기관을 설치하여 폐정 개혁에 착수하였다. 이러한 기세는 충청·경상의 양도는 물론 다른 제도諸道에도 뻗쳐 가고 있었다.[150]

①-나 이에 동학군은 전주에서 철퇴하여 각기 출신지로 돌아가고 충청도에서 일어난 다른 동학군도 해산하였다. 그러나, 동학교도들은 촌촌설포를 구호로 그들의 조직을 각지에 침투시켰다. 더욱이 전라도 53군에는 집강소라는 일종의 민정기관을 설치하여 폐정 개혁에 착수하였다. 이러한 기세는 충청·경상의 양도는 물론 다른 제도에도 뻗쳐 가고 있었다.[151]

②-가 이에 동학농민군은 전주에서 철퇴하여 각기 출신지로 돌아가고 충청도에서 일어난 다른 동학농민군도 해산하였다. 그러나, 동학농민군은 촌촌설포를 구호로 그들의 조직을 각지에 침투시켰다. 더욱이 전라도 53군에는 집강소라는 일종의 민정기관을 설치하여 폐정개혁에 착수하였다. 집강소에는 한 사람의 집강과 그 밑에 서기 등 몇 명의 임원이 있고, 전주에는 집강소의 총본부인 대도소大都所를 두어 전봉준全琫準이 이를 총지휘하게 되어 있었다. 대체로 이들 요직에는 행정에 대한 지식이 있는 잔반殘班이나 향리들이 임명되었는데, 여기서 행해진 개혁의 요강은 다음과 같은 것이었다. …

　요컨대 정부나 양반의 동학에 대한 탄압과 농민에 대한 부당한 경제적 수취를 중지할 것과, 신분상의 모든 차별 대우를 폐지할 것과, 그리고 일본의 침략에 내통하는 자를 엄징하는 것 등이 중요 내용이었다. 이 같은 집강소를 통한 혁명운동은 농민들로부터 큰 환영을 받았다. 이리하여 동학의 세력은 비단 전라도

150 「동학란」,『국사신론』, 태성사, 1961; 제일출판사, 1963, pp.307-308.
151 「폐정개혁과 난의 실패」,『한국사신론』 초판, 1967, p.319.

뿐 아니라 삼남 지방을 비롯하여 북으로 평안도·함경도에까지 미쳐 가는 형편이었다.[152]

②-나 이에 동학농민군은 전주에서 철퇴하여 각기 출신지로 돌아가고 충청도에서 일어난 다른 동학농민군도 해산하였다. 그러나, 동학농민군은 촌촌설포[, 즉촌마다 포를 설치하는 것을 구호로 그들의 조직을 각지에 침투시켰다. 더욱이 전라도 53군에는 집강소라는 일종의 민정기관을 설치하여 폐정개혁에 착수하였다. 집강소에는 한 사람의 집강과 그 밑에 서기 등 몇 명의 임원이 있고, 전주에는 집강소의 총본부인 대도소를 두어 전봉준이 이를 총지휘하게 되어 있었다. 대체로 이들 요직에는 행정에 대한 지식이 있는 잔반이나 향리들이 임명되었는데, 여기서 행해진 개혁의 요강은 다음과 같은 것이었다. …

[여기의 토지 조항 등에는 의문점도 있으나,] 요컨대 정부나 양반의 동학에 대한 탄압과 농민에 대한 부당한 경제적 수취를 중지할 것과, 신분상의 모든 차별 대우를 폐지할 것과, 그리고 일본의 침략에 내통하는 자를 엄징하는 것 등이 중요 내용이었다. 이 같은 집강소를 통한 개혁운동은 농민들로부터 큰 환영을 받았다. 이리하여 동학의 세력은 비단 전라도뿐 아니라 삼남 지방을 비롯하여 북으로 평안도·함경도에까지 미쳐 가는 형편이었다.[153]

③ 전주화약의 결과 동학농민군은 전주에서 철퇴하여 각자 출신지로 돌아갔다. 그러나 동학농민군은 촌촌설포를 구호로 그들의 조직을 각지에 침투시켰다. 더욱이 전라도 53군에는 집강소를 설치하여 지방의 치안유지에 힘쓰는 한편, 동학농민군의 폐정개혁 요구를 행정에 반영시키도록 노력하였다. 전주에는 집강소의 총본부인 대도소를 두어 송희옥宋熹玉이 그 도집강都執綱으로서 이를 총지휘하게 되었다.[154]

그러다가 한글판 1판 1쇄가 출판된 게 1990년 1월로 그때 집강소의 도집강과 관련된 부분이 ②-나의 내용으로 되어 있었고, 이후 1판 6쇄가 나온 게 2001년 6월이었는데 이때에는 이 부분이 ③의 내용으로 수정되었다. 그중에

---

152 「집강소의 설치와 항일전」, 『한국사신론』 개정판, 1976, pp.339-341.
153 「집강소의 설치와 항일전」, 『한국사신론』 신수판, 1990, pp.371-373; 「집강소의 설치와 항일전」, 『한국사신론』 한글판, 1999, pp.309-311.
154 「집강소의 설치와 항일전」, 『한국사신론』 한글판, 2001, p.311.

서도 특히 그 이전의 『국사신론』 및 『한국사신론』의 모든 판본에는 동일하게 전주 대도소의 도집강이 전봉준으로 되어 있었으나 이때의 ③에는 송희옥으로 수정되어 있었던 것이다.[155] 이 경우야말로 새로운 연구 성과의 결과를 반영하여, 기왕의 서술이 잘못되었다고 여겨지면 즉각적으로 수정하여 책 이름에 걸맞게 '신론'을 취하려 했음을 단적으로 보여 주는 예라고 생각한다.

(36) 독립협회 활동 방향에 대한 견해

『국사신론』에서 독립협회獨立協會에 관한 서술 부분의 전후를 유심히 보면 2가지의 특징을 발견할 수가 있다. 하나는 독립된 항목으로 설정되지 못하고 「정치단체의 활동」이란 항목 안에 일부로 자리 잡고 있다는 점이다. 이는 이럴 정도로 당시만 해도 독립협회에 대한 역사적 평가가 제대로 이루지지 않고 있었음을 나타내 주는 것이라 보인다. 또 하나는 〈참고〉 난이 아예 설정되지 않았으며, 그래서 참고문헌 또한 단 하나도 적혀 있지 않다는 점이다. 이 역시 독립협회에 관한 연구가 전무하였음을 알려 줌에 다름이 없다. 이렇듯이 독립협회에 대해서는 출발은 비록 미약하였으나 판을 거듭할수록 창대해져서 점차 상세하게 서술되었다.

> ① … (뿐 아니라) 일반 국민을 정치에 참여할 수 있게 하기를 주장하여 민권운동을 일으켰다. 한국에서 민주주의의 건설을 위한 노력이 행해진 것은 실로 독립협회의 운동을 시초始初로 한다고 하겠다.[156]
>
> ② … (뿐 아니라) 일반 국민을 정치에 참여할 수 있게 하기를 주장하여 민권운동을 일으켰다. 한국에서 민주주의의 건설을 위한 노력이 행해진 것은 실로 독립협회의 운동을 시초로 한다고 하겠다.[157]

---

155 이와 같은 내용 수정의 경위 및 배경에 대해서는 노용필, 「이기백 『국사신론』·『한국사신론』의 체재와 저술 목표」 하, 『한국사학사학보』 20, 2008, pp.34–36; 이 책의 〈부록-표4〉, pp. 396–398에 상세히 설명되어 있다.

156 「정치단체의 활동」, 『국사신론』, 태성사, 1961; 제일출판사, 1963, p.329.

157 「독립협회의 활동」, 『한국사신론』 초판, 1967, p.334.

③ 이러한 독립협회의 활동은 대체로 다음의 세 가지 방향으로 전개되었다. 첫째는 밖으로부터의 침략에 대한 자주독립의 옹호 운동이었다. 외국의 정치적 간섭을 배격하는 것은 물론, 이권의 양여에 반대하고, 이미 침탈당한 이권도 되찾을 것을 주장하였다. 그리고 열강의 세력 균형을 유지시켜 자주적인 중립외교를 펴도록 주장하였다. 둘째로는 일반 국민을 정치에 참여할 수 있게 하기 위한 민권운동을 전개하였다. 개인의 생명과 재산의 자유권, 언론과 집회의 자유권, 만민의 평등권, 국민주권론 등을 이론적인 토대로 하여 국민참정권을 주장하였다. 그러므로 독립협회는 한국에서 최초로 민주주의정부의 건설을 위한 운동을 전개한 셈이다. 그리고 그 구체적 방법으로 중추원中樞院을 개편하여 의회議會를 설립할 것을 제의하여 한때 고종의 승낙을 받기도 하였다. 셋째로는 국가의 자강운동을 전개하였다. 그 방안으로서 촌마다 학교를 세워 신교육을 실시하고, 방직·제지·철공업 등의 공장을 건설하여 상공업국가로 발전시키고, 자위를 위해 근대적인 국방력을 양성할 것 등을 주장하였다.[158]

④ 이러한 독립협회의 활동은 대체로 다음의 세 가지 목표를 위하여 전개되었다. 첫째는 밖으로부터의 침략에 대하여 자주독립을 옹호하는 것이었다. 외국의 정치적 간섭을 배격하는 것은 물론, 이권의 양여에 반대하고, 이미 침탈당한 이권도 되찾을 것을 주장하였다. 그리고 열강의 세력 균형을 유지시켜 자주적인 중립외교를 펴도록 주장하였다. 둘째로는 일반 국민을 정치에 참여할 수 있게 하기 위하여 민권의 신장을 주장하였다. 개인의 생명과 재산의 보호권, 언론과 집회의 자유권, 만민의 평등권, 국민주권론 등을 이론적인 토대로 하여 국민참정권을 주장하였다. 그러므로 독립협회는 한국에서 최초로 민주주의정치의 실현을 위한 운동을 전개한 셈이다. 그리고 그 구체적 방법으로 중추원을 개편하여 의회를 설립할 것을 제의하여 한때 고종의 승낙을 받기도 하였다. 셋째로는 국가의 자강을 이룩하는 것이었다. 그 방안으로서 촌마다 학교를 세워 신교육을 실시하고, 방직·제지·철공업 등의 공장을 건설하여 상공업국가로 발전시키고, 자위를 위해 근대적인 국방력을 양성할 것 등을 주장하였다.[159]

---

158 「독립협회의 활동」, 『한국사신론』 개정판, 1976, p.360.
159 「독립협회의 활동」, 『한국사신론』 신수판, 1990, p.390; 「독립협회의 활동」, 『한국사신론』 한글판, 1999, pp.325-326.

이러한 대세와 짝하여 사론도 또한 더욱 구체화되는 경향을 띠는 것 같다. 즉 『국사신론』 및 『한국사신론』 초판에서는 "일반 국민을 정치에 참여할 수 있게 하기를 주장하여 민권운동을 일으키었다. 한국에서 민주주의의 건설을 위한 노력이 행해진 것은 실로 독립협회의 운동을 시초로 한다고 하겠다"고 하여서, 민권운동을 주시하는 데에 그쳤다. 그렇지만 『한국사신론』 개정판 과 신수판에서는 거기에다가 덧붙여 "개인의 생명과 재산의 보호권, 언론과 집회의 자유권, 만민의 평등권, 국민주권론 등을 이론적인 토대로 하여 국민 참정권을 주장하였다"고 서술하여 국민참정권도 더불어 거론함으로써, 독립 협회가 "한국에서 최초로 민주주의정치의 실현을 위한 운동을 전개"하였음 을 강조하는 자신의 사론을 더욱 강화시켜 나갔음이 확인된다고 하겠다.

(37) 광무개혁의 근대사주류설 비판

미국에서 돌아온 서재필徐載弼이 1896년에 조직한 독립협회의 활동으로, 그간 러시아 공사관에 머물던 고종이 경운궁으로 돌아오게 되고, 1897년에 는 국호를 대한大韓, 연호를 광무光武라 고치고 국왕을 황제로 칭하여, 독립 제국임을 선포하였다. 이로써 이른바 대한제국이 수립되고 이후 일련의 개 혁을 정부에서 추진하였으니, 이를 광무개혁이라 일컫는다. 이러한 역사의 전개 속에서 독립협회의 활동과 광무개혁의 성격을 과연 어떻게 평가할 것인 가 하는 문제에 대해서도, 『한국사신론』 신수판에 와서는 그 이전과는 달리 처음으로 사론을 달아두었다.

> 이러한 독립협회의 활동 방향은 한국 근대화의 기본적인 과제들을 해결하려는 것으로서 역사적으로 높이 평가되어야 할 것이다. 최근 독립협회의 운동을 낮추어 평가하고, 이에 대하여 정부에 의한 소위 광무개혁을 높이 평가하려는 주장이 대 두되고 있다. 그러나 소위 광무개혁이란 것은 과장이며, 그것이 우리나라 근대사 발전의 주류가 될 수는 없다.[160]

160 「독립협회의 활동」, 『한국사신론』 신수판, 1990, p.390; 「독립협회의 활동」, 『한국사신론』 한글

독립협회의 활동을 역사적으로 높이 평가해야 하는데, 오히려 그것을 낮추어 평가하고 광무개혁을 되레 높이 평가하는 주장에 대해 비판하는 사론을 달았던 것이다. 여기에서 비판한, 그러니까 독립협회의 활동을 낮추고 광무개혁을 높여 평가하려는 주장에 관해 〈참고〉 난에도 그 주장을 편 논문이 전혀 소개되어 있지 않지만, 사실은 이러한 견해를 주장한 연구자는 강만길姜萬吉로, 대한제국 시기의 광무개혁이야말로 개항 이후의 가장 '적극적'으로, 그리고 '본격적'으로 추진되었으며, '자주적'이면서도, '근대적'이었으며, 또한 '주체적'이라고 말하였던 것인데[161], 이에 대해 정면으로 비판하는 사론이었다.

(38) 항일의 제형태諸形態와 성과에 관한 견해

항일운동의 여러 형태에 대한 연구가 아주 일천하던 1961년 당시에 이 주제에 대한 정리를 개설서에서 제대로 해내기란 참으로 어려운 일이었음에 틀림이 없었을 것이다. 한국인에 의한 연구조차 거의 찾아보기 어려웠음은 굳이 말할 것도 없고, 이 부분에 대한 기본 문헌조차도 활용하기 어려웠을 것이기 때문에 그렇다. 그럼에도 불구하고 이를 극복하며 『국사신론』에서는 단지 한 단락을 제시하는 것으로 그쳤지만, 그 이후에는 새로운 연구 성과가 나올라치면 이를 즉각적으로 반영하여 그 내용을 지속적으로 확충해 나가는 방법을 취하면서 자신의 사론을 더욱 발전시켰던 것으로 판단된다.

판, 1999, p.326.

161 강만길, 「대한제국의 성격」, 『창작과 비평』 48, 1978년 여름호; 『분단시대의 역사인식』, 창작과 비평사, 1979, p.131에서 "… 대한제국 시기의 개혁은 문호 개방 이후에 가장 적극적으로 그리고 본격적으로, 또 어느 정도 자주적으로 추진된 근대적 개혁이라 할 수 있으며, 또 상당한 역사적 의의를 가진다 하여도 이론의 여지가 없을 것이다"라고 하였고, p.138의 맺음말에서는 "대한제국 시기의 개혁, 즉 소위 광무개혁이 실제로 괄목할 만한다고 표현할 수 있을 만큼, 그리고 또 그 이전의 개혁보다 주체적이라고 말할 수 있는 방향에서 이루어졌음을 확인할 수 있었다"고 한 바가 그러하다.

① 일본에 대한 반항은 여러 가지 형태를 띠고 나타났었다. 몰락하는 왕권을 회복하기 위한 왕실의 반항이 있었다. 해아밀사사건海牙密使事件 같은 것은 그것이었다. 이에 보조를 같이한 것에 양반 출신의 관료들이 있었다. 양반으로서의 자존심이 강하고 기개가 있는 이들은 혹은 소극적으로 자살의 길을 택하거나 혹은 적극적으로 암살수단이나 의병운동에 가담하여 항거하였다. 그들의 지휘하에서 의병의 무력항쟁에 중심적 역할을 담당한 것이 구군인이었다. 한편 새로이 등장한 지식층은 혹은 언론으로 혹은 교육으로 반일사상을 고취하였다. 이들은 민주주의국가의 건설이라는 새로운 과제를 동시에 짊어지고 있었다. 이렇게 반일운동은 가지각색의 양상을 띠고 있었다. 그러나 반일이라는 점에서 이들은 모두 같은 입장에 서 있었다. 일본이 폭도라고 부르는 무장항쟁을 [일진회一進會계를 뺀] 당시의 신문들은 이미 「의병」이라고 대서하였던 것이다. [그러나] 이 모든 운동은 일본의 무력 앞에 억압을 당하고 말았다. 이러한 억압 속에서 반일감정은 더욱 국민의 골수에 사무치게 되었다.[162]

② 일본에 대한 반항은 여러 가지 형태를 띠고 나타났었다. 몰락하는 왕권을 회복하기 위한 왕실의 반항이 있었다. 해아밀사사건 같은 것은 그것이었다. 이에 보조를 같이한 것에 양반 출신의 관료들이 있었다. [[그런데, 국왕과 대신들은 일본의 침략을 막기 위하여 노국露國을 위시한 외국의 힘을 빌리려는 외세 의존적인 태도를 취하였다. 그리고, 그것이 결국은 그들의 침략적 야욕을 만족시켜 줄 것이라는 점을 인식하지 못하였다. 그러므로 노국이 전쟁에 패배하자 일본의 강압적 태도를 막을 길이 없었다. 일본의 강압을 반대한다 하더라도 그것은 개인적인 것에 불과하였다. 국민과 힘을 뭉쳐서 반대하려는 생각은 하지를 못하였다. 정부는 일본인의 위협보다도 국민의 비판을 오히려 더 두려워할 지경이다. 을사조약이 국민이 알지 못하는 비밀리에 논의된 것도 그러한 이유에서였다. 그러므로, 이미 [을사오적乙巳五賊과 같은] 친일적인 매국분자가 입각入閣하고 있는 현실 속에서는 몇 개인의 개별적 반항으로써 침략에 대항할 수는 없었던 것이다.]]

양반 유학자들 중에는 전통적인 방법을 따라 국왕에게 상소를 올려 항일정책을 쓰게 함으로써 일본에 반항하려는 사람들이 있었다. 때로는 수백 명이 궁문에 함께 모여서 국왕에게 항일정책을 호소하기도 하였다. 그러나 이미 일본의

---

162 「의병의 무력항쟁」, 『국사신론』, 태성사, 1961; 제일출판사, 1963, p.341.

감시를 받는 국왕이 이를 받아들일 수는 없었다. 이에 실망하여 자살의 길을 택하는 사람이 많았다. 그러나, 한편으로는 적극적으로 의병 운동을 일으켜 무력 항쟁을 하는 사람들도 있었다. 그들과 함께 의병 활동의 중요한 역할을 담당한 것이 구군인들이었다.

[[한편, 새로이 등장한 지식층은 혹은 언론으로 혹은 교육으로 항일사상을 고취하였다. 이들은 [교육의 보급과 산업의 진흥에 의하여 국력을 양성함으로써 구국적으로 일본의 침략을 물리칠 수 있다고 믿고 있었다. 이들은 대개 서구西歐의 자본주의 정신을 받아들인 사람들이며, 항일 이외에] 민주주의 정치 형태의 도입이라는 새로운 과제를 동시에 짊어지고 있었다.

이렇게 항일 운동은 가지각색의 양상을 띠고 있었다. 그러나 항일이라는 점에서 이들은 모두 같은 입장에 서 있었다. 일본이 폭도라고 부르는 무장항쟁을 당시의 신문들은 이미 '의병'이라고 대서하였던 것이다. 이 모든 운동은 [결국] 일본의 무력에 의하여 억압되고 말았다. [그러나, 이들의 여러 형태의 운동은 커다란 성과를 거두었다.] 그것은 일본 제국주의의 침략에 대한 반항 의식을 온 국민의 뇌리에 새기어 주었기 때문이다.]]¹⁶³

③ 일본[의 침략에 대한 반항은 여러 가지 형태를 띠고 나타났었다. [우선] 몰락하는 왕권을 회복하기 위한 왕실의 반항이 있었다. 해아밀사사건 같은 것이 그것이었다. 이에 보조를 같이한 것에 양반 출신의 관료들이 있었다. 그런데, 국왕과 대신들은 일본의 침략을 막기 위하여 러시아를 위시한 외국의 힘을 빌리려는 외세 의존적인 태도를 취하였다. 그리고, 그것이 결국은 또 다른 침략자의 야욕을 만족시켜 줄 것이라는 점을 인식하지 못하였다. 그러므로 러시아가 전쟁에 패배하자 일본의 강압적 태도를 막을 길이 없었다. 일본의 강압을 반대한다 하더라도 그것은 개인적인 것에 불과하였다. 국민과 힘을 뭉쳐서 반대하려는 생각은 하지를 못하였다. [고종이나] 정부는 일본인의 위협보다도 국민의 비난을 오히려 더 두려워할 지경이다. [독립협회를 탄압한다든가] 을사조약이나 [병합조약을] 국민이 알지 못하는 비밀리에 논의된 것도 그러한 이유에서였다. 그러므로, 이미 친일적인 매국분자가 입각하여 [일본 통감부統監府의 지시대로 움직이고 있는 현실 속에서는 [국왕이나] 몇 개인의 개별적 반항으로써 침략에 대항할 수는 없었던 것이다.

---

163 「항일의 제형태와 성과」, 『한국사신론』 초판, 1967, pp.356-357.

양반 유학자들 중에는 전통적인 방법을 따라 국왕에게 상소를 올려 항일정책을 쓰게 함으로써 일본에 반항하려는 사람들이 있었다. 때로는 수백 명이 궁문에 함께 모여서 국왕에게 항일정책을 호소하기도 하였다. 그러나 이미 일본의 감시를 받는 국왕이[나 정부가] 이를 받아들일 수는 없었다. 이에 실망하여 자살의 길을 택하는 사람이 많았다. 그러나, 한편으로는 적극적으로 의병 운동을 일으켜 무력 항쟁을 하는 사람들도 있었다.

[유학자들의 지휘 밑에서 의병을 구성한 주요 병력은 농민이었다. 그런데 이 농민 의병에 구군인들이 합류함으로써 의병활동은 더욱 열기를 띠게 되었다. 이미 언급한 바와 같이 융희隆熙 원년(1907)에 군대가 해산되자 서울의 시위대 侍衛隊는 이에 항거하여 일본군과 항전하였었다. 그러나 탄약이 떨어져 퇴각한 이들 군대는 지방으로 내려가 의병과 합류하였던 것이다.] …(초판의 pp.354-355 내용을 옮겨옴) … [그러나 실제에 있어서는 이보다 훨씬 그 규모가 컸을 것이다.][164]

④ 일본의 침략에 대한 반항은 여러 가지 형태를 띠고 나타났었다. 우선 몰락하는 왕권을 회복하기 위한 왕실의 반항이 있었다. 해아밀사사건 같은 것이 그것이었다. 이에 보조를 같이한 것에 양반 출신의 관료들이 있었다. 그런데, 국왕과 대신들은 일본의 침략을 막기 위하여 러시아를 위시한 외국의 힘을 빌리려는 외세의존적인 태도를 취하였는데, 그것은 결국은 또 다른 침략자의 야욕을 만족시켜 줄 뿐이었다. 그러므로 러시아가 전쟁에 패배하자 일본의 강압적 태도를 막을 길이 없었다. 일본의 강압을 반대한다 하더라도 그것은 개인적인 것에 불과하였다. 국민과 힘을 뭉쳐서 반대하려는 생각은 하지를 못하였다. 고종이나 정부는 일본인의 위협보다도 국민의 비난을 오히려 더 두려워할 지경이다. 독립협회를 탄압한다든가 을사조약이나 병합조약을 국민이 알지 못하는 비밀리에 논의된 것도 그러한 이유에서였다. 그러므로, 이미 친일적인 매국분자가 입각하여 일본 통감부의 지시대로 움직이고 있는 현실 속에서는 국왕이나 몇 개인의 개별적 반항으로써 침략에 대항할 수는 없었던 것이다.

양반 유학자들 중에는 전통적인 방법을 따라 국왕에게 상소를 올려 항일정책을 쓰게 함으로써 일본에 반항하려는 사람들이 있었다. 때로는 수백 명이 궁문에 함께 모여서 국왕에게 항일정책을 호소하기도 하였다. 그러나, 이미 일본의

---

164 「의병항쟁의 격화」, 『한국사신론』 개정판, 1976, pp.373-375.

감시를 받는 국왕이나 정부가 이를 받아들일 수는 없었다. 이에 실망하여 자살의 길을 택하는 사람이 많았다. 그러나, 한편으로는 적극적으로 의병 운동을 일으켜 무력항쟁을 하는 사람들도 있었다.

　유학자들의 지휘 밑에서 의병을 구성한 주요 병력은 농민이었다. 그런데 이 농민 의병에 구군인들이 합류함으로써 의병활동은 더욱 열기를 띠게 되었다. 이미 언급한 바와 같이 융희 원년(1907)에 군대가 해산되자 서울의 시위대侍衛隊는 이에 항거하여 일본군과 항전하였었다. 그러나 탄약이 떨어져 퇴각한 이들 군대는 지방으로 내려가 의병과 합류하였던 것이다. … (초판의 pp.354-355 곧 개정판의 pp.374-378 내용을 옮겨옴) … 그러나 [근래의 조사에 의하면 1908년의 일본군과의 교전 횟수는 1,976, 교전 의병수는 82,767명으로 나타나 있다. 그러므로] 실제에 있어서는 이보다 훨씬 그 규모가 컸을 것이다.[165]

『국사신론』에서는 ① "여러 가지 형태" 그리고 "가지각색의 양상"으로 전개된 항일운동을 왕실, 양반 출신의 관료들, 구군인, 새로이 등장한 지식층 등으로 나누어 구체적인 활약상을 서술하면서, "이들은 민주주의국가의 건설이라는 새로운 과제를 동시에 짊어지고 있었다"고 논하였고, 또 "반일감정은 더욱 국민의 골수에 사무치게 되었다"고 평하였던 것이다. 이후『한국사신론』초판 이후에서 위의 서술 내용을 골격으로 삼아 단락별로 이 같은 양반 출신의 관료들, 구군인, 새로이 등장한 지식층들의 활약상을 구체적으로 보강하여 서술하였다. 그러더니 개정판에서는 초판의 다른 부분에 있는 내용을 옮겨다가 편집하면서까지 그 내용 확충에 힘썼으며, 신수판에서도 이러한 기조를 유지하면서, 최신의 통계 자료를 극력 활용하여 구체적인 서술을 하기도 하였음이 눈에 띈다. 간명하게 정리해 말하자면, 항일의 여러 형태와 그 성과에 관해서는『국사신론』에서 자신의 구상대로 정리한 견해를 제시하고, 이를 기본 골격으로 삼아 이후의『한국사신론』에서는 판을 거듭할수록 지속

---

165 「의병항쟁의 격화」,『한국사신론』신수판, 1990, pp.403-405; 「의병전쟁의 격화」,『한국사신론』한글판, 1999, pp.403-405.

적으로 이를 보강하여 완성도를 높여가는 서술 방식을 취했던 것으로 분석된
다고 하겠다.

(39) 6·25동란의 '한국전쟁'설 비판

현대사 분야의 사실을 기록함에 있어서도 사론이 결코 빠지지 않았다. 해
방 이후 거듭된 혼란 상황 속에서 결국 북한의 남침으로 벌어진 6·25동란을,
'한국전쟁'이라 부르는 것에 관해 그랬던 것이다.

> 이러한 상황 속에서 북한은 1950년 6월 25일에 불의의 남침을 감행하였던 것이
> 다. 이것은 흔히 6·25동란이라고 부르고 있다. 최근 이를 한국전쟁이라고 부르는
> 경향이 있는데, 외국인이 그렇게 부를 수는 있겠으나, 한국인 자신이 이를 한국전
> 쟁이라고 부르는 것은 자연스럽지가 못하다.[166]

이러한 '한국전쟁'설에 대한 그의 비판은 훗날 더욱 구체화되었다. "과거
에 흔히 이를 6·25사변, 6·25동란 혹은 6·25전란이라 불러왔다. …그런데
어느 사이엔지 한국전쟁이란 말이 보편적으로 쓰이게 되었다. 이것은 서양
사람들이 Korean War라고 부르는 것을 그대로 번역하여 쓴 것이다. … 그러
므로 그들은 이를 한국전쟁이라고 부를 수가 있을 것이다. 그러나 한국 사람
자신도 이들의 용어를 빌어서 한국전쟁이라고 부르는 것은 어색하다. … 혹
은 6·25남북전쟁이라고 해도 좋을 듯싶다. … 그러나 그것이 마땅치 않게 여
겨진다면 6·25동란 혹은 6·25전란으로 족하다고 생각한다[167]"고 하였던 것
이다. '한국전쟁'이라는 용어가 어느 결에 일반적으로 흔히 쓰이게 되었더라

---

166 「6·25동란」, 『한국사신론』 신수판, 1990, p.480; 「6·25동란」, 『한국사신론』 한글판, 1999,
   p.400.
167 「연사수록」, 『문학과 사회』 1993년 겨울호; 『연사수록』, 1994, pp.131 – 133.

도[168], 그 용어가 적합하지 않으니 종래와 같이 '6·25동란'[169] 혹은 '6·25전란'이라 일컫는 게 좋겠으나, 굳이 전쟁이라는 말을 넣자면 '6·25남북전쟁'이라 할 수도 있지 않겠는가 하는 창의성을 발휘한 새로운 견해도 제시하고 있을 정도였다. 그만큼 그는 역사 용어의 정확하고 올바른 선정에 대한 온갖 고민을 혼자 끊임없이 하고 있었고, 그의 이러한 면면이 녹여 내려져 자신의 '분신'과도 같이 여기고 있었던 『한국사신론』에 점철되어 스며들어 있었던 것이라 하겠다.

(40) 민주국가건설론: 자유·통일 지향에서 자유·평등 지향으로

앞의 '(38)항일의 제형태와 성과에 관한 견해'에서, 항일운동을 왕실, 양반 출신의 관료들, 구군인, 새로이 등장한 지식층 등으로 나누어 구체적인 활약상을 서술하면서, "이들은 민주주의국가의 건설이라는 새로운 과제를 동시에 짊어지고 있었다"고 논하였음을 보았다. 이렇게 기술할 만큼 이기백은 "민주주의국가의 건설이라는 새로운 과제" 해결이야말로 해방 이후 한국민족에게 부여된 책무라고 여기고 있었으므로, 민주국가 건설에 대한 사론을 모든 판본에서 빠짐없이 썼다.

① 해방 이후 한국민족은 역사상 가장 심한 시련기를 겪어 왔다. 6·25동란과 4월 혁명은 모두 이 시련의 산물이었다. 그리고 이 시련은 아직도 계속되고 있는 것

---

168 이러한 경우의 구체적인 예로서는 『한국사신론』, 신수판, 1990, pp.529-530의 「참고서목」에 기입되어 있는 김학준, 『한국전쟁』, 박영사, 1989. 이대근, 『한국전쟁과 1950年代 자본축적』, 까치, 1987. 한국정치외교사학회 편, 『한국전쟁의 정치외교사적고찰』, 평민사, 1989 등을 들 수 있겠다.

169 노용필, 「남·북한 독립정부의 수립과 6·25동란의 발발」, 『한국현대사담론』, 한국사학, 2007, p.150에서는 이와 관련하여, "이를 근자에 한국전쟁이라 부른 경향이 있는데, 이는 외국인 특히 남북한 현대사를 연구하는 외국 학자들이 영어로 서술한 것을 번역함에서 비롯된 듯하다. 외국인이 편의상 부르는 것이므로 한국인 자신이 이를 고스란히 번역하여 '한국전쟁'이라 함은 자연스럽지가 못하다고 여겨진다. 흔히 그래왔듯이 한국인으로서는 의당 6·25동란이라고 함이 옳을 것이다"라고 한 바가 있다.

이다. 파도치는 세계의 중심에 선 한국민족은 이 시련을 극복하고 자유와 통일을 위한 과업을 슬기롭고 용감하게 수행함으로써 또한 인류의 자유와 발전을 위하여 공헌하기를 기약해야 할 것이다.[170]

② 4월혁명은 독재정치와 부정축재에 반항하는 국민의 힘이 학생들의 젊은 의기를 통하여 발현된 것이었다. 그리고, 이것은 한국 민주주의의 발전에 밝은 전망을 던져 주었다.[171]

③ 이러한 과정을 통하여 해방과 더불어 민중의 직접적인 정치참여가 가능하게 되었고, 이러한 대세는 4월혁명에서 알 수 있듯이 더욱더 발전되어 가고 있는 것이다.[172]

④ 이러한 과정을 통하여 해방과 더불어 민중의 직접적인 정치참여가 가능하게 되었고, 이 대세는 4월혁명에서 알 수 있듯이 더욱 더 발전되어 가고 있다. [그리고 이러한 추세가 자유와 평등에 입각한 사회정의가 보장되는 민주국가의 건설로 이어질 것이 기대되고 있다.][173]

이상의 사론에서 뚜렷하게 드러나는 한 가지 점은, 『국사신론』에서는 "자유와 통일을 위한 과업"을 논하더니, 이후 이에 대한 언급이 없다가 『한국사신론』 신수판에서는 "자유와 평등에 입각한 사회정의가 보장되는 민주국가의 건설로 이어질 것"을 기대하였다는 사실이다. 이와 같이 『국사신론』에서 '자유와 통일'을 지향하던 데에서 『한국사신론』 신수판에서 '자유와 평등'으로 자신의 주된 생각 자체를 바꾼 것은, 항간에 혹자가 통일지상주의를 내세우면서 세상을 호도하기도 하는 것을 지켜보면서 그래서는 안 된다는 차원에서도 그러하려니와 또한 평등 자체에 대한 깊은 염원을 늘 가슴에 담고 있었기에 그러한 것이라 읽혀진다. 후일 2000년에 『한국사 시민강좌』 제26집 「통일 : 역사적 경험에 비춰본 민족의 통일」을 책임 편집한 후 그 「독자에게 드

---

170 「4월혁명」, 『국사신론』, 태성사, 1961; 제일출판사, 1963, p.384.

171 「4월혁명」, 『한국사신론』 초판, 1967, p.405.

172 「지배세력과 민중」, 『한국사신론』 개정판, 1976, p.456.

173 「지배세력과 민중」, 『한국사신론』 신수판, 1990, p.493; 「지배세력과 민중」, 『한국사신론』 한글판, 1999, p.412.

리는 글」속에서, "현대의 한국에 있어서는, 온 국민이 자유와 평등을 보장받는 사회를 실현하는 것이 민족의 이상임을 말하고, 남과 북에서 모두 이 민족의 이상이 실현되면, 자연히 평화적인 통일이 이루어질 것임을 말하고 있다[174]"고 남의 얘기를 정리하듯이 자신의 심정을 기술하고 있는 것도, 이렇게 해서라도 자신의 생각을 강조하고 싶었기 때문일 것이다.[175]

3. 본문 사론의 구성

앞서 항목별로 본문 사론의 내용을 세부적으로 검토하였으므로, 첫째 판본별版本別로 추세를 살피며, 그런 후 둘째 시대별로 구분을 해서 셋째 주제별로 정리를 해보고자 한다. 이렇게 본문 사론의 전반적인 구성을 검토함으로써 그 사론의 정확한 실태 파악은 물론 그 구성상의 특징도 가늠해 볼 수 있음직하다.

(1) 판본별 추세

여기에서는 『국사신론』·『한국사신론』 본문에 기술된 사론 40개의 각 판본별 실태를 일일이 조사하여 그 추세趨勢를 파악하려고 시도하고자 한다. 그래서 이를 위해서 작성하게 된 게 다음의 〈표 4-가〉이다.

이 〈표 4-가〉를 살피면 전체 판본에 있는 본문 사론의 경우와 일부 판본에만 있는 본문 사론의 경우로 갈리는 것을 알 수 있다. 그래서 이들의 수효를 각각 헤아린 후 그 비율까지를 계산하여 별도로 작성한 게 다음의 〈표 4-나〉이다.

---

174 「독자에게 드리는 글」, 『한국사 시민강좌』 제26집·특집―역사적으로 본 한국의 오늘과 내일, 2000, v; 김태욱 외 엮음, 『민족과 진리를 찾아서―10주기 추모 이기백사학 자료선집―』, 한림대학교 출판부, 2014, p.121.
175 노용필, 「이기백의 『한국사 시민강좌』 간행과 민족의 이상 실현 지향」, 『한국사학사학보』 29, 2014, p.317; 이 책의 제2부 제3장, p.369.

〈표 4-가〉 본문 사론의 판본별 추세

연번	항목	판본				
		『국사신론』	『한국사신론』초판	『한국사신론』개정판	『한국사신론』신수판	『한국사신론』한글판
1	구석기시대의 유적 발견과 그 연대	O	O	O	O	O
2	구석기인의 혈통			●	●	●
3	중석기시대의 시기 설정과 그 연대				●	●
4	한국민족의 형성과 계통	O	O	O	O	O
5	신석기시대의 모계사회(모계제)설	O	O	O	O	O
6	신석기시대의 사회조직	O	O	O	O	O
7	태양신·태양숭배 그리고 샤머니즘	O	O	O	O	O
8	금석병용기의 설정	●				
9	즐문토기인과 무문토기인의 종족상 차이 그리고 그 계통의 구별	O	O	O	O	O
10	부족국가설과 성읍국가론	O	O	O	O	O
11	고조선의 건국 위치와 영역 경계 설정	O	O	O	O	O
12	단군왕검의 성격 문제	O	O	O	O	O
13	부족국가연맹체설과 연맹왕국론	O	O	O	O	O
14	고조선의 사회적 발전 파악에 대한 비판				●	●
15	기자동래설 및 기자조선설 비판	O	O	O	O	O
16	위만의 실체와 위만조선의 성격 문제	O	O	O	O	O
17	한사군의 위치 문제	O	O	O	O	O
18	삼한의 위치와 문화 단계 설정	O	O	O	O	O
19	초기국가의 노예제사회설 비판				●	●
20	삼국의 건국 시기에 관한 『삼국사기』의 기록 비판	●				
21	삼국시대 농민층의 분화와 유인遊人의 실체 파악				●	●
22	삼국시대 향·부곡민의 천민설 및 노예사회설 비판				●	●
23	고려의 관료제사회설 비판				●	●
24	묘청의 난 성격에 관한 견해	O	O	O	O	O
25	무인정권의 역사적 평가에 대한 견해	●				
26	조선의 양천제사회설 비판	O	O	O	O	O
27	서원의 기능에 대한 견해	O	O	O	O	O
28	당쟁에 대한 견해	●	●			
29	실학의 성격에 관한 견해	O	O	O	O	O
30	경세치용학파의 중농주의설 비판				●	●
31	이용후생학파의 중상주의설 비판				●	●
32	천주교 수용과 유행의 역사적 의미에 대한 견해	O	O	O	O	O
33	동학의 교리 내용에 대한 견해	O	O	O	O	O
34	동학 봉기의 역사적 성격에 대한 견해 : 농민반란·농민전쟁에서 혁명운동으로, 그리고 반항운동으로	O	O	O	O	O
35	동학군 집강소의 성격과 역할에 대한 견해	O	O	O	O	O
36	독립협회 활동 방향에 대한 견해	O	O	O	O	O
37	광무개혁의 근대사주류설 비판				●	●
38	항일의 제형태와 성과에 관한 견해	O	O	O	O	O
39	6·25동란의 '한국전쟁'설 비판				●	●
40	민주국가건설론 : 자유·통일 지향에서 자유·평등 지향으로	O	O	O	O	O

O : 전체 판본에 있는 본문 사론의 경우, ● : 일부 판본에만 있는 본문 사론의 경우

〈표 4-나〉 본문 사론의 판본별 전체 및 일부 기술 항목 수 비교

구분	항목 수	비율
전체 판본에서 기술된 사론	25	62.5%
일부 판본에서 기술된 사론	15	37.5%

이를 보면, 전체 판본에 기술된 본문 사론은 25항목으로 전체 40항목의 5/8인 62.5%에 달하고, 일부 판본에서 기술된 본문 사론은 15항목으로 전체 40항목의 3/8인 37.5%를 점한다는 사실을 알 수 있다. 따라서 전체 판본에서 일관되게 기술된 본문 사론의 비중이 상대적으로 높긴 하나, 절대적으로 높은 게 아니며, 그만큼 판본이 거듭됨에 따라 이전에 전혀 기술되지 않았던, 그래서 비교적 새로운 본문 사론들이 기술되고 있는 경향이 확연히 드러난다고 하겠다.

그리고 전체 판본에서 일관되게 기술한 본문 사론의 비중이 상대적으로 높았더라도, 그것이 동일한 내용을 줄곧 똑같이 기술한 게 전혀 아니었다. 즉 판본을 거듭할 때마다 수정하고 보강하는 서술 자세를 견지하고 있었음을 간과해서 안 될 것인데, 이러한 사론 기술의 자세에 대해서는 뒤에서 행해질 사론의 내용 검토를 통해서 입증될 것이다. 이는 곧 서명書名에 붙은 '신론新論'답게 판본을 거듭하면서 지속적으로 새로운 내용을 기술하려 하였고, 사론 역시 그러하였음을 입증해 줌에 다름이 아니라고 판단된다.

이러한 판본별 전체 및 일부 기술 본문 사론에서 드러나는 지향은 판본별 항목 수의 증가와 감소의 추세를 따져 보아도 여실히 드러나고 있었다. 이를 구체적으로 살피기 위해 별도의 표를 작성해 보았다. 다음의 〈표 4-다〉가 그것이다.

이 〈표 4-다〉로 『국사신론』에서는 본문 사론이 28항목이었다가 『한국사신론』의 초판에서는 3항목이 감소하였음을 엿볼 수 있는데[176], 개정판에서도

---

176 〈표 4-가〉에서 확인해 보면 연번 8의 〈금석병용기의 설정〉, 연번 20의 〈삼국의 건국 시기에 관

<표 4-다> 본문 사론의 판본별 항목 수 증감 추세

구분	『국사신론』	『한국사신론』			『한국사신론』
		초판	개정판	신수판	한글판
항목 수	28	25	25	36	36
증감		-3	0(±1)	+11	0(±0)

같은 수의 본문 사론이 기술되었지만 그 수효에서만 그랬을 뿐 실제적으로는 1항목을 새롭게 기술한 반면 1항목을 제외하여서 그렇게 된 것이지, 전혀 손대지 않은 게 아니었다. 그러다가 신수판에 이르러서는 11항목이나 대폭 증가하고 있다. 이는 이미 앞서 제시하고 언급하였듯이, 그 「서문」에서 "아직도 진행 중인 논쟁에 대해서조차도 되도록 이를 소개하기로 하였다. 그리고 이러한 새 학설에 대하여 저자의 의견을 첨부하기도 하였는데, 그것이 한 사람의 학자로서의 책임이라고 믿었기 때문이다"라고 밝히고 있음에 따른 것이다. 이후 한글판은 한글세대 독자들을 위해 신수판에서 한자를 괄호 안에 병기倂記하고 또 간혹 약간의 설명을 달아 이해되기 쉽게 배려한 것이므로, 사론 역시 신수판의 것을 전적으로 그대로 두었기 때문에 본문 사론의 전체 항목의 수효에는 전혀 변화가 없게 되었던 것이다.

(2) 시대별 구분

다음으로는 본문 사론을 시대별로 구분해서 살펴보려고 한다. 이렇게 함으로써 본문 사론의 전반적인 대세도 파악하고 또 그 구성상의 특징도 조망할

한 『삼국사기』의 기록 비판) 그리고 연번 25의 〈무인정권의 역사적 평가에 대한 견해〉 등이 그것이다. 〈금석병용기의 설정〉 항목의 설정과 내용 서술은 『한국사신론』 초판이 간행되던 1967년에는 이미 더 이상 존립할 수 없는 학설이었으므로 그랬을 것이고, 〈삼국의 건국 시기에 관한 『삼국사기』의 기록 비판〉 항목은 개설서에서는 각별히 따로 언급할 필요가 없을 정도로 일반화된 사실이므로 그랬을 것이다. 그리고 〈무인정권의 역사적 평가에 대한 견해〉 항목은 마치 5·16군사쿠데타를 인정하는 듯이 인식을 주어 불필요한 오해를 불러일으킬 소지가 있다는 생각에서 조심스러워 아마도 제외시켰던 게 아닐까 推察된다.

수 있을 것으로 믿어진다. 다만 그 시대별 구분의 설정은 이해를 돕기 위해 나름대로 생각한 기준을 채택하여 한 것에 불과하다.[177]

본문 사론에 대한 이와 같은 시대별 구분을 통해 살펴지는 것은, 첫째로는 특정 시대에만 국한되지 않았다는 점이고, 둘째로는 그러면서도 상고上古시대의 비중이 적지 않았다는 점이다. 그리고 셋째로는 그렇지만 통일신라시대에 관해서는 전혀 사론이 붙여지지 않고 있었다는 점 등을 꼽을 수 있을 듯하다.

이 가운데 첫째 특정 시대에만 국한되어 사론이 기술된 게 아니라는 사실은, 개설서이기에 지극히 당연하다고 할 수 있다. 그렇다고 할지언정 실제로 그랬다는 점은 특장特長의 하나로 평가하기에 지극히 합당하다고 해야 옳겠다.

둘째로 상고上古시대의 비중이 적지 않았다는 사실은, 인류학 등의 역사학 주변 학문, 그중에서도 특히 한국 고고학의 발달이 극히 미흡하던 단계를 벗

---

[177] 그래서 별반 크게 신용이 가지 않을 수도 있을 것이다. 인간 자신은 언제나 자신이 숨을 쉬며 살고 있는 현재를 기준으로 자신의 관점에 입각해서 그 이전 역사에 대한 시대를 구분하여 생각하는 게 온당하다고 저자는 보고 있다. 그래서 현재로부터 과거로의 "시간상의 近遠과 사회적 특성의 변천을 염두에 두고 각 시대를 통합하여 5간계로 나누어 현대·근대·전근대·고대·상고라 시기를 구분"할 수 있다고 여기고 있는데(노용필 편저, 「책을 펴내며」, 『한국사 흐름잡기·자료읽기』, 어진이, 2011, p.3), 이에 따른 것임을 밝혀 두는 바이다.

다만 이러한 시대 구분과 관련하여 한 가지 덧붙일 것은, 이에 관한 생애 최후의 글이라고 할 이기백의 「한국사의 전개」, 『한국사』 1 총설, 국사편찬위원회, 2002에서의 언급을 상기해 보자는 것이다. 그 p.1에서, "왕조 중심의 역사관을 극복하기 위하여 제기된 새로운 방법이 한국사의 전개과정을 고대·중세·근대의 세 시기로 나누어서 이해하는 것이었다. … 고대·중세·근대로 3구분하려면, 이에 상응하는 시대적 성격 규정이 있어야 하는데, 그러한 시도가 보이지 않는 것이다. 그래서는 위의 3구분법은 무의미한 것이라고 하겠다"라고 한 후, p.9에서, "위에서 한국사의 전개를 크게 네 단계로 나누어 살펴보았다. 이 네 단계를 원시·고대·중세·근대로 부를 수도 있지 않을까 하는 유혹을 받는다. 그러나 이 같은 명칭은 사실 형식적인 것이어서 별로 의미가 없는 것이므로, 굳이 그러할 필요를 느끼지 않는다. … "라 하였음을 주목하고 싶다. 이기백의 이 4단계에는 현대가 빠져 있으므로 이를 넣으면 5단계가 설정될 수 있다고 본다. 다만 인간의 시간 기억 속에는 '원시'는 존재하지 않으며, '고대' 이전의 시기이자 기록도 전하지 않는 아스라한 과거를 '고대' 이전으로서 '上古'라 하는 논자들도 있으므로 이에 따르고, 또한 '고대'와 '근대'의 중간 시기를 굳이 '중세'라는 표현을 쓸 필요성을 느끼지 않으므로, '근대' 이전이라는 의미에서 이를 '전근대'라고 설정하는 등의 정리를 펼쳐 보는 것이다.

〈표 5〉 본문 사론의 시대별 구분

연번	항목	시대별 구분	
1	구석기시대의 유적 발견과 그 연대	원시사회	
2	구석기인의 혈통		
3	중석기시대의 시기 설정과 그 연대		
4	한국민족의 형성과 계통		
5	신석기시대의 모계사회(모계제)설		
6	신석기시대의 사회조직		
7	태양신·태양숭배 그리고 샤머니즘		
8	금석병용기의 설정	초기국가	상고
9	즐문토기인과 무문토기인의 종족상 차이 그리고 그 계통의 구별		
10	부족국가설과 성읍국가론		
11	고조선의 건국 위치와 영역 경계 설정		
12	단군왕검의 성격 문제		
13	부족국가연맹체설과 연맹왕국론		
14	고조선의 사회적 발전 파악에 대한 비판		
15	기자동래설 및 기자조선설 비판		
16	위만의 실체와 위만조선의 성격 문제		
17	한사군의 위치 문제		
18	삼한의 위치와 문화 단계 설정		
19	초기국가의 노예제사회설 비판		
20	삼국의 건국 시기에 관한 『삼국사기』의 기록 비판	삼국시대	고대
21	삼국시대 농민층의 분화와 유인遊人의 실체 파악		
22	삼국시대 향·부곡민의 천민설 및 노예사회설 비판		
23	고려의 관료제사회설 비판	고려시대	전근대
24	묘청의 난 성격에 관한 견해		
25	무인정권의 역사적 평가에 대한 견해		
26	조선의 양천제사회설 비판	조선시대	
27	서원의 기능에 대한 견해		
28	당쟁에 대한 견해		
29	실학의 성격에 관한 견해	실학시대	근대
30	경세치용학파의 중농주의설 비판		
31	이용후생학파의 중상주의설 비판		
32	천주교 수용과 유행의 역사적 의미에 대한 견해		
33	동학의 교리 내용에 대한 견해		
34	동학 봉기의 역사적 성격에 대한 견해 : 농민반란·농민전쟁에서 혁명운동으로, 그리고 반항운동으로	개화시대	
35	동학군 집강소의 성격과 역할에 대한 견해		
36	독립협회 활동 방향에 대한 견해	제국시대	현대
37	광무개혁의 근대사주류설 비판		
38	항일의 제형태와 성과에 관한 견해	일제시대	
39	6·25동란의 '한국전쟁' 설 비판	시민사회	
40	민주국가건설론 : 자유·통일 지향에서 자유·평등 지향으로		

어나 점차 발달하기 시작함에 짝하여 나타난 어쩔 수 없는 현상이었다. 지금까지 밝혀진 바가 없어 서술할 수가 없었던 부분을 새로이 메우고, 또 있었다고 하더라도 새로운 면모가 드러난 경우는 그와 관련된 사항들을 수정하고 보완함은 물론, 앞으로의 연구 전망까지 담아내야 했기에 그랬던 것이라 풀이된다.

한편 셋째로 특정 시대에만 국한되지 않았으면서도 그렇지만 통일신라시대에 관해서는 전혀 사론이 붙여지지 않고 있었다는 사실은 무엇에서 비롯된 것일까? 아마도 이는 그의 시대구분론의 전체 구도 속에서 통일신라시대, 그의 표현으로는 신라통일기에 관한 자신의 사관史觀에서 그랬던 것이 아닌가 추측된다. 1976년 개정판 이후 1990년 신수판을 거쳐 1999년 한글판에 이르기까지 전혀 수정이나 보완이 없이 고스란히 유지되었던 다음의 신라통일기에 관한 그 자신의 기술에서 이를 엿볼 수 있는 게 아닌가 싶어진다.

> 그러다가 신라통일기가 되면 왕권은 전제화專制化되어 권력이 군주 한 사람에게 집중되었다. 그리고 전제군주를 보좌하는 주요 행정직은 왕족인 김씨 일족에게 한정되었다. 결혼도 김씨 일족 안에서만 하는 것이 원칙이었다.
> 이 신라통일기의 전제정치시대를 정점으로 하고, 그 이후는 반대로 지배세력의 저변이 점차 확대되어 가는 경향을 나타냈다.[178]

이렇듯이 그 자신의 지론持論인 '지배세력(혹은 주도세력)'의 변화를 기준으로 볼 때 신라통일기가 정점을 이루는 전제정치시대였다는 견해를 일관되게 지니고 있었기에, 이와 관련된 어떠한 사론을 굳이 개설서에 쓸 필요성을 전혀 느끼지 않았기 때문이 아니었을까 추정된다.[179] 그가 신수판의 「서문」에

---

178 「지배세력의 변화」, 『한국사신론』 개정판, 1976, p.451; 신수판, 1990, p.488; 한글판, 1999, p.407.

179 이기백은 이러한 내용의 논조를 줄곧 유지해 신수판을 1990년에 출간하고 나서도, 기왕의 서술 방식과는 사뭇 달리 기왕에 이미 활자화된 관련 논문 하나하나에 대해 일일이 인용하고 상세히 언급하고 또한 자신의 논지와 다른 경우에는 낱낱이 반박하면서, 통일신라기의 전제정치에

서 "아직도 진행 중인 논쟁에 대해서조차도 되도록 이를 소개하기로 하였다. 그리고 이러한 새 학설에 대하여 저자의 의견을 첨부하기도 하였는데, 그것이 한 사람의 학자로서의 책임이라고 믿었기 때문이다"라고 한 것과는 다소 배치되는 듯도 싶지만, 되레 한 사람의 학자로서 자신의 학설이 온당하다고 믿은 굳은 신념에서 그런 것으로 새겨진다.

(3) 주제별 정리

본문 사론을 주제별로 정리해 보면, 이기백의 『국사신론』과 『한국사신론』의 여러 판본에 실린 본문 사론에 관해 보다 종합적이고 입체적으로 살필 수 있지 않을까 생각한다. 그래서 그의 『국사신론』・『한국사신론』 본문의 사론을 주제별로 정리해 보았더니, 몇 개의 영역으로 묶여짐을 알 수 있었기에 이를 또 하나의 표로 작성하였다. 다음의 〈표 6〉이다.

여기에서 40개의 본문 사론들이 묶여 5개의 영역, 개념규정・실증규명・성격분석・의미파악・대세설정 등으로 분류되는 것은, 이기백이 『국사신론』과 『한국사신론』 본문 사론에서 중시하였던 게 이러한 범주였음을 말해 주는 것으로 해석된다. 즉 그가 개념규정—실증규명—성격분석—의미파악—대세설정을 중시하며 『국사신론』과 『한국사신론』의 본문 사론을 작성하였던 것으로 파악된다고 하겠다.

관련해 일련의 논문들, 「신라 전제정치의 성립」, 『한국사 전환기의 문제들』, 1993 및 「통일신라시대의 전제정치」, 『한국사상의 정치형태』, 1993 그리고 「신라 전제정치의 붕괴과정」, 『학술원논문집』 인문사회과학편 34, 1995 등을 발표하고, 곧이어 이들을 묶어 『한국고대정치사회사연구』, 1996, pp.251-359에 담아내 펴냈던바, 여기에서도 이러한 그의 의중을 읽을 수가 있다고 본다.

〈표 6〉 본문 사론의 주제별 정리

주제	항목	연번
I 개념규정	신석기시대의 모계사회(모계제)설	5
	태양신·태양숭배 그리고 샤머니즘	7
	금석병용기의 설정	8
	부족국가설과 성읍국가론	10
	부족국가연맹체설과 연맹왕국론	13
	경세치용학파의 중농주의설 비판	30
	이용후생학파의 중상주의설 비판	31
	6·25동란의 '한국전쟁' 설 비판	39
II 실증규명	구석기시대의 유적 발견과 그 연대	1
	구석기인의 혈통	2
	중석기시대의 시기 설정과 그 연대	3
	한국민족의 형성과 계통	4
	즐문토기인과 무문토기인의 종족상 차이 그리고 그 계통의 구별	9
	고조선의 건국 위치와 영역 경계 설정	11
	기자동래설 및 기자조선설 비판	15
	한사군의 위치 문제	17
	삼국의 건국 시기에 관한 『삼국사기』의 기록 비판	20
	삼국시대 농민층의 분화와 유인遊人의 실체 파악	21
	당쟁에 대한 견해	28
	동학의 교리 내용에 대한 견해	33
	항일의 제형태와 성과에 관한 견해	38
III 성격분석	신석기시대의 사회조직	6
	단군왕검의 성격 문제	12
	위만의 실체와 위만조선의 성격 문제	16
	초기국가의 노예제사회설 비판	19
	삼국시대 향·부곡민의 천민설 및 노예사회설 비판	22
	묘청의 난 성격에 관한 견해	24
	조선의 양천제사회설 비판	26
	실학의 성격에 관한 견해	29
	동학 봉기의 역사적 성격에 대한 견해:농민반란·농민전쟁에서 혁명운동으로, 그리고 반항운동으로	34
	동학군 집강소의 성격과 역할에 대한 견해	35
IV 의미파악	고조선의 사회적 발전 파악에 대한 비판	14
	고려의 관료제사회설 비판	23
	서원의 기능에 대한 견해	27
	천주교 수용과 유행의 역사적 의미에 대한 견해	32
V 대세설정	삼한의 위치와 문화 단계 설정	18
	무인정권의 역사적 평가에 대한 견해	25
	독립협회 활동 방향에 대한 견해	36
	광무개혁의 근대사주류설 비판	37
	민주국가건설론:자유·통일 지향에서 자유·평등 지향으로	40

4. 본문 사론의 유형

『국사신론』·『한국사신론』 본문 사론의 유형類型을 분류하여 구체적으로 검토하면[180], 대체로 3가지로 대별할 수 있지 않나 생각한다. 첫째는 학설과 논쟁 소개의 유형이고, 둘째는 저자의 의견 제시의 유형이며, 그리고 셋째는 전개의 논조論調 변화의 유형이 될 것이다.

(1) 학설과 논쟁 소개의 유형

학설과 논쟁 소개의 유형으로서는 세부적으로 예시거론형例示擧論型·수렴종합형收斂綜合型·시비논평형是非論評型으로 나뉜다고 판단된다. 첫째 예시거론형은 구체적인 학설의 내용을 예로 제시하면서 이에 대해 상세히 언급한 경우이고, 둘째 수렴조합형은 여러 학설을 수렴하여 종합해서 소개한 경우이다. 그리고 셋째 시비논평형은 그 학설의 옳고 그름에 대해 논평을 가한 경우이다.

이 중에서 첫째 예시거론형의 대표적인 실례實例로는 다른 무엇보다도 맨먼저 '(1) 구석기시대의 유적 발견과 그 연대' 부분을 들 수 있다. 특히 "유물이 출토하는 황토층黃土層의 지질적地質的 성격이나 동물의 화석 및 유물 등을 만주滿洲·화북華北 등의 그것과 비교 연구한 결과 그것이 구석기시대의 유적일 것이라고 추정하는 긍정적인 견해도 있다. 반도에는 빙하기에 얼음

---

180 이기백은 이미 1970년에 한국사의 시대구분 문제를 다루면서 '시대구분의 여러 유형'이라는 항목을 설정하고 분석하여, "이러한 공통성을 기준으로 해서 몇 개의 유형으로 나누어 볼 수가 있다"고 한 바가 있다. 「한국사의 시대구분 문제」, 한국경제사학회 편, 『한국사시대구분론』, 을유문화사, 1970; 『민족과 역사』 초판, 1971; 신판, 1994, p.47. 이후 '인간을 유형화하는 것은 역사의 진실을 이해하는 데 장애가 된다'든가 하는 비판이 제기되었음을 거론하면서, "유형화 작업은 개인을 중심으로 역사를 쓰던 전근대적 역사학에서 탈피하는 필수적인 절차인 것이다"라고 갈파한 바 또한 있다. 「한국사의 진실을 찾아서」, 제2회 한·일 역사가회의에서의 발표, 2003; 『한국사 시민강좌』 제35집, 2004; 『한국사산고』, 2005, p.111. 이에 준거하여 『국사신론』과 『한국사신론』 본문 사론의 유형을 분류하여 본격적으로 검토해 보고자 하는 것이다.

으로 덮인 부분이 지극히 적어서 인류의 서식棲息을 방해하지는 않았을 것이라는 자연적 조건은 한국에도 구석기시대가 있었으리라는 견해를 뒷받침하고 있다. "화북·만주·일본 등 한국을 에워싼 여러 지역에서 구석기시대의 존재가 확실하게 알려지고 있으므로 인류의 서식이 가능했던 한국에만 구석기 시대인이 살지 않았으리라고는 생각되지 않는다[181]"라고 한 게 그러하다. 이와 더불어 '(8) 금석병용기의 설정'의 경우와 '(33) 동학의 교리 내용에 대한 견해' 등도 이에 해당되는 것이라 할 수 있겠다.

둘째, 수렴종합형의 대표적인 실례로는 '(4) 한국 민족의 형성과 계통'을 꼽아 마땅하다. 이 부분에서 "이 같은 토기의 변화를 통하여 미루어 볼 때에 한국의 신석기시대는 세 차례의 큰 변화를 겪었던 셈이다. 현재 이 신석기인, 특히 빗살무늬토기인을 고아시아족으로 보는 경향이 농후하지만, 아직은 확실하게 증명된 사실이 아니다. 다만 중국과는 다른 북방계통의 인종인 것만은 분명하다. 그들은 필시 여러 차례에 걸쳐 파상적인 이동을 해왔을 것으로 생각된다[182]"라고 서술하고 있음이 그렇다. 이외에 이에 해당되는 경우로는 '(6) 신석기시대의 사회조직', '(11) 고조선의 건국 위치와 영역 경계 설정', '(16) 위만의 실체와 위만조선의 성격 문제', '(17) 한사군의 위치 문제', '(24) 묘청의 난 성격에 관한 견해', '(29) 실학의 성격에 관한 견해' 등 역시 들 수 있다고 본다.

셋째, 시비논평형의 실제적인 예로는 '(5) 신석기시대의 모계사회(모계제)설'이 가장 적합하다고 보는데, "신석기시대의 일정한 시기에는 모계제가 행해졌던 것으로 믿어져 왔다. … 고구려의 서옥제 같은 것은 그 유제일 것으로 생각되었다. 그러나 최근에는 이 모계제의 존재에 회의적인 의견들이 제시

---

181 「구석기시대」, 『국사신론』, 태성사, 1961; 제일출판사, 1963, p.11.
182 「신석기인의 등장」, 『한국사신론』 신수판, 1990, pp.17-18; 「신석기인의 등장」, 『한국사신론』 한글판, 1999, p.18.

되고 있다[183]"라 기술한 것과 같은 부분이다. 이와 함께 '(18) 삼한의 위치와 문화 단계 설정', '(22) 삼국시대 향·부곡민의 천민설 및 노예사회설 비판', 그리고 '(23) 고려의 관료제사회설 비판'의 경우도 해당되는 것으로 볼 수 있을 듯하다. 이상과 같은 학설과 논쟁의 소개의 유형 3가지와 그 대표적 항목의 연번을 정리하여 제시하면 다음의 〈표 7〉과 같다.

〈표 7〉 학설과 논쟁 소개의 유형

유형	대표적 항목의 연번
예시거론형	1, 8, 33
수렴종합형	4, 6, 11, 16, 17, 24, 29
시비논평형	5, 18, 22, 23

(2) 저자의 의견 제시의 유형

저자의 의견 제시의 유형으로는 판단유보형判別留保型·확신단정형確信斷定型·사실직서형事實直敍型·전망예언형展望豫言型으로 세분할 수 있다고 본다. 첫째 판별유보형은 말 그대로 판별을 유보하는 자세를 견지하는 경우이고, 반면에 둘째 확신단정형은 확신을 하면서 단정 지어 자신의 의견을 제시하는 경우이다. 그리고 사실직서형은 사실에 대해 직설적으로 서술을 함으로써, 옳은 것은 옳다고 하고 그른 것은 그르다고 명명백백하게 밝히는 소위 춘추필법春秋筆法을 연상시키는 대목이라 할 수 있는 경우이다. 또한 전망예언형은 앞으로의 연구가 진척됨에 따라 이런 방향으로 전개될 것이라는 전망을 예언하듯이 펼친 경우라고 보인다.

이 가운데 첫째, 판별유보형의 가장 대표적인 실제 예로서는 '(2) 구석기인의 혈통'을 들 수 있지 않나 싶다. 즉 "이 밖에도 인골의 파편이 더 발견되고 있으므로 점차로 구석기시대에 살던 사람들의 모습이 발전하여 온 양상도 알

---

183 「씨족공동체의 사회」, 『한국사신론』 한글판, 1999, p.21.

수가 있게 될 것으로 기대된다. 그러나 이들 구석기인의 혈통이 오늘의 한국인에 계승되어 내려온 것인지 어떤지는 분명하지가 않으며, 오히려 부정적인 견해가 지배적이다[184]"라 하였음에서 이를 가늠할 수 있다. 이 밖에 이러한 유형에 해당하는 또 다른 예로는 '(9) 즐문토기인과 무문토기인의 종족상 차이 그리고 그 계통의 구별', '(12) 단군왕검의 성격 문제', '(20) 삼국의 건국 시기에 관한 삼국사기의 기록 비판', '(39) 6·25동란의 '한국전쟁'설 비판' 등도 꼽을 수 있을 듯하다.

둘째, 확신단정형의 사론으로 무엇보다도 우선되는 구체적인 예로는 '(7) 태양신·태양숭배 그리고 샤머니즘' 부분의 "이와 동일한 유형의 원시적인 종교형태를 동북아시아 일대에서는 일반적으로 샤머니즘Shamanism이라 부르고 있다. 그러나 이와 비슷한 종교형태는 세계 어디서나 공통적으로 발견되는 것으로서 반드시 동북아시아에 국한된 현상은 아니다[185]"라고 한 대목이다. 이와 함께 '(10) 부족국가설과 성읍국가론', '(13) 부족국가연맹체설과 연맹왕국론', '(15) 기자동래설 및 기자조선설 비판', '(26) 조선의 양천제 사회설 비판', '(37) 광무개혁의 근대사주류설 비판' 등도 이 유형에 속한다고 판단된다.

셋째, 사실직서형으로는 '(14) 고조선의 사회적 발전 파악에 대한 비판'에서, "따라서 같은 고조선이라고 하지만 여기에는 커다란 사회적 발전이 있었음을 알 수 있다. 고조선이 마치 건국 초기부터 만주와 한반도 북부에 걸친 대제국이었다고 생각하는 것은 역사의 발전을 무시한 잘못된 생각이다[186]"라고 한 부분이 가장 적합하다. 그리고 '(19) 초기국가의 노예제사회설 비판', '(28) 당쟁에 대한 견해', '(30) 경세치용학파의 중농주의설 비판', '(31) 이용

---

184 「구석기인의 생활과 문화」, 『한국사신론』 신수판, 1990, p.13; 「구석기인의 생활과 문화」, 『한국사신론』 한글판, 1999, p.14.
185 「무술신앙」, 『한국사신론』 한글판, 1999, p.22.
186 「고조선사회의 성장」, 『한국사신론』 신수판, 1990, p.34; 「고조선사회의 성장」, 『한국사신론』 한글판, 1999, p.31.

후생학파의 중상주의설 비판' 등도 이와 같은 사실직서형이라 보인다.

넷째, 전망예언형으로는 '(1) 구석기시대의 유적 발견과 그 연대' 부분 중 "한국 구석기시대의 연대는 여러 가지 학설이 나오고 있으나, 아직 단정해서 말할 단계에까지는 이르지 못하고 있다. 다만 석장리의 후기 구석기시대에 속하는 두 문화층의 연대가 각기 약 3만 년 전과 2만 년 전의 것으로 판명되었다. 그러나 전기 구석기시대의 유적도 여럿이 보고되고 있으므로, 적어도 50만 년 전 정도까지 그 연대가 올라갈 수 있을 것으로 추측된다[187]"고 한게 대표적인 예의 하나라고 분석된다. 이외에도, '(38) 항일의 제형태와 성과에 관한 견해', '(40) 민주국가건설론:자유·통일 지향에서 자유·평등 지향으로' 등도 역시 그러하다고 여겨진다. 이상에서 거론한 저자 의견 제시의 유형 4가지와 그 대표적 항목의 연번을 정리하여 제시하면 아래의 〈표 8〉과 같이 된다.

〈표 8〉 저자의 의견 제시의 유형

유형	대표적 항목의 연번
판별유보형	2, 9, 12, 20, 39
확신단정형	7, 10, 13, 15, 26, 37
사실직서형	14, 19, 28, 30, 31
전망예언형	1, 38, 40

(3) 전개의 논조 변화의 유형

전개의 논조 변화의 유형으로는 수정보완형修正補完型·탐구시정형探究是正型·개조창안형改造創案型을 설정할 수 있다고 생각하였다. 첫째 수정보완형은 다른 학자의 새로운 학설을 취하여 자신의 종래 견해를 수정하여 기꺼이 보완하는 서술 태도를 보인 경우이다. 이에 비교해서 둘째 탐구시정형은

---

187 「구석기시대」, 『한국사신론』 신수판, 1990, p.11; 「구석기시대」, 『한국사신론』 한글판, 1999, p.12.

새로운 이론을 받아들이는 등의 적극적인 태도를 취해 자신의 학설을 올바르게 수정하는 경우이다. 그리고 개조창안형은 다른 학자의 학설을 참작하여 새로운 방안을 만들어 내어 제시하는 경우이다.

첫째, 수정보완형의 대표적인 예로는 '(10) 부족국가설과 성읍국가론' 가운데서도, 특히 개정판에서 "이러한 소국은 종래 흔히 부족국가라고 불러 왔으나, 오히려 성읍국가라고 부르기에 알맞은 존재들이다. 비록 부족적인 전통을 가지고 있었다 하더라도 부족 이외의 다른 요소들까지도 포함한 지연 중심의 정치적 기구를 지니고 있었을 것이기 때문이다[188]"라고 했던 것을 신수판 이후에 "이러한 정치적 단위체를 종래 흔히 부족국가라고 불러 왔다. 그러나 부족국가는 원시적 개념인 부족과 그와는 상치되는 새 개념인 국가와의 부자연스런 결합이어서, 이는 학문적으로 부적합하다는 것이 현 학계의 일반적인 견해이다"라고 한 것을 꼽아 마땅하다고 본다. 이외에 '(13) 부족국가연맹체설과 연맹왕국론', '(15) 기자동래설 및 기자조선설 비판', '(29) 실학의 성격에 관한 견해' 등의 경우에도 역시 이러한 유형에 해당한다고 헤아려진다.

둘째, 탐구시정형으로는 '(5) 신석기시대의 모계사회(모계제)설', '(7) 태양신·태양숭배 그리고 샤머니즘', '(32) 천주교 수용과 유행의 역사적 의미에 대한 견해' 등의 부분에서도 분명히 드러나지만, 더욱이 '(35) 동학군 집강소의 성격과 역할에 대한 견해' 중 신수판과 한글판 초판에서는 "더욱이 전라도 53군에는 집강소라는 일종의 민정기관을 설치하여 폐정개혁에 착수하였다. 집강소에는 한 사람의 집강과 그 밑에 서기 등 몇 명의 임원이 있고, 전주에는 집강소의 총본부인 대도소를 두어 전봉준이 이를 총지휘하게 되어 있었다[189]"라고 하였던 것을 후일 2001년 판본에서부터는 "더욱이 전라도 53군

---

188 「성읍국가의 성립」, 『한국사신론』 개정판, 1976, pp.25–26.
189 「집강소의 설치와 항일전」, 『한국사신론』 신수판, 1990, p.373; 「집강소의 설치와 항일전」, 『한국사신론』 한글판, 1999, p.311.

에는 집강소를 설치하여 지방의 치안유지에 힘쓰는 한편, 동학농민군의 폐정개혁 요구를 행정에 반영시키도록 노력하였다. 전주에는 집강소의 총본부인 대도소를 두어 송희옥이 그 도집강으로서 이를 총지휘하게 되었다[190]"라고 예고나 별다른 언급이 전혀 없이 부분적으로 수정하였다. 이 밖에 '(40) 민주국가건설론:자유·통일 지향에서 자유·평등 지향으로' 항목 역시 그렇다고 하겠다.

셋째, 개조창안형으로는 '(3) 중석기시대의 시기 설정과 그 연대'의 경우를 대표적인 사례로 지목하여 합당한데, "이 시기를 중석기시대라고 하는데, 구석기시대로부터 신석기시대로 넘어가는 과도기에 해당한다. 한국에서는 아직 확실한 중석기 유적이 발견되지 않고 있으나, 그것이 존재했을 것임은 거의 의심이 없다. 경남 상노대도의 조개더미(패총)의 최하층 유적 같은 것이 그러한 예의 하나라고 지목되고 있다[191]"라고 해서 처음으로 중석기시대에 관한 구체적인 서술을 하였던 것이다. 그리고 '(34) 동학 봉기의 역사적 성격에 대한 견해:농민반란·농민전쟁에서 혁명운동으로, 그리고 반항운동으로', '(35) 동학군 집강소의 성격과 역할에 대한 견해', '(38) 항일의 제형태와 성과에 관한 견해' 등에서도 그러하였다고 가늠된다. 방금 살핀 전개의 논조 변화의 유형 3가지와 그 대표적 항목의 연번을 정리한 게 아래의 〈표 9〉이다.

〈표 9〉 전개의 논조 변화의 유형

유형	대표적 항목의 연번
수정보완형	10, 13, 15, 29
탐구시정형	5, 7, 32, 40
개조창안형	3, 34, 35, 38

---

190 「집강소의 설치와 항일전」, 『한국사신론』 한글판, 2001, p.311.
191 「신석기인의 등장」, 『한국사신론』 신수판, 1990, p.15; 「신석기인의 등장」, 『한국사신론』 한글판, 1999, p.15.

지금까지의 분석을 통해서, 결국 이기백의 『국사신론』·『한국사신론』 본문 사론을 대체로 3가지의 유형 곧 첫째 학설과 논쟁 소개의 유형, 둘째 저자의 의견 제시의 유형, 그리고 셋째 전개의 논조 변화의 유형으로 분류하여 검토함으로써, 그 진면목의 거개를 가늠하게 되었다고 생각한다. 이러한 유형 검토의 내용을 밑받침으로 삼아 살피면, 이제는 그가 『국사신론』·『한국사신론』 본문에 담아낸 사론의 대세大勢와 그 개별성個別性도 자연히 시야에 또렷하게 잡히게 될 것이라 믿는다.

5. 본문 사론의 대세

이기백이 『국사신론』에서는 전혀 그렇지 않았지만, 『한국사신론』에서 「종장 한국사의 발전과 지배세력」을 새로이 설정하여 기술하기 시작한 것은 1976년의 개정판에서부터였는데, 더욱이 그 제1절의 제목을 「한국사의 대세」로 설정하였던 것이다. 이로써 이때에 이르러 한국사에서의 '대세大勢'를 본격적으로 논하기 시작한 것으로 판단된다. 그 끝부분에서 다음과 같이 정리하고 있음이 특히 주목된다.

　이상과 같은 이해는, 비록 세부에 있어서는 꼭 들어맞지 않는다 하더라도, 그 대세에 있어서는 어긋남이 없다고 믿는다. 이 사실을 곧 법칙과 같은 것으로 주장할 수 있는 것인지 어떤지 잘 모르겠다. 그리고 이러한 현상이 일어나게 되는 데는 어떤 보다 근본적인 이유가 개재해 있는지 어떤지도 잘 모르겠다. 그렇더라도 이러한 이해가 한국사의 큰 흐름을 더듬어 보는 데 도움을 주는 것만은 확실하다.[192]

이 '대세'가 곧 법칙과 같은 것이었다고 생각하지는 않는 듯하나, 이에 대

---

192 「변화의 논리」, 『한국사신론』 개정판, 1976, p.454.

한 이해가 한국사의 큰 흐름을 더듬어 보는 데에 도움이 되도록 하기 위함이었음을 엿볼 수가 있겠다. 이러한 그의 '대세'에 대한 인식을,『국사신론』·『한국사신론』 본문의 사론에서 찾아 살피면, 역시 그의 사론 전체의 큰 흐름을 살피는 데에 크게 도움이 될 것으로 여겨졌다.

그리하여 세밀히 검토한 결과,『국사신론』·『한국사신론』 본문 사론의 대세는 다음의 4가지이지 않나 생각하게 되었다. 첫째는 서명書名의 '신론新論'에 걸맞게 새로운 논의를 담아내려고 지속적으로 노력하였다는 점이다. 둘째는 학술 용어의 정확한 개념 파악과 설정에 끊임없는 관심을 경주하여 판을 거듭할수록 그 정도가 심화되었다는 점이다. 셋째로는 초기보다는 시간의 흐름에 따라 점차 역사에 대한 진보관進步觀, 곧 발전사관發展史觀이 구체화되어 갔다는 점이다. 그리고 넷째로는 그에 따라서 초기에 일원적一元的인 법칙을 염두에 두던 데에서 탈피하여 다원적多元的인 법칙에 따른 시대구분을 시도하였다는 점이다.

이러한 대세 가운데 첫째 서명의 '신론'에 걸맞게 새로운 논의를 담아내려고 지속적으로 노력하였다는 점과 관련하여서는, 이렇듯이『국사신론』 및『한국사신론』의 집필과 간행을 통해 새로운 내용의 개설서를 거듭 세상에 내놓았던 이기백의 공력功力 경주傾注에는, 부단히 진리를 추구하는 그 자신의 한결같은 인성人性에서 비롯된 것 외에도 은사 이병도李丙燾의 개설서 간행을 곁에서 지켜보면서 받은 영향이 적지 않았던 게 아닌가 싶다. 이병도의 거듭된 수정 개설서 간행과 관련된 이기백의 아래 논급에서 이러한 분위기를 엿볼 수가 있다.

해방 뒤인 1948년에 국사개설서인『조선사대관』(동지사)를 저술하였다. 이것은 뒤에『국사대관』(보문각),『한국사대관』(동방도서)으로 이름이 바뀌면서 셀 수 없이 여러 차례 증수增修되었다. 그는 학술지에 새 논문이 발표될 때마다 그 성과를 받아들여 즉시 이 개설책에 반영하도록 하였으므로, 무시로 여러 부분이 개정되었

던 것이다.[193]

개설서의 이름을 바꾸면서 "셀 수 없이 여러 차례" 증수했을 뿐만 아니라 새로운 학술 논문이 발표될 때마다 즉시 반영하여 "무시로 여러 부분"을 개정하는 이병도의 자세를 그가 특기特記하고 있음을 지나칠 수 없다. 환언하면 이기백은 이러한 은사 이병도의 모습을 곁에서 지켜보면서 자신도 이를 본받고자 다짐했을 성싶으며, 그래서 자신은 책 제목에 아예 '신론'을 붙였고, 또 그에 걸맞게 판을 거듭할 때마다 새로운 연구 성과들이 나올라치면 여지없이 이를 반영하여 새로운 논의를 담아내려 지속적으로 노력하였고 그래서 특히 『한국사신론』의 경우 거듭해서 초판·개정판·신수판·한글판을 내게 되었던 것이라 하겠다.

둘째는 학술 용어의 정확한 개념 파악과 설정에 끊임없는 관심을 경주하여 판을 거듭할수록 그 정도가 심화되었다는 점과 관련하여, 가장 대표적인 사례事例는, 앞서 제시한 사론들 가운데서도 '(10) 부족국가설과 성읍국가론' 항목이 될 것이다. 개정판에서부터 비로소 성읍국가론을 펴기 시작한 이후, 신수판에 이르러 성읍국가론과 관련하여 더욱 자신의 논조를 높이고 상세히 거론하였음이 그것인데, 그러면서도 다른 학설에 대한 소개를 도외시하지 않았을 뿐더러 그 개념의 정확한 파악과 설정에 힘 기울고 있었던 것이다. 이기백의 이러한 사론의 대세는 아래의 언급에서 확연하다.

최근의 한국사학계에는 몇 가지 두드러진 학문적 논쟁이 있었다. … 그러나 학문적 논쟁은 그것대로 따라야 할 기본적인 원칙이 서 있어야 한다고 생각한다. 이러한 관점에서, 논쟁의 구체적인 내용에 대하여는 각설各說에서 언급될 것으로 믿기 때문에 여기서는 생략하고, 최근의 논쟁에 대한 몇 가지 전반적인 반성을 하고 넘어가고자 한다. …

---

[193] 「저술을 통해 본 두계사학」, 『출판저널』 47, 1989; 『한국사상의 재구성』, 1991, pp.165−166.

둘째로는 사용하는 개념을 명확하게 규정하고 논의를 해 왔는가 하는 점이다. 명확하지 않은 개념을 가지고서는 학문이 성립될 수가 없는 것이다. 그런데 논쟁에서 종종 개념규정을 불분명하게 하는 경향을 드러내곤 하였다. 예컨대 가산관료제家産官僚制란 말은 베버가 사용한 것이었지만, 처음 이 개념이 명확하게 인식되었던 것으로는 보이지가 않는다. 그러므로 자연히 논쟁은 초점이 맞지 않는 것과 같은 느낌이었다. 그러다가 점차 그 개념이 명확하게 되면서 논쟁도 더욱 분명하게 되었음은 물론이다. 필자 자신도 관련되어 있던 문제였기 때문에 손쉽게 생각되어 여기서 가산관료제의 예를 들었지만, 이 점은 다른 논쟁의 경우에도 다름이 없었다고 생각한다. …

논쟁이 없는 학계는 침체된 학계라고 할 수가 있다. 논쟁은 더욱 더 권장되어야 할 것이다. 그러나 학문적 논쟁은 학문의 발전에 기여하는 방향에서 이루어져야지 이를 저해하는 방향에서 이루어져서는 안 된다. 그기 위해서는 논쟁이 지켜야 할 원칙들에 관심을 쏟아야 하리라고 믿는다.[194]

자신도 관련이 되었던 한국사학계의 가산관료제에 관한 논쟁을 구체적인 예로 제시하면서, 논쟁이 없는 학계는 침체된 학계라고 할 수 있으므로 논쟁은 더욱 더 권장되어야 하지만, 학문적 논쟁의 기본적인 원칙으로서 명확한 개념의 규정을 강조하고 있는 것이다. 그는 이럴 정도로 학문의 발전을 위해서도 학술 용어에 대한 명확한 개념의 규정이 기본으로 여겨져야 함을 역설하고 있었기에, 그 자신도 역시 학술 용어의 정확한 개념 파악과 설정에 끊임없는 관심을 경주하였으며, 이에 『한국사신론』의 판을 거듭할수록 그 정도가 심화되었을 뿐만이 아니라 신수판에 이르러서는 더욱 최고조에 달하였다고 판단된다.

셋째로는 초기보다는 시간의 흐름에 따라 점차 발전사관이 구체화되어 갔다는 점이다. 특히 『한국사신론』의 개정판에서부터는 그것이 표면화되었는데, 아래의 구절에서 그러한 사실을 쉬이 확인할 수 있다고 본다.

---

194 「과학적 한국사학을 위한 반성과 제의」, 『역사학보』 104, 1984; 『한국사상의 재구성』, 1991, pp.124-125.

① 三·一운동과 같은 거족적擧族的인 민족운동은 이러한 기반 위에서 가능했던 것이다. 이리하여 일부의 지배층이 아니라 온 국민을 정치에 참여시키는 민주국가로 발전해 나갔던 것이다.[195]

② 이러한 과정을 통하여 해방과 더불어 민중의 직접적인 정치참여가 가능하게 되었고, 이러한 대세는 4월혁명에서 알 수 있듯이 더욱 더 발전되어 가고 있는 것이다.[196]

개정판에서부터 처음으로 서술된 「종장」에서 그것도 ①의 「지배세력의 변화」 및 ②의 「지배세력과 민중」에 관한 최종 문장에서, 이와 같이 대세의 발전을 거듭 기술할 정도로 발전사관을 극명하게 드러내고 있었음을 확인할 수 있다. 따라서 초기, 즉 『국사신론』 및 『한국사신론』 초판 때보다 개정판에서 더욱 그러하였으므로, 그만큼 시간의 흐름에 따라 점차 발전사관이 구체화되었다고 하겠다.

넷째로는 그에 따라서 초기에 일원적인 법칙을 염두에 두던 데에서 탈피하여 다원적인 법칙에 따른 시대구분을 시도하였다는 점이다. 특히 『한국사신론』 초판에서부터 그러하였음은 그 자신이 다음과 같이 적어놓은 데에서 어렵지 않게 찾아진다.

그러다가 1967년에 『한국사신론』을 냄에 이르러 내 것다운 개설서가 되었다고 할 수 있다. …(중략)…

또 한 가지 이야기해 두고 싶은 것은 시대구분에 관한 것이다. 당시 개설서라면 으레 고대·중세·근대의 3분법을 당연한 것과도 같이 채택하고 있었다. 그래야만 한국사를 세계사에 동참시키는 것으로들 믿어 왔다. 여기에는 당시 일본으로부터 쏟아져 들어오는 역사이론서들의 영향이 컸다. 나도 남에게 뒤질세라 『세계

---

195 「지배세력의 변화」, 『한국사신론』 개정판, 1976, p.452; 『한국사신론』 신수판, 1990, p.489; 「지배세력의 변화」, 『한국사신론』 한글판, 1999, p.404.

196 「지배세력과 민중」, 『한국사신론』 개정판, 1976, p.456; 『한국사신론』 신수판, 1990, p.493; 「지배세력과 민중」, 『한국사신론』 한글판, 1999, p.412.

사의 기본법칙』이니 하는 책들을 열심히 읽었고, 또 많은 자극과 깨우침도 받았다. 그러나 끝내 어느 일정한 공식에 의존해서 우리 역사를 이해하려는 데는 찬동할 수가 없었다. 차라리 하야시 겐타로林健太郞의『사학개론史學槪論』에 나타난 바와 같이 다원적인 법칙에 입각해서 역사를 이해하려는 데에 더 많은 공감이 갔다.

　이것은 나 자신에게는 큰 변화였다. 나는 지금껏 일원론적인 입장에서 역사를 보려고 했었다. 그런데 점점 그래서는 구체적인 역사적 사실들을 설명할 수가 없다고 느끼게 된 것이다. 실은 세계사의 기본법칙이라고 할 때에도 거기에는 이미 일원론으로는 세계사를 이해할 수가 없다는 뜻이 포함되어 있는 것으로 나는 생각했다. 왜냐하면 부수적인 법칙이 있다는 것을 인정하는 것이기 때문이다. 그러나 구체적인 역사적 사실에서는, 논자들이 부수적이라고 생각해온 것이 결정적인 영향력을 행사하는 경우도 있지는 않을까고 생각한 것이다. 그렇다면 한번 새로운 각도에서 우리 역사를 체계화하려는 시도를 해도 좋지 않겠는가 하는 생각을 안 할 수가 없었다. 정치·경제·사회·문화 등의 모든 분야의 역사적 현상이 하나의 굵은 끈으로 묶여 있는 일정한 시대를 일정한 각도에서 볼 수 있는 신선한 관점이 필요하다고 느낀 것이다.[197]

이전의 개설서에서 으레 쫓았던 일원론적 시대구분에서 탈피하여 "다원적 법칙에 입각해서 역사를 이해하려는 데에 더 많은 공감"을 하면서 자신의 큰 변화가 시작되어 1967년의『한국사신론』초판에 이르러 "새로운 각도에서 우리 역사를 체계화하려는 시도"를 하기에 이르렀음을 밝히고 있는 것이다. 그러면서 그렇게 함으로써 "내 것다운 개설서가 되었다고 할 수 있다"고 토로하였다. 한마디로 이기백은 점차 발전사관을 구체화하면서, 그에 따라서 초기에 일원적인 법칙을 염두에 두던 데에서 탈피하여 다원적인 법칙에 따른 시대구분을 시도하는 대세를 추구해 왔다고 할 수 있겠다.

---

197 「학문적 고투의 연속」,『한국사 시민강좌』제4집, 1989;『연사수록』, 1994, pp.244−245.

6. 본문 사론의 개별성

이기백은 역사주의의 개별성과 보편성을 강조한 연구 태도를 존중하였으며[198], 그러면서도 개별성을 특수성 혹은 고유성으로 여기는 경향에 대해 본격적인 문제 제기를 하면서 경계하였다. 그래서 노년에 이르러서는 그는 '특수성'이라는 표현을 '개별성'으로 대체시켜 구체적인 역사적 사례를 들어가며 점차 이에 대해 명확히 설명하였다.

> 역사는 다원적인 여러 법칙에 의해서 지배를 받는다고 생각합니다. 그런데 그 여러 법칙이 결합하는 양상이 민족마다 다르기 때문에 그것이 자연히 각 민족의 개별성을 나타내게 된다고 생각합니다. 제가 특수성이란 말을 쓰지 않고 개별성이라고 했는데, 한국의 역사에서 세종대왕이나 한글 창제 같은 것은 다 개별적인 것이 아닙니까? 중국의 진시황이나 만리장성, 서양에서는 나폴레옹이나 프랑스혁명, 다 개별적인 겁니다.
>
> 그런데 우리가 개별적인 인물이나 사건들의 성격을 규정할 때에는 자연히 보편적인 개념을 가지고 하여야 되지 않겠느냐, 이런 얘깁니다. 개인을 얘기하게 되면 좀 납득이 안 가겠습니다만, 예컨대 골품제사회를 들 수 있습니다. 신라는 골품제사회입니다. 그것을 손진태 선생이 귀족사회라 했는데 귀족사회는 보편적인 개념입니다. 그러니까 일단 우리나라 것은 우리나라의 개별적인 것을 존중하고, 그 성격 규정을 할 때 세계사적인 보편적 성격을 띤 개념을 가지고 설명하자는 것입니다.[199]

이를 통해, 그 자신이 '특수성'이란 말을 쓰지 않고 '개별성'이라 하겠음을 강조하면서, "우리나라 것은 우리나라의 개별적인 것을 존중하고, 그 성격 규정을 할 때 세계사적인 보편적 성격을 띤 개념을 가지고 설명하자"는 의견

---

198 노용필, 「이기백의 역사주의 수용과 한국사학의 초석 확립」, 『한국사학사학보』 23, 2011, pp.293
  -294; 이 책의 제2부 제1장, pp.300-302.
199 「나의 한국사 연구」, 『한국사학사학보』 1, 2000; 『한국전통문화론』, 2002, pp.300-301.

을 개진하고 있는 것이다. 따라서 이기백은 우리나라 것은 우리나라의 개별적인 것을 존중하고, 구체적인 성격 규정을 할 때는 보편성에 입각하여야 한다는 점을 명확히 하였던 것이라 하겠다.[200] 이렇듯이 이기백이 스스로 '특수성'이란 용어를 더 이상 쓰지 않고 앞으로는 '개별성'이란 용어를 쓰겠다는 용어의 취사선택 선언 자체가, 그가 최후까지 서양사학의 이론에 대한 숙고를 거듭하고 있었다는 사실을 입증해 주는 것임과 동시에 그에 따라 그의 한국사학 연구가 세계사를 향해 진일보한 것임을 자연히 드러내 주는 바라 여겨진다고 하겠다.[201]

그가 이토록 중시한 개별성을 그 자신의 『국사신론』·『한국사신론』 본문 사론 속에서 선별하면, 대략 4가지 점을 망라할 수 있을 것 같다. 그것은 체계적인 서술, 구체적인 제시, 직설적인 언급, 예언적인 전망일 것이다.

첫째, 체계적인 서술은 앞서 말한 대로, 『국사신론』·『한국사신론』 저술 자체의 궁극적인 목표였기에 당연히 줄곧 지향되었던 바였다. 『국사신론』·『한국사신론』에 있어서의 체계적인 서술에 대해서는 1999년 한글판 「서문」에서 그 자신이 다음과 같이 일목요연하게 정리하여 밝혀 놓고 있음을 살핌이 또한 마땅하다 하겠다.

『한국사신론』을 저술하면서 저자가 가장 뜻을 둔 바는 크게 둘이었다고 할 수가 있다. 그 하나는 역사적 사실을 정확하게 전달하는 것이었다. 정확한 구체적 사실은 올바른 역사가 성립되는 토대이다. 그런데도 우리나라에서는 섣불리 남이 거부하기 힘든 이런 이유 저런 이유를 들어서 역사적 사실을 왜곡하는 예가 종종 있어

---

200 경우에 따라서는 때로 이 '개별성'이라는 용어 대신 '독자성'이라는 말을 사용하기도 하였는데, 「나의 20세기─『한국사신론』」, 『조선일보』 1999년 11월 9일; 『한국사산고』, 2005, p.79에서, "『한국사신론』의 또 하나의 특색은 한국사의 독자성을 최대한으로 살리려고 한 것이었다. … 그리고 나서 그 성격을 규정할 때에 보편적 개념으로써 해야 한다는 것이다"라 했음이 그 대표적인 일례이다.

201 이상의 서술은 노용필, 「이기백의 역사주의 수용과 보편성 지향」, 한국사학사학회 지음, 『역사주의 : 역사와 철학의 대화』, 경인문화사, 2014 참조.

왔다. 저자는 이 같은 풍조에 대항해서 일종의 투쟁을 해왔고, 그 점을 『한국사신론』에 반영시켰다. 둘째는 구체적 사실들의 시대적·사회적 연결 관계를 찾아서 이를 체계화하는 일이었다. 그러나 과거의 고정된 틀에서 벗어나서 살아 있는 역사를 생동감 있게 이해할 수 있도록 하기에 힘썼다. 이에 따라서 『한국사신론』에는 저자 나름의 시대 구분이 시도된 것이다.

학문의 이상은 진리를 찾아서 이를 세상에 밝혀 드러내는 데 있다. 학문의 세계에서 진리는 다른 어떤 것과도 바꿀 수 없는 절대적인 값어치를 지닌다. 진리를 저버리면 학문은 곧 죽는 것이며, 죽은 학문은 민족을 위하여 아무런 쓸모가 없는 헛것에 지나지 않는 것이다. 이를 다른 말로 바꾸어 말하면, 민족에 대한 사랑과 진리에 대한 믿음은 둘이 아니라 하나인 것이다. 이러한 신념에서 한국사의 올바른 인식을 방해하는 낡은 틀을 과감히 깨버릴 필요가 있다고 생각해 왔고, 이러한 신념이 『한국사신론』에서 구체화되었다고 할 수가 있다. 물론 여전히 옛 틀에 기준을 두고 비판하는 주장이 있다는 것을 저자도 잘 알고 있다. 그러나 구구한 이야기를 늘어놓으려 하지 않는다. 미켈란젤로가 그러했듯이, 저자도 "10세기 뒤에 보라"고 할 수밖에 없을 듯하다.[202]

그는 "구체적 사실들의 시대적·사회적 연결관계를 찾아서 이를 체계화하는 일"이 『한국사신론』을 저술하는 "가장 뜻을 둔 바" 중의 하나였음을 허심탄회하게 드러낸 후, "한국사의 올바른 인식을 방해하는 낡은 틀을 과감히 깨버릴 필요가 있다고 생각해 왔고, 이러한 신념이 『한국사신론』에서 구체화되었다"고 지적하였다. 그러면서 "미켈란젤로가 그러했듯이, 저자도 '10세기 뒤에 보라'고 할 수밖에 없을 듯하다"고 자신의 절절한 마음을 털어놓고 있는 것이다. 그런 그였기에, 『국사신론』·『한국사신론』 찬술 과정에서 판을 달리할 때마다 심지어 논조 변화도 이를 위해 과감히 시도하고 있음을 주목해 마땅하다고 생각한다.

둘째, 구체적인 제시는 방금 앞서 살핀 한글판 「서문」에서 『한국사신론』을 저술하면서, "가장 뜻을 둔 바"의 하나가 "역사적 사실을 정확하게 전달하는

---

202 「한글판 머리말」, 『한국사신론』 한글판, 1999, pp. iii-iv.

것"이었기에, 더더욱 "정확한 구체적 사실은 올바른 역사가 성립되는 토대"로 여기고 있었다고 밝힌 대목에서 여실하다. 그러하였으므로 어느 누구의 학설도, 나아가 저자 자신의 의견도, 하나의 예외도 없이 구체적으로 제시하였던 것이다. 이에 해당되는 실제의 예는, 두말할 나위 없이 '(10) 부족국가설과 성읍국가론' 항목의 경우를 들어 틀림이 없을 것이다. 다음이다.

[이러한 정치적 단위체를 종래 흔히 부족국가라고 불러 왔다. 그러나 부족국가는 원시적 개념인 부족과 그와는 상치되는 새 개념인 국가와의 부자연스런 결합이어서, 이는 학문적으로 부적합하다는 것이 현 학계의 일반적인 견해이다. 그 대신 도시국가 혹은 성읍국가라는 용어를 새로이 사용하였고, 최근에는 일부 인류학자들이 국가 형성의 전 단계를 지칭하는 데 이용한 chiefdom을 번역한 족장사회·추장사회·군장사회 등의 용어도 사용하고 있다. 그런데 도시국가는 인구가 밀집한 도시다운 면모를 필요로 한다는 점에서 호응을 얻지 못하고 있다. 또 chiefdom은 국가의 앞 단계로 추정되고 있으나 실상 국가와의 차이가 명백하지 못한 흠을 가지고 있다. 그래서 최근에는 군장국가라고도 하고 있으나, 이는 문자상 왕국과 별반 차별이 없는 것이어서 왕국의 전 단계를 표현하는 용어로서는 부적당한 것이다. 그 대신 성읍이란 말은 우리나라의 옛 기록에 초기국가를 멸하고 개편한 행정구획의 명칭으로 사용된 예가 있기 때문에, 그 전 단계의 국가를 지칭하는 데 이를 사용하는 것이 매우 자연스럽다. 마치 신라의 신분제도를 카스트제라고 하지 않고 골품제라고 부르듯이, 우리나라의 초기국가를 성읍국가라고 부르는 것이 가장 적절한 것으로 생각한다.] 이 성읍국가는 한국에 있어서의 최초의 국가였으며, 따라서 한국에 있어서의 국가의 기원은 성읍국가로부터 잡아야 할 것이다.[203]

이 대목에서 각별히 주목할 사실은, 앞서 지적한 바대로 부족국가·도시국가·성읍국가·족장국가·추장사회·군장사회 그리고 chiefdom 등의 용어를 열거하고 그 하나하나의 단점 등을 구체적으로 지적한 뒤 성읍국가가 가장

---

203 「성읍국가의 성립」, 『한국사신론』 신수판, 1990, pp.32–33; 「성읍국가의 성립」, 『한국사신론』 한글판, 1999, pp.29–30.

적절한 것으로 생각하는 이유까지도 자상하게 기술하고 있다는 점이라고 본다. "정확한 구체적 사실은 올바른 역사가 성립되는 토대"라고 하는 지론을 이와 같이 구체화하여 기술하는 일이 누구에게나 결코 용이한 일이 아니었을 것임은 재론이 필요치 않을 것인데, 그는 그것을 실행해 왔던 것이다.

셋째, 직설적인 언급에 해당하는 사론의 사례는 저자 의견 제시의 유형에 있어서, 확신단정형과 사실직서형이 그 단적인 증거라고 하겠다. 그중에서도 '(30) 경세치용학파의 중농주의설 비판'과 '(31) 이용후생학파의 중상주의설 비판'의 경우가 특히 그러하다.

> ① 이같이 이들이 농업을 중심으로 한 이상국가를 구상하였으나, 그렇다고 인위적인 질서를 배격하고 자연질서를 존중하여 경제 분야에서 농업을 중요시하는 중농주의라고 하는 것은 잘못이다.[204]
> ② 이것은 실학의 새로운 발전이라고 하겠는데, 종래 이들의 학문을 흔히 북학이라고 불러 왔다. 때로는 이를 중상주의라고 부르는 경우도 있으나 이는 잘못이다. 나라의 부를 증대하기 위하여는 금·은을 많이 소유해야 하며, 그 목적을 위하여 수입을 억제하고 수출을 늘려야 한다는 중상주의를 북학과 같다고 할 수가 없다.[205]

농업 중심의 이상국가론을 주장하는 경세치용학파가 아무리 농업을 중시하였다는 사실을 강조하기 위해서일지라도 이를 '중농주의'라고 해서는 안되며, 또한 상공업 중심의 부국안민론을 주창하는 이용후생학파가 무엇보다도 상공업의 발달을 중요시했다하여도 이를 '중상주의'라고 해서는 결단코 학문적으로 정당하지 못하다고 직설적으로 설파하고 있는 것이다. 경제학사에서 경제사상을 논할 때 중농주의와 중상주의의 개념이 전혀 그러한 데에

---

204 「농업 중심의 이상국가론」, 『한국사신론』 신수판, 1990, p.308; 「농업 중심의 이상국가론」, 『한국사신론』 한글판, 1999, p.257.
205 「상공업 중심의 부국안민론」, 『한국사신론』 신수판, 1990, p.309; 「상공업 중심의 부국안민론」, 『한국사신론』 한글판, 1999, p.257.

부합되지 않는 것이라는 사실을 직설적으로 언급하여 의미를 명백히 밝히고 있다. 이같이 그는 학문의 진리를 논할 때에는 에둘러 우회적으로 혹은 밋밋하게 언급하지 않고 언제나 단도직입적인 단호하고 명료한 화법으로 정곡을 찌르는 지적을 서슴지 않았음을 기억할 수 있다.

넷째, 예언적인 전망은 이미 말한 바 있는, 그의 『국사신론』·『한국사신론』 가운데에 점철되어 있는 발전사관과 마치 동전의 양면과 같이 짝을 이루어 그 자신의 한국사학의 본질을 이루는 것이라 할 수 있지 않나 생각한다. 그러므로 『국사신론』 초판 및 재판 그리고 『한국사신론』 신수판 및 한글판에만 서술된 다음과 같은 대목을, 그의 발전사관의 대표적인 것 중의 하나로 들 수 있겠다.

① 해방 이후 한국민족은 역사상 가장 심한 시련기를 겪어 왔다. 6·25동란과 4월혁명은 모두 이 시련의 산물이었다. 그리고 이 시련은 아직도 계속되고 있는 것이다. 파도치는 세계의 중심에 선 한국민족은 이 시련을 극복하고 자유와 통일을 위한 과업을 슬기롭고 용감하게 수행함으로써 또한 인류의 자유와 발전을 위하여 공헌하기를 기약해야 할 것이다.[206]

② 이러한 과정을 통하여 해방과 더불어 민중의 직접적인 정치참여가 가능하게 되었고, 이 대세는 4월혁명에서 알 수 있듯이 더욱 더 발전되어 가고 있다. [그리고 이러한 추세가 자유와 평등에 입각한 사회정의가 보장되는 민주국가의 건설로 이어질 것이 기대되고 있다.][207]

이러한 예언적인 전망이 기실은, 부언하지만 『국사신론』 초판 및 재판 이후 『한국사신론』 초판과 개정판에서는 게재되지 않았다가, 신수판부터 다시 등장한 대목이다. 게다가 한글판에서는 인용문에서 [ ]표시를 한 "그리고 이러한 추세가 자유와 평등에 입각한 사회정의가 보장되는 민주국가의 건설로

---

206 「4월혁명」, 『국사신론』, 태성사, 1961; 제일출판사, 1963, p.384.
207 「지배세력과 민중」, 『한국사신론』 신수판, 1990, p.493; 「지배세력과 민중」, 『한국사신론』 한글판, 1999, p.412.

이어질 것이 기대되고 있다"는 부분이 덧붙여져 있음을 간과해서는 안 된다. 그리고 이 같은 예언적인 전망이 담긴 자신의 염원을 있는 그대로 표출한 것은, 어느 무엇보다도 『한국사신론』 한글판의 출판 즈음으로 가늠된다. 이에 대해서는 아래의 글에 잘 드러나 있다.

『한국사신론』은 원래 국한문 혼용이었기 때문에 읽기가 어렵다는 말이 있어서 금년 초에 한글판을 새로 냈다. 그 머리말에서 나는 미켈란젤로의 말을 인용해서 "10세기 뒤에 보라"라고 하였다. 확실한 사실에 근거해서 한국사의 큰 흐름을 개관한 이 『한국사신론』이 오래도록 생명을 유지하면서, 한국의 과거에 대한 인식뿐만이 아니라 현재와 미래에 대한 전망에도 도움이 되기를 희망하고 있고, 또 그럴 수 있으리라고 믿고 있다.[208]

여기에서 어느 무엇보다도 특히 괄목할 부분은 "한국의 과거에 대한 인식뿐만이 아니라 현재와 미래에 대한 전망에도 도움이 되기를 희망하고 있고, 또 그럴 수 있으리라고 믿고 있다"고 술회하고 있는 대목이다. 이를 통해 『한국사신론』이 단순히 과거에 대한 인식을 갖추는 데에만이 아니라, 분명 '현재와 미래에 대한 전망'에도 도움이 되기를 그가 희망하고 있었음을 확인할 수 있다.[209] 그리고 『한국사신론』 신수판 및 한글판에서 이러한 예언적인 전망을 더욱 짙게 제시한 것, 이는 『국사신론』을 처음 저술할 때의 그 초심으로 돌아가고픈 그 자신의 심정이 고스란히 스며든 결단이었다고 보인다.

---

208 「한국사신론」, 「나의 20세기」(6), 『조선일보』 1999년 11월 9일 21면; 「나의 20세기─한국사신론」, 『한국사산고』, 2005, p.80.

209 노용필, 「이기백 『국사신론』·『한국사신론』의 체재와 저술 목표」 하, 『한국사학사학보』 20, 2008, p.15; 이 책의 제1부 제1장, p.74.

7. 맺는 말

지금껏 이모저모를 살핀 결과, 『국사신론』·『한국사신론』 본문에 기술된 이기백의 사론은 2가지의 커다란 특징을 지니고 있는 것으로 파악될 수 있지 않나 싶다. 하나는 한국사회 전반은 물론 한국사학 자체도 시간의 흐름에 짝하여 대세가 현재로 올수록 발전해 왔다는 진보관, 즉 발전사관에 입각해 있었다는 점이다. 다른 하나는 한국사를 공부하고자 하는 이들을 위한 개설서임에도 다른 연구자들의 학설을 소개하였을 뿐만이 아니라 이와 관련하여 자신의 견해를 명백하게 담은 사론을 적극적으로 서술하는 자세를 견지하였다는 점이다.

우선 『국사신론』·『한국사신론』 본문에 기술된 이기백의 사론이 대세 파악의 발전사관에 입각해 있었다는 사실은, 앞서 이미 말해 두었듯이 1976년 9월 간행의 『한국사신론』 개정판에서부터 더욱 두드러지게 되었다고 보인다. 그러면 이와 같이 1976년 9월의 『한국사신론』 개정판에서부터 그러하였던 것은 어떤 배경에서였을까? 이는 이 무렵에 진행된 고병익高柄翊·이우성李佑成 등과 진행한 4차례의 학술 좌담의 영향이 결정적이었던 게 아니었던가 싶다. 당시 좌담 내용의 속기록을 정리하여 같은 해 12월 간행해 낸 『우리 역사를 어떻게 볼 것인가』의 내용 가운데서 다음과 같은 대목을 크게 주목해 마땅하다고 본다.

> 고병익 : 그런데 이조 후반기에 가면 조금 달라지는 것 같아요. 단순히 치란治亂을 위주로 하는 것이 아니라 사실史實을 밝혀내고 민족의 현실 생활에 관련되는 지식을 얻고 이런 점이 근대적인 사학개념史學槪念과 상당히 접근되고 있지요?
>
> 이우성 : 우리 겨레가 어떻게 살아왔느냐 또 앞으로 어떻게 살아가야 하느냐 하는 문제와 연결 지어서, 단순히 관인층官人層에서 행정이나 정치에 활용하기 위한 치란에 관한 지식을 안다는 것에 그치는 것이 아니라 나라와 겨레가 어떻게 움직여왔고 앞으로 어떻게 될 것이냐 하는 차원에까지 올라간 것 같습니다.

고병익 : 그래요. 실학實學에서 좀 더 발전된 생각을 나타낸 것 같아요.

이우성 : 역사를 민중의 주동主動에 의해 움직여온 것으로 생각하지는 못했지만 적어도 우리나라와 겨레의 하나의 역사로서 생각하고 다루고 했다는 점에 상당히 의의가 있다고 생각합니다.

고병익 : 그리고 과거의 사실史實을 볼 적에 과거의 경제나 정치제도를 그냥 제도로서 생각하는 것이 아니라 장차에 우리가 어떤 식으로 해야 하느냐에 필요한 지식으로 생각한다, 이런 점이 더 강해집니다.

이기백 : 그런 경우에 반계磻溪 같은 이는 상당히 그것을 모범으로 생각했는데, 단순히 요堯·순舜시대로 돌아가야 한다는 것뿐 아니라 좀 더 앞으로 나갈 수 있다든가 발전한다든가 그런 생각을 혹 나타나지 않았는지요? 성호星湖나 다산茶山 같은 이들의 경우에 어떠한지요?

가령 역사는 대세大勢에서 본다는 생각들도 있었던 것으로 듣고 있는데, 이것은 그냥 반복한 것만으로 보지 않는다는 얘기가 아닙니까?

고병익 : 시세時勢의 세勢가 있는 법이니까 옛날 것을 맹목적으로 본받기만 해서 옛날 것이 그대로 적용되는 것이 아니라 하는 생각을 성호도 얘기했고, 다산도 사회와 민족이라는 것은 진보하는 것이다 하는 기본적인 생각을 가지고 있었다고 보여집니다.

이기백 : 그렇다면 그것은 상당한 발전이지요.

이우성 : 성호가 중국 세계와는 구별되는 서양세계를 인정하고 이마두利瑪竇를 중국 사람들이 배신陪臣이라고 한다고 대단히 비웃고 우물안 개구리다, 이런 식으로 얘기했어요. 세계 각국은 각각 임금이 있어서 자기 역내域內를 통치하고 있다고 했어요. 그러니까 중국의 세계, 제국적인 중화사상은 완전히 전복돼버린 것 아닙니까?

고병익 : 그것은 당시 중국이 만주족에 지배되어 있다는 사실과, 또 하나는 서양문물에 대해서 간접적으로나마 접했다는 것이 그의 지평선을 크게 넓혀준 계기가 되었다고 생각합니다.

이우성 : 그것이 우리 민족의 자각에 중요한 계기가 되었지요.

이기백 : 우리나라에서 근대적인 역사학이 발전하는 토대가 실학사상에서 점점 싹트고 있었다는 얘기도 되겠군요.[210]

---

210 고병익·이기백·이우성 대담, 「한국사학사의 몇가지 문제」, 『우리 역사를 어떻게 볼 것인가』,

이 중에서 이기백의 발언만을 발췌하여 정리하자면, 사회가 좀 더 앞으로 진보한다든가 발전한다든가 하는 생각을 지니고 있었던 성호 이익李瀷과 다산 정약용丁若鏞과 같은 실학자들이 역사는 그냥 반복하는 게 아니므로 대세에서 보아야 한다는 얘기도 하고 있어, 실학시대에 이르러 역사학이 상당히 발전을 하였으며, 그래서 우리나라의 근대적인 역사학이 발전하는 토대가 실학사상에서 점점 싹트고 있었던 것으로 여기고 있었음을 알 수가 있다. 이러한 이기백의 인식이 결국 그 어간에 집필하던 개정판에 반영됨으로써 드디어 『한국사신론』에 기술된 이기백의 사론이 대세 파악의 발전사관에 비로소 입각하여 집필되기에 이르렀던 것으로 풀이된다고 하겠다.[211] 그러므로 한마디

삼성미술문화재단, 1976, pp.108-110.

211 이후 그는 이익과 정약용이 펼친 대세 파악의 발전사관과 관련하여, 보다 구체적으로 史學史的인 정리를 이루었는데, 그것은 이익의 「讀史料成敗」와 정약용의 「技藝論」이라는 사론을 토대로 삼아 시도된 것이었다. 다음에서 자세하다.

"조선시대 후기로 오면 국가가 아닌 개인적인 역사서술 활동이 두드러지게 나타났다. 그러한 중에는 유교적인 도덕사관에 입각한 것들도 있지만, 한편 새로운 경향을 나타내 보이는 것들도 또한 있었다. 이제 그러한 새로운 경향을 나타내는 점들을 추려보면 대개 다음과 같다. …(중략)…

둘째로는 역사적 사실의 발전·진보에 대한 인식이 나타나고 있는 점이다. 여기서는 도덕적 선악에 의한 역사적 사실의 가치판단에 대하여 매우 비판적일 수밖에 없게 된다. 이러한 입장은 우선 이익의 다음과 같은 말 속에서 찾아볼 수가 있다. …(중략)… 그러므로 그는 역사적인 성공과 실패를 도덕적 선악에 의하여 판단할 것이 아니라 "처한 바의 형세"(위의 글, 본서 36면)에 의하여 이해해야 할 것이라고 주장하고 있는 것이다. 그 형세란 것은 도덕적인 선악이나 개인의 주관과는 관계가 없이 객관적으로 움직이는 것으로 이해했던 것으로 보인다. 이에 이르러서 한국의 역사학은 유교적인 굴레에서 벗어나려고 하고 있음을 알 수가 있다. …(중략)… 정약용은 보다 적극적으로 역사의 진보에 대한 신념을 나타내고 있다. 그의 진보관은 도덕과는 전혀 관계가 없는 기예에 관한 것이었다. …(중략)… 이에 의하면 정약용은 기술은 옛날 성인에 의하여 이루어진 것이 아니라 사람이 많이 모일수록 또 시대가 흐를수록 더욱 공교로워진다고 하여, 尙古的 聖人觀으로부터 벗어나서 기술문화의 발전에 대하여 큰 관심을 표시하고 있다."(「한국사학의 전개」, 『역대한국사론선』, 새문사, 1993, pp.252-254.)

실학파의 역사학에 대해 행한 이기백의 사학사 강의록 중에서 특히 그들의 역사발전론과 관련해서는 「실학파의 역사학」, 『한국사학사론』, 2011, pp.118-123도 참조가 된다.

이러한 이기백의 이익과 정약용의 대세 파악의 발전사관에 대한 이해는 宋贊植(「성호의 새로운 사론」, 『백산학보』 8, 1970; 『조선후기 사회경제사의 연구』, 1997, pp.655-67)과 고병익(「다산의 진보관—그의 「기예론」을 중심으로—」, 『曉城趙明基박사화갑기념 불교사학논총』, 1965; 『동아교섭사의 연구』, 서울대학교출판부, 1970, pp.408-420)의 연구 성과에 토대를 둔 것이

로 이기백의 『국사신론』·『한국사신론』에 담긴 대세 파악의 발전사관은 실학자 이익과 정약용의 동일한 내용의 사학사상으로부터 적지 않은 영향을 받은 것이라 생각된다. 특히 그가 이익의 사학사상을 높이 평가하고 있었고 그래서 그 영향을 받고 있었음은 아래 언급에서 명료하다.

> 일찍이 성호 이익이 "우리나라는 스스로 우리나라이므로 그 규제와 형세가 절로 중국사와 달라야 한다"고 갈파한 바와 같이, 한국사의 독자성을 중시해야 한다. 그러고 나서 세계사와 비교를 해야 한다.[212]

여기에서 이익의 지적을 직접 인용하면서 한국사의 독자성을 중시해야 함을 내세우고, 아울러 세계사와 비교를 강조하고 있음을 확인하게 된다. 이러한 언급이야말로 이기백이 이익의 역사학으로부터 크게 영향을 받고 있었음을 단적으로 입증해 주는 것이 아닐 수 없다.[213]

『국사신론』·『한국사신론』본문에 기술된 이기백의 사론이 이와 같이 이익 등의 영향을 받아 대세 파악의 발전사관에 입각해 있었다는 점과 더불어, 또 하나의 특징은 앞서 잠시 거론한 바대로 여러 학설을 소개하면서 이와 관련하여 자신의 견해를 명백하게 담은 사론을 본문에서 적극적으로 서술하는 자세를 견지하였다는 점인데, 이는 『국사신론』 초판부터 일관되다가 『한국사신론』 신수판에 이르러서는 더욱 직설적으로 구체화되었다고 하겠다. 이는 어디서 영향을 받은 것일까? 이러한 궁금증의 목마름을 해갈할 만한 실마리는 아래와 같은 이기백의 고백을 접하고서야 찾을 수 있었다.

었다. 특히 송찬식의 遺著에 대한 書評에서 이기백은 논문 「성호의 새로운 사론」에 대한 사학사적 공헌에 대해 각별한 지적을 아끼지 않았는데, 「조선후기 사회경제사의 연구」, 『역사학보』 153, 1997; 『한국사산고』, 2005, pp.304−305에서 그러하였다.
212 「한국사신론」, 「나의 20세기」 (6), 『조선일보』 1999년 11월 9일 21면; 『한국사산고』, 2005, p.80.
213 노용필, 「이기백 『국사신론』·『한국사신론』의 체재와 저술 목표」 하, 『한국사학사학보』 20, 2008, p.11; 이 책의 제1부 제1장, p.69.

필자는 …(중략)… 12목의 위치에 대해서는 이미 안정복에 의해서 밝혀졌다는 점을 주기하지 않고 있음을 보고 새삼스러이 놀라고 부끄러워하는 마음을 금할 길이 없다. 아마 『동사강목』을 보기 전에 이미 스스로 12목의 위치를 찾아냈다는 자만심에서 나온 것으로 생각되는데, 이는 학자로서의 올바른 태도가 아니다.

이 경험을 통해서 안정복이 고증에 남다른 노력을 기울이고 있다는 것을 알게 되었고, 따라서 항상 『동사강목』을 참조할 필요가 있다고 느끼게 되었다. 그러나 그 뒤에도 여전히 충분히 참고를 하지 못하는 경우가 많았다. 필자뿐 아니라 다른 학자들도 그러한 것같이 보인다. 그렇게 된 이유는 아마 『동사강목』이 후세에 저술된 개설서로서 근본사료가 아니라고 생각한 때문인 것 같다. 그러나 『동사강목』에는 안정복의 독자적인 견해가 많이 들어 있다.[214]

자신이 스스로 고려의 지방통치조직인 12목牧의 위치를 찾아낸 것으로 여겨 안정복安鼎福이 『동사강목東史綱目』에서 이미 밝혔다는 사실을 제대로 주기註記하지 않고 간과했던 사실을 토로하면서, 안정복이 『동사강목』에서 고증에 남다른 노력을 기울였으므로 항상 참조해야 한다는 점을 강조하였다. 그런 후 이기백이 개설서이지만 "『동사강목』에는 안정복의 독자적인 견해가 많이 들어 있다"고 적은 사실을 결코 간과해서는 안 된다고 느껴졌다.

안정복의 개설서 『동사강목』을 늘 곁에 두고 참조하던 그로서는, '자신의 분신分身'과도 같이 여기는 『한국사신론』 본문에도 안정복이 『동사강목』에서 그러하였듯이 자신의 견해를 자연스레 낱낱이 기술하게 되었으며, 그래서 더욱이 1990년의 신수판에 이르서는 더욱 그랬던 것이라 헤아려진다. 요컨대 이기백이 개설서 『국사신론』·『한국사신론』의 여러 판본, 그중에서도 특히 1990년의 신수판 이래로 자신의 견해를 담은 사론을 본문에 더욱 적극적으로 일일이 서술하는 자세를 견지하였던 것은 안정복의 『동사강목』에서 본받은 바였다고 하겠다.

---

214 「안정복의 합리주의적 사실 고증」, 『한국실학연구』 1, 1999; 『한국전통문화론』, 2002, p.223.

제3장
이기백한국사학 사론집 삼부작의 출간 의도

1. 머리말

제목에 '사론집史論集 3부작'이라는 표현을 넣은 것은, 편의상 그리 설정한 것임을 밝혀 두고자 한다. 이기백李基白 자신이 이러한 용어를 그대로 사용한 예는 찾을 수가 없으나, 제목에다가 그가 저술한 사론집의 서명『민족과 역사』(초판, 1971; 신판, 1994)·『한국사학의 방향』(1978)·『한국사상韓國史像의 재구성再構成』(1991)을 모두 나열하여 넣기도 그럴 뿐더러 또한 이 3종을 통칭할 용어 역시 적당치가 않아 이렇게 설정한 것뿐이다.

다만 그가 사론집 3종을 통틀어 말하면서 그렇게 직접 일컬은 적은 없을지라도, 동일한 성격의 저서 3종을 '3부작'이라고 지칭한 예는 개설서概說書의 경우에서 찾아진다. 자신의 대표적인 개설서『한국사신론韓國史新論』(초판, 1967; 개정판, 1976; 신수판, 1990; 한글판, 1999)을 위시해서『우리 역사의 여러 모습』(1996) 그리고 끝내 완성을 이루지 못하고 만『한국사의 흐름』등 3종 개설서를 그리 지칭한 경우가 그것이다. 다음의 글에서 그러하였다.

위의 세 개설서를 나의 개설 3부작으로 구상한 지 오래이면서도 그동안 미루기만 해왔다. 아마 그 절실한 느낌을 가지지 못한 데다가, 건강에 겁이 난 때문이었을 것이다. 그러나 이제는 이 일을 나의 작업의 우선적인 순위에 두고 싶다.[1]

그는 자신의 『한국사신론』을 포함한 3종의 개설서를 '개설 3부작'이라 지칭하고, 이들의 출간을 '오래' 구상해 왔음을 밝히면서 "이제는 이 일을 나의 작업의 우선적인 순위에 두고 싶다"고 토로하였던 것이다. 그가 이렇듯이 '개설 3부작'이라는 용어를 사용하고 있으니, 그의 사론집 3종에 대해서도 마찬가지 방식으로 '사론집 3부작'이라 여겼을 것으로 보아 좋지 않나 생각된다. 이런 생각과 연관 지어 한 가지 상기할 것은, 그가 자신의 사론집 출간과 관련한 사실에 대해 언급하면서 '제3의 사론집'이라는 표현을 거듭 사용한 적이 있다는 점이다. 이는 아래의 글들에서 보인다.

① 가능하면 가까운 장래에 이런 글들을 모아서 『한국사학의 반성反省』이란 제3의 사론집을 내고 싶다는 생각을 가지고 있다.[2]
② 이 책은 『민족과 역사』와 『한국사학의 방향』에 이은 저자의 제3의 사론집이다. 몇 해 전에 저자는 작은 학문적學問的 자서전自敍傳을 쓰면서 쉬이 사론집을 하나 출판하기를 원한다는 희망을 피력한 일이 있다. …(중략)… 고심한 끝에 『한국사상의 재구성』이라 하였으나, 이번에는 너무 거창한 것 같아서 마음에 꺼림직하다. 그렇다고 좋은 대안代案도 생각나지가 않아 그렇게 결정해버리고 말았다.[3]

이로써 처음 1989년 출간을 예고 때에는 서명書名을 『한국사학의 반성』이라 정했다가 정작 1991년 출간하면서는 『한국사상의 재구성』이라 한 자신의 사론집을 '제3의 사론집'이라고 지칭하였음을 알 수가 있다. 이 '제3의 사

---

1 「진리를 더불어 공유하기를 바라며」, 『동아일보』 1996년 2월 12일; 『한국사산고』, 2005, p.31.
2 「學問的 苦鬪의 연속」, 『韓國史 市民講座』 第4集, 1989; 『研史隨錄』, 1994, p.246.
3 「머리말」, 『한국사상의 재구성』, 1991, p.iii.

론집'이란 표현에서 풍기는 바는 장차 제4 혹은 제5의 사론집도 내고픈 생각
이 있었던 게 아닐까 싶기도 하다. 하지만 특정한 시대의 한국사학이 아닌 전
시기의 그것을 전면적으로 다룬 사론집으로서는 이것이 이기백 자신이 생전
에 출간한 최종의 것이었으므로, 그의 본격적인 사론집은 결국 이 '제3의 사
론집' 『한국사상의 재구성』이 마지막이었다고 하겠다. 따라서 이기백한국사
학에 있어서 더 이상의 사론집은 결국 출간되지 않았으므로 『민족과 역사』와
『한국사학의 방향』에다가 이 『한국사상의 재구성』을 포함하여 이들을 통틀
어 거론할 때는 그의 '사론집 3부작'이라고 해도 무방하지 않나 싶어, 이렇게
지칭하고자 한다.

　이기백은 1994년에 비로소 자신의 저서들을 〈이기백한국사학논집李基
白韓國史學論集〉으로 정리하기 시작하면서, 이 '사론집 3부작'을 그것의 제
1-3권으로 편성하였는데, 그러면 어떤 이유에서 그랬던 것일까. 다른 저서
들도 여럿 있는데 하필이면 왜 그랬던 것일까 하는 게 궁금한 것이다. 이는
1996년에 이르러 『한국고대정치사회사연구韓國古代政治社會史研究』를 출간
하며 "이 책의 간행으로서 저자의 한국사학논집을 일단 마무리를 짓게 되었
다"고 밝힌 그 「머리말」 가운데 각별히 아래의 대목에 대한 검토를 통해 가늠
할 수 있을 듯하다.

　　저자는 지금껏 고대사 연구에 많은 힘을 기울여 왔다. 그러나 이것은 반드시 저자
　가 원래부터 바라는 바가 아니었다. 저자의 희망은 한국사의 전체 흐름을 이해하는
　것이었고, 특히 현대사—당시로서는 일제시대사日帝時代史였지만—에 큰 관심을
　가졌었다. …(중략)… 다만 한국사 전체의 흐름에 대한 관심은 『한국사신론』과 몇
　권의 사론집 저술로 나타났는데, 이로써 어느 정도나마 위안을 얻고 있다.[4]

한국사학에 대한 연구를 시작하던 애초부터 자신의 "희망은 한국사의 전

---

4 「머리말」, 『한국고대정치사회사연구』, 1996, p. iii.

체 흐름을 이해하는 것"이었다고 언급하면서, 이러한 자신의 "한국사 전체의 흐름에 대한 관심은 『한국사신론』과 몇 권의 사론집 저술로 나타났"음을 밝힌 것이다. 이에 따라서 이기백의 '사론집 3부작'은 한국사 전체의 흐름에 대한 것이었기에, 〈이기백한국사학논집〉의 맨 앞자리에 차례로 위치하게 되었다는 사실을 알게 되었다고 믿는다.

그러면 이러한 사론집 3부작 하나하나는 과연 구성상 및 내용상 어떠한 특징을 지녔으며, 이를 각각 출간할 때 이기백의 의도는 또한 무엇이었을까? 이와 관련된 면면을 이제부터 면밀히 살펴보고자 하는 것이다.

2. 『민족과 역사』의 특징과 그 출간의 의도

그러면 이기백의 제1사론집인 『민족과 역사』의 특징은 구체적으로 살피자면, 구성상 및 내용상으로 각각 무엇이었는가? 그리고 이를 출간할 때 이기백의 의도는 무엇이었을까?

(1) 구성상 및 내용상의 특징

1) 구성상의 특징

『민족과 역사』의 구성상 특징으로 제일 먼저 꼽아 마땅할 사실은, 판판版에 따라 구성이 달라졌다는 점이다. 크게 나누자면 1971년의 초판初版과 1994년의 신판新版으로 구분되나, 초판 자체도 초판이 처음 간행된 1971년 이후 어느 시점에 부분적으로 내용의 순서를 바꾸는 구성상의 변화를 가져왔었다. 이는 신판의 「판을 새로 짜면서」에서 이기백이 "초판 때에 제 I 편이 「한국사학의 과제課題」이고 제 II 편이 「한국사학의 반성」이었는데, 중간에 그 순서를 바꾸었다. 이번에도 바꾼 순서를 그대로 두었다"고 기술한 바에서 여실하다. 그렇다면 언제부터 이렇게 초판 내에서도 구성상의 변화가 생겼던 것인가 하는 사실이 궁금해진다. 실제로 조사해 보면, 초판 중 1979년 3월 중판까지는 제I편「한국사학의 과제」·제II편「한국사학의 반성」이었다가, 1979년 8월 중판부터는 그 순서가 뒤바뀌어 제I편「한국사학의 반성」·제II편「한국사학의 과제」체재體裁가 되었음을 확인할 수가 있다.[5] 한마디로 1971년 초판부터 1979년 3월 중판까지와 1979년 8월 중판부터 1993년 중판까지의 초판이 체제상 서로 달랐던 것이다.

그러면 초판 내에서 왜 이러한 변화가 나타나게 되었던 것일까? 그것은 1978년에 있었던 그 자신의 제2의 사론집『한국사학의 방향』간행과 깊은 관계가 있지 않나 생각된다. 말하자면 이 제2사론집『한국사학의 방향』을 꾸미면서 제II편으로「근대 한국사학의 성장」을, 제III편으로「현대 한국사학의 방향」으로 설정하면서, 역사의 시대순으로 전개되는 한국사학의 발전상을 염두에 두고, 전체 구도상 기왕의 것처럼「한국사학의 과제」편을 앞세우고「한국사학의 반성」을 뒤에 설정하는 것보다는 먼저 한국사학의 '반성'을 짚고 나서 그 후에 그 토대 위에서 '과제'를 설정하는 게 옳다고 판단하게 되었던 것 같다. 그래서 그런 생각에 1979년에『민족과 역사』의 초판을 또 한 차례 출간하게 되자 제I편과 제II편의 순서를 맞바꾸어「한국사학의 반성」을 앞세우고「한국사학의 과제」를 뒤따르게 손을 보았던 것이라 여겨지는 것이다.

그러다가 1994년에 이르러 신판을 내면서 또 다시 한번 체재를 손질하였다. 그 구체적인 변모는 다음의 〈표 1-가〉에서 잘 보인다.

---

5 이러한 사실은 소장하고 있는 1979년 3월 5일 발행 중판의 목차와 국립중앙도서관 홈페이지에 제공하고 있는 서지 안내에서 여러 판본 가운데 1979년 8월 20일 발행 중판의 목차 정보를 확인해서 대조해 보고 알게 되었다. 따라서 같은 1979년의 중판이더라도 3월 중판과 8월 중판의 체재가 달라졌음이 분명하다.

〈표 1-가〉 『민족과 역사』(초판,1979; 신판,1994) 목차 구성과 수록 글 제목·발표 지명誌名·시기 및 초판·신판 비교

목차 구성	수록 글 제목	발표 지명·시기	초판·신판 비교
I 한국사학의 반성	식민주의적 한국사관 비판	『국사신론』「서론」, 1961	○
	민족주의사학의 문제	『사상계』 1963년 2월호	○
	민족주의사학의 발전	*Journal of Social Sciences and Humanities*, No. 27, 1967	○
	사회경제사학과 실증사학의 문제	『문학과 지성』 1971년 봄호	○
II 한국사학의 과제	한국사의 시대구분 문제	『한국사시대구분론』, 1970	○
	영문 한국사의 문제	*Korea Journal* 10의 2, 1970	○
	주체적 한국사관	『성대신문』 1970년 9월 19일	○
III 한국 전통사회의 일면	한국사상韓國史上의 파쟁派爭	『여원』 1963년 5월호	○
	한국사상의 지방 대립	『정경연구』 1969년 1월호	○
	고려시대 신분의 세습과 변동	국제학술회의「한국의 전통과 변화」 발표논문, 1969년 9월; 『한국의 전통과 변천』, 1973; 『고려귀족사회의 형성』, 1990	▽
	한국 전통사회 농민의 신분과 계급	『한국사 시민강좌』 6, 1990	△
	한국의 전통사회와 현대―역사적 경험의 몇 가지 교훈―	『월간 중앙』 1969년 11월호	○
	한국사상의 국가통일과 국민통합	『한국인의 사상구조』, 1975	△
IV 민족성론	한국민족성의 장단점 논의	『신세계』 1963년 4·5월호	○
	민족성과 민족개조론	『새교육』 1968년 1월호	○
	민족적 힘의 인식	『한국의 발견』, 1962	○
	한국민족의 성장과 민족성	『20세기 한국사관』, 1964	○
	민족성론 삽의揷疑	『이대학보』 1970년 5월 18일	○
V 민족문화론	민족문화의 전통과 계승	『이대학보』 1958년 11월 15일	○
	한국문화와 동양문화	『사상계』 1962년 2월호	○
	한국문화와 외래문화	『서강』 창간호, 1970	○
VI 사대주의론	사대주의론의 재검토	『사상계』 1965년 6월호	○
	사대주의론의 문제점	『아세아』 1969년 3월호	○
	한국인의 의타주의와 배외사상	『경기』 9, 1970	○
VII 민족의 대외항쟁	삼국인의 외적 대항	『사상계』 1968년 3월호	○
	북방민족의 침입에 대한 항쟁	*Korea Journal* 4의 7, 1964	○
	한일관계의 역사적 검토	『이화학보』 1962년 3월 26일	○
	일제하의 민족적 시련과 반항	『20세기의 한국』, 1963	○
	3·1운동론	『사상계』 1962년 3월호	○

○ : 초판과 신판이 일치하는 경우, ▽ : 초판에는 있었으나 신판에서 제외한 경우, △ : 신판에 새로 포함된 경우

그러면 왜 초판에서의 이러한 변화에 만족하지 못하고 『민족과 역사』의 신판을 내게 되었던 것일까? 초판과 신판의 구성상 결정적인 차이는 제Ⅲ편 「한국 전통사회의 일면」 중 「고려시대 신분의 세습과 변동」을 1990년 『고려 귀족사회의 형성』을 출간하면서 거기에 포함시켰기에, 1994년 자신의 〈이기백한국사학논집〉을 기획하며 그 가운데 하나로 이 『민족과 역사』를 포함시켜 정리하면서 이를 제외시키게 되었던 데에서 비롯되었다. 하여 그것 대신에 그 무렵에 작성한 「한국 전통사회 농민의 신분과 계급」(1990)과 그보다 훨씬 이전에 작성하여 발표한 「한국사상韓國史上의 국가통일과 국민통합」(1975)을 포함시켰다. 이런 이유로 해서 〈이기백한국사학논집〉의 일환으로 『민족과 역사』의 판을 새로이 짜면서 구성상의 변화를 또 가져오게 되었던 것이다.

2) 내용상의 특징

『민족과 역사』는 그 「머리말」의 첫 부분에서 이기백이 밝힌 바대로 "지난날 여기저기에 써서 발표한 글들"로 "대개는 편집자들이 세운 계획에 따라서 써낸" "그런 글들 중에서 '민족과 역사'라는 표제에 알맞은 것들을 모아 한 권의 책으로" 엮은 것이다. 그렇기 때문에 이 책의 내용상 특징은 우선 "말하자면 일정한 사회적 요구에 응하여 씌어진 것들인 셈"이며 "나름으로 문제들을 해결할 하나의 방법을 모색하느라고 노력[6]"한 결과였다는 측면에서 그 하나의 실마리를 찾아볼 수 있을 듯하다. 그가 이같이 당시 사회의 요구에 응하여 해결하고자 했던 문제들이 어떤 것이었는지를 구체적으로 살피기 위해, 『민족과 역사』에 게재한 사론들을 발표 연대순으로 정리하여 도표로 제시해 보이면, 다음의 〈표 1-나〉이다.

---

6 이상의 소소한 내용의 인용은 「머리말」, 『민족과 역사』 초판, 1971, p.3; 신판, 1994, p.v.

〈표 1-나〉『민족과 역사』(초판,1971; 신판, 1994) 소재所載 사론의 발표 연대순 정리

연대순	사론 제목	발표 지명·시기	비고
1958년	민족문화의 전통과 계승	『이대학보』 1958년 11월 15일	
1961년	식민주의적 한국사관 비판	『국사신론』「서론」, 1961	
1962년	한국문화와 동양문화	『사상계』 1962년 2월호	
	3·1운동론	『사상계』 1962년 3월호	
	한일관계의 역사적 검토	『이화학보』 1962년 3월 26일	
	민족적 힘의 인식	『한국의 발견』, 1962	
1963년	민족주의사학의 문제	『사상계』 1963년 2월호	
	한국민족성의 장단점 논의	『신세계』 1963년 4·5월호	
	한국사상韓國史上의 파쟁派爭	『여원』 1963년 5월호	
	현대 한국인의 사대주의 노이로제	『신세계』 1963년 6월호	
	일제하의 민족적 시련과 반항	『20세기의 한국』, 1963	
1964년	북방민족의 침입에 대한 항쟁	Korea Journal 4의 7, 1964	
	한국민족의 성장과 민족성	『20세기 한국사관』, 1964	
1965년	사대주의론의 재검토	『사상계』 1965년 6월호	
1967년	민족주의사학의 발전	Journal of Social Sciences and Humanities, No. 27, 1967	
1968년	민족성과 민족개조론	『새교육』 1968년 1월호	
	삼국인의 외적 대항	『사상계』 1968년 3월호	
1969년	한국사상의 지방 대립	『정경연구』 1969년 1월호	
	사대주의론의 문제점	『아세아』 1969년 3월호	
	고려시대 신분의 세습과 변동	국제학술회의 「한국의 전통과 변화」 발표논문, 1969년 9월; 초판, 1971	초판
	한국의 전통사회와 현대―역사적 경험의 몇 가지 교훈―	『월간 중앙』 1969년 11월호	
1970년	민족성론 삽의揷疑	『이대학보』 1970년 5월 18일	
	주체적 한국사관	『성대신문』 1970년 9월 19일, 1970	
	한국문화와 외래문화	『서강』 창간호, 1970	
	한국인의 의타주의와 배외사상	『경기』 9, 1970	
	한국사의 시대구분 문제	『한국사시대구분론』, 1970	
	영문 한국사의 문제	Korea Journal 10의 2, 1970	
1971년	사회경제사학과 실증사학의 문제	『문학과 지성』 1971년 봄호	
1975년	한국사상의 국가통일과 국민통합	『한국인의 사상구조』, 1975	신판
1990년	한국 전통사회 농민의 신분과 계급	『한국사 시민강좌』 6, 1990	신판

이 〈표 1-나〉를 토대로 살피면서 가장 먼저 들어야 할 내용상의 특징으로서는, 한국사학에 관해 본격적으로 그 문제점에 대한 반성을 시도하고, 그 자체의 발전을 꾀하기 위한 과제가 무엇인가 하는 점을 심층적으로 분석하고 있다는 사실이라 하겠다. 이는 초판의 제 I · II편으로 묶여진 글들이 대표적으로, 1961년의 「식민주의적 한국사관 비판」에서부터 비롯되어 1971년의 「사회경제사학과 실증사학의 문제」까지가 포함된 것이다. 이 중 「식민주의적 한국사관 비판」은 애초에 『국사신론』의 「서론」으로 작성된 것으로, 그가 식민주의사관의 타파에 어찌나 심혈을 기울였는지를 여실히 보여 주는 바라고 하지 않을 수 없다.

그리고 이러한 식민주의사관의 타파를 위해서도 한국 전통사회의 면모 및 대외항쟁에 대해 제대로 밝혀서 제III · VII편에 모았으며, 그러면서 구체적으로 민족성 · 민족문화 그리고 사대주의에 대해 낱낱이 논하게 되었고, 그래서 제IV · V · VI편에서 각각 이와 관련된 글들을 갖추었던 것이다. 그럼으로써 이기백은 "이 책에서 민족을 역사적 관점에서 다루어 보려고 하였다"고 기술하였던 것이라 하겠다.

한편으로 내용상의 특징을 살피면서, 또한 세밀히 검증하고자 한 것은 그 「머리말」에서 언급한 '보편성과 특수성'에 관해 『민족과 역사』 전체 내용에서 얼마만한 빈도로 언급하였는가 하는 점이다. 상세한 색인 작성을 일일이 해서 조사해 본 결과, '보편성'에 대해서는 1971년 작성의 「머리말」(①)에서뿐만이 아니라 같은 1971년에 발표한 「사회경제사학과 실증사학의 문제」(②) 외에 1970년의 「주체적 한국사관」(③)과 「한국문화와 외래문화」(④)에서도 언급하고 있음을 찾아볼 수가 있었다. 따라서 이기백이 '보편성'에 관해 언급한 것은 비로소 1970년 · 1971년에 이르러서였음을 헤아리게 된다.

또한 '특수성'에 대해서도 언급의 빈도를 조사하니, 이 '보편성'에 관해 언

---

7 「머리말」, 『민족과 역사』 초판, 1971, p.4; 신판, 1994, p.vi.

급한 같은 4편의 글(①, ②, ③, ④)에 역시 거론하였지만, 그 이전인 1963년에 발표한 글 「민족주의 사학의 문제」에서도 이미 언급하고 있음이 찾아진다. "물론 한국사는 한국사대로의 특수성이 있을 것임이 분명하다. 이 특수성은 그러나 영구불변의 민족적 성격이거나 민족정신이거나에 의해서 설명될 것이 아니라, 역사적 특수성으로 설명되어야 할 것이다[8]"라고 한 대목이 바로 그것이다.

따라서 그가 전 생애의 중기中期에 해당하는 1971년에 작성한 『민족과 역사』의 「머리말」에서, "나의 관심은 한국민족이 세계의 다른 여러 민족들과 마찬가지로 지니고 있는 보편성에 쏠리어 있었다. 말하자면 민족이 지니고 있는 특수성을 보편성 위에서 이해하려고 노력하였다[9]"라고 하여서, 특수성을 보편성 위에서 이해하려고 했다고 하였지만, 그에 앞서서 초기初期에는 '보편성'보다는 '특수성'의 규명에 더 관심을 기울였음을 드러내주는 것이라고 생각된다. 그리고 이러한 사실은 그 자신이 생애의 만기晚期에 이르러서는 '특수성'을 논하지 않고 그보다는 '개별성'을 논하게 되는 것과는 다른 일면이라고 하지 않을 수 없다고 본다.[10]

(2) 출간의 의도

이기백이 『민족과 역사』를 출간할 때의 의도는 무엇이었을까? 이는 『민족과 역사』의 「머리말」 중 아래의 대목에 대한 분석을 통해 확실히 가늠해 볼 수가 있겠다.

이 책의 중심 과제는 우리 민족의 문제이다. 처음부터 마지막까지 이 책을 일관

---

8 「민족주의사학의 문제」, 『사상계』 1963년 2월호; 『민족과 역사』 초판, 1971, p.52; 신판, 1994, p.22.

9 「머리말」, 『민족과 역사』 초판, 1971, p.3; 신판, 1994, p. v.

10 노용필, 「이기백한국사학의 보편성 추구와 개별성 파악」, 한국근현대사학회 2015년 12월 12일 제173회 월례발표회 발표; 이 책의 제2부 제2장.

하는 주제는 곧 한국민족 그것이다. 그러나 나는 한국민족을 하나의 고립된 존재로서보다도 ⓐ-1 인류 속의 한 민족으로서 생각하려고 하였다. 그것은 세계의 여러 민족들과의 상호 교섭 속에서 한국민족을 본다는 뜻에서가 아니다. 그보다도 ⓐ-2 세계 여러 민족 중의 하나로서 한국민족이 마땅히 누려야 할 시민권을 찾아야 한다는 뜻에서이다. 이런 견지에서 나의 관심은 한국민족이 세계의 다른 여러 민족들과 마찬가지로 지니고 있는 보편성에 쏠리어 있었다. 말하자면 민족이 지니고 있는 특수성을 보편성 위에서 이해하려고 노력하였다. 이렇게 민족이 지니는 특수성과 보편성의 ⓒ-1 올바른 이론적 이해에 접근해보려고 노력한 까닭은, 그 점이 ㉮ 지금까지 우리가 민족에 대하여 가지고 있던 인식의 결점이라고 믿기 때문이다. 그리고 이것은 ㉯ 침략주의자들이 우리에게 남겨 준 낡은 사고의 찌꺼기를 청산하는 뜻도 되는 것이다.

　나는 또 이 책에서 민족을 ⓑ-1 역사적 관점에서 다루어 보려고 하였다. ㉰ 어떤 절대적인 가치판단의 기준을 세워놓고 시대나 장소를 초월하여 그 척도를 가지고 재어보려는 태도를 나는 배격하였다. 그렇게 해서는 ⓒ-2 사실을 올바로 이해할 수가 없다는 것이 명백하게 느껴졌기 때문이다. 따라서 이 책의 주제는 ⓑ-2 역사적 존재로서의 한국민족이 된다고 해도 좋을 것이다. 이러한 ⓑ-3 역사적 이해방법은 ⓒ-3 한국의 사회와 문화를 인식하는 올바른 길이라고 믿는다. 이것은 또 반면에 ㉱ 역사적 진리를 외면하고 민족은 어떤 신비로운 힘에 의하여 발전할 수 있으리라고 생각하는 잘못을 배격하는 결과를 가져왔다.[11]

여기에서 무엇보다도 우선 눈여겨보아야 할 대목은 "인류 속의 한 민족(ⓐ-1)"이자 "세계 여러 민족 중의 하나로서 한국민족이 마땅히 누려야 할 시민권을 찾아야 한다(ⓐ-2)"고 언급한 부분이라고 생각된다. 여기에 이기백의 『민족과 역사』 출간의 첫 번째 의도가 있었다고 여겨지는 것이다. 말하자면 이 부분이 서명 『민족과 역사』 중 바로 민족에 대한 그 자신이 지닌 관점의 한 측면을 명확히 드러낸 것으로 생각되기 때문이다.

　그러면서 동시에 '역사적 관점(ⓑ-1)'에서 '역사적 존재로서의 한국민족

---

11 「머리말」, 『민족과 역사』 초판, 1971, pp.3-4; 신판, 1994, pp.iii-iv.

(ⓑ-2)'을 '역사적 이해방법(ⓑ-3)'으로 인식하는 것을 강조하고 있다는 부분 역시 그냥 지나쳐서는 안 된다. 이 점에 이기백의『민족과 역사』 출간의 두 번째 의도가 있었다고 여겨지는 것이다. 즉 이 부분이 서명『민족과 역사』 중 바로 민족에 대한 그 자신의 역사적 관점을 여실히 밝히고 있는 것으로 믿어지기 때문이다.

또한 아울러 "올바른 이론적 이해(ⓒ-1)", "사실을 올바로 이해(ⓒ-2)", "한국의 사회와 문화를 인식하는 올바른 길(ⓒ-3)"을 역설한 부분 또한 주목해야 하겠다. 여기에 바로 이기백의『민족과 역사』 출간의 세 번째 의도가 있었다고 헤아려지는 것이다. 이 대목을 재정리하면, 결국 이기백은『민족과 역사』 출간을 통해 한국민족의 역사에 대한 이론적 및 사실적 올바른 이해와 인식을 제시하고자 하는 의도를 지니고 있었던 것이라 하겠다.

그렇게 함으로써, "지금까지 우리가 민족에 대해 가지고 있었던 인식의 결점(㉮)"과 "침략주의자들이 우리에게 남겨 준 낡은 사고의 찌꺼기를 청산(㉯)"함은 물론이려니와, "어떤 절대적인 가치판단의 기준을 세워놓고 시대나 장소를 초월하여 그 척도를 가지고 재어보려는 태도(㉰)"와 "역사적 진리를 외면하고 민족은 어떤 신비로운 힘에 의하여 발전할 수 있으리라고 생각하는 잘못(㉱)"을 동시에 '배격'하려고 하였던 것이었다. 이것이 바로 이기백이 제1의 사론집으로『민족과 역사』를 출간한 궁극적인 의도였던 것이라 하겠다. 그의 이러한『민족과 역사』 출간 의도를 가늠하는 데에 빼놓아서는 안될 그 자신의 또 하나의 언급은 아래 대목이다.

『신론』을 써가는 동안에, 나는 시대구분 이외에도 스스로 물어보지 않으면 안 되었던 많은 문제들이 있었다. 그리고 기회 있을 때마다 그러한 문제들에 대한 내 나름의 대답을 글로 적어서 발표해 왔다. 그러한 글들이 꽤 쌓였기에 이를『민족과 역사』(1971)란 제목의 책으로 엮어냈다. 이 책에 실린 글들은 특히 일제의 식민주의사관에 대하여 여러 각도에서 비판한 것들이 대종을 이루고 있었다. 당시 우리 국민은 소위 '엽전' 의식이란 일종의 열등감에 사로잡혀 있었다. 이것이 식민주의

사관의 잔재이며, 이것을 깨트리지 않고서는 민족의 장래를 기약하기 힘들다고 생각한 때문이었다.[12]

이 글의 처음에서 거론한 '『신론』'은 1961년의 『국사신론』과 1967년 『한국사신론』 초판을 아울러 지칭한 것으로 판단되므로, 결국 이들을 저술해 가면서 "스스로 물어보지 않으면 안 되었던 많은 문제들"에 대해 "나름의 대답을 글로 적어서 발표"한 글들로서 "특히 일제의 식민주의사관에 대하여 여러 각도에서 비판한 것들"을 엮어낸 게 바로 『민족과 역사』임을 밝히고 있음을 주목해야 하겠다. 더욱이 이러한 "식민주의사관의 잔재"를 "깨트리지 않고서는 민족의 장래를 기약하기 힘들다고 생각한 때문"에 그는 『민족과 역사』를 출간하게 되었던 것이다. 결국 한마디로 이기백이 『민족과 역사』를 출간한 궁극적인 의도는 『국사신론』과 『한국사신론』을 저술하면서 그토록 염원하였던 민족의 장래 기약과 식민주의사관의 잔재 청산에 있었던 것이라 하겠다.

3. 『한국사학의 방향』의 특징과 그 출간의 의도

한편 이기백의 제2사론집 『한국사학의 방향』의 구체적인 특징은, 구성상 및 내용상으로 무엇인가? 또한 이기백은 어떤 의도로 이 책을 출간하였을까? 지금부터 이에 대해 상세히 검토해 보고자 한다.

(1) 구성상 및 내용상의 특징

1) 구성상의 특징
구성상의 특징에 관해 살핌에 있어서 우선, 이기백이 「머리말」에서 "편의

---

12 「학문적 고투의 연속」, 『한국사 시민강좌』 4, 1989; 『연사수록』, 1994, p.245.

상 네 부분으로 나누어서 정리하였으나, 요컨대 전반부는 사학사적史學史的인 검토와 반성을 한 것이며, 후반부는 새로운 한국사학韓國史學의 발전을 위한 이론적인 및 실제적인 모색을 시도한 것이다[13]"라고 직접적으로 언급한 것이 참조가 된다. 보다 구체적인 분석을 위해, 실제의 구성 자체를 도표로 작성하여 제시하면 다음의 〈표 2-가〉다.

〈표 2-가〉 『한국사학의 방향』(1978) 목차 구성과 사론 제목 및 발표 지명誌名 · 시기

목차 구성	사론 제목	발표 지명 · 시기
I 한국사학의 전통	김대문과 그의 사학	『역사학보』 77, 1978
	『삼국사기』론	『문학과 지성』 1976년 겨울호
	『삼국유사』의 사학사적 의의	『창작과 비평』 1976년 가을호
	『고려사』 해제	『고려사』, 연세대 동방학연구소, 1972
II 근대 한국사학의 성장	근대 한국사학의 발전	『근대한국사론선』, 1973
	한국사 연구에 있어서의 분류사 문제	『민족문화연구』 5, 1971
	신민족주의사관론	『문학과 지성』 1972년 가을호
	신민족주의사관과 식민주의사관	『문학과 지성』 1973년 가을호
	근대 한국사학에 대한 연구와 반성	『한국학대강』, 1978
III 현대 한국사학의 방향	한국사의 보편성과 특수성	『이화사학연구』 6 · 7합집, 1973
	한국사 이해에서의 현재성 문제	『문학과 지성』 1978년 여름호
	현대 한국사학의 방향	『문학과 지성』 1974년 겨울호
IV 한국사의 체계적 이해	한국정치사의 전개	『한국문화사신론』, 1975
	한국의 전통사회와 병제	〈한국의 전통적인 사회와 문화〉에 대한 국제학술회의 발표논문, 1971, 『한국학보』 6, 1977
	한국사회발전사론	『한국사』 23 총설, 1977

그의 언급에 의거하자면, 전 4편 중 제 I 편 「한국사학의 전통」과 제 II 편 「근대 한국사학의 성장」은 전반부로서 "사학사적인 검토와 반성을 한 것"이고, 제III편 「현대 한국사학의 방향」과 제IV편 「한국사의 체계적 이해」는 후반부

13 「머리말」, 『韓國史學의 方向』, 1978, p. iii.

로서 "새로운 한국사학의 발전을 위한 이론적인 및 실제적인 모색을 시도한 것"이다. 이와 같이 비교적 체계적인 구성을 갖추게 된 것은, 그 자신이 이러한 전체 구성을 애초부터 구상해 두고 이후 이에 걸맞게 차근차근 글들을 작성하였기 때문이 아닐까 싶다.

이는 「머리말」에서 "저자는 사학사적인 검토나 이론적인 해명이나 혹은 또 실제적인 역사 서술 등, 이 책에 실린 모든 글에서 그러한 체계화에 대한 관심을 힘자라는 데까지 나타내려고 노력하였다. 이러한 결과 자연히 이 책은 그 내용이 한결 무거운 것이 되었다. 최근에는 극도로 잡문을 삼간 것도 그러한 데에 하나의 원인이 되었던 것 같다[14]"고 밝히고 있음에서 잘 드러난다고 여겨진다. 바꾸어 말하면, 그가 『한국사학의 방향』 출간의 "최근에는 극도로 잡문을 삼간 것" 역시 이 책에 한국사학의 체계화에 관한 내용을 담아내기 위함이었던 것이다. 이러한 구성상 특징의 면모는, 『한국사학의 방향』 소재 사론을 발표 연대순으로 놓고 보면 확연히 드러난다. 이를 도표로 정리하여 제시해 보이면, 다음의 〈표 2-나〉다.

〈표 2-나〉를 통해, 1971년 『민족과 역사』 출간 이후로부터 1978년 출간 직전까지 집중적으로 작성한 글들을 묶어 구성하여 이 『한국사학의 방향』을 출간하였음을 충분히 알 수가 있다. 이는 그 전의 제1사론집이 여러 성격의 글들을 모은 것이었고, 또한 앞으로 살필 바이나 그 후의 제3사론집 『한국사상韓國史像의 재구성再構成』에서 1978년 『한국사학의 방향』 출간 이전에 이미 발표한 글 4편을 포함시켰는데, 그 글들의 성격이 '한국사학의 방향'과 온전히 일치하지는 않는다는 점에서 나머지 두 사론집과는 상당히 다른 것임을 찾아보기 어렵지 않다. 결국 1971년 『민족과 역사』 출간 이후 매진해서 '한국사학의 방향' 자체를 제시하기 위해 염두에 두었던 사론들을 작성하여 이 『한국사학의 방향』을 출간하였음을 알 수 있겠다.

---

14 「머리말」, 『한국사학의 방향』, 1978, pp. iii-iv.

<표 2-나> 『한국사학의 방향』(1978) 소재所載 사론 발표의 연대순 정리

연대순	사론 제목	발표 지명誌名·시기
1971년	한국사 연구에 있어서의 분류사 문제	『민족문화연구』 5, 1971
	한국의 전통사회와 병제	해외 국제학술대회 발표문, 1971; 『한국학보』 6, 1977
1972년	『고려사』 해제	『고려사』, 연세대 동방학연구소, 1972
	신민족주의사관론	『문학과 지성』 1972년 가을호
1973년	근대 한국사학의 발전	『근대한국사론선』, 1973
	신민족주의사관과 식민주의사관	『문학과 지성』 1973년 가을호
	한국사의 보편성과 특수성	『이화사학연구』 6·7합집, 1973
1974년	현대 한국사학의 방향	『문학과 지성』 1974년 겨울호
1975년	한국정치사의 전개	『한국문화사신론』, 1975
1976년	『삼국유사』의 사학사적 의의	『창작과 비평』 1976년 가을호
	『삼국사기』론	『문학과 지성』 1976년 겨울호
1977년	한국사회발전사론	『한국사』 23 총설, 1977
1978년	한국사 이해에서의 현재성 문제	『문학과 지성』 1978년 여름호
	김대문과 그의 사학	『역사학보』 77, 1978
	근대 한국사학에 대한 연구와 반성	『한국학대강』, 1978

2) 내용상의 특징

『한국사학의 방향』의 내용상 특징은, 먼저의 사론집 『민족과 역사』와 견주어 검토하면 더욱 확연히 드러난다. 대략 4가지로 손꼽을 수 있을 듯하다.

첫째의 내용상 특징은, 한국사학 자체에 대해 본격적으로 천착하기 시작했다는 사실에 있다고 본다. 이 점은 논문 제목 「근대 한국사학의 발전」, 「현대 한국사학의 방향」 및 「근대 한국사학에 대한 연구와 반성」 등에서도 여실히 드러나는데, 「머리말」에서 "어느 것이든 그 모두가 오늘의 한국사학이 나아가야 할 방향에 대한 깊은 관심을 나타낸 것들[15]"이라고 스스로 밝힌 바에서 더 말할 나위가 없다.

둘째의 내용상 특징은, 한국사학의 체계화 작업에 힘을 쏟았음을 들 수 있

---

15 「머리말」, 『한국사학의 방향』, 1978, p. iii.

겠다. 다른 여느 편보다도 제IV편「한국사의 체계적 이해」가 이를 가장 대표적으로 잘 웅변해 준다고 생각된다. 물론 앞서 잠시 언급하였듯이 그 자신이 "이 책에 실린 모든 글에서 그러한 체계화에 대한 관심을 힘자라는 데까지 나타내려고 노력하였다[16]"고 토로한 데에서 이는 재론의 여지가 전혀 없겠다.

셋째는 보편성과 특수성에 대해 구체적으로 다루었다는 점을 들어 마땅하다고 본다. 이 보편성과 특수성에 대해서는『민족과 역사』에서도 비로소 본격적으로 언급하기 시작하였지만, 그것이 구체화되기 시작한 것은 이『한국사학의 방향』가운데서도「한국사의 보편성과 특수성」에서부터였다고 해도 과언이 아니다. 그러면서 아울러 이 글에서 "역사의 연구는 개별성個別性을 추구하는 것이라고 할 수가 있다. 즉 구체적인 과거의 사실 자체에 대한 구명을 꾀하는 것이 역사학인 것이다[17]"라고 함으로써, '개별성'에 대한 인식을 곁들이고 있음 또한 기억되어야 할 바라고 믿는다.[18]

넷째는 앞서 살폈듯이 1971년의 제1사론집『민족과 역사』가 1961년『국사신론』과 1967년『한국사신론』초판 집필 과정에서 "스스로 물어보지 않으면 안 되었던 많은 문제들"에 대해 "나름의 대답을 글로 적어서 발표"한 글들을 묶은 것인데 비해, 이 1978년의 제2사론집『한국사학의 방향』은 1976년『한국사신론』개정판을 집필하면서 그 근간으로 삼기 위해서는 물론이고 그 이후에 그 서술 내용에 대한 확신에 차서 이를 보다 보강하기 위해 그 나름대로의 견해를 공고히 하려 작성한 글들을 묶어 출간하였다는 점이다. 이와 같은 측면은 특히 1976년『한국사신론』개정판「서장 한국사의 새로운 이해」의 제1절「근대 한국사학의 전통」및 제2절「한국사의 체계적 인식」의 〈참고〉 난에 이 1978년『한국사학의 방향』에 담기게 되는 기왕의「신민족주의사관론」·「한국 현대사학의 방향」·「한국사의 보편성과 특수성」등이 제시되고

---

16 「머리말」,『한국사학의 방향』, 1978, p. iv.
17 「한국사의 보편성과 특수성」,『이화사학연구』6·7합집, 1973;『한국사학의 방향』, 1978, p. 131.
18 노용필,「이기백한국사학의 보편성 추구와 개별성 파악」, 이 책의 제2부 제2장 참조.

있음에서도 입증이 된다. 그리고 『한국사신론』 개정판 「종장 한국사의 발전과 지배세력」에는 전혀 〈참고〉 난이 설정되어 있지 않은데, 그 제1절 「한국사의 대세」 및 제2절 「한국사상韓國史上의 집권자와 민중」의 구체적인 내용 대부분이 그 출간 이전인 1975년에 발표된 「한국정치사의 전개」는 물론이고 그 출간 이후인 1977년에 발표되는 「한국사회발전사론」과 논조의 전개가 매우 흡사하다는 점도 감안해야 할 것이다.[19] 더더군다나 「한국사회발전사론」의 맨 처음 부분 「1. 사회발전과 지배세력」과 마지막 부분 「7. 사회발전의 대세」의 거개가 압축되어 이 「종장 한국사의 발전과 지배세력」의 기본 골격이 되었다고 해도 결코 지나치지 않을 듯싶다. 말하자면 그는 『한국사신론』 개정판을 집필해 1976년 출간하는 과정에서 사론 「한국사회발전사론」을 구상하였다가 그 근간으로 삼고 또 자신의 논조를 보강하기 위해 1977년에 완성한 후 그것을 포함시켜 1978년에 이르러 『한국사학의 방향』을 출간하기에 이르렀다고 보인다. 이를 뒷받침해 주는 결정적인 증거는, 「한국사회발전사론」의 「1. 사회발전과 지배세력」 가운데 한 대목에서 "이 글에서 필자는, 과거에도 종종 그러해 왔듯이, 사회적인 지배 세력의 변화에 기준을 두고 한국 사회의 발전을 크게 정리하여 보려고 한다"라고 서술한 뒤 이에 대해 각주脚註를 달아 "이러한 시도는 앞서 졸저拙著: 『한국사신론』(1967) 및 동 개정판(1976)에서 행해진 바가 있다[20]"고 밝힌 바에서 찾을 수가 있다. 따라서 한마디로 1978년 출간의 제2사론집 『한국사학의 방향』은 이기백이 1976년 『한국사신론』 개정판을 집필하면서 그 근간으로 삼거나 혹은 보강하기 위해 작성한 글들을 한데 묶어 출간한 것임에 틀림이 없겠다.

---

19 이러한 측면과 관련하여 이기동, 「한국사 시대구분의 여러 유형과 문제점」, 차하순 (외) 공저, 『한국사 시대구분』, 소화, 1995, p.119; 改題 「한국사 시대구분의 반성과 전망」, 『전환기의 한국사학』, 1999, p.50에서도, "(그 뒤) 1976년에 나온 동서의 개정판에 새로이 첨가한 서장 「한국사의 발전과 지배세력」 및 이를 좀 더 구체적으로 논한 「한국사회발전사론」(『한국사』 23 총설, 1977, 『한국사학의 방향』, 1978 수록)에서 …"라고 하였음이 참조가 된다.

20 「한국사회발전사론」, 『한국사』 23 총설, 1977: 『한국사학의 방향』, 1978, p.217의 본문 및 각주 2).

(2) 출간의 의도

첫째, 당시 한국사학에 대한 심대한 위기의식을 느끼고 한국사학이 이러한 위기에서 벗어나 민족의 현실적 과제를 해결하는 데에 이바지하도록 하기 위한 의도에서 이 책을 출간하였다. 「머리말」 중 아래의 대목에서 이기백의 이러한 심정은 매우 절절하게 느껴진다.

> 최근 저자는 오늘의 한국사학이 일종의 위기에 봉착하고 있는 것이 아닐까 하는 두려운 생각을 가끔 하게 된다. 그것은 ⓐ 비합리적인 사고방식이나 ⓑ 비논리적인 이론 전개 또는 ⓒ 비역사적인 가치 판단 등 ⓓ 현대 역사학에 반대되는 사실들이, 남들이 섣불리 비판하기 힘든 ⓔ 민족이라든가 혹은 현실이라든가 하는 명목 아래 횡포를 부리려고 하기 때문이다. 이러한 습성이 몸에 젖으면 분명한 거짓말을 하고도 부끄러워하거나 고칠 줄을 모른다. 그러므로 자칫하면 ⓕ 한국사학이 진리가 아닌 것을 위해 봉사할 위험성을 지니기 쉽다. ⓖ 한국사학이 진리를 추구하는 학문으로서의 기본 성격을 잃는 날은 바로 한국사학 자체가 죽는 날이기도 하다. 그리고 그 결과 한국사학은 ⓗ 민족이나 현실을 위하여 아무 쓸모도 없는 폐물이 되고 말 것이다. 그러나 절대로 그래서는 안 될 일이다. 한국사학은 ⓘ 독립된 학문으로서 진리 위에 확고한 기반을 굳혀 나가야 하며, 그렇게 함으로써 ⓙ 민족의 현실적인 과제를 해결해 나가는 데도 이바지하는 바가 있어야 할 것이다.[21]

당시 한국사학이 직면하고 있었던 위기가 '현대 역사학에 반대되는 사실들(ⓓ)'들에서 비롯된 것으로 진단하고, 그 원인을 구체적으로 '비합리적인 사고방식(ⓐ)', '비논리적인 이론 전개(ⓑ)', '비역사적인 가치 판단(ⓒ)'으로 파악하고 이러한 습성을 고쳐야 한다고 역설하고 있었던 것이다. 게다가 한국사학이 진리가 아닌 것을 위해 봉사할 위험성(ⓕ)에 대해서도 크게 우려를 금치 못하고 있었다. 심지어 그래서 "한국사학이 진리를 추구하는 학문으로서의 기본 성격을 잃는 날은 바로 한국사학 자체가 죽는 날이기도 하다(ⓖ)"

---

21 「머리말」, 『한국사학의 방향』, 1978, p. iv.

고 더할 나위 없이 엄중한 표현을 쓰기조차 하였던 것이다. 이와 같은 양면의 위기 속에서 한국사학이 "독립된 학문으로서 진리 위에 확고한 기반을 굳혀 나가야 하며(ⓕ)" 또한 '민족'과 '현실'(ⓒ, ⓗ)을 아울러 위하여 즉 "민족의 현실적인 과제를 해결해 나가는 데에도 이바지하는 바가 있어야 할 것(ⓘ)"을 설파하였던 것이다. 자신의 이와 같은 생각을, 논문으로서는 펼쳐 보일 수가 없으므로 굳이 사론으로 발표하고 이들을 묶어 한국사학이 이러한 방향으로 나아가길 바란다는 염원을 담아내기 위한 의도에서 『한국사학의 방향』을 출간하였다고 믿어진다.

둘째, 한국사학의 발전 방향을 제시하기 위하여, 이와 같이 한국사관의 정립에 대한 새롭고 보다 적극적인 자세를 나타내려는 의도도 내포되어 있었다. 이러한 그 자신의 의중은 아래의 글들을 종합해 보면 더욱 잘 우러나온다.

> ① 이 책은 저자가 『민족과 역사』를 펴낸 1971년 이후에 쓴 사론들을 모은 것이다. …(중략)… 그러나 어느 것이든 그 모두가 오늘의 한국사학이 나아가야 할 방향에 대한 깊은 관심을 나타낸 것들이기 때문에, 책 제목을 『한국사학의 방향』이라고 붙이었다.[22]
> ② (그러나) 과오에 대한 소극적인 비판만으로는 그 비판도 불충분할 뿐더러 새로운 한국사관의 정립도 불가능하다는 생각이 들었다. 그래서 보다 적극적인 한국사관의 정립을 위하여 이리저리 궁리를 하여 써모은 것이 『한국사학의 방향』 (1978)이었다.[23]

종합하여 정리하면, "한국사학이 나가야 할 방향에 대한 깊은 관심"을 "보다 적극적인 한국사관의 정립을 위하여 이리저리 궁리를 하여 써모은 것"이 바로 이 『한국사학의 방향』이라는 것이다. 더욱이 거듭거듭 "한국사학은 이

---

22 「머리말」, 『한국사학의 방향』, 1978, p. iii.
23 「학문적 고투의 연속」, 『한국사 시민강좌』 제4집, 1989; 『연사수록』, 1994, p.245.

제 정당한 자기의 길을 찾아서 성장해 가야 한다. 이 책은 … 그러한 한국사학의 방향을 모색하여 온 조그마한 노력의 소산[24]"이라 말한 것이라든지, 또한 "이 책은 새로운 관점을 모색하는 보다 적극적인 자세를 나타냈다[25]"라고 토로한 바에서도 극명하게 잘 드러나 있다고 하겠다.

셋째, 한국사의 보편성과 특수성 파악에 심층적으로 접근하여 역사 발전 법칙을 규명하려고 고민하였다. 그리하여 한국사가 보편성의 토대 위에서 동시에 특수성을 지니면서 일원적이 아닌 다원적인 역사 발전 법칙에 근거를 두고 있다는 것을 강조하기 위한 의도도 역시 지니고 있었다. 아래의 글들에서 그 스스로 이에 대해 다음과 같이 설명한 바가 참조된다.

> ③ 한국사를 지배하는 보편적인 법칙은 그러나 하나가 아니라 여럿인 것이다. 즉 일원적一元的인 것이 아니라 다원적多元的인 법칙의 지배 밑에 있는 것이다.[26]
> ④ 그러나 위의 두 사론집史論集은 모두 우리 민족의 역사를 인류의 보편성을 토대로 하여 이해하려고 했다는 점에서는 그 기본 입장이 같았다. 다만 그 보편성을 일원적인 법칙에 근거를 둔 것이 아니라 다원적인 법칙에 근거를 둔 것이며, 민족마다 그 역사가 보편성과 동시에 특수성을 지니게 되는 까닭이 여기에 있다고 생각했던 것이다.[27]

이로써 '보편적 법칙(③)' 혹은 '보편성(④)'이 일원적인 게 아니라 다원적이라는 점을, 1978년의 『한국사학의 방향』(③)에서나 1994년의 『연사수록』(④)에서나 일관되게 설파하고 있음이 분명하다. 다만 『한국사학의 방향』의 「머리말」에서는 한마디로 "한국민족의 특수성을 인류의 보편성을 토대로 하고 이해[28]"하려 하였음을 밝히고 있음에 반해, 『연사수록』에서는 "민족마다

---

24 「머리말」, 『한국사학의 방향』, 1978, p. iv.
25 「머리말」, 『한국사학의 방향』, 1978, p. iii.
26 「한국사의 보편성과 특수성」, 『이화사학연구』 6·7합집, 1973; 『한국사학의 방향』, 1978, p.141.
27 「학문적 고투의 연속」, 『한국사 시민강좌』 제4집, 1989; 『연사수록』, 1994, p.245.
28 「머리말」, 『한국사학의 방향』, 1978, p. iii.

그 역사가 보편성과 특수성을 지니게 되는(④)" 것으로 파악하고 있어, 그 자신의 보편성과 특수성에 대한 인식에 있어 시기에 따라 표현상 약간의 차이를 감지할 수 있는 게 아닌가 생각된다.[29]

넷째, 『한국사신론』개정판의 서술 내용을 확고히 입증하기 위한 의도도 또한 깔려 있었다. 이에 대해서 앞서 잠시 언급한 바 있듯이, 이러한 의도를 단적으로 보여 주는 게 『한국사신론』1976년 개정판 「종장 한국사의 발전과 지배세력」에는 〈참고〉난이 전혀 없는데, 그 출간 직후인 1977년에 발표된 「한국사회발전사론」의 맨 처음 부분 「사회발전과 지배세력」과 마지막 부분 「사회발전의 대세」가 그것을 보완하고 있다고 판단되며, 이 글이 결국 『한국사학의 방향』에 포함되어 출간되는 것 역시 『한국사신론』개정판의 서술 내용을 확고히 하고자 함에서 비롯된 것이라 풀이된다고 하겠다.

4. 『한국사상의 재구성』의 특징과 그 출간의 의도

또 한편 이기백의 제3사론집인 『한국사상韓國史像의 재구성再構成』의 특징은 구성상 및 내용상에서 구체적으로 무엇이며, 아울러 이를 출간할 때 이기백은 무슨 의도를 품고 있었던 것일까? 이에 대해 이제부터 살펴보고자 한다.

(1) 구성상 및 내용상의 특징

1) 구성상의 특징

『한국사상의 재구성』의 구성상 특징을 살피기 위해 일단 그 목차의 구성과 사론의 제목 등을 도표로 정리하여 보았다. 다음의 〈표 3-가〉다.

---

29 노용필, 「이기백한국사학의 보편성 추구와 개별성 파악」, 이 책의 제2부 제2장 참조.

〈표 3-가〉『한국사상의 재구성』(1991) 목차 구성과 사론 제목 및 발표 지면誌名·시기

목차 구성	사론 제목	발표 지면·시기
I 식민주의사관파동과 국사교과서 문제	식민주의사관 논쟁	『한림학보』 1985년 4월 16일
	반도적 성격론 비판	『한국사 시민강좌』 1, 1987
	국사교과서 개편 청원에 대한 국회 문공 위에서의 진술	1981년 11월 27일
	신중해야 할 국사교과서 수정	『동아일보』 1983년 1월 4일
	학문적 진리에 충실해야 —국사교과서 개편시안을 보고—	『한국일보』 1987년 3월 28일
	사실史實 과장집필 말아야 —국사교과서 개편방향을 보고—	『동아일보』 1987년 6월 8일
II 한국사연구의 방법론적 모색	한국사학의 바른 길	『이화사학연구』 11·12합집, 1981
	한국사연구의 방법론적 반성—신민족주 의사관을 중심으로—	『제25회 전국역사학대회 논문 및 발표요지』, 1982
	한국학회의 주제에 관한 제의	진단학회 주최 한국학학술회의 준 비회의 주제발표, 1981
	한국고고학에 바란다	『동아일보』 1983년 11월 17일
	향토사 연구와 그 방향	『대우재단소식』 22, 1987
III 현대 한국사학의 진단	현대의 한국사학	『한국학보』 41, 1985
	해방후 한국사학의 정리와 반성	『역사학보』 72, 1976
	낙관할 수 없는 한국사학의 현실 —1976-1978년도 한국사학의 회고와 전망 총설—	『역사학보』 84, 1979
	과학적 한국사학을 위한 반성과 제의— 1979-1983년도 한국사학의 회고와 전 망 총설—	『역사학보』 104, 1984
	역사학회의 어제와 오늘	『역사학보』 99·100합집, 1983
IV 근대 한국사학의 재검토	단재사학에서의 민족주의 문제	『서양사론』 20, 1980
	육당사학의 재검토	『육당최남선전집』 해설, 1973
	문일평과 그의 사학	『호암사론선』, 1975
	저술을 통해 본 두계사학	『출판저널』 47, 1989
	손진태의 학문과 업적	『손진태선생전집』 1 해제, 1981
	유물사관적 한국사상韓國史像	『현대 한국사학과 사관』, 1991
V 한국전통사학의 몇 가지 양상	한국사학에서의 일사사상逸士思想	『나의 소원은 평화—최태사선생 회수기념논문집』, 1986
	김대문과 김장청	『한국사 시민강좌』 1, 1987
	『동국통감』 해제	『동국통감』, 경인문화사, 1974
	19세기 한국사학의 새 양상	『한우근박사정년기념사학논총』, 1981

이를 토대로『한국사상의 재구성』구성을『한국사학의 방향』그것과 견주어 볼 때 그 특징은 2가지 점이라 생각한다. 하나는『한국사상의 재구성』편목 구성이『한국사학의 방향』후속편으로서의 성격이 짙다는 점이다. 다른 하나는『한국사상의 재구성』편목 배열이 그럼에도 불구하고 시간상의 흐름으로 보자면『한국사학의 방향』편목 구성이 전통→근대→현대인 것과는 반대로 현대→근대→전통 순서로 배열되어 있다는 점이다.

상론하자면, 첫 번째『한국사상의 재구성』의 구성상 특징으로서 편목篇目만을 비교해 보더라도 그것이『한국사학의 방향』의 후속편으로서의 성격이 짙다는 점은, 특히 제Ⅲ·Ⅳ·Ⅴ편이 더욱 그러하다고 판단된다. 즉『한국사상의 재구성』제Ⅲ편「현대 한국사학의 진단」은『한국사학의 방향』제Ⅲ편「현대 한국사학의 방향」과, 앞엣것 제Ⅳ편「근대 한국사학의 재검토」는 뒤엣것 제Ⅱ편「근대 한국사학의 성장」과, 그리고 앞엣것 제Ⅴ편「한국전통사학의 몇 가지 양상」은 뒤엣것 제Ⅰ편「한국사학의 전통」과 주제가 동일할 뿐더러 제목도 흡사하다. 그러므로 구성상『한국사상의 재구성』이『한국사학의 방향』의 후속편으로서의 성격이 강하다고 느껴진다. 다만 앞엣것 제Ⅱ편「한국사연구의 방법론적 모색」이 뒤엣것「한국사의 체계적 이해」와 다소 차이가 나는 듯하지만, 기실 '방법론적 모색'이 '체계적 이해'를 위해 구체화된 것임을 감안하면 이 역시 그렇다고 하지 않을 도리가 없는 것 같다. 이외에 앞엣것의 제Ⅰ편「식민주의사관파동과 국사교과서 문제」만이 뒤엣것의 후속편이 아니고 유일하게 새로이 편성된 것이다.

그런데 유일하게 새로운 이「식민주의사관파동과 국사교과서 문제」편이 제Ⅰ편으로 맨 앞에 편성되어 있다는 사실은,『한국사상의 재구성』의 구성상 특징으로서 두 번째 시간상의 흐름으로 볼 때 현재로부터 과거 순으로 배열되어 있음을 여실히 드러내 주는 것이라고 하겠다. 그리하여『한국사상의 재구성』의 편목 구성은 제Ⅰ·Ⅱ편은 현재, 제Ⅲ편은 현대, 제Ⅳ편은 근대, 제Ⅴ편은 전통시대의 것으로 되어 있음을 깨칠 수가 있는 것이다.

이렇듯이 『한국사상의 재구성』의 구성이 현재→현대→근대→전통시대순으로 되어 있음은 곧 그만큼 현재의 문제를 전면에 내세움으로써 현재에 대한 관심의 비중이 크다는 점을 부각시키기 위한 것이라 볼 수 있지 않을까. 이는 다름이 아니라, 저자 이기백이 그 「머리말」에서 밝힌 바대로 "학자로서 현실에 공헌하는 최선의 길[30]"을 모색하기 위해 토로한 현실 속의 문제들에 대한 자신의 사론이기에, 무엇보다도 앞세워 편성하였던 게 분명하다. 그래서 눈앞의 현실에 관한 것에서부터 과거의 것순으로 편목 구성을 짰던 것이라 헤아려진다.

한편으로 지금까지 살핀 바와는 다른 『한국사상의 재구성』의 구성상 특징의 면모를 파악하기 위해 그 소재의 사론들을 발표 시대순으로 정리하여 도표로 정리하여 보았다. 그것이 〈표 3-나〉다.

〈표 3-나〉를 통해, 『한국사상의 재구성』의 구성상 특징의 또 다른 면모를 살핌에 있어 무엇보다도 우선 눈에 띄는 사실은 1978년 『한국사학의 방향』 출간 이전의 논문들도 포함이 되어 있다는 것, 그리고 이를 포함해 1987년의 비교적 활발했던 글의 발표가 1988년에는 전혀 없었다가 1989년에는 단 1편의 비교적 간단한 글만을 발표하고 있다는 것이다. 이러한 각각의 측면과 연관 지어 분석해 보면, 그래서 『한국사상의 재구성』의 구성상 특징은 다음의 2가지인 듯싶다.

첫째는 이 『한국사상의 재구성』의 구성이 제2의 사론집 『한국사학의 방향』 출간 이후에 작성된 논문들로만 이뤄진 게 아니라는 점이다. 즉 1978년의 『한국사학의 방향』 출간 이후의 논문들만이 아니라, 그 이전인 1973년의 「육당사학의 재검토」부터 1976년의 「해방후 한국사학의 정리와 반성」까지 4편의 논문도 포함되었던 것이다. 이는 다름이 아니라, 이 제3의 사론집 『한국사상의 재구성』으로 자신의 3부작 사론집이 완성되는 것으로 여기고, 여기에

---

30 「머리말」, 『한국사상의 재구성』, 1994, p. iii.

〈표 3-나〉『한국사상의 재구성』(1991) 소재所載 사론 발표의 연대순 정리

연대순	사론 제목	발표 지명·시기
1973년	육당사학의 재검토	『육당최남선전집』 해설, 1973
1974년	『동국통감』 해제	『동국통감』, 경인문화사, 1974
1975년	문일평과 그의 사학	『호암사론선』, 1975
1976년	해방후 한국사학의 정리와 반성	『역사학보』 72, 1976
1979년	낙관할 수 없는 한국사학의 현실 —1976-1978년도 한국사학의 회고와 전망 총설—	『역사학보』 84, 1979
1980년	단재사학에서의 민족주의 문제	『서양사론』 20, 1980
1981년	국사교과서 개편 청원에 대한 국회 문공위에서의 진술	1981년 11월 27일
	한국사학의 바른 길	『이화사학연구』 11·12합집, 1981
	한국학회의 주제에 관한 제의	진단학회 주최 한국학학술회의 준비회의 주제발표, 1981
	손진태의 학문과 업적	『손진태선생전집』 1 해제, 1981
	19세기 한국사학의 새 양상	『한우근박사정년기념사학논총』, 1981
1982년	한국사연구의 방법론적 반성 —신민족주의사관을 중심으로—	『제25회전국역사학대회 논문 및 발표요지』, 1982
1983년	신중해야 할 국사교과서 수정	『동아일보』 1983년 1월 4일
	역사학회의 어제와 오늘	『역사학보』 99·100합집, 1983
	한국고고학에 바란다	『동아일보』 1983년 11월 17일
1984년	과학적 한국사학을 위한 반성과 제의—1979-1983年度 한국사학의 회고와 전망 총설—	『역사학보』 104, 1984
1985년	식민주의사관 논쟁	『한림학보』 1985년 4월 16일
	현대의 한국사학	『한국학보』 41, 1985
1986년	한국사학에서의 일사逸士사상	『나의 소원은 평화—최태사崔泰士선생회수喜壽기념논문집』, 1986
1987년	학문적 진리에 충실해야 —국사교과서 개편시안을 보고—	『한국일보』 1987년 3월 28일
	사실史實 과장집필 말아야 —국사교과서 개편방향을 보고—	『東亞日報』 1987년 6월 8일
	반도적 성격론 비판	『한국사 시민강좌』 1, 1987
	김대문과 김장청	『한국사 시민강좌』 1, 1987
	향토사 연구와 그 방향	『대우재단소식』 22, 1987
1989년	저술을 통해 본 두계斗溪사학	『출판저널』 47, 1989
1991년	유물사관적 한국사상韓國史像	『현대 한국사학과 사관』, 1991

다가 그간에 작성하여 발표했던 글들 중에서 『한국사학의 방향』에 수록하지 않았던 것들을 '쓸어 담아' 편성하여 모조리 넣었기 때문이었다고 여겨진다. 따라서 이로써 그가 '개설 3부작'과 더불어 '사론집 3부작'을 구상해 두었었음이 입증되는 게 아닐까 한다.

둘째, 1987년에 국사교과서 개편시안에 관한 2편의 글을 연거푸 일간지에 게재하고 이외에도 3편의 글, 그리하여 도합 5편의 글을 게재할 정도로 비교적 활발하게 글을 발표하던 그가 1988년에는 전혀 발표하지 않고 1989년에는 단 1편의 비교적 간단한 글만을 발표하였을 뿐인 데다가 1990년에는 전혀 글을 발표하지 않았다는 것이다. 이는 아마도 1987년에 오로지 자비自費로 간행을 개시한 『한국사 시민강좌』에 책임편집자로서 너무나 많은 정력을 쏟아 부었을 뿐더러 또한 그로 인해 건강상의 무리가 와서 그러기도 하였겠지만, 1988년 무렵부터 본격적으로 『한국사신론』 신수판의 출간 작업에 매진하느라 그랬다고 보인다. 그리고 1991년에 이르러 발표한 「유물사관적 한국사상」 1편만을 보태어 같은 해에 이 『한국사상의 재구성』을 발간하였던 것이다. 이와 관련해서는 다름이 아니라 「머리말」에 "본래 원했던 대로 갖추어졌다고는 생각하고 있지 않으나, 이로써도 어느 정도 뜻을 이루었다고 생각[31]"한다고 기술한 바가 참조가 된다.

2) 내용상의 특징

첫째, 『한국사상의 재구성』에서는 다른 무엇보다도 최우선으로 학자로서 현실에 공헌하기 위한 최선의 길을 모색하는 내용들을 담아냈다는 점을 들어 마땅하다. 1981년의 「국사교과서 개편 청원에 대한 국회 문공위에서의 진술」을 필두로 해서 1983년과 1987년에 국사교과서 수정에 관한 논란에 관해, 제목 자체에서 잘 드러나듯이 '신중'하고 '충실'하며 '과장 집필되지 말

---

31 「머리말」, 『한국사상의 재구성』, 1994, p. iii.

아야' 한다는 점을 누구이 당부하는 3편의 글들을 발표하고 이를 맨 앞의 제 I 편 속에 함께 수록하고 있음이 그것을 증명해 주는 것이다. 그리고 제 II 편 「한국사 연구의 방법론적 모색」 중 「한국사학의 바른 길」에서 '현재를 위한 한국사학' 항목, 「한국사 연구의 방법론적 반성―신민족주의사학을 중심으로―」에서 '현재적 관심과 역사적 의의' 항목 등을 기술하고 있음도 역시 그러하다고 본다. 이렇게 함으로써 그 자신이 앞서 잠시 논한 바 있듯이, "학자로서 현실에 공헌하는 최선의 길"을 견지하고자 하는 기본자세를 올곧게 취한 것이라 하겠다.

둘째, 방법론에 대한 모색을 시도하였다는 점을 내용상의 특징으로 빼놓아서 안 되겠다. 제 II 편 「한국사 연구의 방법론적 모색」에서 집중적으로 이에 대해 정리하고 있음이 가장 단적인 실례實例이다. 특히 그 가운데 「한국사학의 바른 길」에서 구체적으로 '객관성의 존중'과 '체계적 인식'을 논하고 있는 것도 그러하려니와, 「한국학의 주제에 관한 제의」에서 '분야의 확대'를 제시한 것에서 실증이 된다. 뿐만이 아니라 이어서 「한국고고학에 바란다」와 「향토사 연구와 그 방향」에서도 역시 그러한데, 앞엣것에서는 '고고학은 역사학 전체에 공헌해야' 함을 강조하였고, 뒤엣것에서는 '향토사와 한국사'는 물론 '연구의 방향과 방법'을 제시함으로써, 다방면에 걸쳐 새로운 방법론이 모색됨으로써 한국사학이 더욱 발전하기를 꾀하고 있음을 알겠다.

셋째, 유물사관 자체의 극복에 본격적으로 나섰다는 점 역시 내용상의 특징으로 꼽아 마땅하다. 제 IV 편 「근대 한국사학의 재검토」에 「유물사관적 한국사상」을 편성한 것 역시 유물사관이라는 것이 근대 한국사학의 일면일 뿐이지 현대 한국사학에서는 더 이상 영향을 끼치지 않도록 극복되어야 한다는 생각에서 비롯된 게 아닐까 싶다. 또한 이 제3사론집의 서명을 『한국사상의 재구성』이라 결정한 것도 내심 이 「유물사관적 한국사상」이라는 논문 제목 중에서 '한국사상'을 따와서 그런 것이었음에 거의 틀림이 없을 듯하다. 「머리말」에서 "이렇게 출판이 늦어진 것은 오로지 저자의 게으름의 소치이지만, 또 한두 편의 글을 더 보태었으면 하는 욕심이 있었던 때문이기도 하다[32]"고 밝힌 데에서, '한두 편의 글'이란 바로 이 유물사관에 관한 자신의 글을 말하는 것임에 틀림이 없다. 이럴 만치 이 「유물사관적 한국사상」이라는 글은 상당히 심혈을 기울여 작성한 것이며, 그에 따라 이 글은 이 책 전체에서 차지하는 비중이 자못 크다고 해야 옳을 줄 안다.

이렇게 보는 단적인 이유의 하나로, 이 글을 자신의 주도 아래 다른 연구자들과의 공동 연구에 의해 1991년 8월에 『현대 한국사학과 사관』으로 엮어낸[33] 이후 곧이어 자신의 이 제3사론집 『한국사상의 재구성』을 동년 10월에 출간하면서 이를 삽입하였다는 사실을 들어 전혀 무방할 것이다. 당시 이러한 이기백의 기획 의도는, 그 「서문」에서 "만일 그것이 진정한 중요한 과제라고 한다면, 누군가가 그 짐을 짊어져야만 하는 것이 당연한 일일 것이다. … 누구도 선뜻 짊어지지 않으려는 짐을 짊어진다는 심정에서 비롯된 것이다[34]"라고 했음에서 여실하다.

이와 같이 유물사관에 대한 비판을 통해 본격적으로 그것을 극복하려 시도한다는 것 자체가 그 자신에게도 결코 쉽지 않은 과제였기에 그럴 수밖에 없었다고 가늠된다. 왜냐하면 그 자신도 1971년 제1사론집 『민족과 역사』 속에 실린 「사회경제사학과 실증사학의 문제」에서 유물사관을 사회경제사학이라 지칭하면서 일부 비판을 가하기는 하였으나 본격적이지는 못했는데, 이 「유물사관적 한국사상」의 서두에서 "이제는 유물사관에 입각한 한국사의 이해에 대하여 이를 한번 정리해 보아야 할 시점에 이른 게 아닌가 하는 생각을 가지게 된다. 이 글은 말하자면 그러한 요구에 응하여 쓰여진 것이라고 할 수가 있다"고 비로소 밝히고 있는 것이다. 요컨대 유물사관에 관해 본격적으로

---

32 「머리말」, 『한국사상의 재구성』, 1994, p. iii.

33 노태돈·홍승기·이현혜·이기백·이기동, 『현대 한국사학과 사관』 한림과학원 총서 ① 한국사의 쟁점 제1책, 1991년 8월 30일.

34 「서문」, 『현대 한국사학과 사관』, 1991, p. v ; 김태욱 외 엮음, 『민족과 진리를 찾아서 ─10주기 추모 이기백사학 자료선집─』, 한림대학교 출판부, 2014, p.209.

정리를 시도하면서 글 제목을 굳이 「유물사관적 한국사상」이라 붙이고, 또 이를 반영하여 서명도 『한국사상의 재구성』이라 결정한 것 역시 이 제3의 사론집에 있어서 이 글의 비중이 적지 않음을 드러내 주는 것이자 또한 이렇게 해서 유물사관의 극복에 전면적으로 나섰다는 점 자체가 이 책의 내용상 특징 중 가장 큰 것이라 해도 지나치지 않다고 본다.

(2) 출간의 의도

이기백이 애초에 밝혀 놓았던 『한국사학의 반성』이라는 서명을 버리고 굳이 『한국사상의 재구성』으로 정해 자신의 제3사론집을 출간한 의도는 과연 무엇이었을까? 이를 제대로 알기 위해서는 우선 『한국사학의 반성』으로 출간을 기획하던 때의 의도부터 알아보는 게 순서일 것이다. 이와 관련해서는 그 자신의 글 가운데 아래의 대목에 대한 분석이 긴요하다.

> 그런데 최근에는 한국사학이 국수주의와 진보주의의 좌우 양편에서 협공을 당하고 있다는 느낌이 커가고 있다. 특히 국수주의자들이 일부 정치권력과 야합하여 한국사학을 압살하려는 운동이 한때 극성을 부리었다. 이에 대하여 나는 일종의 위기의식을 느끼고 한국사학의 정상적인 발전을 옹호하는 글들을 적지 않게 썼다. 가능하면 가까운 장래에 이런 글들을 모아서 『한국사학의 반성』이란 제3의 사론집을 내고 싶다는 생각을 가지고 있다.[35]

이 글에서 장차 제3의 사론집을 내고자 하면서 정해 놓은 서명書名이 『한국사학의 반성』이라고 밝힌 점과 관련하여, 왜 하필이면 서명을 그렇게 구상했던 것일까? 하는 점을 살피자면, 앞서 제2사론집 『한국사학의 방향』의 서명이, 이에 포함된 글 가운데 「현대 한국사학의 방향」이라는 논문이 있어서 그 제Ⅱ편의 편명을 동일하게 했고, 이에 준하여 서명 역시 똑같이 했었던 것

---

35 「학문적 고투의 연속」, 『한국사 시민강좌』 제4집, 1989; 『연사수록』, 1994, pp.245~246.

과 마찬가지 생각이었던 게 아닐까 싶다. 즉 이 사론집에 포함시킬 글들 중에「한국사 연구의 방법론적 반성」,「해방후 한국사학의 정리와 반성」 그리고「과학적 한국사학을 위한 반성과 제의」 등 3편의 제목에 공통적으로 '반성'이 포함되어 있었음과 무관하지 않을 것이다.

이와 같은 연유로 정해서 이미 다른 글을 통해 밝히기까지 했던 서명『한국사학의 반성』을 폐기하고, 그러면 왜『한국사상의 재구성』으로 바꾸었던 것일까. 이 점과 관련하여서는 그 자신의 다음과 같은 소상한 설명이 있다.

이 책은『민족과 역사』와『한국사학의 방향』에 이은 저자의 제3의 사론집이다. 몇 해 전에 저자는 작은 학문적 자서전을 쓰면서 쉬이 사론집을 하나 출판하기를 원한다는 희망을 피력한 일이 있다. 그런데 이렇게 출판이 늦어진 것은 오로지 저자의 게으름의 소치이지만, 또 한두 편의 글을 ⓐ 더 보태었으면 하는 욕심이 있었던 때문이기도 하다. 본래 원했던 대로 갖추어졌다고 생각하지 않고 있으나, 이로써도 어느 정도 뜻을 이루었다고 생각하여 이제 그 약속을 지키기로 결심하기에 이르렀다. 예고를 할 때의 제목은『한국사학의 반성』이었으나, ⓑ 이 제목은 옛 사론집의 한 편명篇名으로 이미 나와 있고, ⓒ 또 너무 소극적이라는 평도 있어서, 새로이 책이름을 모색하게 되었다. 고심한 끝에『한국사상韓國史像의 재구성再構成』이라 하였으나, 이번에는 너무 거창한 것 같아서 마음에 꺼림직하다. 그렇다고 좋은 대안代案도 생각나지가 않아 그렇게 결정해버리고 말았다.[36]

이 글을 통해서, 애초에 구상하여 예고하면서 미리 밝혀두었던 서명『한국사학의 반성』을 취하지 않게 된 연유가 2가지였음을 알 수가 있다. 하나는 ⓑ 부분에서 "이 제목은 옛 사론집의 한 편명으로 이미 나와 있고"라고 밝힌 바인데, 이는 제1사론집『민족과 역사』에서 이미「한국사학의 반성」이라는 편명을 사용한 적이 있었음을 가리키는 것으로, 그 초판에서는 이를 제II편의 편명으로 구성을 했으나 중간에 제I편의「한국사학의 과제」와 맞바꾸어

---

36 「머리말」,『한국사상의 재구성』, 1991, p. iii.

제 I 편으로 삼았었다. 초판 출판 이후에 이와 같이 제 I 편과 제 II 편의 순서를 바꾸어 제 I 편으로 삼았다는 사실 자체가, 이 제목에 담긴 '반성'이라는 주제가 그럴 정도로 제1사론집『민족과 역사』에서 점하는 자리가 결코 작지 않았음을 내비친 것으로 여겨진다. 더욱이 신판을 출간해내면서 쓴「판을 새로 짜면서」에서 "이번에도 그 바꾼 순서를 그대로 두었다"고 굳이 밝힌 것도, 〈이기백한국사학논집〉으로 정리하면서 또한 그랬던 것임을 알 수가 있게 해준다고 하겠다.

또 다른 하나는 앞의 글 ⓒ부분에서 "또 너무 소극적이라는 평도 있어서"라고 한 대목에서, 그가 소극적인 데서 벗어나 적극적인 자세로 전환하기 위해 서명을『한국사학의 반성』에서『한국사상의 재구성』으로 바꾸었음을 알 수가 있다. 그런데 그가 이처럼 보다 적극적인 자세에서 사론을 써서 모아 사론집을 출간한 게 이때에 와서가 처음이 아니라 앞서 잠시 살폈듯이, 이미「머리말」에서, "새로운 관점을 모색하는 보다 적극적인 자세를 나타냈다"고 했고, 또 훗날『연사수록』의 한 글에서도 밝힌 바처럼 "보다 적극적인 한국사관의 정립을 위하여 이리저리 궁리를 하여 써모은[37]"『한국사학의 방향』에서부터였다. 이기백이『한국사상의 재구성』을 출간하면서 이렇듯이 보다 적극적인 자세를 더더욱 견지하였던 것은, 그러면 구체적으로 무엇 때문이었을까. 이를 가늠하는 데에는 아래의 언급에 대한 면밀한 분석이 필요하다.

사람들은 흔히 학문도 실천이 수반되어야 참된 학문이라고들 한다. 심지어 현실적인 실천을 위해서는 필요하다면 학문적 진리쯤은 어기어도 괜찮다고들 생각하고 있다. 그러나 저자는 학문을 하는 것 그 자체도 실천인 것이며, 학자가 학문적인 진리를 확고하게 지켜나가는 것이 학자로서 현실에 공헌하는 최선의 길이라고 믿고 지금껏 살아 왔다. 이 보잘것없는 책도 그러한 저자의 생활의 한 단면이라고 할 수가 있을 것이다.[38]

37 「학문적 고투의 연속」,『한국사 시민강좌』제4집, 1989;『연사수록』, 1994, p.245.
38 「머리말」,『한국사상의 재구성』, 1991, p.iv.

여기 처음 부분에서 언급한 "학문도 실천이 수반되어야 참된 학문이라고들 한다"고 언급한 '참된 학문'은 다름 아니라 유물사관을 지칭하고 있는 것이다. 이어서 "현실적인 실천"을 강조하고 있다고 한 것 역시 수용 당시부터 현재까지도 그러한 유물사관 자체를 말하는 것이 분명하다.[39] 이와 관련하여 한 가지 상기할 사실은, 제3사론집의 서명으로 『한국사학의 반성』을 예고했을 때는 1989년이었고, 그런 예고를 바꿔 『한국사상의 재구성』으로 출간한 게 1991년이었는데, 앞서 제시한 〈표 3-나〉에서 잘 드러나는 바대로 그 사이에 사론으로 작성하여 발표하였던 글이 「유물사관적 한국사관」이라는 점이다. 그러므로 이것이야말로 그가 그 사이에 "더 보태었으면 하는 욕심이 있었던(ⓐ)" 글이었다. 따라서 이 「유물사관적 한국사관」을 작성하여 발표한 후 이를 포함하여서 『한국사상의 재구성』이라는 서명으로 제3의 사론집을 출간하였던 의도는 다름 아니라 한국사학의 궁극적인 발전을 위해 유물사관을 전면적으로 극복해냄으로써 서명 그대로 '한국사상韓國史像의 재구성'을 꾀하기 위함이었다고 하겠다.

5. 사론집 삼부작 출간의 사학사적 의의

이기백한국사학 사론집 3부작 출간의 사학사적 의의는 크게 보면, 4개의 범주로 구분해서 살필 수 있지 않나 생각한다. 제Ⅰ 한국사학의 기본 확립, 제Ⅱ 한국사학의 방법 정립, 제Ⅲ 한국사학의 인식 확장 그리고 제Ⅳ 한국사학의 발전 지향 등이 그것이다.

(1) 제Ⅰ 범주: 한국사학의 기본 확립
첫째, 핵심 문제들을 평이한 문장으로 서술하였다. 그리하여 한국사의 대

---

39 「유물사관적 한국사상」, 『현대 한국사학과 사관』, 1991; 『한국사상의 재구성』, 1991, p.204 및 p.210.

중화에도 크게 기여하였다. 특히 1987년 8월 이후에는 자비自費로『한국사 시민강좌』를 창간하여 "우리 시민과 더불어 우리 역사문제에 관하여 서로 이 야기를 나누어야겠다는 생각"을 실행에 옮겨 "연구를 통하여 얻은 성과를 시 민과 더불어 공유"하고자 하였는데[40], 그 이전부터도 이미 일간지 기고를 통 해 일반 시민 대중은 물론이려니와 대학의 학보, 월간지, 계간지 등에 글을 게재하여 대학생 및 지식인들을 대상으로 삼아 한국사학의 실상을 알리고 이 에 대한 정확한 이해와 건실한 안목을 지니도록 이끌었다. 예컨대『한국사학 의 방향』의「머리말」에서, "문장을 쉽고도 명백하게 하여 일반 독자와의 거 리를 좁히려고 노력하였다는 사실을 여기서 공언하여도 좋을 것이다[41]"라고 쓰고 있음에서 이러한 측면이 잘 드러나고 있다고 하겠다.

둘째, 용어의 엄정한 선정 구사와 개념의 정확한 파악 및 제시를 강조하였 다. 이를 단적으로 보여주는 예가 바로 '민족사관民族史觀'에 대한 것이다. "근대민족주의사학에 대한 높은 관심과도 관련이 있다고 생각하지만, 오늘 날 유행어처럼 사용되고 있는 민족사관이란 용어는 그 개념이 극히 모호한 것이어서 학문적으로는 재검토의 여지가 있다고 생각한다. … 이렇게 애매 한 용어를 거기에 긍정적인 의미를 부여하여 유행어처럼 사용한다는 것은 결 국 우리가 논리적 사고와 명확한 개념규정에 미숙하다는 것을 드러내는 것밖 에 되지가 않는다고 생각한다[42]"고 설파하였던 것이다. 이렇게 함으로써 학 술 용어의 정확한 선정을 통한 올바른 서술에 만전을 기하였고, 또한 그 용어 의 보편적인 개념 파악에 크게 힘을 기울였으며, 더욱이 그 외연의 확대를 지 속적으로 추구하였다.

---

40 『한국사 시민강좌』 간행사」,『한국사 시민강좌』 창간호, 1987년 8월;『한국사산고』, 2005, p.4. 한편 이기백의『한국사 시민강좌』 간행의 목적과 취지, 편집의 체재와 변화 그리고 특집의 선정 과 구성 등에 관해서는 노용필,「이기백의『한국사 시민강좌』 간행과 민족의 이상 실현 지향」, 『한국사학사학보』 29, 2014; 이 책의 제2부 제3장 참조.

41 『한국사학의 방향』, 1978, p.iv.

42 「과학적 한국사학을 위한 반성과 제의」,『역사학보』 104, 1984;『한국사상의 재구성』, 1991, p.128.

셋째, 역사적 사실에 대한 정확한 이해를 명료하게 제시하였다. 이는 "우리는 먼저 과거에 한국민족이 대외적으로 취하여온 태도를 객관적으로 정확히 이해할 필요가 있다. 이것은 자랑이니 부끄러움이니 하는 것을 떠나서 사실을 사실대로 알아보자는 것이다. 이 사실의 정확한 이해 위에 서서 이에 대한 비판을 해야 하며, 그리고 바람직한 태도가 어떤 것인가를 또 생각해 보아야 할 것이다[43]"라고 말한 데서 증명된다. 그리고 같은 주제, 유사한 제목일지라도 동일한 내용으로 중복되게 기술하지 않았으며, 그래서 독자들에게 진부한 느낌을 주지 않게끔 이전과 다른 측면을 부각시켜 심층적으로 다루었다. 이 경우의 대표적인 예 가운데 하나가 사대주의事大主義에 관한 비판이었다. 『민족과 역사』에 제IV편 「사대주의론」을 설정하여 이에 「사대주의론의 재검토」, 「사대주의론의 문제점」, 「현대 한국인의 사대주의 노이로제」 등을 게재하였음에도, 말년에 또 이에 관해 작성하여 발표하였다. 여기에서 "한동안 잠잠하던 사대주의란 낱말이 이즈음 또다시 심심찮게 사람들의 입에 오르내리고 있다. 그러한 사용례들을 보면, 사대주의가 지니고 있는 속성을 잘 이해하지 못하고 있으며, 또 그것이 적잖은 악영향을 끼치고 있다는 사실도 인식하지 못하고 있는 것 같다. 그래서 거듭 여기서 사대주의에 대해 간단히 논해 보려고 한다[44]"고 하였는데, 비록 '거듭'이라는 표현을 사용하였으나, 내용상으로는 새로운 시각의 접근을 시도함으로써 문제점을 부각시켜 주의를 환기시켰으며 이에 대한 정확한 이해를 강조하는 태도를 견지하였던 것이다.

넷째, 체계화 작업의 필요성을 강조하였다. 이와 관련하여서는 그의 3부작 사론집의 여러 곳에서 자주 언급되었으므로, 찾아서 일일이 검토하여 대표적인 구절만을 정리해 보았다. 다음이다.

---

43 「한국인의 의타주의와 배외사상」, 『경기』 9, 1970; 『민족과 역사』 초판, 1971, p.196; 신판, 1994, p.201.
44 「사대주의란 무엇인가」, 『학술원회보』 112, 2002년 11월 1일; 『한국사산고』, 2005, p.95.

① 역사학은 결국 사실과 사실 사이에 얽힌 연결 관계를 찾아서 이를 체계화하는 작업으로 귀착된다고 할 수가 있다. 저자는 사학사적인 검토나 이론적인 해명이나 혹은 그 실제적인 역사 서술 중, 이 책에 실린 모든 글에서 그러한 체계화에 대한 관심을 힘 자라는 데까지 나타내려고 노력하였다.[45]

② 요컨대 한국사학이 학문으로서 성립하기 위해선 언뜻 보면 무질서하게 생각되는 객관적 사실들을 하나의 실에 꿰서 연결을 지어주는 작업, 즉 체계화 작업이 필요하다.[46]

이 중 앞엣것에서는 역사학에서의 체계화 작업의 필요성에 대해서, 그리고 뒤엣것에서는 보다 구체적으로 한국사학에서의 그것에 대하여 언급하고 있음을 보게 된다. 그가 추구하는 체계화 작업이, 특히 앞에서는 "사학사적인 검토", "이론적인 해명", "실제적인 역사 서술" 방면 모두에서 행해지고 있음을 드러내고 있다. 이로써 이기백이 사론집 3부작을 통해 체계화 작업의 필요성을 강조하였음은 물론이려니와 실제로도 그렇게 실행에 옮기고 있었음이 분명하다고 하지 않을 도리가 없는 것이다.

(2) 제Ⅱ범주: 한국사학의 방법 정립

다섯째, 자신의 3부작 사론집 여러 군데에서 언급하면서 비교사학의 연구 방법 적용을 견지하였다. 역사학 넓게는 인문학 전체에서의 비교라는 방법의 적용이란 곧 서로 다른 사회 영역에서 서로 유사한 것끼리의 유비類比 혹은 상대적인 것끼리의 대비對比 되는 일련의 현상들을 찾아내어 그 보편성과 개별성 나아가 역사적 발전 법칙 등을 밝혀내는 것이라 정리할 수 있다고 본다.[47] 게다가 하나의 사실로 미루어 다른 사실을 헤아리는 유추類推를 통해,

---

45 「머리말」, 『한국사학의 방향』, 1978, pp. iii-iv.

46 「한국사학의 바른 길」, 『이화사학연구』 11·12합집, 1981; 『한국사상의 재구성』, 1991, p.69.

47 이 대목은 국립국어연구원, 『표준국어대사전』 중, 두산동아, 초판, 1999, p.2959에 '비교'에 대하여 "둘 이상의 사물을 견주어 서로 간의 유사점, 차이점, 일반 법칙 따위를 고찰하는 일"이라고 풀이되어 있는 것을 참조하여 재정리한 것이다.

246 제1부

때로는 겉으로 보기에는 유사하지만 좀 더 세밀하게 검토하게 되면, 그런 가운데도 상이한 것들이 숨어 있음을 발견하게 되기도 한다. 이렇듯이 유비 · 대비 및 유추의 방법을 적용하여 보편성과 개별성을 인식해내는 것 역시 다른 무엇보다도 비교사학의 연구방법이 제시하는 가장 중요한 목표 중의 하나라고 믿는다.[48] 이기백한국사학에서의 이와 같은 비교사학의 방법 정립 지향과 관련하여서는 서양사학자 차하순車河淳의 아래와 같은 지적이 그 전모를 극명하게 드러내 주고 있다.

> 사상사는 물론 그 밖의 역사 과정의 보편성을 발견하기 위해서는 비교사적 방법이 중요하였다. 그는 역사이론 자체가 비교사학의 터전 위에 서 있다고 생각했는데, 비교는 역사이론의 옳고 그름의 판단 기준이었다. 서양사학계와 우리나라 역사학계의 역사이론을 비교하기 위해 출판한 『역사란 무엇인가』의 편집에서 이 점이 잘 나타나 있다.[49]

여기에서 거명한 『역사란 무엇인가』는 이기백과 차하순의 공편이므로[50], 공편자의 하나로서 이에 대해 설명하였으니 이 글은 이 책에 관해서는 가장 정확한 것이라 하겠는데, 이에 의거하면 이기백은 "역사이론 자체가 비교사학의 터전 위에 서 있다고 생각"했음이 확인된다. 따라서 내용상 여러 군데에서 언급하고 있으므로, 이기백이 비교사학의 연구 방법 적용을 자신의 3부작 사론집들에서도 역시 견지하고 있었다고 할 밖에 없겠다.

여섯째, 인접학문의 연구 성과를 충실히 활용하였다. 그래서 역사주의와

---

48 이 중에서도 특히 유비의 방법과 관련하여서는 양병우, 「블로크의 비교사학」, 『歷史論抄』, 지식산업사, 1987, p.67 및 요한 구스타프 드로이젠, 이상신 옮김, 「방법론」, 『역사학』, 나남, 2010, p.178 참조.

49 차하순, 「여석과 그의 역사세계」, 『한국사 시민강좌』 제50집, 2012, p.412.

50 이기백 · 차하순 편, 『역사란 무엇인가』, 문학과 지성사, 1976. 원고의 이 부분을 작성하던 중 궁금함을 이겨내지 못하고 2015년 10월 26일(월) 오전 10시 29분 차하순 선생께 댁으로 전화를 드려 15분여 동안 통화하면서 문의하여 이 책의 내용 편성과 관련한 역할 분담 등에 관한 생생한 회고를 듣고 참고하였음을 附記해 둔다.

같은 서양의 역사이론을 위시한 역사학의 전반적인 분야에 천착하여 이를 한국사학에 대한 연구의 초석으로 삼는[51] 데에만 그치지 않고, 인류학·사회학·고고학·민속학 등 다양한 인접 학문 분야에 대한 관심을 확대하여 그 이해 및 수용의 수준을 높이었다. "건국은 세계의 어느 나라에서고 청동기시대 靑銅器時代 이후 … 이것은 인류학人類學의 하나의 기본상식[52]"이라고 한 데에서 인류학의 이론을, "여기서 가계家系라는 말은 사회인류학社會人類學에서 말하는 lineage를 가리킨다[53]"라고 설명한 곳에서 사회인류학의 이론을 활용하고 있음을 확인할 수가 있는 것이다.

(3) 제III범주: 한국사학의 인식 확장

일곱째, 학문에서의 객관성의 중요성을 강조하여[54], 철저한 객관화를 추구하고 또 실현하였다. 그리하여 단적인 예로 3·1운동에 대해서조차도 "3·1운동을 현대에 살리는 길은 그것을 객관화하여 그 참모습을 전해 주는 길밖에 없는 것이다. 그 객관화된 사실이 각자의 가슴에 울려주는 메아리를 듣게 해주는 길밖에 없는 것이다[55]"라고 쓸 정도였다. 심지어 자신 스스로에 대한 것도 열어 놓고 객관화해서 보려는 자세를 견지함으로써, 민족문제와 계급문제에 있어서도 종전에 자신이 지녔던 의견도 과감하게 탈피하여 역사적 진리

---

51 이에 대해서는 노용필, 「이기백의 역사주의 수용과 한국사학의 초석 확립」, 『한국사학사학보』 23, 2011; 이 책의 제2부 제1장 참조.

52 「국사교과서 개편 청원에 대한 국회 문공위에서의 진술」, 1981년 11월 27일; 『한국사상의 재구성』, 1991, p.44.

53 「한국사회발전사론」, 『한국사』 23 총설, 1977; 『한국사학의 방향』, 1978, p.230 각주 32).

54 이와 같은 학문상 객관성의 중요성에 대해서 「한국사학의 바른 길」, 『이화사학연구』 11·12합집, 1981; 『한국사상의 재구성』, 1991, p.69에서 다음과 같이 기술한 바가 참조가 된다. "오늘날 아무리 주관을 강조하는 사람이라 하더라도, 일부의 광신자들을 제외하면, 주관에 의하여 역사적 사실을 날조 내지 왜곡할 수 있다고 주장하는 사람은 없을 것이다. 실제는 그렇게 하더라도, 그러한 주장을 하는 것이 용납될 수 없는 부끄러운 일인 줄 다 안다. 이 한 가지 사실만으로도 학문에 있어서의 객관성의 중요성은 충분히 입증되는 것으로 믿는다."

55 「3·1운동론」, 『사상계』 1962년 3월호; 『민족과 역사』 초판, 1971, p.249; 신판, 1994, p.256.

를 규명하고, 한국사학자로서 한국사학이 장차 자유와 평등을 지향하는 사회 건설에 보탬이 되려고 노력하였다. 학문에서 이러한 태도를 줄곧 견지하려 노력한 그는 그것이 체득이 되어 일상생활에서도 그러했던 것으로 전해진다.[56]

여덟째, 사론을 중시하여 사론을 위주로 삼았다. 사론집 3부작을 〈이기백한국사학논집〉의 맨 첫머리에 편성하였던 게 바로 그 증좌이다. 그가 사론을 지속적으로 집필하여 과거의 것은 말할 것도 없고 현재의 한국사학에 관한 전반적인 문제 제기를 하였을 뿐만 아니라 장차 나아갈 올바른 방향까지를 제시하고 그런 흐름이 진전되도록 적극적인 시도를 하였기에, 이 사론집 3부작이 이루어질 수 있었던 것이다. 이 사론집 3부작 중 『한국사학의 방향』에서는 서명 그대로 '한국사학의 방향'을 제시한 것이며, 또 그 이후의 『한국사상의 재구성』의 간행과 그 서명書名 '한국사상韓國史像의 재구성' 채택 그 자체에도 이기백 자신의 의중을 고스란히 반영한 것이었음이 틀림없다. 여기에다가 그의 편저編著들 중에서는 특히 사론에 관한 게 대부분임을 잊지 않아야 하겠다. 『근대한국사론선』(삼성문화재단, 1973), 『호암사론선』(탐구당, 1975), 『역대한국사론선』(새문사, 1993) 등이 그것이다. 더욱이 개설서에도 자신의 이러한 의도를 반영하여, 『국사신론』 및 『한국사신론』의 모든 판본에 걸쳐 본문 속에도 사론을 포함시키면서 자신의 논지를 줄기차게 펴나갔다고 파악된다.[57]

아홉째, 안목을 지속적으로 확대하여 인류 전체와 세계사로 넓혀 나갔다.

---

56 그의 역사학자로서의 이러한 풍모를 접한 언론인 鄭淳台는 그와의 인터뷰 기사에서 "깔끔한 한복 차림으로 앉은뱅이 탁자 앞에 정좌한 李선생은 자신의 건강에 대한 질문에 담담하게 대답했다. 이런 모습에서 객관화에 익숙한 역사학자의 체질을 물씬 느낄 수 있었다"라고 기록한 바가 있다. 정순태, 「卷頭 특별 인터뷰—한국사신론의 저자 이기백 선생이 말하는 한국사의 大勢와 正統」, 『월간 조선』 2001년 11월호, p.65.

57 노용필, 「『국사신론』·『한국사신론』 본문의 사론」, 한국사학자이기백추모 국제학술대회 발표논문, 2014; 김영한·김한규 (외), 『이기백한국사학의 영향』, 한국사학, 2015; 이 책의 제2부 제2장 참조.

바꾸어 말하면, 안목의 확장을 간단없이 꾀하여 민족에만 국한시키지 않고 인류 전체로, 또한 한국사학에만 제한하지 않고 세계사학으로 인식의 폭을 넓혀 나갔던 것이라 하겠다. 이기백이 한국사학이 세계사학에 대해 기여하는 길로 나아가야 한다고 설파한 대목이 한둘이 아니어서 가장 대표적인 언급을 추리는 게 도리어 어려운 일인데, 엄선하고 또 엄선하여 굳이 하나만 제시해 보이자면, 아래와 같다.

> 이 점은 골품제와 같은 특정 주제에 있어서뿐 아니라 역사 발전의 대세에 있어서도 마찬가지일 것이라고 믿는다. 이에 이르러 한국사학은 단지 한국사 자체를 이해하는 데만이 아니라, 세계사를 이해하는 데에도 공헌할 수 있는 길을 찾게 되는 셈이다. 그리고 그렇게 함으로써 한국사학과 세계사학은 진정한 결합이 이루어지게 되는 것이라고 믿는다.[58]

신라의 골품제도와 같은 주제도 그러하지만 역사발전의 대세를 논함에 있어서도 한국사의 사례가 궁극적으로는 세계사 이해에 공헌할 수 있어야 하며, 그럼으로써 한국사학과 세계사학의 결합이 이루어지게 될 것이라는 게 이 대목의 요지이다. 그리고 방금 앞서 논의한 바대로 이기백에 의해 강조된 비교사학의 연구 방법이 이렇게 하는 데에 역시 적용되었던 것임은 더 말할 여지가 없다.

(4) 제IV범주: 한국사학의 발전 지향

열째, 발전사관發展史觀을 정립하기에 이르렀다. 이를 확연히 표방한 글로 단연 대표적인 것은 『한국사학의 방향』 중 「한국사회발전사론」으로, 여기의 머리 부분에서 "이 글은 자연히 필자의 일정한 관점에서 본 한국사회의 발전사관이 될 것이다. 그러면 여기서 필자가 내세우고자 하는 일정한 관점이란

---

58 「현대의 한국사학」, 『한국학보』 41, 1985; 『한국사상의 재구성』, 1991, p.111.

어떠한 것인가. 그것은 우선 명확한 구체적 사실에 입각해서 한국 사회의 발전 과정을 더듬어 보는 것이다.[59]"라고 한 바이다. 이렇듯이 사론을 통해 발전사관을 제시하고 정립하려 노력하였음을 확인할 수 있음은 물론 이기백한 국사학 자체의 발전의 면모를 사론집 3부작의 간행을 통해 명료하게 확인할 수 있다. 이를 잘 입증해 주는 사례의 하나로, 초기 이래로 '사회경제사학'이라는 용어로 에둘러 거론하던 것을 후기에는 '유물사관'이라 지칭함은 물론—앞에서도 이미 비교적 상세히 언급한 바가 있어 여기서는 재론하지 않겠으나—그의 글 중에서 보기 드문 장문의 논문 「유물사관적 한국사상」을 작성하여 『한국사상의 재구성』에 무려 37쪽에 달할 정도로 편집하여 간행함으로써, 이에 대한 구체적인 비판을 조목조목 분석적으로 가했다는 점을 들어 마땅하다.

열하나째, 사론집 3부작을 통해 이기백은 궁극적으로는 역사적 혹은 학문적 진리에 대한 확고한 믿음과 그 실현을 위한 노력에 온 힘을 기울였다. 그중에 실린 글의 세부적인 장·절 제목 가운데 이 점에 대한 언급을 담은 게 『한국사상의 재구성』의 「학문적 진리에 충실해야—국사교과서 개편시안을 보고」하나뿐이지만, 모든 내용을 면밀히 살피면 다음과 같은 대목들이 찾아진다.

① (따라서) 이 책의 주제는 역사적 존재로서의 한국민족이 된다고 해도 좋을 것이다. 이러한 역사적 이해방법은 한국의 사회와 문화를 인식하는 올바른 길이라고 믿는다. 이것은 또 반면에 역사적 진리를 외면하고도 민족은 어떤 신비로운 힘에 의하여 발전할 수 있으리라고 생각하는 잘못을 배격하는 결과를 가져왔다.[60]

② 혹은 말하기를 옛날 만주滿洲까지를 포함한 넓은 영토를 가진 위대한 국가였음을 강조해야 한다고 한다. …(중략)… 이러한 역사관이 정당한 것일 수 없다는 것은 명백한 일이다. 우리는 이 같은 생각이 싹틀 것을 두려워하여 오늘의 한국

---

59 「한국사회발전사론」, 『한국사』 23 총설, 1977; 『한국사학의 방향』, 1978, p.216.
60 「머리말」, 『민족과 역사』 초판, 1971, pp.3-4; 신판, 1994, pp.iii-iv.

사학이 역사적 진리에 충실해야 한다고 거듭 강조해 왔던 것이다.[61]

주요한 부분을 추리면, "역사적 진리를 외면하고도 민족은 … 발전할 수 있으리라고 생각하는 잘못을 배격(①)"하고, "오늘의 한국사학이 역사적 진리에 충실해야 한다고 거듭 강조해 왔던 것(②)"임을 기꺼이 드러낸 것이다. 이러한 그의 진리에 대한 확고한 믿음 표출은, 이후 말년에 이를수록 더욱 강해졌는데, 생전 마지막으로 자신의 손으로 직접 구성한 저서 『한국사산고』가운데 제1편 「학문과 진리」에 실린 「진리에 대한 믿음을 심어 주는 일」 등 '진리'에 관한 글 7편이 포함된 사실이 이를 잘 입증해 준다. 이럴 정도로 이기백은 진리에 대한 확고한 믿음과 그 실현을 위한 노력에 생애 내내 모든 힘을 경주하였다 해도 옳을 것이다.

이상에서 이기백한국사학 사론집 3부작 출간의 사학사적 의의에 관해 4개 범주로 크게 나누어 11가지의 주요 내용을 살펴보았다. 지금껏 서술한 내용을, 이해 증진을 위해 일목요연하게 도표로 정리하여 제시해 보이면 다음의 〈표 4〉와 같다.

〈표 4〉 이기백한국사학 사론집 삼부작 출간의 사학사적 의의 분석표

범주 구분	순서	주요 내용
I 기본 확립	1	핵심 문제들을 평이한 문장으로 서술
	2	용어의 엄정한 구사와 개념의 정확한 파악 및 제시를 강조
	3	정확한 이해를 명료하게 제시
	4	체계화 작업의 필요성 강조
II 방법 정립	5	비교사학의 방법 적용 견지
	6	인접 학문의 연구 성과를 충실히 활용
III 인식 확장	7	객관성의 중요성을 강조하여 철저한 객관화를 추구하고 실현
	8	사론을 중시하여 사론을 위주로 삼음
	9	안목을 지속적으로 확대
IV 발전 지향	10	발전사관을 정립
	11	역사적 진리에 대한 확고한 믿음과 그 실현을 위한 노력 경주

---

[61] 「史實 과장집필 말아야」, 『동아일보』 1987년 6월 8일; 『한국사상의 재구성』, 1991, p.61.

6. 나머지 말

방금 앞에서 이기백이 "오늘의 한국사학이 역사적 진리에 충실해야 한다고 거듭 강조해" 왔다는 점을 거론하면서, 그 사실을 입증하는 근거로 사론집 3부작 외에도 『한국사산고』에 「진리에 대한 믿음을 심어 주는 일」 등 7편의 글이 실려 있음을 꼽은 바가 있다. 이러한 경우와 거의 마찬가지로 이기백한국사학 전체를 볼 때 사론집 3부작 출간 이후에도 사론들이 담긴 저서들이 적어도 3권이 더 간행되었음을 간과해서는 안 된다. 편의상 출간 연대순으로 열거해 보면 『연사수록』(1994), 『한국전통문화론』(2002), 『한국사산고』(2005)가 그런 범주에 든다. 이 3권의 저서는 한국사학의 전반적인 방면에 대한 자신의 생각을 담아낸 것들이므로, 편의상 이름을 붙이자면 '총론집叢論集[62]'이라 할 수 있지 않을까 생각하는데, 그렇다면 이들 3권의 책들은 〈이기백한국사학논집〉 중 '총론집 3부작'이라 일컬을 수 있다고 본다. 부언하자면 이 '총론집 3부작'의 내용 중에도 적지 않은 사론들이 담겨 있다고 여겨진다고 하겠다.

이 '총론집 3부작' 가운데 우선 『연사수록』은 처음에 문고판의 형태로 출판되었던 『독사수록』(1973)의 내용을 증보하면서 서명도 새로이 이리 바꾼 것으로, 이 점은 〈표 5〉에서 잘 드러나는데, 애초의 『독사수록』부터 사론들이 수록되어 있었음이 쉬이 발견된다. 이러한 면모에 관해서는 더더군다나 이기백이 다음과 같이 정리하여 말한 바를 살피면 잘 알 수가 있다.

역사상의 사실들을 제목으로 하고 간단한 글을 쓸 때, 나는 흔히 역사의 그늘진 면에 대한 관심을 나타내 왔다. 역사에는 양지도 있지만 또 음지도 있는 법이다. 이

---

62 여기에서 취한 '총론집'의 '총론'이라는 용어의 의미는 한글학회, 『우리말 큰 사전』 3, 어문각, 초판, 1992, p.4136에서 "여러 가지 논문, 논설 따위를 모아 놓은 글"이라 한 것과, 국립국어연구원, 『표준국어대사전』 하, 두산동아, 초판 1999, p.6105에 "관련 있는 여러 가지 논문, 논설, 논의, 문장 따위를 모은 글"이라고 풀이되어 있는 것에 따른 것이다.

두 면의 어느 하나만으로는 역사가 성립되지 않는다. 다만 그늘진 부분에 대하여는 일반의 눈이 가리워져 있었던 관계로 자연히 기록도 적게 남아 있는 것이어서 이를 다루기가 힘든 것이다. ⓐ 논문으로서 다루기가 힘든 때문에 이런 조그마한 글들로나마 그 빈자리를 메워보려고 했던 것일는지 모르겠다. 이 책의 Ⅰ「歷史의 그늘」과 Ⅱ「바보 열전」에 실린 글들이 주로 그런 것들이다.

ⓑ Ⅲ「한국사를 보는 눈」과 Ⅳ「한국사 연구의 몇 가지 문제」는 한국사의 연구와 관계되는 것들이다. Ⅲ이 한국사를 보는 관점에 대한 것이라면, Ⅳ는 연구에 대한 비판과 전망에 관한 것이다. 다만 이 책의 성격상 그러한 성질의 글들 중에서 너무 딱딱하지 않은 것을 모아 보았다.[63]

다른 부분에서도 그러하나 우선적으로 각별히 눈여겨 볼 것은 ⓑ부분이다. 이기백은 여기에서 압축하여 설명하기를, 제Ⅲ편「한국사를 보는 눈」은 "한국사를 보는 관점", 그리고 제Ⅳ편「한국사 연구의 몇 가지 문제」는 "연구에 대한 비판과 전망에 관한 것"이라고 하였다. 이로써『연사수록』중에서 다른 부분들은 차치하고서라도 적어도 이 부분은 명명백백하게 사론임이 입증된다.

〈표 5〉『독사수록』과『연사수록』의 목차 비교

『독사수록』		『연사수록』	비교
Ⅴ 學問과 人生		Ⅰ 學問과 人生	○
×		學問이란 무엇인가	△
×		大學과 學問	△
學問·大學·社會		學問·大學·社會	○
	Ⅷ 구름과 火山	學의 精神	○
	學의 精神	—孔子의 學에 대한 思想을 中心으로—	
	길	길—孔子論의 一節—	○
驅儺		驅儺	○
	Ⅶ 因緣 數題	Ⅱ 책과의 因緣	◇
나의 東洋古典觀		나의 東洋古典觀	○
	『論語』와의 因緣	「論語」와의 因緣	○
×		톨스토이 民話集	△

---

63 「머리말」,『독사수록』, 탐구당, 1973, p.3.

	×	『퀴리夫人』(에브 퀴리 著)	△
	×	『굿바이 미스터 칩스』(제임스 힐튼 著)	△
	×	『朝鮮上古史』(申采浩 著)	△
	×	『朴殷植全書』	△
	×	『三國遺事』(一然 著)	△
	×	나의 愛藏書	△
	×	書齋斷想	△
Ⅲ 韓國史를 보는 눈		Ⅲ 韓國史를 보는 눈	○
	×	歷史를 보는 눈	△
韓國史를 어떻게 理解할 것인가		韓國史를 어떻게 이해할 것인가	○
韓國史의 再認識		韓國史의 再認識	○
그릇된 韓國史觀의 問題		그릇된 韓國史觀의 문제	○
	×	植民主義史觀을 다시 批判한다	△
八・一五와 主體意識		8・15와 主體意識	○
古代 韓日關係와 高松塚古墳		×	▽
	×	오늘의 韓國史學	△
	×	韓國史와 國民敎養—韓國史의 認識度에 관한 여론조사를 보고—	△
	×	民族의 발전과 外勢	△
	×	우리 近代史를 보는 視角	△
	×	印度 旅行 斷想—한국사학의 방향모색과 관련하여—	△
	×	中國 旅行에서 느낀 韓國史의 문제들	△
	×	研史隨錄	△
Ⅰ 歷史의 그늘		Ⅳ 歷史의 뒤안길	◇
德物山 이야기		德物山 이야기	○
殉葬餘話		殉葬 餘話	○
	Ⅱ 바보 列傳		
	闞須	闞須	○
	訥催와 그의 奴	訥催와 그의 奴	○
	金庾信의 一面	金庾信의 一面	○
慈藏의 最後		慈藏의 最後	○
	×	郁面婢 哀話	△
	平壤 黃固執	平壤 黃固執	○
歷史上의 바보		歷史上의 바보	○
Ⅶ 因緣 數題		Ⅴ 이름 없는 사람들의 이야기	◇
日吉氏이야기		日吉氏 이야기	○
어느 老婆		어느 老婆	○
	×	이름없는 한 사람의 힘	△
	×	어느 늙은 기술자	△
	×	옥진이의 詩	△
	×	李元鈺 씨의 回想	△
	×	白克煜 선생의 마지막 일	△

○ : 일치하는 경우, ◇ : 다른 경우,
▽ : 『연사수록』에서 제외된 경우, △ : 『연사수록』에 새로 포함된 경우
※ 목차의 순서는 『연사수록』을 기준으로 삼았다. 그러다보니 『독사수록』의 순서는 뒤바뀐 경우가 여럿 있다.

그리고 『한국전통문화론』 역시 구체적인 내용 구성은 〈표 6〉에서 확인되는데, 다른 것은 몰라도 그중 지나쳐서는 안 될 점은 제Ⅳ편 「한국사학의 전통과 현대 한국사학」 부분의 글들이 「유물사관과 현대의 한국사학」과 같은 예에서 두드러지듯이 사론 그 자체라는 사실이다. 게다가 제Ⅴ편 「역사교육론」 또한 초·중학교에서의 역사교육에 관한 것이어서 사론의 한 범주에 속하는 것임이 분명하다.

한편 『한국사산고』의 구체적인 구성은 〈표 7〉에서 살필 수가 있는데, 그 가운데 무엇보다도 제2편 「학문의 열매」는 부제副題가 '서평·논문평'이라 붙여졌으므로 서평과 논문평인지라 곧 사론의 한 유형임에 틀림이 없으며, 더욱이 제3편 「학자의 삶」 또한 학자들의 생애를 연구 업적 중심으로 분석하며 논한 것이어서 역시 사론의 한 유형이라 해야 옳다고 본다. 따라서 이와 같은 『한국사산고』의 제2·3편은 사론집 3부작을 보완하는 내용들로 꾸며진 것으로 손색이 없었다고 해도 과언이 아니다.

또 한편으로 이외의 저서들 중에서 또 주목해 마땅할 1권이 더 있으니, 다름 아닌 『한국고대사론』이다. 이 책의 초판은 1975년에 문고판의 형태로 출간되었다가 1995년에 증보하면서 단행본으로 바꿔 〈이기백한국사학논집〉의 하나로 포함시켰는데, 초판과 증보판의 체재體裁 및 구성상 차이점 등은 〈표 8〉에서 잘 살펴볼 수 있다. 이 책의 성격 분류와 관련해서는 아래의 글에서 이기백이 언급한 바를 경청해 보고 판단해야 한다고 생각한다.

책의 제목을 『한국고대사론』이라 붙이고 보니, 너무 거창스러워지지 않았나 하는 자책自責이 없지 않다. 그렇다고 별로 다른 신통한 생각이 떠오르지도 않아서 고치지 않고 그대로 두기로 하였다.
ⓒ 여기 모아 놓은 소론小論들은 원래 여기저기 필요에 따라서 써냈던 것이다. 따라서 어떤 체계를 미리 머리 속에 생각하면서 쓴 것이 아니다. 그런대로 쌓인 것들이 노상 무질서한 것만도 아니라는 생각이 들어서, 이에 한 권으로 묶어 본 것이다. 최근 고대사에 대한 관심이 비교적 커지고 보면, 이런 보잘것없는 글들이라

도 약간의 도움이 될는지 모르겠다는 생각으로 자위해 볼 뿐이다.

외로운 고대사의 분야를 개척해 나가노라고 애쓴 학자들의 업적이 이 책의 밑거름이 되었다. ⓓ <u>본문에 일일이 주기하지 못한</u> 그들에게 깊은 감사의 뜻을 표하는 바이다.[64]

〈표 6〉『한국전통문화론』(2002) 목차

I 전통문화론
　전통문화와 현대
　전통문화와 현대문화
　김성례 교수의 논평에 대하여
　두 번째 논평에 대한 답변
　한국의 전통문화와 현대적 과제

II 전통문화의 여러 양상
　한국의 원시사상原始思想과 전통문화
　한국 고대의 축제祝祭와 재판裁判
　한국 고대의 '동성불혼同姓不婚'
　국가와 종교를 보는 하나의 시각―순교자殉敎者의 문제―
　삼국시대 불교佛敎 수용의 실제―'불교하사설佛敎下賜說' 비판―
　신분의 벽을 넘은 여성 선구자 평강공주平岡公主
　족보族譜와 현대사회
　역사적 경험에 비춰본 민족의 통일

III 한국문화론
　한국의 문화
　신라의 문화
　고려의 문화

IV 한국사학의 전통과 현대 한국사학
　한국사학사 연구의 방향
　민족주의와 한국사학
　안정복安鼎福의 합리주의적 사실史實 고증
　한국학의 전통과 계승
　해방 50년 한국사 연구의 회고와 전망
　유물사관과 현대의 한국사학
　바닌 교수의 『한국사신론』 서평에 답함
　나의 한국사 연구

V 역사교육론
　초·중학교에서의 역사 교육
　초등학교에서의 역사 교육 ―무엇을 어떻게 가르칠까―

---

64 「머리말」, 『한국고대사론』, 탐구당, 1975, p.3.

〈표 8〉『한국고대사론』 초판과 증보판의 목차 비교

초판	증보판	비교
Ⅰ. 古朝鮮	Ⅰ. 韓國史의 起源	◇
×	우리 역사의 起源	△
×	韓國民族의 社會·文化的 起源	△
檀君神話의 問題點	檀君神話의 문제점	○
古朝鮮의 諸問題	古朝鮮의 諸問題	○
Ⅱ 三國時代의 社會	Ⅱ. 三國時代의 社會	○
三國의 形成	三國의 形成	○
×	三國時代의 社會構造와 身分制度	△
×	百濟史 研究의 課題	△
新羅 骨品制度의 形成	新羅 骨品制度의 形成	○
後三國時代의 豪族	後三國時代의 豪族	○
Ⅳ 古代의 思想	Ⅲ. 古代의 思想	◇
×	韓國 古代의 政治思想	△
佛教의 受容과 固有信仰	佛教의 受容과 固有信仰	○
×	圓光의 空哲學과 現實	△
×	太伯山과 五臺山	△
新羅統一期 儒教思想의 性格	統一新羅期 儒教思想의 性格	○
崔政遠과 그의 著述	崔致遠과 그의 著述	○
韓國의 옛날 祝祭들	韓國의 옛날 祝祭들	○
×	Ⅳ. 研究 調査 數題	△
×	新羅 三山의 意義	△
×	永川 菁堤碑의 再調査	△
×	瑞山 磨崖佛의 如來像	△
×	丹陽 赤城碑 發見의 意義	△
×	中原 高句麗碑 發見의 意議	△
×	中原 高句麗碑의 判讀에 붙여	△
×	景德王代 新羅 寫經의 跋文	△
×	蔚珍 居伐牟羅碑 發見의 意義	△
×	高大 圖書館 所藏의『三國遺事』筆寫本	△
×	『三國史記』舊版本의 刊行年代	△
Ⅲ 古代 韓日關係	Ⅴ. 古代 韓日關係	◇
古代 韓日關係의 檢討	古代 韓日關係의 檢討	○
古代 韓日關係史 研究의 方向	古代 韓日關係史 研究의 方向	○
×	古代 韓日關係와 高松塚古墳	△
Ⅴ 研究의 回顧와 展望	Ⅵ. 研究의 回顧와 展望	○
韓國 古代史와 考古學	韓國 古代史와 考古學	○
韓國 古代史 研究의 回顧와 展望 Ⅰ	韓國 古代史 研究의 回顧와 展望 Ⅰ (1963-1967)	○
韓國 古代史 研究의 回顧와 展望 Ⅱ	韓國 古代史 研究의 回顧와 展望 Ⅱ (1969-1970)	○
×	韓國 古代史 研究 半世紀	△

○:일치하는 경우, ◇:초판과 증보판이 다른 경우, △:신판에 새로 포함된 경우

〈표 9〉〈이기백한국사학논집〉 각 권의 성격 및 차수 구분

순번	서 명	구분			
		성격			차수
1	『民族과 歷史』新版	史論集			1차[65]
2	『韓國史學의 方向』				
3	『韓國史像의 再構成』				
4	『韓國古代史論』增補版	論文集	時代史	古代史	
5	『韓國古代政治社會史研究』				
6	『新羅政治社會史研究』			新羅史	
7	『新羅思想史研究』[66]				
8	『高麗兵制史研究』			高麗史	
9	『高麗貴族社會의 形成』				
10	『韓國史新論』新修版	槪說書			
11	『韓國傳統文化論』	叢論集			2차
12	『韓國古典研究:『三國遺事』와『高麗史』兵志』[67]	論文集	史學史		
13	『韓國史散稿』	叢論集			
14	『韓國現代史論』	飜譯書			
15	『韓國史學史論』	論文集	史學史		遺稿
別集	『研史隨錄』	叢論集			1차

『한국고대사론』에 대해 "여기 모아 놓은 소론들(ⓒ)"의 "본문에 일일이 주기하지 못한(ⓓ)" 점을 거론하고 있음으로 해서, 이기백은 이 책을 논문집으로 여겼던 것으로 헤아려진다. 이 점은 『독사수록』의 내용과 관련한 앞의 글 중에서 "논문으로서 다루기가 힘든 때문에 이런 조그마한 글들로나마 그 빈

---

65 여기에서 차수를 설정하면서 1차라고 표기한 것은 「머리말」, 『한국고대정치사회사연구』, 1996, p. v 에서 "이 책의 간행으로서 저자의 한국사학논집은 일단 마무리를 짓게 되었다"고 하였음에 근거한 것이다. 그 이후에 속간되었으므로 그래서 그 이후는 2차로 구분하였다.

66 『신라정치사회사연구』와 이 책과 연관성에 대해서, 이기백이 「서」, 『신라사상사연구』, 1986, p. iv 에서, "이 『신라사상사연구』는 앞서 출판한 『신라정치사회사연구』와는 한 물체의 두 면이라고 해도 지나치지 않을 정도로 깊은 관련을 가지고 있는 것이다"라고 언급하였음이 크게 참조된다.

67 이 책은 「머리말」, 『한국고대정치사회사연구』, 1996, p. iv의 "이 밖에 『삼국유사』에 관한 논문들이 있으나, 이는 훗날 『삼국유사론』으로 간행하기를 바라고 있기 때문에 여기서는 제외하였다"라고 한 것에서 엿볼 수 있듯이 애초에는 논문집 『삼국유사론』으로 간행할 계획이었다. 그러나 건강상 어렵게 되자 이 논문들에다가 기왕에 출간한 바가 있던 『고려사 병지 역주』 1, 고려사연구회, 1968를 함께 묶어 출간한 것이므로, 애초의 기획 의도에 준하여 이를 논문집으로 구분하는 게 옳지 않나 생각한다

자리를 메워보려고 했던 것(ⓐ)"과 거의 마찬가지이다. 따라서 이 책의 경우는 논문집으로서 고대사 전반의 여러 분야 것들을 망라하여 다루었으므로 총론적인 성격을 띤 것이어서, 〈이기백한국사학논집〉의 전체 구성을 분석하여 도표로 작성한 〈표 9〉를 놓고 볼 때, 이 책이 그 뒤에 이어지는 시대사의 일부로 고대사 및 신라사 등을 전적으로 다룬 논문집들 앞에 편성된 게 아닌가 판단된다고 하겠다.

이 밖에도(앞서 잠시 언급한 바가 있듯이) 이기백에게는 편저로서 3권의 사론선집史論選集이 더 있음을 그냥 지나칠 일이 아니다. 『근대한국사론선』[68], 『호암사론선』[69], 『역대한국사론선』[70] 등이 그러한데, 이 3권의 사론선집을 달리 표현하자면 편의상 '사론선집 3부작'이라 칭해도 무방하지 않나 생각한다. 한국사학 속의 역대 사론들에 대한 지속적인 검토 작업을 통한 이와 같은 '사론선집 3부작'의 출간은 이기백의 사론에 대한 깊은 관심을 극명하게 잘 드러내 보여 주는 것이며, 그러한 역량의 집적을 통해 종국에는 자신의 '사론집 3부작'을 출간했던 것임은 두말할 나위조차 없다.

여기에서 덧붙여 언급해 두고 싶은 것은, 이기백이 '사론집 3부작'은 말할 것도 없고 방금 거론한 '총론집 3부작'과 '사론선집 3부작' 외에 사론과 관련된 유고집遺稿集으로서 『한국사학사론韓國史學史論』 1권이 또 있다는 점이다. 이 책은 이기백이 만년에 이화여대梨花女大에서 행한 한국사학사 전반에

---

68 이 책의 특징은 「서」, 이기백 편저, 『근대한국사론선』, 삼성문화재단, 1973, p.1에서, "오늘의 한국사학이 자라난 밑거름이 되었다고 생각되는 한국사에 대한 일반적인 사론들, 특히 한국사를 이해하는 방법론에 대한 논설들을 모아 본 것이 이 책이다. 현대의 한국사학과의 연결을 고려한 관계로 대체로 3·1운동 이후에 발표된 것들에 한하게 되었다"고 하였음에 잘 드러나 있다.

69 「편자 서」, 문일평 저, 이기백 편, 『호암사론선』, 탐구당, 1975, p.3에서, "湖岩 文一平의 글 중에서 한국사의 큰 줄기를 어떻게 이해해야 하는가를 적은 몇 개를 뽑아서 한 권의 책으로 엮어 보았다"라 하였음에 이 책의 성격이 잘 드러나 있다.

70 「머리말」, 이기백 편, 『역대한국사론선』, 새문사, 1993. p.1에서 "실은 근대 이전을 포함한 전시대의 한국사론을 모았으면 하는 것이 편자의 원래 희망이었다. 그 희망이 『근대한국사론선』을 낸 지 20년 만에 이제 겨우 이루어지게 된 셈이다"라 하였음에서 『근대한국사론선』과 이 책과의 상관관계를 잘 알 수가 있다.

관한 강의 내용의 녹취록을 교정 및 보완 작업을 직접 하다가 타계한 후, 그 제자들의 손으로 정리되어 출간된 것인데, 생전에 완성을 하였다면 이기백은 〈이기백한국사학논집〉 가운데 사학사를 전적으로 다룬 논문집의 하나로 삼았을 것으로 가늠된다. 이는 '3부작 사론선집' 중 특히 『역대한국사론선』을 토대로 정리한 저술이어서, 그의 사론을 총체적으로 논할 때 부분적으로 참조가 될 것이다.[71]

---

71 예컨대 『韓國史學史論』, 2011의 제4장 「애국적 계몽사학」 p.114의 〈표 1〉 교과용 국사서 일람표를 위시해서 p.145의 〈표 2〉 구국 영웅 전기 일람표 등 이 책에 실린 모든 도표들은 이기백 자신의 친필로 직접 작성했던 것을 활자화하였으므로, 더욱 그러하다 하겠다.

제2부 탐구 편

"민족에 대한 사랑과
진리에 대한 믿음은
둘이 아니라 하나다"

　　　　이기백

『한국사신론』 한글판 머리말
　　　　1998년 가을

제1장
이기백의 역사주의 수용과 한국사학의 초석 확립

1. 한국사 연구를 통한 세계사 연구에 대한 공헌 강조

이기백은, 한국사의 보편성普遍性과 특수성特殊性에 관해 논하면서 "한국사와 세계사와는 서로 뗄 수 없는 긴밀한 관계에 있다. 서로가 도움을 받고 도움을 주어야 하는 것이다. … 서양사의 연구수준이야 어떻든 한국사의 연구만은 발전할 수 있다고 생각하는 것은 분명히 어리석은 잘못된 생각이다[1]"라는 고언苦言을 서슴지 않았다. 뿐더러 한국사학의 연구자들이 역사이론歷史理論 및 서양사의 지식을 의당 갖추어야 한다는 점을 강조하면서 "한국사를 올바로 이해하기 위해서 이론은 불가결의 것이다. 그러나 기성이론旣成理論이 항상 옳은 것이 아니란 점도 충분히 고려에 넣어야만 한다. … 어떻든 한국사의 이해를 위하여 동양사나 서양사는 알아도 좋고 몰라도 좋은 그런 것이 아니라 반드시 알아야만 하는 필수의 지식이다[2]"라고까지 설파한 바가 있다. 이런 가운데 한국사학에 끼친 여러 역사이론의 영향과 관련하여, 특히 아래와

---

1 「한국사의 보편성과 특수성」, 『이화사학연구』 6·7합집, 1973; 『한국사학의 방향』, 1978, p.141.
2 「현대 한국사학의 방향」, 『문학과 지성』 1974년 겨울호; 『한국사학의 방향』, 1978, pp.165-166.

같이 밝히고 있음이 주목된다.

> 우선 이론적인 점에서, 헤겔의 이성적인 사관이라든지 마르크스의 유물사관이
> 라든가, 아날학파 이론이라든가 등등 우리 역사학에 끼친 영향이 큽니다. 많은 역
> 사가들이 그런 영향을 받고 자랐고, 지금도 그런 영향을 받으면서 성장하고 있습
> 니다.[3]

헤겔의 이성을 강조하는 사관은 물론 마르크스의 유물사관뿐만 아니라 아
날학파의 그것 등등이 우리 역사학 곧 한국사학에 끼친 영향이 크다는 것을
인정하는 한편, 이전에도 그랬고 지금도 그래서 한국사학이 성장하고 있다
는 사실을 지적하고 있는 것이다. 말하자면 이기백은 한국사학의 발전에 여
러 역사이론의 수용이 크게 기여하였음을 온전히 평가하고 있는 것이라 하
겠다.

이러한 인식을 바탕으로 그는 특히 시대구분 문제의 정리에 적지 않은 정
력을 기울였는데, 그러다보니 자연스레 한국사와 세계사와의 관련성에 대해
서도 더더욱 세세한 언급을 하지 않을 수 없었던 듯하다. 다음의 구절에 이에
대한 그의 구상構想이 잘 집약되어 있다.

> 시대구분의 용어는, 한편 세계사에서 공통적으로 사용되는 것이라면 이상적이
> 랄 수 있다. 이것은 한국사의 구체적 내용을 표현하는 동시에 세계사와의 관련성
> 도 설명해주기 때문이다. 그러나 현 단계에서는 난점도 있다. 왜냐하면 세계사라
> 는 이름 아래 공용되는 용어들이 실은 유럽사에서 공용되는 것에 불과하며, 한국
> 사 내지는 동양 여러 나라의 역사를 변형적인 역사로 오인케 하는 결과를 초래하
> 고 있기 때문이다. …(중략)… 이 과정에서 한국사의 그것들의 성격이 저들로 해서
> 더 명확하게 인식될 것이 분명하지만, 한편 한국사의 그것들로 인해서 저들의 성
> 격이 밝혀지는 국면이 있을 것도 또한 명백한 일이다.

---

3 「한국사학사 연구의 방향」,『한국사학사학보』1, 2000;『한국전통문화론』, 2002, p.215.

이에 이르러 한국사의 연구가 세계사의 연구에 공헌해야 한다는 무거운 책임의 일부가 이루어지는 것이다. 그리고 세계사적인 역사발전의 법칙은 이러한 기반 위에서만 완미完美해질 수가 있다.[4]

시대구분의 용어가 구체적인 내용을 표현하는 동시에 세계사와의 관련성도 설명해 줄 수 있어야 함을 언급하면서, 세계사의 그것으로 한국사의 그것이 더욱 명확히 되는 한편 한국사의 그것으로 세계사의 그것의 성격도 밝혀지는 국면이 있을 수 있음을 지적하였던 것이다. 그렇게 함으로써 세계사적인 역사발전의 법칙이라는 것도 부족함이 없는 게 될 터인데, 따라서 "한국사의 연구가 세계사의 연구에 공헌해야 한다"는 책임이 비로소 달성될 것임을 강조하였던 것이다.

이기백은 결국, 한국사학이 발전하기 위해서는 동양사든 서양사든 가릴 것 없이 세계사에 관한 지식을 필수적으로 갖추고, 지금까지 그래왔듯이 어떠한 역사이론일지라도 적극 수용하여 그 토대를 마련해야 한다는 것이다. 그리고 그렇게 해서 한국사의 연구를 통하여 나아가 종국에는 세계사 연구에 대해 공헌을 할 수 있게끔 해야 한다는 것을 힘주어 말하고 있는 것이라 하겠다. 이러한 그의 지론持論은 일본 와세다대학早稻田大學 유학시절에 공부하기 시작하여 지니게 된 역사주의歷史主義를 위시한 여러 역사이론에 대한 지식과, 그 자신이 간단間斷없이 역사를 연구하면서 지속적으로 해온 깊은 통찰의 산물임은 두말할 나위가 없을 것이다.

2. 일본 유학시절 이기백의 역사이론 공부

이기백은 1989년에 작성한 자전적인 글에서, 1942년 가을 와세다대학 문

---

4 「한국사의 시대구분 문제」, 한국경제사학회 편, 『한국사시대구분론』, 을유문화사, 1970; 『민족과 역사』 초판, 1971, pp.16~17; 신판, 1994, pp.59~60.

학부文學部의 사학과史學科에 진학하여 "강의로 野々村戒三 교수의 사학개론史學概論, 淸水泰次 교수의 동양사개설東洋史槪說, 福井康順 교수의 동양철학사東洋哲學史, 會津八一 교수의 동양미술사東洋美術史 등을 들었었다[5]"고 회고한 바가 있다. 수강 과목 중에서 동양사東洋史, 곧 중국사 과목이 여럿으로 그 비중이 컸음이 특징이라 하겠으며, 다른 한편으로는 어떤 강의보다도 먼저 사학개론 과목을 꼽고 있음이 그만큼 그 자신이 이 과목을 중시했음을 드러내 주는 것이라 여겨진다. 그가 무엇보다도 사학개론 과목을 중시했다는 사실은 아래와 같은 기록을 통해서도 여실히 입증이 된다.

그 뒤 일본으로 유학 가서 대학 사학과에 진학했을 때에, 당연히 사학개론을 들었습니다. 노노무라野々村戒三 교수의 『사학요론史學要論』을 가지고 강의를 들었는데, 그 책은 사료수집, 비판, 종합, 서술 등 기술적인 것에만 집중되었고 사학사적 서술이 없었습니다. 당시 베른하임의 『역사학입문』이 일본어로 『역사란 무엇인가』로 번역되어 이와나미문고岩波文庫로 나와 있어서 널리 읽혔습니다. … 일제시대에 베른하임과 마찬가지로 유명하게 읽힌 책이 크로체의 『역사서술의 이론과 역사』인데, 역사서술의 역사란 사학사입니다. 그 부분이 책의 절반입니다[6]

앞에서 노노무라野々村戒三 교수의 사학개론 강의를 수강했노라고 했고, 여기에서 노노무라 교수의 『사학요론』을 가지고 강의를 들었다고 했음으로 보아 노노무라 교수의 강의를 그의 저서 『사학요론』를 가지고 들었던 것임을 알겠다. 하지만 이 책에 이기백은 크게 만족하지를 못했던 것 같은데, 사료수집 등 "기술적인 것에만 집중되었고 사학사적 서술이 없었"기 때문이었다. 그래서 사학사 위주의 내용이면서 당시에 이미 일역본日譯本이 나와 있었던 베른하임의 『역사학입문』과 크로체의 『역사서술의 이론과 역사』를 선호하

---

5 「학문적 고투의 연속」, 『한국사 시민강좌』 제4집, 1989; 『연사수록』, 1994, p.231.
6 「한국사학사 연구의 방향」, 『한국전통문화론』, 2002, p.211.

게 되었던 것 같다.[7] 어떻든 이기백은 사학개론 강의 수강을 계기로, 베른하임과 크로체의 책을 통해 사학사에 눈뜨게 되었다고 보아 틀림이 없겠다.

그러는 한편으로 이기백은 유학시절에 또한 랑케·헤겔·마이네케의 역사이론에 대해서도 접하고 이에 관심을 크게 기울이게 되었다. 그 자신이 랑케 등의 역사이론에 관해 공부한 사실에 대한 술회는 다음의 기록에 보인다.

> 나는 1941년에 일본의 와세다早稻田 대학에 입학했는데, 그때에 읽은 랑케 L.Ranke의『강국론强國論』이 나의 민족주의적인 사고를 더욱 굳게 했다. …(중략)… 그러는 한편으로 헤겔G.W.F. Hegel의『역사철학서론歷史哲學序論』과 마이네케F. Meinecke의『역사주의의 입장』(원래 제목은『역사적 감각과 역사의 의미』)도 퍽 흥미있게 읽었다[8]

1941년, 곧 1924년생인 그의 나이로는 18살 때 유학 중이던 당시에 그 자신이 랑케의『강국론』, 헤겔의『역사철학서론』, 마이네케의『역사주의의 입장』 등을 퍽 흥미 있게 읽었음을 밝히고 있는데, 이는 그만큼 본격적으로 랑케·헤겔·마이네케의 역사이론을 공부하기 시작하여 자연히 그들의 영향을 깊숙이 받았음을 일러 줌에 다름 아닐 것이다. 그런데 이 기록을 접하면서 떠오른 생각의 한 자락을 펼쳐 보이면, 이런 사실을 밝히고 있는 이 글이 2003

---

7 그렇다고는 하더라도 이들 책의 日譯本에 관한 정보는 역시 노노무라의 강의를 통해『사학요론』을 보고 알게 되었던 게 아닌가 싶다. 野々村戒三,『史學要目』, 早稻田大學出版部, 1937의 부록「參考書目」에는 '사학방법론·사학의 원리 및 역사철학·사학사·修史의 문학적 방면' 등의 세부 항목이 있고, 여기에서 관련 書目을 제시한 후 상세한 내용 설명을 곁들였는데, 여기에서 베른하임과 크로체의 책을 자상하게 소개하고 있기 때문이다. p.461에서는 베른하임의『사학개론』, 즉『역사학입문』에 대해서 "간단하지만 자못 요령이 있는 名著"라고 평가하면서 일본어로『역사란 무엇인가』라는 제목으로 岩波書店으로부터 출판되었다는 사실을 안내하고 있으며, p.470에서는 크로체의『역사서술의 이론과 역사』에 관해 그의 체계적 저술인『精神의 철학』의 제4권으로 "뭔가 異彩를 띠고 있으며, 저자의 면목을 또렷하게 드러낸다"고 소개하면서 Ainslie의 英譯本과 羽仁五郞의 日譯本도 있음을 정리해두었으므로 그러했던 게 아닐까 추측하게 된다. 아울러 野々村戒三,『史學槪論』, 早稻田大學出판部, 1929, p.388 및 이 책의 p.275의 각주 15) 참조.
8 「한국사의 진실을 찾아서」, 제2회 한·일역사가회의에서의 발표, 2003;『한국사 시민강좌』제35집, 2004;『한국사산고』, 2005, p.105.

년 그가 타계他界하기 바로 1년 전에 구두口頭로 그것도 한일역사가대회韓日歷史家大會에서 처음 발표한 것이라는 점을 그냥 지나쳐서는 안 되지 않나 하는 것이었다. 그가 이러한 측면을 이즈음에야 이런 자리를 빌려 비로소 처음으로 밝힌 게 곧 그 자신의 일본유학 시절에 처음으로 접한 이후로 줄곧 이들 역사이론서를 지니고 지내면서 때때로 되새김하고 또 확인하곤 했었음을 내비친 것이라 새겨진다는 것이다. 즉 그만큼 랑케를 위시한 헤겔·마이네케의 역사이론이 그의 한국사학 연구에 있어서 빼놓을 수 없는, 그래서 빼놓아서는 안 되는 초석礎石이었음을 알려 준다고 하겠다.

3. 역사주의의 수용과 이기백의 사학사 연구

이기백이 한국사학 연구를 진행해 나가면서, 베른하임·크로체의 사학사 및 헤겔·랑케·마이네케 등의 역사이론 관련서들을 읽고 그 영향을 받았다고 해서, 이를 곧 역사주의의 수용이라고 할 수 있는가 하는 질문이 생길 수 있다. 앞으로 상론詳論할 바이지만 이들 가운데 크로체만이 이탈리아 태생이고 그 이외 모두는 독일 태생이었고, 또한 크로체도 태생만 그럴 뿐 다른 이들처럼 주로 독일에서 학술활동을 펼쳤으므로, 이들 모두는 기실은 당대 독일 역사학의 큰 조류였던 역사주의 역사학자의 일원이라고 여겨 무방하다. 그런데다가 마이네케의 저서 『역사주의의 성립』 및 『역사주의의 입장』에 공히 '역사주의'가 내포되어 있을 뿐더러, 그 내용에 있어서도 헤겔·랑케·크로체 등의 역사주의 성향에 관해 상세히 언급하고 있음으로 해서, 이들 모두의 공통共通 분모分母는 역사주의에 있었다고 해서 잘못이 물론 아닐 것이다.

이들의 이러한 저서들을 이기백이 일본유학 시절에 흥미롭게 읽었음은 말할 것도 없고 이를 내내 소장하고 있으면서 틈틈이 참고하였을 뿐만이 아니라, 뒤에서 언급하는 바처럼 자신의 일부 논문에서 이들의 내용을 직접 인용하기도 하였음은 물론, 특히 베른하임의 국역본國譯本 『역사학입문』의 경우에는 역사학도들에게 읽기를 즐겨 권하기도 하였다. 그러므로 한국에서의 역사주의 수용 문제를 논하면서, 이를 적극 수용했을 뿐만 아니라 초석으로 삼음으로써 한국사학을 발전시킨 대표적인 역사학자의 하나로서 이기백을 최우선으로 꼽기에 전혀 주저할 바가 없다고 생각한다.

(1) 베른하임 『역사학입문』과 단계별 특징 설정의 사학사

에른스트 베른하임Ernst Bernheim(1850~1942)은 1905년에 *Einleitung in die Geschichtswissenschaft*(『역사학입문』)을 첫 출판한 이후 판版을 거듭할 때마다 수정하여 보완하였으며, 그러다가 1920년에는 신개정판新改訂版을 내기에 이르렀다. 그러자 이것을 저본底本 삼아 1922년 일본에서 일역본日譯本 초판初版이 출판되었는데, 그 본문의 서명書名 아래에 보면 저자의 설명이 있어 눈길을 끈다. 길지 않은 내용이지만, 베른하임 자신이 『역사학입문』을 어떤 의도에서 저술했는지를 엿볼 수 있어 요긴하므로, 인용하면 다음이다.

> 본서 대부분은 나의 『역사연구의 방법학方法學 교본敎本』(1908년 제5 및 6판)의 내용을 발행자 Duncker & Humbolt의 양해를 얻어서 단축短縮한 것이고, 그 밖에 있어서는 전문적 소양이 없는 사람들을 위한 사학입문史學入門에 적합하다고 생각되도록, 독립적으로 술작述作한 것이다. 그러니까 더욱더 깊게 배워보고자 하는 사람에게는 나는 이 모두冒頭에다가 일반적으로 전기前記 교본敎本을 지시해 두고, 책 가운데서 드러내고 이를 원용援用하는 것은 단지 특수한 경우에 있어서뿐이다[9]

이를 통해서 베른하임의 『역사학입문』은 그 자신이 앞서 저술하여 1908년에 출판한 바 있던 『역사연구의 방법학 교본』 제5판 및 제6판을 '단축'하기도 했지만 전문적 소양이 없는 이들을 위한 사학입문에 적합하도록 독립적으

---

9 Ernst Bernheim, *Einleitung in die Geschichtswissenschaft*, 1905; 新改訂版, 1920; 坂口昻・小野鐵二 共譯, 『歷史とは何ぞや』 初版, 岩波書店, 1922, p.1.

로 저술된 것임을 알 수 있는 것이다. 그러면서도 더욱 깊게 공부하고자 하는 사람들을 위해『역사연구의 방법학 교본』을 적시摘示하기도 했음을 밝히고 있어, 이『역사학입문』이 전문적인 공부를 하려는 이들을 위해서도 고안考案된 것임을 알 수 있는데[10], 이러한 측면은 베른하임이 1921년 7월에 작성한 일역본「서문」에서 이 책의 저술 목적에 대해 피력하기를 "원래 … 사학史學의 근본적인 양상을 개진開陳해서 역사연구의 보조수단을 제공하는 것"이며, 그래서 "이 책이 바라건대 먼 나라에서 우리들의 학문에 종사하는 청년제군 靑年諸君에게 도움이 되는 바가 있기를"[11]이라고 한 사실에서도 잘 드러나고 있다고 여겨진다. 베른하임이 이와 같이 전문성을 띤 내용을 곁들여『역사학입문』을 독립적으로 낼 수 있었던 토대는 그 자신이 술회한 바대로 1889년에 출간한『역사연구의 방법학 교본』[12]이었으며, 게다가 이 책 이전에도 그 자신

10 이후에 나온 *Einleitung in die Geschichtswissenschaft* 補訂版, 1935을 日譯한 坂口昻·小野鐵二 共譯,『歷史とは何ぞや』改譯版, 岩波書店, 1935; 改版, 1966, p.19에는 이와는 달리 "本書는 부분적으로는 나의 *Lehrb. d. histor. mothode*, 5. u. 6. Aufl. 1908 : Duncker & Humbolt의 내용을 발행자의 양해를 얻어 단축하고, 그밖에는 전문적 소양이 없는 사람들을 위해서도 사학입문에 적합하도록 독립적으로 述作한 것이다"라고 되어 있어 이 책이 전문적 소양이 없는 이들을 위한 사학입문으로만 여겨질 수도 있게 표현되어 있다. 더더군다나 *Einleitung in die Geschichtswissenschaft* 제4판, 1926을 國譯한 趙璣濬 역,『사학개론』, 정연사, 1954, p.7;『역사학입문』, 정음사, 1976;『사학개론』, 삼성출판사, 1993, p.11에는 "이 책은 일부는 필자의 저서인『역사방법론의 교본』(Lehrbuch der historischen Methode. 1908. 5. und 6. Aufl.)의 내용을 발행자(Duncker & Humbolt)의 양해하에 축소하였고, 기타의 점에 대해서는 전문적 소양이 없는 사람들이 역사학을 이해하는 데 적합하도록 따로이 다시 이를 改作한 것이다"라고 되어 있어, 이 책이 마치 전문성은 전혀 띠지 않는 것처럼 오인할 여지가 충분히 있다고 판단된다. 하지만 이는 방금 본 베른하임의 본래 취지와는 사뭇 다른 것임은 말할 나위가 없다고 하겠다. 1935년의 補訂版을 國譯한 것으로 판단되는 박광순 옮김,『역사학 입문』, 범우사, 1985에는 이 대목이 일체 누락되어 있음을 附記해 두는 바이다.

11 앞의 日譯本『歷史とは何ぞや』初版, 1922, p.7 및 改譯版, 1935; 改版, 1966, p.6.

12 이 책의 제목이 '*Lehrbuch der historischen methode*'라고만 혹간 略記되기도 했지만, 원래는 Ernst Bernheim, *Lehrbuch der historischen methode und Geschichtsphilosophie*, Duncker & Humbolt, 1889; 5. und 6. Aufl., 1908이 옳다. 그리고 서명의 日譯을 흔히『歷史研究의 方法學 敎本』이라고 하므로, 저자도 혼란을 초래하지 않기 위해 이를 따르지만, 小林秀雄 譯,『史學研究法』, 東京 : 立敎大學史學會, 1931에 의거하면『史學研究法』이라 했음을 알 수 있는데, 일본 연구자들조차도 이 책의 출판 사실을 지금까지도 잘 모르고 있는 것 같다.

의 박사학위논문으로서 이미 1880년에『역사연구와 역사철학』[13]이 제출된 바가 있었으므로, 이러한 전문적 측면이 진작부터 그 자신에게 갖춰져 있었음은 물론이다.[14]

특히, 에른스트 베른하임의『역사학입문』이 1905년에 첫 간행이 이루어진 후, 얼마 지나지 않은 1916년에 이르러 베네데토 크로체Benedetto Croce가 처녀 출판한『역사서술의 이론과 역사』에서 역사철학의 관념적 성립 및 해체에 대해 설명하면서 특히 역사철학과 역사의 차이가 무엇인지를 밝히다가, 이 책의 일부를 직접 거론하고 있는 대목이 크게 주목된다. 아래와 같다.

> 방법론에 관한 저술가著述家들은 또한 경험론자經驗論者들이며 따라서 절충주의자折衷主義者들이므로, 이들 사이에 있어서도, 고문서古文書의 수집 및 고증考證과 사실史實의 복원을 일삼는 역사와 '역사철학' 두 가지로 분류되는 방법이 보인다(베른하임의「역사학입문」은 이런 종류의 대표적인 유형이다).[15]

다름 아니라 크로체의 이『역사서술의 이론과 역사』가 이른바『정신의 철학』4부작 최종결산으로서 그의 역사이론의 대표적인 것이므로 사학이론에

---

13 Ernst Bernheim, *Geschichforschung und Geschichtsphilosophie*, 1880.

14 小林秀雄 譯의『史學研究法』에 대해 전혀 언급하고 있지 않기는 하지만,『역사연구의 방법학교본』을 본격적으로 거론하고, 이 책을 Droysen의『사학론』과 함께 '19세기 독일사학 방법론의 2大 古典'으로 지칭하면서 베른하임의 사학사상에 대해 본격적인 논의한 安田達也(Kisida Tatsuya),「ベルンハイムの史學思想的位置」,『名古屋大學教養部紀要』18, 1974;『ドイツ社會思想史研究』, 1976, pp.86–114가 참조된다.

15 Benedetto Croce, *History its theory and practice*, authorized translation by Douglas Ainslie, New York : Harcourt, Brace and Company, 1921, pp.70–71; 이상신 역,「" 역사철학"의 생성과 그 개념의 해체」,『역사의 이론과 역사』, 삼영사, 1978, pp.66–67; 羽仁五郎 譯,『歷史敍述の理論及び歷史』, 岩波書店, 1940, p.91; 新版『歷史の理論と歷史』, 岩波書店, 1952. 인용문의 國譯은 英譯本과 日譯本을 대조하여 저자가 손질한 것이다. 베른하임의 저서에 관해, 영역본에서는 'manual'이라 했고, 일역본에서는 '교과서'라고 했으며, 이상신의 국역에서는 '『역사학입문』'이라 했는데, 의미상으로는『역사학입문』이 틀림이 없는 것으로 여겨 이를 취하기로 하였다.

있어서의 고전적인 저작으로서 널리 읽혀지고 있는 것인데[16], 크로체가 이 책 속에서 역사철학과 역사의 차이에 관해 언급하다가 베른하임의 『역사학입문』을 거론하고 있다는 사실 자체가, 이와 관련하여 꽤나 의미가 있는 지적이 이 책에 담겨 있기 때문이라 생각되었다. 그래서 크로체가 거론한 이 부분을 면밀히 검토해 보니, 더욱이 크로체 자신의 이 책의 제목 자체에 고스란히 담겨져 있듯이 역사서술의 이론과 나아가 그 역사서술의 역사와 직결되는 대목이므로 더욱 그러하다고 여겨졌으며, 이는 베른하임의 『역사학입문』 내용상 특징을 헤아림에 있어서 적어도 하나의 중요한 전범典範이 되는 것으로 판단된다.

한편 베른하임의 이 『역사학입문』에 관해서 당시 일본 사학계에서는 어떠한 평가가 있었던가. 이미 앞서 살폈듯이, 이기백이 직접 강의를 들었던 노노무라野々村戒三 교수의 저작 『사학요론』에서도 이 책을 높이 평가하고 있었을 정도로 『역사학입문』에 대한 이러한 평판이 일반적이었던 모양인데, 이와 관련하여 보다 구체적인 예는 아래의 글이다.

사학이론에 관한 것으로서는 다음의 여러 책을 참고할 수 있을 것이다.

(54) Bernheim, *Lehrbuch der historischen mothode und der Geschichts-philosophie*, 1908.

(55) Bernheim, *Einleitung in die Geschichtswissenschaft*, 1926.

(54)는 역사이론을 가장 체계적으로 가장 치밀緻密하게 전개시킨 것이지만, 절판絶版이어서 입수入手하기가 곤란하다. (55)는 대체로 (54)의 내용을 압축시킨 것이어서 역사이론의 입문으로서는 가장 적당한 것일 것이다. 이것의 일역日譯에는 다음의 책이 있다.

(55) ベルンハイム 歴史とは何ぞや 坂口・小野 共譯(岩波書店) 〇.四〇[17]

---

16 吉玄謀, 「크로체의 歷史理論」, 『西洋史學史論』, 法文社, 1977, p.312.
17 「文獻解題」, 哲學敎養講座 5 『歷史』, 三笠書房, 1939, pp.316-317.

이 글 가운데 (54)는 제목을 일역日譯하여 『역사연구의 방법학 교본』이라 일컫고 있었던 것으로, 이에 대해 "역사이론을 가장 체계적으로 가장 치밀하게 전개시킨 것"이라 극찬하고 있으며, (55)가 곧 『역사란 무엇인가』라는 제목으로 일역본이 나온 『역사학입문』에 관한 것인데 앞의 것을 압축시킨 것이라 소개하면서 "역사이론의 입문으로서는 가장 적당한 것"이라 높이 평가하고 있음을 볼 수 있다. 베른하임의 『역사학입문』이 역사이론의 입문으로서 당시 일본에서 이렇게 높이 평가받고 있었으므로, 이기백도 역시 이러한 평판을 듣고 이를 구입하여 열심히 읽고 공부했던 것이라 하겠다. 그러기에 이 책에 대해 다음과 같은 생각을 늘 지니게 되었던 것이라 헤아려진다.

당시 베른하임의 『역사학입문』이 일본어로 『역사란 무엇인가』로 번역되어 이와나미문고岩波書店로 나와 있어서 널리 읽혔습니다. 해방 뒤 조기준趙璣濬 선생이 번역하여 6·25 후에 『사학개론』이란 이름으로 출판했고, 정음문고에서 『역사학입문』이라는 제목으로 재판이 나와 있는데, 오늘의 대학생들은 별로 읽지 않는 것 같고, 또 교수님들도 추천하지 않는 것 같습니다만, 저는 개인적으로 누가 물으면 아직도 그 책을 추천하고 있습니다. 그만큼 호감을 가지고 있습니다. 그 책의 맨 처음은 사학사로 시작합니다. 사학사를 크게 설화적 역사, 교훈적 역사, 발전적(발생적) 역사라는 3단계로 나누고 있습니다. 그렇게 역사학 입문이라는 것이 사학사에 대한 고찰로 시작됩니다[18]

이기백은 베른하임의 『역사학입문』에 관해 일본과 한국에서 출판된 번역본들을 구체적으로 소개한 후, 혹 누가 물으면 자신은 이 책을 추천할 정도로 호감을 지니고 있음을 드러내고 있는 것이다. 그러면서 이어서 이 책이 역사학 입문을 사학사에 대한 고찰로 시작하였음을 설명하는 것으로 보아, 깊은 호감을 가지게 된 게 바로 이러한 『역사학입문』의 내용 구성 때문이었음을 밝힌 것이라 판단되는데, 특히 "사학사를 크게 설화적 역사, 교훈적 역사, 발

---

18 「한국사학사 연구의 방향」, 『韓國史學史學報』 1, 2000; 『韓國傳統文化論』, 2002, pp.210-211.

전적(발생적) 역사라는 3단계로 나누고 있"는 것에 대해 특기하고 있음이 주목된다. 한마디로 베른하임의 『역사학입문』에서 사학사를 단계별로 나누어 특징을 설정한 것에 대해 자신의 관심이 깊었음을 말하고 있는 것이라 하겠다. 이러한 베른하임 『역사학입문』의 단계별 특징 설정의 사학사 서술에 관해서는, 이기백이 다음의 글에서 보다 더 상세히 언급을 하고 있음을 그냥 지나칠 수는 없다.

> 베른하임은 설화적 역사―교훈적 역사―발전적 역사라고 했는데, 아직도 생명력을 가지는 사학사의 줄기가 아닌가 저는 생각하고 있습니다. 베른하임이 처음부터 억지로 그렇게 한 것이 아니라, 『일리아드』나 『오디세이』 등을 종합적으로 고찰하다 보니까 그런 결론이 얻어진 것이거든요. 그와 마찬가지로 우리도 우리나라 역사학의 발전과정을 구체적인 정확한 개별적 사실을 토대로 해서 체계화하는 노력이 필요합니다. 그 속에서 개별적인 역사적 사실들이 차지하는 위치를 규정하는 것, 그것이 사학사 연구의 방법이 될 것이라고 생각합니다[19]

베른하임 『역사학입문』에서 단계별 특징을 설정하기를 "설화적 역사―교훈적 역사―발전적 역사"라고 했음을 재론하면서, 이를 "아직도 생명력을 가지는 사학사의 줄기"로 여기고 있다고 밝혔다, 그리고 그 이유는 『일리아드』·『오디세이』와 같은 구체적인 전거典據를 제시하면서 "종합적으로 고찰"한 것이라는 데에 있음도 곁들였다. 뒤이어 우리나라에서도 이와 같이 "역사학의 발전과정을 구체적인 정확한 개별적 사실을 토대로 해서 체계화하는 노력이 필요"하다고 힘주어 말한 뒤, 사학사 연구 방법으로서 "그 속에서 개별적인 역사적 사실들이 차지하는 위치를 규정하는 것"을 제시하고 있는 것이다. 결국 이기백은 일본유학의 학창 시절부터 베른하임 『역사학입문』을 통독하고 이해함으로써 역사학의 발전 과정을 단계별로 특징을 찾아

---

19 「한국사학사 연구의 방향」, 『韓國史學史學報』 1, 2000; 『韓國傳統文化論』, 2002, p.214.

설정하는 사학사 연구 방법을 익히고 이를 적극 활용해야 한다는 지론을 지니게 되었으며, 이러한 연구 방법을 한국사학에서도 구현하고자 하였던 것이라 하겠다.[20]

아울러 위의 이기백의 발언 가운데 각별히 주목하고자 하는 점은 다음의 3가지이다. 첫째 '역사학의 발전과정'이라는 표현을 취한 데에서, 그가 '발전성發展性'의 개념을 염두에 두고 있다는 점이다. 둘째 한 단락의 문장 속에서 '개별적 사실'과 '개별적인 역사적 사실'이라고 하여 '개별성個別的'이란 용어를 강조하여 거듭 구사함으로써 '개별성'의 개념을 활용하고 있다는 점이다. 그리고 셋째 '체계화體系化'와 '그 속에서 개별적인 역사적 사실들이 차지하는 위치를 규정하는 것'이라는 대목에서 '관련성聯關性'을 상정想定하고 있음이 헤아려진다. 역사학에서 발전성·개별성·연관성의 개념을 중시하는 게 역사주의 방법론의 기본인 점을 감안하면[21], 이기백이 이와 같이 '역사학의 발전과정', '개별적인 역사적 사실' 그리고 '그 속에서 … 차지하는 위치

---

20 이기백의 경우 이외에는 우리나라에서 베른하임의 역사연구 방법론에 관해 관심을 기울이고 이에 대해 본격적으로 연구를 행한 예가 거의 없는 것으로 헤아려진다. 다만 車河淳의 역사주의 전통에 대한 정리에서 그 방법론적 기본으로서 개별성·발전성·상관성을 제시하고, 그 가운데 특히 개별성에 관해 상론하면서 마이네케의 보편성과 특수성에 관한 논의를 소개한 후 베른하임에 관해 언급한 바가 있다. 즉 차하순, 「역사주의의 전통」, 『역사의 의미』, 홍성사, 1981, p.79에서 "19세기 이후의 역사학에서의 괄목할 만한 발전은 이러한 개별 사실의 존중에 힘입은 바 크다. 역사가의 고증적 재구성을 위한 정확한 수단 및 실제적 테크니크에 대한 연구도 진전되었다. 예를 들면 베른하임의 「역사연구 방법론」(Lehrbuch der historischen mothode 1889)에서 전형적으로 대표되는 사실추구의 테크니크는 사료의 점검·비판 및 역사논문의 작성 등에 있어야 할 기본적인 것으로 평가되었다"고 서술하였음이 거의 유일한 게 아닌가 싶다.

21 차하순, 「역사주의의 전통」, 『역사의 의미』, 홍성사, 1981, p.79에서 또한 "우리는 역사주의의 방법론적 기본은 개별성, 발전성, 상관성의 세 개념에 있다고 볼 수 있다"고 한 바가 있다. 이후 이한구, 「역사주의는 두 유형으로 정형화된다」, 『역사주의와 반역사주의』, 철학과 현실사, 2010, pp.43-54에서는 나름대로 역사주의를 역사개성주의와 역사법칙주의로 양분하면서 역사개성주의의 세 원리로서 '개성의 원리(Individualitaetsprinzip)' '발전의 원리(Entwicklungsprinzip)' '연관성의 원리(Zusammenhangsprinzip)'라고 설명한 뒤, '이해(Verstehen)의 방법론'을 추가하면서 p.363의 尾註 350에서 "발전과 개성 및 연관의 세 개념을 방법론적 원리로서 논의하는 것은 딜타이, 트뢸치, 마이네케뿐만 아니라, 거의 대다수의 역사주의들에 공통되는 현상이다"라고 하였음이 크게 참조된다.

를 규정하는 것'을 강조한 것 자체가 곧 이기백 자신이 역사주의의 핵심 개념 槪念을 수용하여 체득體得함으로써 한국사학 연구를 진척시켰음을 단적으로 웅변雄辯해 주는 바라고 생각한다.

(2) 크로체 『역사서술의 이론과 역사』와 시대별 특징 파악의 사학사

베네데토 크로체Benedetto Croce(1866~1952)는 「이탈리아어 제1판의 서 문序文」에서, 『역사서술의 이론과 역사』에 관해 설명을 붙이기를, 『정신의 철학Philosophy of the Spirite』의 한 부분을 이루는 이 책이 "역사서술의 이론 을 좀 더 심화 및 확대시킨 것으로 간주될 수 있지만" 자신의 모든 연구가 지 향하는 바는 "역사이해의 문제로서 정신형식들, 그들의 구분과 통일, 발전이 요 역사인 그들의 진정한 구체적 생生, 또 이러한 생의 자기의식인 역사사상 등에 관한 것[22]"이라고 명확히 언급하고 있다. 이에 따라 크로체는 서명書名 에 걸맞게 책 전체 구성에 있어서도 전반부에서는 「역사서술의 이론」을, 그 리고 후반부에서는 「역사서술의 역사」를 설정하여 상론詳論하였는데, 특히 후반부에서 시대별로 역사서술의 흐름을 정리하면서 그 특징을 파악하고 있 음이 주목된다고 하겠다. 그러므로 크로체의 이 책이야말로 시대별 특징 파 악을 중점적으로 시도한 역사학의 역사, 곧 사학사史學史라고 해 지장이 없으 리라 본다.

특히 크로체는 그 마지막의 「새로운 역사서술: 결론」에서 "그 자체가 세계 인 정신은 스스로 발전하는 정신이며, 따라서 하나이자 여러 가지이며, 영원 한 해결이요 영원한 문제이다. 그리고 그의 자기의식은 그의 역사인 철학이 거나 또는 그의 철학인 역사이며, 양자는 본질에 있어서는 동일하다"고 정리 함으로써, 그 자신이 주로 경주해 온 '정신의 철학' 정립의 한 방편으로서의 이 책의 성격을 다시 한 번 강하게 드러내었다. 그러면서도 한편으로는 "하

---

22 베네데토 크로체 지음, 이상신 역, 『역사의 이론과 역사』, 삼영사, 1978, p.5.

나의 포괄적인 역사서술의 역사 속에서 … 랑케에 의해 수행된 업적이 얼마나 크다는 것이 제시되어져야만 하겠다[23]"고 하여 랑케의 업적을 크게 평가하였으며, 또 다른 한편으로는 이 책의 맨 마지막 단락에서 다음과 같이 끝맺으면서 헤겔의 영향을 거론하고 있음이 주목된다고 하겠다.

"여기까지 의식은 도달했다"고 헤겔은 자신의 『역사철학강의』 끝부분에서 말했다. 아직 그는 이것을 말할 권리를 갖지 못했다. 왜냐하면 자유의 무의식에서부터 게르만 세계와 또 절대적 이상주의 체계 속에서 자유의 완전한 의식에까지 나아갔던 그의 전개는 더 이상 계속되지는 않았기 때문이다. 그렇지만 이제 헤겔철학의 추상성을 극복한 우리는 "여기까지 의식은 도달했다"고 말해도 되겠다.[24]

여기에서 크로체가 거론한, 헤겔이 자신의 『역사철학강의』 끝부분에서 말했다고 하는 "여기까지 의식은 도달했다"고 한 것은, 헤겔이 다음과 같이 술회한 것을 단적으로 지칭한 것이다. 헤겔은 즉 "의식은 여기까지 이르렀다. 지금까지 언급한 것은 자유의 원리를 실현해 가는 주요한 정신의 형태이다. 세계사란 바로 자유개념의 발전이기 때문이다. … 역사에 등장하는 민족이 잇따라 교체하는 가운데 세계사가 그와 같은 발전과정을 더듬고 거기에서 정신이 실제로 생성되어가는 것, 그것이야말로 틀림없는 변신론辯神論이며 역사 가운데 신이 존재함을 증명하는 사실이다. 이성적인 통찰력만이 성령과 세계사의 현실을 화해시킬 수 있고 일상의 역사적 사실이 신神 없이는 이루어질 수 없을 뿐만 아니라 역사적 사실이 그 본질로 볼 때 신神이 손수 이룩한 작품임을 인식하는 것이다[25]"라고 끝맺었던 것이다.

크로체가 이렇듯이 내용상으로는 부정하고 반박하는 듯하면서도 헤겔의

---

23 베네데토 크로체 지음, 이상신 역, 「새로운 歷史敍述 : 結論」, 『역사의 이론과 역사』, 삼영사, 1978, p.267.
24 위의 「새로운 歷史敍述 : 結論」, p.269.
25 게오르크 빌헬름 프리드리히 헤겔 지음, 권기철 엮음, 「근대」, 『역사철학강의』, 제1판, 동서문화사, 1978; 제2판, 2008, p.434.

영향을 적지 않게 받고 있었으므로 (뒤에서 거론할 바와 같이) 이러한 경향에 대한 마이네케의 비판을 결국 초래한 면도 있었다고 보인다. 그리고 크로체 자신이 『정신의 철학』을 표방하면서 중요한 개념들에 대한 충분한 설명이 생략됨으로 인해 크로체의 이 『역사서술의 이론과 역사』가 사학이론에 있어서의 고전적古典的인 저작으로서 널리 읽혀지면서도 또한 그 난해성과 애매성에 있어서도 정평定評이 있지만, 크로체 자신이 도달한 역사와 철학의 합일合一이라는 원리를 역사서술의 실제에 적용하여 역사서술의 역사 속에서 자신의 참다운 위치가 확인되어야 하겠다고 생각하여 저술하였던 것이다. 그리하여 "그의 빛나는 재능과 박식과 현란한 문학적인 표현으로 쓰여진 이 책은 하나의 장대壯大한 파노라마를 연상케 하는 것"이며, "철학 자체가 역사화한 크로체에게 있어서는 역사이론의 총결산에 해당되는" 것인 "동시에 그의 철학의 총결산으로서 『정신의 철학』의 최종권最終卷을 이루게 되었던 것이다"[26]

이러한 크로체의 『역사서술의 이론과 역사』를 이기백은 늘 염두에 두고 연구하였다고 여겨지는데, 이 책의 내용 가운데서 어느 무엇보다도 사학사에 관한 역사이론을 중히 여겼던 것이다. 아래의 기술에서 이 점이 잘 드러난다.

현재 우리나라 사학과 강의에 사학개론이 있을 것이라고 생각합니다만, 학생들도 기술적인 것이라 싫어하는 것 같은데, 어떻게 좀 더 사학사적인 서술을 확장시켜서 필수과목으로 했으면 합니다. 일제시대에 베른하임과 마찬가지로 유명하게 읽힌 책이 크로체의 『역사서술의 이론과 역사』인데, 역사서술의 역사란 사학사입니다. 그 부분이 책의 절반입니다[27]

그가 앞서 자세히 거론한 바 있는 베른하임의 『역사학입문』과 더불어 크로

---

26 吉玄謨, 「크로체의 歷史理論」, 『西洋史學史論』, 法文社, 1977, pp.312-313 및 pp.340-341.
27 「한국사학사 연구의 방향」, 『한국사학사학보』 1, 2000; 『한국전통문화론』, 2002, p.211.

체의 『역사서술의 이론과 역사』 역시 사학사를 다루고 있었으므로 크게 관심을 기울였음을 나타낸 것이라 하겠다. 특히 "역사서술의 역사란 사학사입니다. 그 부분이 책의 절반입니다"라고 구체적으로 언급한 것은, 다름이 아니라 전반부 「역사서술의 이론」 부분도 그러했지만 후반부 「역사서술의 역사」 부분에서 시대별로 역사서술의 흐름을 정리하면서 그 특징을 파악하고 있음에 그러했던 것이라 여겨진다. 바꾸어 말하자면, 이기백이 크로체의 『역사서술의 이론과 역사』에 애정을 지녔던 것은, 이 책이야말로 시대별 특징 파악을 중점적으로 시도한 사학사였기 때문이었으며, 따라서 이 책을 통해 이기백은 시대별 특징 파악의 사학사에 관한 심층적인 고찰을 하게 되었던 것이라 하겠다.

4. 역사주의의 수용과 이기백의 사론 연구

이기백은 베른하임의 『역사학입문』과 크로체의 『역사서술의 이론과 역사』를 통해 사학사에 관한 깊은 관심을 본격적으로 지니게 되었음을 지금까지 살폈다. 그는 거의 동시에 랑케의 『강국론』, 헤겔의 『역사철학서론』 그리고 마이네케의 『역사주의의 입장』을 읽은 것을 계기로 역사이론, 특히 사론史論에 관해서도 뜨거운 정열을 쏟기 시작하였으므로, 지금부터는 이에 대해 더듬어 보기로 한다.

(1) 랑케 『강국론』과 민족주의 사론

레오폴트 폰 랑케Leopold von Ranke(1795-1886)의 『강국론』은 「서설」, 「루이14세의 시대」, 「영국, 오스트리아, 러시아」, 「프러시아」, 「프랑스혁명」, 「재건再建」[28]등을 주된 내용으로 삼아 구성되어 있고, 판본版本에 따라서는 「발

---

28 Leopold von Ranke, *Die Grossen Mächte*, Historisch-politische Zeitschrift, 1833; *Mit einem Nachwott von Theodor Schleider*, Vandenhoeck & Ruprecht · Göttingen, 1955; *The*

문跋文」이 편성되어 있기도 한데[29], 여느 부분보다도 이 「발문」의 내용은 특히 주목해 마땅하다고 생각한다. 이는 책의 부제가 왜 하필이면 '근세近世 구주歐洲 열강列强의 성쇠盛衰'로 되어 있을까 하는 궁금함을 풀어 주는 데에 결정적일 뿐더러, 게다가 이 부제를 랑케가 1832년부터 1836년까지 4년 동안에 걸쳐 주간主幹을 맡았던 『역사-정치잡지Historisch-politische Zeitschrift』 제2권의 본문 뒤에 직접 부기附記해 두었던 것[30]이라는 점에서 커다란 의미가 있다. 그리고 구구절절이 그 자신의 생각을 여실하게 드러내고 있음으로 해서 더더군다나 의미 파악에 우리로 하여금 긴장을 요한다고 하겠다.

랑케가 이 『강국론』을 저술한 의도를 제대로 깨치기 위해서라도 이 「발문」에 대한 이해가 긴요하다. 랑케 자신은 "세계는 지금 점점 긴밀한 공동사회를 형성해 나가고 있는데, 만약 각 민족 및 그 각각의 민족정신, 각 국가 및 그 각각의 원리가 서로 대립하게 되면, 세계의 공동사회로의 진로는 저해沮害되고 폐지閉止되는 게 아닌가?"라는 의문을 제기하면서, 이에 대한 자신의 견해를 분명하게 펼치고 있는 것이다. 그 가운데에서 핵심적인 대목만을 제시해 보이면 다음과 같다.

지금 우리들이 모종의 정신적 폭력에 의해서 침해당하고 있다고 말하는 게 진실이라면, 우리들은 이에 대해서 같은 정신적인 힘으로 대항하지 않으면 안 된다. 다른 국민이 우리 국민에 대해서 우월을 획득하고자 하는 위험이 다가올 때, 우리들은 단지 우리나라 독자적인 국민정신의 발전에 의해서만이 이 위험을 막을 수 있다. 여기에서 내가 말하고 있는 것은, 두뇌 가운데에서 생각해낸 공상적空想的인

Great Powers, The Theory and Pratice of History, edited with an introduction by George G. Iggers and Konrad von Moltke, theBobbs-Merrill Company, Indianapolis · New York, 1973; 相原信作 譯, 『强國論—近世歐洲列强の盛衰—』, 岩波書店, 1940; 小林榮作郞 譯, 「强國論」, 『ランケ選集』第6卷 小論集, 三省堂, 1942. 村岡 哲 譯, 「列强論」, 『世界の名著』續 11, 中央公論社, 1974.

29 George G. Iggers and Konrad von Moltke의 앞의 英譯本과 相原信作 및 村岡 哲의 日譯本 등에는 이 「跋文」이 편집되어 있는데, 이 점과 관련해서는 뒤에서 자세히 논하게 될 것이다.

30 相原信作 譯, 『强國論』, 1940, p.79.

국민정신이 아니라, 참말로 실재하는 국가 속에서 확실히 현양顯揚된 국민정신을 의미하는 것이다. …(중략)… 국가와 국민의 경우에도 사정은 완전히 같다. 단지 한 국가만이 결정적이고 절대적으로 지배를 하는 것은, 다른 국가들을 멸망시키는 결과가 될 것이다. 모든 국가를 혼합되게 되면, 각각 나라의 독특한 본성은 소멸되지 않을 수 없게 될 것이다. 진정한 조화는 하나하나를 나누고, 각각을 순수하게 완성시키는 데서부터 생겨나는 것이다[31]

앞부분에서는 특히 '국민정신'에 대해 집중적으로 거론하면서 자신이 말하는 이것은 결코 공상적인 게 아니라 "참말로 실재하는 국가 속에서 확실히 현양된"것을 의미한다는 점을 지적함으로써, 어디까지나 참으로 국가가 실존해야만 국민정신도 온전할 수 있다는 것을 강조한 것이다. 그런 후에 결론에 해당되는 뒷부분에서는 한 나라가 다른 나라를 지배하게 되고, 그래서 국가가 혼합되게 되면 "각각 나라의 독특한 본성은 소멸"되고 말 것임을 경고하면서 "진정한 조화는 하나하나를 나누고, 각각을 순수하게 완성시키는 데서부터 생겨나는 것"임을 단정斷定하고 있다.

특히 랑케가 이 대목에서 "하나하나를 나누고, 각각을 순수하게 완성"시키는 '진정한 조화'를 힘주어 말한 것은 결국 국가마다의 개별성과 독립성을 인정해야 함을 설파한 것이며, 따라서 힘 있는 강국이라고 해서 주변국을 무력으로 지배하려고 해서는 진정한 강국이 아니므로 지배하고 있는 나라들의 독립을 인정하라는 뜻을 드러낸 것임이 분명하다. 이러한 랑케『강국론』의 내용을 읽고 감명을 크게 받은, 식민지 조선 출신의 청년 유학생 이기백은 그래서 다음과 같이 적고 있다.

---

31 相原信作 譯, 「跋文」, 『強國論』, 1940, pp.79-81. 다만 George G. Iggers and Konrad von Moltke ed., Ibid, 1973 및 村岡 晢 譯, 「列強論」, 1974에는 이 「跋文」의 내용이 본문과 구분이 없기는 하나 번역되어 있으나, 小林榮作郎 譯, 「強國論」, 1942에는 아예 번역되어 있지는 않다. 국역은 주로 相原信作 譯 및 村岡 晢 譯의 日譯本에 의거하는 한편으로는 Wilma A. Iggers and Konrad von Moltke의 英譯本을 참조하여 저자가 손질하였다.

··· 랑케L. Ranke의 『강국론』이 나의 민족주의적인 사고를 더욱 굳게 했다. 랑케
는 세계사에서의 민족의 역할을 강조하고, 독자적인 문화적 성격을 지닌 민족 단
위의 국가를 강국으로 규정했다[32]

이 글을 통해 볼 때 이기백은 랑케의 『강국론』을 접함으로써 이때에 이르
러 세계사 속에서의 민족과 국가의 역할에 대해 다시금 깊은 숙고를 하면서
"민족주의적인 사고를 더욱 굳게" 지니게 됨으로써 '민족 단위의 국가'를 역
사적으로 인식하게 되었으며 그래서 역사를 민족주의적 입장에 입각해서 논
하는 즉 민족주의 사관을 확립하게 되었던 것으로 판단된다. 그리고 이로부
터 이기백은 근대사에 있어서 '민족국가'의 개념 설정을 염두에 두게 되었음
은 물론 한국사 개설서槪說書 서술에 있어서도 '독자적인 문화'를 부각시켜
야겠다는 구상을 구체적으로 갖게 되었던 것 같다.[33]

(2) 헤겔 『역사철학서론』과 발전 사론

게오르크 빌헬름 프리드리히 헤겔Georg Wilhelm Friedrich Hegel(1770-
1831)의 저서 *Philosophie der Weltgeschichte*를 고노 마사미치河野正通가

---

32 「한국사의 진실을 찾아서」, 『한국사 시민강좌』 제35집, 2004; 『한국사산고』, 2005, p.105.
33 그 뒤 자신의 이런 생각을 학문적으로 구체화한 바가 그의 개설서 『한국사신론』과 사론집 『민족
과 역사』인 듯하다. 그래서 1967년의 『한국사신론』 초판에서 1894년 淸日戰爭 이후 전개된 三國
干涉·乙未事變·俄館播遷 등 일련의 사건 이후 시기를 「제국주의의 침략과 민족국가의 胎動」이
라고 시대구분을 시도하였으며, 전면적으로 章마다 節을 설정하여 각 시기마다 문화의 獨自性을
강조하였다고 생각한다. 더욱이 1976년에 이르러 『한국사신론』 개정판을 내면서는 獨立協會의
활동을 전면에 내세우게 되고 따라서 이 시기를 다룬 章의 제목도 선후를 맞바꾸어 「민족국가의
태동과 제국주의의 침략」으로 정하였던 것이라 헤아려진다. 또한 그가 1971년에 처음으로 출판
한 史論集의 내용 구성도 그러하려니와 제목도 『민족과 역사』로 정한 것 역시 그러하였다. 특히
그 「머리말」에서 "이 책의 중심 과제는 우리 민족의 문제이다. 처음부터 마지막까지 이 책을 일관
하는 주제는 곧 한국민족 그것이다. 그러나 나는 한국민족을 하나의 고립된 존재로서보다도 인
류 속의 한 민족으로서 생각하려고 하였다. 그것은 세계의 여러 민족들과의 상호 교섭 속에서 한
국민족을 본다는 뜻에서가 아니다. 그보다도 세계 여러 민족 중의 하나로서 한국민족이 마땅히
누려야 할 市民權을 찾아야 한다는 뜻에서이다(1971, p.3)"라 적고 있음에서도 역력하다고 본다.

일역日譯한 게 『역사철학서론歷史哲學緒論』인 것처럼 일반적으로 알려져 있다. 그런데 사실은 헤겔의 이 책 일역본은 동일한 역자 고노 마사미치에 의해 이미 1928년에 『역사철학개론歷史哲學槪論』이라는 서명書名으로 출판되었으며[34], 서명을 『역사철학서론』으로 바꾸어 그 초판은 1938년에 그리고 증보판增補版은 1943년에 각각 출판되었었다.[35] 앞서 본 바대로 이기백이 일본유학 시절에 읽었다고 밝힌 게 『역사철학서론』이므로, 따라서 뒤의 것 중에서도 아마도 증보판을 그가 읽은 듯하다.

헤겔은 애초부터 역사철학에 대해 관심을 크게 기울여 저술 작업에 착수했던 것 같지는 않다. 그는 1818년에 하이델베르크로부터 베를린으로 이주한 이후 강의의 자료가 더 풍부해져서 강의 주제 목록에 세계사·종교사 등이 들어가게 되었으며, 철학사와 나란히 이러한 주제들에 의거해 역사주의를 해석해내게 되었던 것이다.[36] 헤겔의 이러한 역사주의 해석의 영향은 1815년경에 출생한 헤겔주의 제1세대의 이탈리아 학자들과, 이들보다 50-60세가 더 어린 헤겔주의 제2세대를 지도한 크로체 같은 학자들 사이에 맺어진 사제師弟 관계로 연속적 계승이 이루어졌다.[37]

그러다가 역사학파 후예의 하나인 딜타이Wilhelm. Dilthey가 1888년에 "헤겔과의 투쟁의 시대는 지나갔고, 그의 역사적 인식의 시대가 도래했다"고 평론을 통해 선언하고 비로소 헤겔의 사상적 발전에 관해 본격적으로 연구를 하기 시작하여 그 결과물로서 1905년에 이르러 저서 『청년시대의 헤겔 Die Jugendgeschichte Hegels』[38]을 발표하였다. 그리고 나자 그 이후부터, 그때까지 출판되지 않은 채 있던 그의 많은 저술들과 함께 역사적 비판적 전집

---

34 河野正通 譯, 『歷史哲學槪論』, 東京 : 白揚社, 1928.

35 河野正通 譯, 『歷史哲學緒論』 增補版, 東京 : 白揚社, 1943의 版權欄.

36 한스 프리드리히 풀다 지음, 남기호 옮김, 「15년간의 대학교수」, 『게오르그 빌헬름 프리드리히 헤겔』, 용의 숲, 2010, p.375.

37 한스 프리드리히 풀다 지음, 남기호 옮김, 「헤겔을 모르던 지역에서, 그리고 헤겔을 잊은 시대의 헤겔주의들」, 『게오르그 빌헬름 프리드리히 헤겔』, 용의 숲, 2010, p.405.

38 ディルタイ, 甘粕石介 譯, 『靑年時代のヘーゲル』, 三笠書房, 1937.

발행을 위한 작업이 진행되기 시작하였다.[39] 그 가운데 하나인 『역사철학서론』 내용 중 헤겔 역사철학의 진수眞髓를 압축적으로 잘 드러내고 있는 대목은 아래의 것이지 않나 생각한다.

세계사의 철학의 예비 개념에 대하여 우선 제일로 주의해 두고자 하는 것은, 이미 술회한 바같이 철학은 사상을 동반하고 역사로 향하는 사상에 좇아서 역사를 고찰한다고 하는 비난이, 무엇보다도 우선 철학에 대해서 가해지고 있다고 하는 것이다. 하지만 철학이 동반하고 있는 유일한 사상은 이성理性이라고 하는 단순한 사상―이성이 세계를 지배하고 있고, 따라서 세계사도 역시 합리적으로 진행되어 왔다고 하는 단순한 사상이다. 이러한 확신과 통찰은 역사 그 자체에 있어서는 일반으로 하나의 전제이다. 하지만 철학 그 자체 가운데에서는 그것은 하등의 전제前提가 아니다[40]

헤겔이 강조한 바를 압축하면 이성이 세계를 지배하여 세계사도 합리적으로 진행되어 왔다는 것이다. 더욱이 헤겔은 「역사의 이성과 그 실현」의 내용 가운데에서 "우리의 전제(물론 이 전제는 맨 나중에 가서 결과로서 분명해진다)이자 우리의 신념은, 이성이 세계를 지배하며 따라서 세계사까지도 지배한다는 주장 위에 서 있다. 기타의 모든 것은, 이 확고한 보편적 그리고 실체적인 이성에 종속하는 것이며, 그것에 봉사하는 것이자 수단이다. 또한 이성은 역사적 사건 안에 내재하고, 그 사건 안에서, 그 사건을 통해서 자기를 완성한다. 보편적이고 절대적인 존재와 개별적이고 주관적인 존재와의 일치, 이 일치만이 진리[41]"라고 설파說破하고 있다. 게다가 헤겔은 「세계사의 시대구분」에서

39 한스 프리드리히 풀다 지음, 남기호 옮김, 「헤겔을 모르던 지역에서, 그리고 헤겔을 잊은 시대의 헤겔주의들」, 『게오르그 빌헬름 프리드리히 헤겔』, 용의 숲, 2010, pp.410-411.

40 河野正通 譯, 『歷史哲學緒論』 增補版, 1944, p.11.

41 게오르크 빌헬름 프리드리히 헤겔 지음, 권기철 옮김, 『역사철학강의』, 동서문화사, 제1판, 1978; 제2판, 2008, p.35. 한편 게오르크 빌헬름 프리드리히 헤겔 지음, 임석진 옮김, 「세계사의 일반적 개념」, 『역사 속의 이성―역사철학서론―』, 지식산업사, 1992, p.51에서도 "모든 국민이 겪어나가는 사건 속에서는 궁극 목적이 지배적인 것이며, 또한 이성이 세계사 속에 있다는 것―그러나

는 "세계사는 제어할 수 없는 자연 그대로의 의사를 훈련하여 보편적이고 주체적인 자유에 이르게 하는 과정이다. … 자유는 그 개념과 진리를 실현할 근거를 쥐고 있는 것이다. 그곳에 세계사의 목표가 있고, 그곳에 다다르려면 긴 과정을 거치지 않으면 안된다[42]"고 함으로써, 세계사의 목표가 분명 보편적이고 주체적인 자유에 이르는 것임을 밝힌 것이다.[43]

이기백은 이러한 내용을 주로 담고 있는 헤겔의 『역사철학서론』을 읽고 과연 세계사의 발전에 대해 어떠한 영향을 받았던 것일까. 이와 관련하여서는 다음과 같은 그의 말이 주목된다.

> … 헤겔은 세계역사를 자유를 향한 이성의 자기발전으로 보았으며, …(중략)…
> 이때 나는 내 나름대로 … 정리해서 세계역사란 자유라는 목표를 향하여 발전 …
> 한다고 생각했던 셈이 된다.[44]

이를 보면 이기백이 비교적 넉넉하게 언급한 것은 아니었지만, 앞서 알아본 바와 같은 헤겔 역사사상의 정수를 정확히 이해하고 있었음이 분명한데, 결국 이기백은 헤겔의 『역사철학서론』 이해를 통해 한마디로 역사는 발전한다는 발전사관을 확립하는 계기를 맞게 되었다고 할 수 있겠다. 그리고 헤겔

어떤 특수한 주관의 이성이 아닌 신적이며 절대적인 이성—이 우리가 전제로 하는 진리이거니와 이 진리를 증명하는 것이 곧 세계사 자체의 논구이며, 다시 이 논구야말로 이성의 像이며 행위인 것이다"라고 하여 역사 속에서의 이성을 중시하고 있음을 읽을 수 있다.

[42] 게오르크 빌헬름 프리드리히 헤겔 지음, 권기철 옮김, 『역사철학강의』, 동서문화사, 2008, p.109 및 p.114. 아울러 게오르크 빌헬름 프리드리히 헤겔 지음, 임석진 옮김, 「역사 속에서 정신의 실현」, 『역사 속의 이성』, 1992, p.96의 "결국 세계사는 자유의 의식 속에서의 진보이며—바로 이 진보를 우리는 그의 필연성 속에서 인식해야만 한다"는 구절도 이와 관련하여 참고가 된다.

[43] 「세계사의 구분」, 임석진 역, 『역사 속의 이성』, 1992, pp.336-337의 다음 대목에서도 이러한 점이 드러나고 있다. "결국 세계사의 목표는 정신이 스스로를 하나의 자연, 또는 자기에게 적합한 세계로 완성함으로써 주관으로 하여금 정신에 관한 그 개념을 바로 이 제2의 자연, 즉 정신의 개념을 통하여 산출된 이 현실 속에서 발견하고, 객관성 속에서 자기의 주관적 자유와 합리성의 의식을 지니는 데 있다. 이것이 곧 이념 일반의 진보이며, 또한 이와 같은 입장이야말로 역사가 우리에게 안겨주는 궁극적 의미이다"

[44] 「한국사의 진실을 찾아서」, 『한국사 시민강좌』 제35집, 2004; 『한국사산고』, 2005, p.105.

의 주장 가운데 특히 '자유를 향한 이성의 자기발전'이라는 개념을 숙지함으로써, 역사에 대한 해석에 있어서 이성理性의 작용을 중시함으로써 그래서 합리적인 측면을 강조하는 성향을 몸에 익히게 되었으며, 또한 역사 인식에 있어서도 그 자체가 '주체적' 이어야 함을 깨치게 되었던 게 아닌가 여겨진다.

(3) 마이네케 『역사주의의 입장』과 상대적 평가 사론

프리드리히 마이네케Friedrich Meinecke(1862-1954)의 대표적인 저술 가운데, 국내 연구자들이 소개한 바에 따르면 소위 3부작이라 하여 출판연도순으로 꼽을 때 *Weltbürgertum und Natioalstaat*(『근대사에 있어서 국가이성의 이념』)[45] · *Die Idee der Staatsräson in der neueren Geschichte*(『세계시민주의와 국민국가』)[46] · *Die Entstehung des Historismus*(『역사주의의 성립』)[47]을 거론하고 있다.[48] 이 중에서 특히 *Die Entstehung des Historismus*의 일역본은 『역사주의의 성립』이라는 서명으로 이미 출간된 지 오래였지만, 이기백이 읽고 영향을 받았다고 기술한 『역사주의의 입장—역사적 감각과 역사의 의미』[49]와는 장·절의 구성과 그 내용을 면밀히 검토해 보았을 때, 여기에 포

---

45 Friedrich Meinecke, *Weltbürgertum und Natioalstaat*, Studien zur Genesis des deutschen Nationalstaates, 1907; 矢田俊隆 譯, 『獨逸國民國家發生の硏究 : 世界主義と國民國家』, 東京 : 富山房, 1943; 矢田俊隆 譯, 『世界市民主義と國民國家 : ドイツ國民國家發生の硏究』, 東京 : 岩波書店, 1972; 이상신·최호근 역, 『세계시민주의와 민족국가 : 독일 민족국가의 형성에 관한 연구』, 나남, 2007.

46 Friedrich Meinecke, *Die Idee der Staatsräson in der neueren Geschichte*, 1924; 菊盛英夫·生松敬三 共譯, 『近代史における國家理性の理念』, 東京 : みすず書房, 1960; 岸田達也 譯, 『近代史における國家理性の理念』, 林健太郎 編, 『マイネッケ』世界の名著 54, 東京 : 中央公論社, 1977; 이광주 옮김, 『국가권력의 이념사』, 민음사, 1990; 한길사, 2010.

47 Friedrich Meinecke, *Die Entstehung des Historismus*, 1936; 菊盛英夫·麻生建 譯, 『歷史主義の成立』上·下, 東京 : 筑摩書房, 1967.

48 차하순, 「마이네케에 대하여」, 『랑케와 부르크하르트』, 탐구당, 1984, p.209. 이상신·최호근, 「옮긴이 머리말」, 『세계시민주의와 민족국가』, 2007, p.5.

49 Friedrich Meinecke, *Vom geschichtlichen Sinn und vom Sinn der Geschichte*, Koechler & Amelang, Leipzig, 1939; 中山治一 譯, 『歷史主義の立場—歷史的感覺と歷史の意味』, 創元社, 1942; *Vom geschichtlichen Sinn und vom Sinn der Geschichte*, 5., veränderte Auflage, K. F.

290 제2부

함되지 않는 마이네케의 또 다른 하나의 저술임을 알 수 있다.

실제로 휴즈Henry Stuart Hughes(1916~1999)가 『의식과 사회』를 저술하여 1890년대부터 1930년대까지의 서구의 사회사상을 정리해 가는 도중에 마이네케에 대해 언급하면서, 앞 대목에서는 그의 『역사주의의 성립』을 인용하였으되 곧 이어진 대목에서는 『역사주의의 입장』을 인용하여 논지를 전개하고 있음이 이를 입증해 주는 것이라 하겠다. 즉 휴즈는 "그는 그의 연구서 2권을 '독일운동'이라고 명명하고 역사적 사고의 발달을 종교개혁과 견줄 만한, 문명을 위한 독일의 제2의 '위대한 공적'이라고 말했다"고 정리하면서 마이네케의 『역사주의의 성립』의 한 대목을 그 전거典據로 제시하였지만[50], 그 이후 마이네케와 크로체를 대비시켜 설명하는 다음 대목에서는 『역사주의의 입장』을 거론하고 있음이 주목된다.

… 마이네케는 역사적인 '직관'에 대단한 재능을 지니고 있었다. 그러나 그의 스승 랑케처럼, 그는 조금도 모호하지 않은 방식으로 역사에 관해 추리를 할 수는 없었다.

이것이 크로체가 『역사주의의 성립』을 논평했을 때의 불만이었다. 그는 처음에 "그 이론이나 예리함이나 철저함에서" 그 저자에게 "전적으로 알맞은" 이 책의 "어려운 논의"로부터 많은 것을 배울 수 있었다고 인정했지만, 사실 마이네케의 핵심적인 주장과는 견해를 분명히 달리하고 있었다. 마이네케에게는 역사적 사고가 "인간생활에서 불합리한 것"에 자리를 마련해 주려는 데에 있는 듯했다. 하지만 크로체는 주장하기를, 이것이 역사주의가 사실상 하고 있는 게 전혀 아니라고 했다. 적절하게 평가하자면, 독일의 역사적 사고는 계몽주의 자체보다는 "보다 심원하게 합리적"인 "한에서만"계몽주의의 "추상적 합리주의"를 비판하고 극복할 수 있었다는 것이다. 이렇게 해서 이 두 역사가 사이의 논쟁은 정면으로 마주치게 되었다. 마이네케가 반박문에서 밝혔듯이, 그 자신은 랑케의 모본模本으로 충실하

Koehler Verlag, Stuttgart, 1951; 中山治一 譯, 『歷史的感覺と歷史の意味』, 創文社, 1972.

50 H. Stuart Hughes, *Consciousness and Society the reorientation of european social thought 1890~1930*, New York : Vintage Books, 1958, p.244.

게 남아 있었으나 크로체는 헤겔을 지지하는 입장을 취하였던 것이다[51]

풀이하자면 마이네케는 『역사주의의 성립』을 통해 역사주의가 누가 한 어떤 언급을 통해 성립되게 되었는지, 말하자면 역사주의의 성립사成立史에 관해 상세한 서술을 하였지만, 크로체가 이에 대한 논평을 통해 자신의 견해를 비판적으로 소개하자 이에 대한 반박으로서 『역사주의의 입장』을 저술하였다고 보인다. 인용문의 맨 끝부분, "마이네케가 반박문에서 밝혔듯이, 그 자신은 랑케의 모본으로 충실하게 남아 있었으나 크로체는 헤겔을 지지하는 입장을 취하였던 것이다"라고 서술하고, 이에 대한 전거로서 바로 마이네케의 『역사주의의 입장』 일부를 제시하고 있기 때문이다.

실제로 이 책에서 마이네케의 크로체에 대한 반박 부분을 직접 찾아 읽어보면, 크로체의 역사서술은 '아집我執이 강한 합리주의적合理主義的 특징'을 지니고 있다고 지적하면서 특히 '섬세하고 풍부한 정신'인 랑케를 '완전히 거부'하는 것 같아 "유감을 금할 수가 없다"라고 신랄하게 비판하고 있음을 알 수 있다.[52] 요컨대 마이네케는 1936년에 저서 『역사주의의 성립』을 통해 역사주의에 대한 자신의 견해를 정리하여 제시하였던 바, 이에 크로체가 문제를 제기하자 이에 대해 반박하면서 아울러 자신의 입장을 명확히 하는 내용을 담아 1939년에 이르러 『역사주의의 입장』을 저술하였던 것이라 하겠다.

이기백은 그러면, 마이네케의 이 『역사주의의 입장』을 읽고 어떠한 측면을

---

51 *Ibid.*, pp.246-247. 이 부분을 국역하여 인용함에 있어서 황문수 옮김, 『의식과 사회 : 서구사회 사상의 재해석 1890-1930』, 개마고원, 2007, pp.263-264가 참고가 되었다. 다만 예컨대 황문수의 이 번역서에서 마이네케의 서명을 국내의 논문이나 역서에서와 같이 『역사주의의 탄생』이라고 번역하였지만, 일역본 서명과 일치시키기 위해 『역사주의의 성립』을 취한 것 같은 대목 등등에서 Hughes의 영문 원문을 일일이 대조해 가면서 군이 손질을 하지 않을 수가 없었음을 밝혀두는 바이다.

52 中山治一 譯, 『歷史主義の立場―歷史的感覺と歷史の意味』, 1942. pp.139-143; 中山治一 譯, 『歷史的感覺と歷史の意味』, 1972, pp.112-116.

받아들이게 되었던 것일까. 이에 대해서는 아래의 언급이 있다.

> 마이네케는 역사적 사실들을 상대적으로 보려는 것이었다. 그러니까 이때 나는
> 내 나름대로 … 정리해서 …(중략)… 역사적 사실들은 시대적인 상황 속에서 상대
> 적인 평가를 받아야 한다고 생각했던 셈이 된다.[53]

이러한 그 자신의 발언 속에서 우리는, 이기백이 마이네케를 통해 역사적
사실들을 상대적으로 보려는 사관을 비로소 지니게 되었으며, 그리고 이를
통해 "역사적 사실들은 시대적인 상황 속에서 상대적인 평가를 받아야 한다
고 생각"하기에 도달했음도 깨치게 된다. 점정點睛하자면, 이 점이 바로 이
기백이 마이네케의 『역사주의의 입장』 통독을 통해 얻은 바의 요체였다고 하
겠다.

5. 이기백의 주체적 한국사관 및 상대적 평가 사론의 정립

이기백은 첫 사론집 『민족과 역사』의 「머리말」에서도 서명에 걸맞게 민족
의 문제를 중심 과제로 다루면서 밝히기를, "… 나의 관심은 한국민족이 세
계의 다른 여러 민족들과 마찬가지로 지니고 있는 보편성에 쏠리어 있었다.
말하자면 민족이 지니고 있는 특수성과 보편성의 올바른 이론적 이해에 접근
해 보려고 노력한 까닭은 그 점이 지금까지 우리가 민족에 대하여 가지고 있
던 인식의 결점이라고 믿기 때문이다"라고 하였다. 그럼으로써 자신이 특수
성과 보편성을 역사 인식의 중심축으로 삼았다는 점을 토로하기에 주저하지
않았다.

그러면서도 한편으로는 항목명項目名을 '보편성 및 특수성과 주체성'으로
잡을 정도로 혹간 보편성과 특수성만을 손꼽으며 강조했던 데에 그치지 않고

---

53 「한국사의 진실을 찾아서」, 『한국사 시민강좌』 제35집, 2004; 『한국사산고』, 2005, p.105.

이와 아울러 새로이 주체성을 병렬적으로 설정하여 강조하기 시작하였다. 그러면서 그는 급기야 '주체적인 한국사관'의 성립을 주창主唱하기에 이르렀던 것이다. 이러한 면면은 다음 대목에, 그의 글 어느 곳에서보다도 또렷이 잘 담겨져 있다.

> 민족이란 일정한 특징을 지닌 하나의 사회인 것이며, 어느 민족이고 그것이 민족인 이상 기본적인 공통성을 가지고 있는 것이다. …(중략)… 이러한 사실에서 얻어지는 결론은 한국의 역사는 그 자체에 대한 구체적 연구에 입각하지 않으면 이를 지배한 법칙들이 무엇이었는지를 이해할 수가 없게 된다는 것이다. 이러한 연구태도를 바탕으로 해서 주체적인 한국사관이 성립할 수 있다고 믿는다. 이것은 인류의 보편성에 입각하면서도 민족의 특수성을 올바로 인식할 수 있는 가장 바람직한 한국사의 이해방법이 되리라고 믿는다[54]

축약하자면, 그는 "인류의 보편성에 입각하면서도 민족의 특수성을 올바로 인식할 수 있는 가장 바람직한 한국사의 이해방법"으로서 '주체적인 한국사관'의 성립을 표방한 것이라 하겠다. 그러면서 결론적으로 정리하기를, "요컨대 한국사의 주체성은 한국민족의 활동이 한국사회에 작용한 법칙들 속에서 올바른 발전의 방향과 일치할 때에 비로소 건재할 수가 있는 것이다. 이를 바꾸어 말하면, 주체성이 있어야 한국사는 올바른 발전을 할 수가 있다는 이야기가 될 것이다[55]"라고 했음을 간과할 수 없다.

이렇듯이 '주체적인 한국사관'의 정립을 꾀하면서도 그는, 그렇다고 해서 역사학 자체의 생명력이 큰 흐름의 파악에 있으므로 역사적 사실들을 시대적 상황 속에서 상대화相對化시켜 보려는 태도를 저버려서는 안 된다는 점을 결코 소홀히 여기지 않았다. 아래의 글이 이러한 이기백의 생각을 엿보기에 요긴하다.

---

54 「주체적 한국사관」, 『성대신문』, 1970년 9월 19일; 『민족과 역사』 초판, 1971, pp.28-29; 신판, 1994, pp.70-71.
55 「주체적 한국사관」, 『민족과 역사』 초판, 1971, p.30; 신판, 1994, p.72.

이러한 시대적 변화 속에서 인간의 활동을 관찰하는 작업이 역사학이라면, 역사학에 있어서 모든 사실은 큰 흐름 속의 한 점과 같은 게 된다. 물론 거기에는 관점에 따라서 크게 보이고 작게 보이는 경우가 있기는 하겠지만, 그 어느 것도 절대적인 권위를 유지할 수가 없다. 즉 모든 인간의 활동은 역사 속에서 상대화된다고 할수 있다. 이 상대주의적相對主義的 관점은 종종 역사학을 못마땅하게 생각하는 이유도 되지만, 그러나 이 관점도 곧 역사학의 중요한 일면이라고 해서 좋을 성질의 것으로 생각된다. 그러므로 역사학의 연구는 현재의 사실들을 포함한 모든 것을 상대화시키는 작업이라고 할 수가 있다. 다만 그것은 무질서한 혹은 무원칙한 상대화가 아니고, 사실을 일정한 시대적 상황 속에 놓고 보는 상대화 작업인 것이다. 그러므로 시대적 상황을 무시하고 사실을 평가하는 일, 혹은 사실의 의의를 규정하는 일이 역사학에서는 있을 수가 없게 된다.[56]

한마디로 역사학에서는 의당 역사적 사실 평가에 있어서나 의의 규정에 있어서 시대적 상황을 충분히 고려한 상대화 작업이 필수불가결함을 거듭 강조하고 있는 셈이다. 그런데 이와 같이 시대적 상황에 입각한 역사적 사실에 대한 상대적 평가를 주장하면서도, 한편으로는 이기백이 특히 이 대목에서 무엇보다도 "이 상대주의적 관점은 종종 역사학을 못마땅하게 생각하는 이유도 되지만, 그러나 이 관점도 곧 역사학의 중요한 일면이라고 해서 좋을 성질의 것으로 생각된다"고 술회逑懷하였음을 주목할 필요가 있다고 본다.

여기에서 "이 상대주의적 관점은 종종 역사학을 못마땅하게 생각하는 이유도"된다고 쓰고 있음은, 그가 차하순車河淳과 공편共編한 『역사란 무엇인가』 속에 찰스 비어드Charles A. Beard의 글 「역사적 상대주의」[57]를 포함시켰을 만치 그야말로 역사에 대한 상대주의적 해석에 관해 운위云謂되는 역사학계에서의 흔한 평판을 그 자신이 충분히 인지하고 있음을 가감 없이 드러낸 것임에 틀림이 없다. 그럼에도 불구하고 과감하게 "이 관점도 곧 역사학의

56 「한국사 이해에서의 현재성 문제」, 『문학과 지성』 1978년 여름호; 『한국사학의 방향』, 1978, pp.145-146.

57 李基白 · 車河淳 編, 『역사란 무엇인가』, 문학과 지성사, 1976, pp.84-100.

중요한 일면이라고 해서 좋을 성질의 것으로 생각된다"고 발언하였던 것이다. 더욱이 그 자신의 3번째 사론집 『한국사상의 재구성』의 「머리말」 중 "…원래 역사학은 민족이나 민중을 포함한 모든 역사적 사실을 상대화시키는 학문이라고 저자는 믿고 있다. 즉, 모든 역사적 사실들을 시대적으로나 사회적으로나 일정한 상대적 위치에 놓고 관찰하는 것이 역사학이라고 믿고 있는 것이다[58]"고 기술한 대목에서도 여실하다. 따라서 '역사적 사실에 대한 상대적 평가'에 관한 그 자신의 견해가 애초부터 줄곧 여전하였음이 입증된다고 생각한다.

6. 이기백의 민족적 자주성과 개별성 파악

이기백은 고희古稀를 맞이하던 1994년 무렵부터, 말하자면 저자가 보기에 그 자신의 학문적 완숙기라 구분할 수 있는 역사적 시간을 보내면서, 자신의 모든 저서와 글들을 정리하여 〈이기백한국사학논집〉을 꾸미기 시작하였다. 자신의 연구 성과들에 대해 일일이 재정리를 시도했고, 이를 계기로 자신의 학문적 열매들을 반추反芻하였으며, 그러면서 보다 분명하게 해둘 부분들에 대해서는 힘주어 재차 언급하곤 하였다. 그의 이런 작업의 일환으로써 민족사의 실체 파악과 관련해서 첫째로는 민족적 자주성에 대하여, 둘째로는 민족적 개별성에 관하여 자신의 확실한 견해를 명료하게 피력하였던 것이라 헤아려진다.

첫째, 민족적 자주성의 문제에 대해서는 그간에 어지간해서는 좀처럼 잘 드러내지 않았던 자신의 현실관까지도 전혀 거리낌 없이 제시하면서까지 설명하였다. 다음의 언급에서 이를 찾을 수 있다.

---

58 「머리말」,『한국사상의 재구성』, 1991, p. iii.

(셋째로) 민족적 자주성의 문제에 대해 말씀드리겠습니다. 이것은 민족주의를 말하는 것이 아닙니다. 민족주의의 약점은 사실의 가치판단을 할 때 민족을 최고 기준으로 삼는 것에 있습니다. 이것은 곤란하다고 생각합니다. 구체적인 예를 들면, 박정희시대의 '한국적 민주주의'가 있는데, 이것은 독재의 이론입니다. 김일성의 주체사상도 이 점에서 꼭 마찬가지입니다. 제가 민족적 자주성을 말하는 것은 민족지상주의적 입장에서가 아니라 민족사의 실체를 보다 확실히 이해하자는 것입니다[59]

자신이 말하는 민족적 자주성의 해석 문제와 관련하여 민족주의를 가리키는 것으로 여길 소지를 아예 차단하려는 듯이, 자신은 민족주의를 말하려는 게 아님을 못 박았다. 결단코 박정희시대의 '한국적 민주주의'라든가 김일성의 주체사상과 같은 독재이론처럼 민족을 최고기준으로 삼는 민족지상주의적 입장이 아니라 '민족사의 실체를 보다 확실히 이해하자는 것'이라고 직설하였다. 이럴 만큼 이기백은 민족적 자주성 파악에 깊은 애착을 갖고 있었던 것이라 하겠다.

둘째, 민족적 개별성에 관해서도 더할 나위 없이 자상하게 논하였다. 이와 관련하여 글 제목만으로 섣불리 판단하기에는 이기백이 보편성과 특수성만을 강조하려는 것이려니 여기기 십상인 「한국사의 보편성과 특수성」이라는 글에서도 선입견과는 전혀 달리, '개별성과 특수성' 항목을 설정하여 개별성을 특수성 혹은 고유성으로 여기는 경향에 대해 이미 본격적인 문제 제기를 한 바가 있다는 사실[60]을 간과해서는 안 된다고 생각한다. 그래서 그는 '특수성'이라는 표현을 '개별성'으로 대체시켜 구체적인 예를 들어가며 이에 대해 명확히 설명하기 시작하였다. 아래의 글에서도 그렇다.

---

59 「나의 한국사 연구」, 『한국사학사학보』 1, 2000; 『한국전통문화론』, 2002, p.300.
60 「한국사의 보편성과 특수성」, 『이화사학연구』 6·7합집, 1973; 『한국사학의 방향』, 1978, pp.131-132.

역사는 다원적인 여러 법칙에 의해서 지배를 받는다고 생각합니다. 그런데 그 여러 법칙이 결합하는 양상이 민족마다 다르기 때문에 그것이 자연히 각 민족의 개별성을 나타내게 된다고 생각합니다. 제가 특수성이란 말을 쓰지 않고 개별성이라고 했는데, 한국의 역사에서 세종대왕이나 한글 창제 같은 것은 다 개별적인 것이 아닙니까? 중국의 진시황이나 만리장성, 서양에서는 나폴레옹이나 프랑스혁명, 다 개별적인 겁니다.

그런데 우리가 개별적인 인물이나 사건들의 성격을 규정할 때에는 자연히 보편적인 개념을 가지고 하여야 되지 않겠느냐, 이런 얘깁니다. 개인을 얘기하게 되면 좀 납득이 안 가겠습니다만, 예컨대 골품제사회를 들 수 있습니다. 신라는 골품제사회입니다. 그것을 손진태 선생이 귀족사회라 했는데 귀족사회는 보편적인 개념입니다. 그러니까 일단 우리나라 것은 우리나라의 개별적인 것을 존중하고, 그 성격 규정을 할 때 세계사적인 보편적 성격을 띤 개념을 가지고 설명하자는 것입니다.[61]

즉 자신이 "특수성이란 말을 쓰지 않고 개별성이라고 했"음을 굳이 부연 설명하면서, 구체적으로 한국사 속에서의 세종대왕·한글창제를, 중국사 가운데서는 진시황秦始皇·만리장성萬里長城 그리고 서양사에서는 나폴레옹·프랑스혁명을 예시하고 있음이 매우 이채롭기까지 하다. 그러면서 손진태孫晉泰가 신라新羅의 골품제사회를 귀족사회라고 한 게 바로 보편적인 개념의 설정이었음을 대표적인 사례로 제시하고, "우리나라 것은 우리나라의 개별적인 것을 존중하고, 그 성격 규정을 할 때 세계사적인 보편적 성격을 띤 개념을 가지고 설명하자"는 의견을 선포하였다. 따라서 이기백은 보편성 파악을 지향하되 개별성도 존중되어야 함을 투명하게 고백하였던 것이라 하겠으며, 이럴 정도로 그는 민족적 개별성 파악을 중시하였던 것이다.[62]

61 「나의 한국사 연구」, 『한국사학사학보』 1, 2000; 『한국전통문화론』, 2002, pp.300–301.
62 이 책의 제2부 제2장 「이기백한국사학의 보편성 추구와 개별성 파악」 참조.

7. 이기백의 한국사학연구에 끼친 역사주의 역사학의 영향

첫째, 시대별 혹은 단계별 특징을 설정함으로써 시대구분을 통해 역사의 큰 흐름을 체계화하는 사학사 분석에 관해서는 이기백이 베른하임과 크로체, 그중에서도 특히 베른하임의 영향을 크게 받았다고 본다. 이에 관해서는 다음의 글을 분석해 보면 잘 드러난다.

> 사회과학과는 달리 역사학은 시대적인 변화에 대한 고찰을 그 임무로 하고 있다. ⓐ 적어도 교훈적 역사, 혹은 실용적 역사가 아닌 발전적 역사, 혹은 발생적發生的 역사에서는 그러하다. 그렇기 때문에 역사학에서 발전하고자 하는 법칙은 시간을 초월한 법칙이 아니라 시간과 더불어 변하는 법칙이다. ⓑ 아마 시간이라는 표현은 차라리 시대라는 표현으로 바꾸는 것이 더 적절한 것으로 생각된다. 즉 시대적인 변화의 법칙을 발견하는 작업이 역사학이다. 그렇기 때문에 역사학에서 시대구분의 문제가 가장 큰 관심거리의 하나가 되는 것이다. 이와 같으므로 역사학에서의 일반화 작업은 시대적 변화에 따르는 법칙을 발견하는 작업이라고 말할 수가 있겠는데, 이것을 또는 역사의 큰 흐름을 체계화하는 작업이라고 해도 좋을 것이다.[63]

이 가운데 "ⓐ 적어도 교훈적 역사, 혹은 실용적 역사가 아닌 발전적 역사, 혹은 발생적 역사에서는 그러하다"라고 쓴 하나의 문장에 대해서는 "이 양자의 차이에 대하여는 베른하임 저, 조기준 역:『역사학입문』, 1976, pp.13-20 참조[64]"라는 각주를 달아 두었음이 특히 주목된다. 또한 "ⓑ 아마 시간이라는 표현은 차라리 시대라는 표현으로 바꾸는 것이 더 적절한 것으로 생각된다"고 한 구절에 대해서도 스스로 "왜냐하면 시간時間이란 개념은 자연과학적인 것이라 하겠지만, 시대時代라는 개념은 그 속에 인간의 활동이 담겨 있

---

63 「한국사 이해에서의 현재성 문제」,『문학과 지성』1978년 여름호;『한국사학의 방향』, 1978, p.145.
64 「한국사 이해에서의 현재성 문제」,『문학과 지성』1978년 여름호;『한국사학의 방향』, 1978, p.145 의 각주 3).

는 역사적인 것이다[65]"라고 부연하는 설명을 각주로 달고 있음을 간과해서는 안 된다고 생각한다. 이러할 만치 이기백의 시대구분 문제에 대한 접근을 비롯한 한국사학의 체계화 작업에는, 베른하임의 영향이 크게 작용했다고 해야 할 것이다.

둘째, 고차원의 민족주의사관 정립은 랑케로부터의 영향을 받은 것임에 전혀 틀림이 없을 것으로 판단한다. 신채호申采浩의 민족주의사관에 관해 논하면서 랑케의『강국론』에 나타난 그것과 대비시켜 설명한 다음에서, 이러한 측면이 잘 우러나온다.

신채호가 역사를 아我와 비아非我의 투쟁사로 본 것을 혹은 세계사적인 넓은 입장에 서 있는 것으로 생각한다면 이것은 잘못일 것이다. 같은 민족주의사관의 소유자였지만, 랑케의『강국론』에서 민족과 민족과의 조화—마치 교향악과 같은—를 이루는 면을 생각하였지만, 신채호에서는 이러한 면을 찾을 수가 없다. 그에게는 오직 민족과 민족과의 투쟁이 있을 뿐이었다. 더구나 민족과 민족 사이에 개재하는 같은 인류로서의 공통성에 대해서 생각이 미치지 못하였다. 그러므로 세계성을 띤 사상이나 종교에 대한 인식이 있을 수 없었다. 급박한 민족적 위기에 처한 시대에 생을 누린 그에게 이러한 너그러운 태도를 요구하는 것이 오히려 무리일지 모른다.[66]

이기백은, 신채호가 오직 민족과 민족과의 투쟁만을 부르짖었을 뿐, 랑케처럼 민족과 민족의 마치 교향악과 같은 조화調和를 전혀 상정想定하지 못했음을 비판하고 있다. 이 대목에서 누구나 그 정도가 얼음장 같은 냉정함을 넘어 서릿발 치듯이 매우 냉혹하다는 느낌을 지우기 어려울 정도이지 않나 싶다. 그래서 되레 "그에게 … 너그러운 태도를 요구하는 것이 오히려 무리일는지 모른다"는 표현이 더 실감이 난다 하겠다. 신채호의 민족주의사관에 대

---

65 「한국사 이해에서의 현재성 문제」,『문학과 지성』 1978년 여름호;『한국사학의 방향』, 1978, p.145 의 각주 4).
66 「민족주의사학의 문제」,『사상계』 1963년 2월호;『민족과 역사』 초판, 1971, p.21; 신판, 1994, p.21.

한 이러한 이기백의 비판이, 비교 기준의 설정이 어디까지나 『강국론』에 나타난 그것이었다는 점에서도 그렇고, 그 비교 결과의 내용에 있어서도 그러하므로, 그 자신의 민족주의사관 정립이 랑케의 그것에 영향을 크게 받은 것임이 자명하다.

셋째, 개별성과 보편성을 강조하는 연구 태도는 역사주의의 수용에 따른 것으로, 이는 랑케의 영향인 동시에 마이네케의 영향이라 여겨지는데, 마이네케에게서는 특히 자신이 직접 읽은 『역사주의의 입장』을 통해 영향을 받았음이 분명하리라 가늠된다고 하겠다. 마이네케 자신이 역사에서의 개별성과 보편성을 어찌나 강조하였는가 하는 점은, 아래의 글을 참조할 수 있겠다.

> 개별성(Individuality)과 개별적 발전은 우리가 최선의 의미로써 역사주의라고 칭하는 역사에 대한 파악태도를 특징짓는 상호관련된 두 개의 기본개념이며 그것은 랑케의 업적에 의하여 절정에 도달했다. 개별의 역사적인 발전은 맹아萌芽 중에 이미 존재하는 소질의 단순한 전개라기보다는 상당한 적응력과, 항상 변화하는 시대적 추세에 의해 영향을 받아 지금 있는 그대로로 변화되고 재생될 수 있는 수용력을 갖추고 있어서, 그것이 개별적인 것과 보편적인 것이 그토록 해결할 수 없게 뒤엉킨 까닭이며 또한 역사적인 발전의 흐름이 단일한 개체個體인 까닭이다. 그렇지 않았다면 우리들은 헤아릴 수 없을 정도로 많은 다양하게 전개되는 과정들을 보아야만 했을 것이다[67]

이를 통해서 개별성과 개별적 발전이 역사주의의 기본개념이라 정리한 마이네케가, 이러한 개념 정의가 다름 아니라 "랑케의 업적에 의하여 절정에 도달했"음을 진술하면서도 담백하게 털어놓고 있음을 알 수 있다. 그리고 그

---

67 Friedrich Meinecke, *Historism-The Rise of a New Historical Outlook*, translated by J. E. Anderson, London : Routledge & Kegan Paul, 1972, p.504; 菊盛英夫・麻生建 譯, 『歴史主義の成立』下, 東京 : 筑摩書房, 1968, p.318. 인용문 처음 한 문장의 국역은 길현모, 「랑케의 사관」, 『역사의 이론과 서술』, 서강대학교 인문과학연구소, 1975, p.61의 것을 따랐으며, 그 외는 저자가 영역본과 일역본을 대조하여 옮긴 것이다.

역사적인 발전의 흐름 속에는 개별적인 것과 보편적인 것이 "그토록 해결할 수 없게 뒤엉"켜 있음도 덧붙여 설명하고 있음을 눈여겨 볼만하다. 이러한 그의 진술陳述을 통해 볼 때 랑케는 말할 것도 없고, 그의 업적을 충분히 소화해냈으므로 자신이 그를 계승했다고 자부하는 경향이 강했던 마이네케 역시 개별성과 보편성을 기본적인 개념으로 설정하고 있었으며, 이기백 또한 이를 수용하여 자기 것으로 녹여내었던 게 분명하다.

그리고 넷째, 한국사학의 발전을 강조하는 그의 한국사학 발전사관 자체도 역사주의의 영향이라고 할 수 있겠는데, 그 가운데서도 헤겔의 역사철학에 나타난 발전사관과 마이네케의 상대적 평가 사관의 영향을 빼놓을 수 없다고 본다. 이 점은 이기백 자신이 밝힌 다음의 글에서도 확연하다.

> 헤겔은 세계 역사를 자유를 향한 이성의 자기발전으로 보았으며, 마이네케는 역사적 사실들을 상대적으로 보려는 것이었다. 그러니까 이때 나는 내 나름대로 이들을 정리해서 세계역사란 자유라는 목표를 향하여 발전하는 것이며, 그 발전과정에서 일어나는 역사적 사실들을 시대적인 상황 속에서 상대적인 평가를 받아야 한다고 생각했던 셈이 된다.[68]

여기에서 헤겔과 마이네케의 역사 해석을 종합하여, 역사는 발전하는 것이며, 그 발전과정의 역사적 사실들을 시대적 상황 속에서 상대적으로 평가해야 한다는 생각을 지니게 되었음을 이기백은 정리해서 밝힌 것이다. 따라서 그의 한국사학의 발전사관에는 헤겔의 역사철학에 나타난 발전사관과 마이네케의 상대적 평가 사관의 영향이 융합되어 깃들였음은 재론의 여지가 없다고 하겠다.

---

68 「한국사의 진실을 찾아서」, 『한국사 시민강좌』 제35집, 2004; 『한국사산고』, 2005, p.105.

8. 이기백이 '역사주의'라는 용어를 쓰지 않은 까닭

지금까지 살펴온 바와 같이, 이기백의 한국사학 연구는 일본유학 시절에 접하기 시작한 헤겔과 랑케를 위시한 역사주의 역사학자들의 사학사 및 역사이론에서 크게 영향을 받았음이 분명하다고 하겠는데, 그렇지만 이쯤에서 한 가지 분명히 짚고 넘어가야 할 점은 다름이 아니라 이기백 자신이 '역사주의'라는 용어를 사용한 경우가 찾아지지 않는다는 사실이다. 예컨대 이 글의 맨 처음에서 인용한 바가 있는 그의 글에서 "이론적인 점에서, 헤겔의 이성적인 사관이라든지 마르크스의 유물사관이라든가, 아날학파 이론이라든가 등등 우리 역사학에 끼친 영향이 크"다고 천명闡明하면서조차도 전혀 '역사주의'를 거론하지 않았던 것이다. 이는 과연 무엇 때문이었을까? 왜 그랬을까? 하는 궁금함이 자못 컸다. 그러다가 베른하임의 『역사학입문』 속에서 다음의 대목을 발견하게 되어, 이에 대한 실마리를 찾게 되었다.

> 또한 자주 되풀이되고 있는 니체(Nietzsche, 1844-1900)의 주장에 따라 역사에 침잠沈潛('역사주의歷史主義')하면 현재가 이해될 수 없게 된다고 해서 그 책임을 역사에 지우기도 하지만, 그것은 학문의 잘못이 아니라 편파적인 혹은 정신이 결여된 파악의 잘못이다. 더구나 근래에는 역사의 사고방식이나 파악에 대해 '역사주의'라는 말이 아주 가지각색으로 사용되고 있으므로, 완전히 그 사용을 피하는 게 가장 좋다. 참조, K. 호이시, 『역사주의의 위기危機』, 1932.[69]

---

69 인용한 글 가운데 진하게 표시한 "더구나 근래에는 … 참조, K. 호이시, 『歷史主義의 危機』, 1932."부분이 日譯本 중 坂口昂·小野鐵二 共譯, 『歷史とは何ぞや』, 岩波書店, 1922, p.86에는 없고, 동일한 책의 改譯版, 岩波書店, 第1刷, 1935; 第43刷, 1991, pp.85-86에는 있다. 그리고 국역본 중 조기준 역, 『사학개론』, 정연사, 1954, p.79; 삼성출판사, 1993, p.68에는 없으나, 박광순 옮김, 『역사학 입문』, 범우사, 1985, p.69에는 있다. 이는, 앞의 "참조, K. 호이시, 『역사주의의 위기』, 1932"라는 대목을 증거로 삼아 보자면, 일역본 改譯版이 나온 게 그 이후인 1935년이므로 이 부분이 삽입된 게 번역될 수 있었으며, 국역본 중에서 조기준의 것은 그 「역자 머리말」에서 '제4판 1926년'의 것을 완역하였다고 밝혀 놓았으므로 당연히 이 부분이 없을 수밖에 없겠으며. 반면에 박광순 옮김의 것은 어느 판본을 번역했는지 전혀 밝혀 놓지 않았지만 그 이후의 판본

'역사주의'라는 용어의 사용을 피하는 게 좋겠다고 하는 베른하임의 이 지적[70]을 이기백은 숙지熟知하고 있었고, 그래서 '역사주의'라는 용어를 한 번도 사용하지 않았던 게 아니었을까 추찰推察된다. 그가 프리드리히 마이네케 Friedrich Meinecke의 『역사주의의 입장』 통독과 통찰을 통해서 그리고 차하순과 공편한 『역사란 무엇인가』에 모리스 만델봄Maurice Mandelbaum의 「역사주의의 본질과 범위」[71]를 담아 내놓았으므로, 어느 누구 못지않게 역사주의의 이론적 내용은 충분히 인지하고 있었을지언정, 베른하임이 지적한 바대로 사용을 피하는 게 좋겠다는 이 용어를 자신의 글에서는 구태여 구사하지 않았던 것이라 생각한다.

　요컨대 이기백은 역사주의의 이론은 수용해서 극력 연구함으로써 한국사학을 발전시켰으되, 학자들에 의해 가지각색으로 쓰이고 있으므로 사용을 피하는 게 좋겠다는 의견을 경청하여 학술 용어로서는 '역사주의'를 전혀 사용하지 않았던 것이라 하겠다. 이 역시 참으로 이기백, 과연 그다운 역사연구 및 서술방식의 일단一端이었다고 할 밖에 없다.

　을 번역한 것이어서 그런 게 아닌가 짐작된다. 이기백이 일본유학 중이었던 1942년 이를 처음으로 접하고 이후 소지하고 틈틈이 읽었던 게 틀림없이 1935년 改譯版이었을테니, 그가 이 대목을 看過했을리가 없겠다.

70　여기에서는 베른하임이 '역사주의'라는 용어의 사용에 대해 이렇게 "완전히 그 사용을 피하는 게 가장 좋다"고 한 것은 순전히 그 자신의 견해임에 틀림이 없다. 그가 이 견해를 피력하면서 Karl Heussi, *Die Krisis des Historismus*, 1932를 참조하라고 밝히고 있지만, 실제로 佐伯 守 譯, 『歷史主義の危機』, 東京 : イザラ書房, 1975를 탐구해 보면, 호이시 자신은 딱히 그렇게까지 표현하지는 않았던 것 같다. 호이시의 이 책 일역본 p.3의 서문 가운데서 "이 상황은 결국 본질적으로 우리들의 세기 20년대의 상황에서는 내가 28page에서 나타낸 바같이 '역사주의의 위기'라고 하는 표현법 외에는 적당한 표현법이 존재하지 않는다. … 결국은 '역사주의'도 그 중의 하나와 같으며, 이 같은 유행어는 그것을 다시 배제하고자 하는 것도, 그것이 곤란할 정도로 널리 알려져 있는 게 보통이다, 라고 말하는 것이다. 그것을 사용하는 것을 금지하기보다도, 그것을 해명하는 편이 나로서는 기대를 가질 수 있으리라 생각되기 때문이다"라고 언급하고 있음으로 해서 그렇다.

71　『역사란 무엇인가』, 문학과 지성사, 1976, pp.70-83.

제2장
이기백한국사학의 보편성 추구와 개별성 파악

1. 개화기 이후 한국학의 특징으로서 '보편성에 대한 인식' 이해

이기백한국사학에 있어서의 보편성 추구와 개별성 파악 문제에 대하여 검토하면서 어느 무엇보다도 가장 먼저 유념해야 할 것은 이기백 자신이, 그 가운데서도 각별히 '보편성에 대한 인식'을 개화기 이후 한국학의 특징으로 이해하고 있었다는 사실이다. 이 점은 아래의 글에 분명하다.

（그런 생각을 하면서 이 제목을 정하고) 이리저리 궁리하는 중에 개화기 이후의 우리 나라 학문에 대한 연구에서 오늘날에 이르기까지 뚜렷한 특징이 있지 않나 하는 생각을 해봤습니다. 그것이 뭐냐 하면, 결론부터 말씀드리자면 '보편성에 대한 인식'이라고 말씀드리고 싶습니다. 현재 우리 학계에서 이 보편성과 특수성 문제가 자주 논의되고 있는 참이기 때문에 보편성에 중점을 두고 생각하는 것이 적절하고 필요하다는 생각이 듭니다.[1]

---

1 「한국학의 전통과 계승」, 『진단학보』 78, 1994; 『한국전통문화론』, 2002, p.240.

이를 통해 제목 「한국학의 전통과 계승」에 부합되는 논의의 주제로 보편성에 중점을 두게 된 것이, '보편성에 대한 인식'을 개화기 이후 오늘날에 이르기까지의 한국학의 '뚜렷한 특징'으로서 그 자신이 손꼽는 데에 있음을 알수가 있다. 그가 이렇게 '보편성에 대한 인식'을 이해하고 중시하게 된 것은 다름이 아니라, 뒤이어 말하고 있는 바와 같이 "현재 우리 학계에서 이 보편성과 특수성 문제가 자주 논의되고 있는 참이기 때문"이었다. 따라서 이기백한국사학에서 보편성 추구와 개별성 파악을 중시하는 면모를 명확히 제대로 알아차리기 위해서도, 한국사학계에서 자주 논의되고 있는 보편성과 특수성의 문제에 대한 측면부터 세밀히 들여다보아야 할 것이다.

2. 보편성·특수성 인식의 지향과 보편성 위에서의 특수성 규명 추구 및 개별성 터득

이기백한국사학에서 보편성과 특수성의 문제에 대해 심도 있게 인식하기 시작한 것은 1970년대 초반 무렵이었던 것으로 헤아려진다. 세밀히 조사해 보니, 그 이전의 저술에서는 일체 이와 관련된 언급이 전혀 없다가 1971년 그의 첫 사론집史論集 『민족과 역사』 초판의 「머리말」과 1973년 중고교 교사들을 대상으로 한 강연 원고 「한국사의 재인식」에서부터 이 문제가 거론되기 시작하였다고 가늠되기 때문이다. 각각 아래와 같은 ①과 ②의 대목에서 그러하였다.

① 이렇게 민족이 지니는 특수성과 보편성의 올바른 이론적 이해에 접근해 보려고 노력한 까닭은, 그 점이 지금까지 우리가 민족에 대하여 가지고 있던 인식의 결점이라고 믿기 때문이다. 그리고 이것은 침략주의자들이 우리에게 남겨 준 낡은 사고의 찌꺼기를 청산하는 뜻도 되는 것이다.[2]

2 「머리말」, 『민족과 역사』 초판, 1971, pp.3-4; 신판, 1994, pp. v-vi.

② 민족이라는 것은 <u>보편성과 특수성</u>을 아울러 가지고 있는 것입니다. 만일 특수성이 없다면 민족으로서 생명을 잃고 맙니다. 그러나 한편 민족으로서 빛을 발하기 위해서는 온 세계 모든 사람들이 공감을 갖고 대할 수 있는 보편성을 지녀야 하는 것입니다. 그러므로 이 두 가지 중에서 어느 하나를 무시해도 안 되는 것으로 조화가 잘 되어야 하는 것입니다.[3]

①에서는 침략주의자들 곧 일제의 식민주의사학자들이 '남겨준 낡은 사고의 찌꺼기', 즉 식민주의사관을 청산하고, 민족에 대한 인식의 결점을 불식시키기 위해서도 '특수성과 보편성의 올바른 이론적 이해'에 노력했다는 점을 밝히고 있음을 알 수가 있다. 그리고 ②에서는 민족이 생명을 잃지 않기 위해서는 특수성을 띠어야 하고, 민족으로서 빛을 발하기 위해서는 세계인들이 모두 공감할 수 있는 보편성을 지녀야 하므로, "이 두 가지 중에서 어느 하나를 무시해도 안 되는 것으로 조화가 잘 되어야 하는 것"이라 갈파하고 있음을 볼 수가 있다.

그런데 한 가지 여기에서 간과해서는 안 될 사안은, ①에서는 '특수성과 보편성'이라 표현하여 특수성을 앞세우고 있는 데에 반해, ②에서는 '보편성과 특수성'이라 기술함으로써 반대로 보편성을 내세우고 있는 점이다. 이에 따라서 이기백한국사학에서 처음에는 특수성을 보다 중시하다가 곧 얼마 지나지 않아서부터는 보편성을 더 중시하게 되었다고 풀이할 수도 있을 듯하다. 혹은 아니면 보편성과 특수성, 이 둘의 '조화'를 의도적으로 강조하기 위해, 때로는 '특수성과 보편성'이라 쓰기도 하고, 때로는 '보편성과 특수성'이라 쓰기도 하였다고 가늠된다. 여하튼 이기백한국사학에서는 1970년대 초부터 이와 같이 보편성과 특수성의 조화를 강조하고 있었음이 자명한데, 그러면 궁극적으로는 무엇을 지향하기 위해서 그런 것일까 하는 점이 먼저 규명되어야 할 것이라고 여겨진다.

---

3 「한국사의 재인식」, 『중등교육』 24, 1973년 1월; 『연사수록』, 1994, p.80.

(1) 보편성·특수성 문제 인식의 지향

이후 이기백이 보편성 및 특수성의 문제에 이전보다 더욱 천착하게 되는 것은 『한국사신론』 개정판을 내던 1976년 무렵부터였다. 다음의 그 자신 글 가운데서 이런 사실을 확인할 수가 있다.

> 개정판을 내면서 나는 이 서장에 대하여 무척 고민을 하였다. 1976년이면 해방된 지 30년이 넘는 때였다. 이렇게 30년이 지난 시점에서도 거듭 식민주의사관에 대한 비판에 열을 올리는 것이 좀 창피스럽게 느껴졌다. 우리 역사를 마치 일제의 어용사가들만이 연구해 온 것과 같이 그것만을 말해야 하는가 하는 자책自責하는 마음도 생겼다. 그래서 개정판에서는 식민주의사관에 대하여는 실로 단 몇 줄로 간단히 서술하는데 그쳤다. 그 대신 우리 자신의 한국사학의 전통을 강조하였다. 그리고 새로운 체계화를 위하여 어떠한 관점이 필요한가를 생각해 보았다. 그 결과 한국사에서의 인간의 문제, <u>보편성과 특수성의 문제</u> 등이 크게 다루어졌던 것이다.[4]

1984년에 이르러 처음으로 『한국사신론』 출간의 배경 등에 관해 낱낱이 스스로 밝히면서 1976년 개정판을 내던 무렵 자신의 심경을 적었는데, 해방 30년이 넘는 이때에도 거듭 식민주의사관 비판에 "열을 올리는 것이 좀 창피스럽게 느껴"져서 이에 대해서는 "실로 단 몇 줄로 간단히 서술하는데 그쳤"고 "새로운 체계화를 위하여" '한국사에서의 인간의 문제'와 함께 이 '보편성과 특수성의 문제'를 "크게 다루었던 것"이라고 하였던 것이다. 그의 이러한 구상에 입각한 서술은 『한국사신론』 개정판의 「서장」 가운데 「보편성과 특수성」이라는 항목에 구체화되었다. 주요한 일부만 인용해 보이면 다음이다.

> 한국민족도 하나의 사회적 존재인 것이며, 거기에는 각기 역사적인 역할이 다른

---

4 「나의 책 『한국사신론』을 말한다」, 『오늘의 책』 창간호, 1984; 『연사수록』, 1994, p.254.

여러 인간집단이 존재해 있었기 때문이다.

그런데 이들 여러 인간집단이 존재하는 양상이나 변화해 온 과정을 다른 민족의 경우와 비교하여, 어떤 점이 같았고 또 어떤 점이 달랐는가를 생각해 보는 것이 필요하다. 왜냐하면 한국민족도 결국은 인류의 한 구성원이고, 따라서 거기에는 인류의 다른 구성원들과 공통점이 있는가 하면 또 차이점도 있을 것이기 때문이다. 그리고 이 ⓐ 공통점과 차이점을 인식하는 것이 한국민족의 역사를 명확하게 이해하는 길의 하나가 되겠기 때문이다. ⓑ 이러한 공통점과 차이점의 인식은 딴말로 한다면, 그 보편성과 특수성의 인식이 되겠다.[5]

요컨대, 한국민족 속의 여러 인간집단이 존재해 온 양상을 다른 민족의 경우와 비교하여 그 "공통점과 차이점을 인식하는 것이 한국민족의 역사를 명확하게 이해하는 길의 하나(ⓐ)"인데, "이러한 공통점과 차이점의 인식은 딴말로 한다면, 그 보편성과 특수성의 인식(ⓑ)"이라는 것이다. 이기백이 다른 민족과 한국민족의 공통점은 보편성으로, 차이점은 특수성으로 인식하였음을 알 수가 있으며, 이러한 그의 인식은 주로 사론史論에서 구체화되었다. 아래의 글에서 이러한 점이 잘 드러난다.

위의 두 사론집은 모두 ㉠ 우리 민족의 역사를 인류의 보편성을 토대로 하여 이해하려고 했다는 점에서는 그 기본 입장이 같았다. 다만 ㉡ 그 보편성은 일원적인 법칙에 근거를 둔 것이 아니라 다원적인 법칙에 근거를 둔 것이며, ㉢ 민족마다 그 역사가 보편성과 동시에 특수성을 지니게 되는 까닭이 여기에 있다고 생각했던 것이다.[6]

이로써 이기백이 "우리 민족의 역사를 그야말로 인류의 보편성을 토대로 하여 이해하려고 했다는 점(㉠)"을 명료하게 확인하게 되는데, 이와 관련하여 괄목할 사실은 "위의 두 사론집"에서 그랬다고 지적한 점이다. 여기의 이

---

5 「보편성과 특수성」, 『한국사신론』 개정판, 1976, p.5.
6 「학문적 苦鬪의 연속」, 『한국사 시민강좌』 제4집, 1989; 『연사수록』, 1994, p.245.

대목에서 그가 말한 "위의 두 사론집"은 다름 아니라 그의 이른바 '3부작 사론집' 『민족과 역사』(초판, 1971;신판, 1994), 『한국사학의 방향』(1978), 『한국사상韓國史像의 재구성再構成』(1991)[7] 가운데 앞의 둘을 가리키는 것이다. 이에 따라서 이기백은 결국 이러한 사론집들에서 인류의 보편성을 토대로 한국 민족의 역사를 이해하려고 힘 기울였음을 충분히 알 수 있겠다.

앞의 인용 대목 중에서 더욱 주목할 것은 이기백이 "그 보편성은 일원적인 법칙에 근거를 둔 것이 아니라 다원적인 법칙에 근거를 둔 것(ⓛ)"이라는 점을 강조하였다는 사실이다. 이는 그 자신 청년 시절 기독교에 심취하였었기에 그에 따라 역사의 발전조차도 일원적으로 파악하려 하여, 헤겔Hegel의 『역사철학서론歷史哲學緖論』에서의 역사 발전에 대한 해석이 "역사를 일원론적인 입장에서 이해하려는 나에게 크게 감명을 안겨주었다[8]"고 한 것과는 완전히 다르게 그 자신의 역사관이 다원적인 것으로 발전하여 변모되었음을 알려 주는 것이라 하겠다. 그가 이렇듯이 스스로 발전하여 변모하는 계기가 되었던 것은, 다름 아니라 이 보편성과 특수성의 문제에 대한 인식을 본격적으로 지니게 되면서부터였다고 해서 옳을 듯하다. 말하자면 역사 이론 속에서 보편성과 특수성의 문제에 대해 면밀히 검토하고 이를 한국사에 적용해 『한국사신론』 개정판 집필에 이르러 체계화를 시도하면서부터, "그 보편성은 일원적인 법칙에 근거를 둔 것이 아니라 다원적인 법칙에 근거를 둔 것(ⓛ)"이며 "민족마다 그 역사가 보편성과 동시에 특수성을 지니게(ⓒ)" 된다고 인식하기에 이르렀던 것이라 풀이된다고 하겠다.

(2) 보편성 토대 위에서의 특수성 규명 추구와 개별성에 대한 인식 터득

이렇게 그가 이와 같이 "민족마다 그 역사가 보편성과 동시에 특수성을 지

---

7 노용필, 「이기백한국사학 사론집 삼부작의 출간 의도」, 한국사학사학회 제124회 월례발표회 2015
년 11월 28일 발표문; 이 책의 제1부 제3장 참조.
8 「학문적 고투의 연속」, 『한국사 시민강좌』 제4집, 1989; 『연사수록』, 1994, p.239.

니게(ⓒ)" 된다고 인식했던 데에서, 거의 동시에 보편성 파악의 토대 위에서 특수성의 규명을 추구하는 것으로 전진하였다. 그의 이러한 진전, 즉 보편성 파악의 토대 위에서 특수성의 규명을 추구하게 된다는 사실은 아래의 글들에서 확실히 살펴진다.

① 같은 민족주의사학자民族主義史學者라도 박은식朴殷植이나 정인보鄭寅普의 경우에는, 비록 그러한 표현을 쓰고 있지는 않으나, 보편성의 기초 위에서 한국사를 쓰고 있다. …(중략)… 그러므로 이들은 ⓐ 보편성을 토대로 한국사의 특수성을 생각하고 있는 것이 분명하다. ⓑ 다만 이 양자의 관계에 대한 이론적인 해명은 되어 있지가 않으며, 결국은 특수성 내지는 고유성이 보다 강조되는 듯한 인상조차 받게 된다.⁹

② 이런 견지에서 나의 관심은 한국민족이 세계의 다른 여러 민족들과 마찬가지로 가지고 있는 보편성에 쏠리어 있었다. 말하자면 민족이 지니고 있는 특수성을 보편성 위에서 이해하려고 노력하였다.¹⁰

이기백은 박은식과 정인보도 이미 한국사를 쓰면서, 보편성을 토대로 한국사의 특수성을 생각하고 있었던 게 분명하지만(ⓐ), 그들에게는 보편성과 특수성의 관계에 대한 '이론적인 해명'이 되어 있지 않았음(ⓑ)을 지적하였다(①). 그러면서 자신은 "민족이 지니고 있는 특수성을 보편성 위에서 이해하려고 노력하였다(②)"고 밝혔는데, 이 언급에는 그들과는 달리 자신은 보편성과 특수성의 관계에 대한 '이론적인 해명'을 이미 갖추었음을 내포하고 있는 게 아닌가 싶다. 즉 자신은 이미 이론적으로 보편성과 특수성의 관계에 대해 충분히 검토한 후에 민족의 특수성을 보편성 위에서 이해하려고 노력하였음을 강하게 피력하고 있는 것이라 여겨진다고 하겠다.

그런데 그는 이렇듯이 민족의 특수성을 보편성 위에서 이해하기에 그치지

---

9 「한국사의 보편성과 특수성」, 『이화사학연구』 6・7합집, 1973; 『한국사학의 방향』, 1978, p.132.
10 「머리말」, 『민족과 역사』 초판, 1971, p.3; 신판, 1994, p.ⅴ.

않고, 개별성에 대한 인식의 터득 심화로 한발 더 나가게 된다. 이 점은 다음의 글에서 확연하다.

⑦ 다만 자연이나 인간의 모든 사실들에 작용하는 구체적 법칙은 여럿이기 때문에, 그것이 결합하는 양상에 따라서 각자의 특수성이 생기는 것이다. 그러므로 그 특수성을 보편성 위에서 해명하는 것이 구체적인 개별적 사실을 밝히는 올바른 학문적 태도인 것이다.[11]

⑭ 역사의 연구는 개별성個別性을 추구하는 것이라고 할 수가 있다. 즉 구체적인 과거의 사실 자체에 대한 구명을 꾀하는 것이 역사학인 것이다. …(중략)… 그런데 이 같은 역사의 개별성이 특수성으로 이해되는 경우가 있다. 그리고 이 특수성은 흔히 고유성固有性과 상통하는 것으로 생각되어 왔던 것이다. 민족주의 사학民族主義史學의 경우가 그러한 예에 속한다.[12]

⑦에서 "특수성을 보편성 위에서 해명하는 것"을 강조하고 있음을 간과해서는 안 된다.[13] 더욱이 ⑭에서 "역사의 연구는 개별성을 추구하는 것"이라 명료하게 규정함으로써, 더할 나위 없이 역사의 개별성에 대해 언급하고 있음을 주목해야 할 것이다. 결국 이기백은, 보편성 토대 위에서의 특수성 규명을 추구함으로써 개별성에 대한 인식을 명확히 터득하고 심화해서 자신의 사관 정립에 더욱 큰 진전을 이루게 되었던 것임을 알 수 있겠다.

---

11 「한국의 원시사상과 전통문화」, 『한국사상사방법론』, 소화, 1997; 『한국전통문화론』, 2002, p.88.

12 「한국사의 보편성과 특수성」, 『이화사학연구』 6·7합집, 1973; 『한국사학의 방향』, 1978, pp.131-132.

13 이렇게 특수성을 보편성 위에서 해명해야 함을 강조하고 있는 게 예전과 크게 달라진 바가 아니다. 하지만 이렇게 하는 것이 "구체적인 개별적 사실을 밝히는 올바른 학문적 태도"라고 지적한 것은 그 이전과는 사뭇 달라진 것이라 하지 않을 수 없다. 물론 이 "구체적인 개별적 사실을 밝히는" 것을 사실의 考證 혹은 實證을 가리키는 것으로만 이해할 수도 있으나, 그가 여기에서 힘주어 강조하고자 했던 것은 그런 고증 혹은 실증의 차원을 강조하려는 게 아니었다. 곧 여럿인 구체적인 법칙들이 결합하여 나타나는 양상에 따라서 띠게 되는 차이점인 특수성을 그들의 공통점인 보편성 위에서 해명함으로써 그 구체적인 사실의 개별적인 특징 즉 '개별성'을 궁극적으로 밝히는 것이 "올바른 학문적 태도"라는 점을 각별히 강조하고자 했던 것이다.

3. 이기백의 보편성·특수성·개별성 개념 이해에 끼친 외국학자들의 영향

그러면 이기백이 이상과 같이 역사 속의 보편성·특수성·개별성에 대한 인식을 지니게 될 뿐더러 또한 그 개념을 정확하게 이해하게 되었던 것은, 언제부터 누구에게서 영향을 받은 것이었을까. 이를 살피면서 가장 먼저 주목해야 할 것은 그 자신의 글 중에서도 특히 다음과 같은 대목이다.

> 내가 와세다대학早稻田大學 재학 시절에 감명 깊게 읽은 역사이론 책은 헤겔의 『역사철학서론歷史哲學緖論』, 랑케의 『강국론强國論』, 마이네케의 『역사주의歷史主義의 입장立場』 같은 것이었다. 헤겔의 글은 어렵기로 유명하고, 또 『서론』은 제자들이 강의 노트를 정리한 것이라지만, 이론의 전개가 정연해서 이해하기가 어려운 것은 아니었다. 역사를 자유自由를 향한 이성理性의 자기 발전으로 본 그의 주장은, 역사를 일원론적一元論的인 입장에서 이해하려는 나에게 크게 감명을 안겨주었다.[14]

여기에서 와세다 대학 재학 시절에 역사이론서들로서 "감명 깊게 읽은" 게 랑케의 『강국론』, 마이네케의 『역사주의의 입장』 등이라고 했는데, 랑케는 물론이고 마이네케 역시 개별성과 보편성을 기본적인 개념으로 설정하고 있었으므로[15], 이기백이 지니게 된 개별성과 보편성을 강조하는 연구 태도는 랑케와 마이네케의 영향에서 비롯된 것일 듯하다. 그중에서도 특히 마이네케에게서는 어느 무엇보다도 『역사주의의 입장』 통독을 통해 영향을 깊이 받았을 것임이 거의 분명하다고 보인다.

또한 이기백이 "감명 깊게 읽은" 책 가운데 헤겔의 『역사철학서론』은 "이

---

14 「학문적 고투의 연속」, 『한국사 시민강좌』 제4집, 1989; 『연사수록』, 1994, p.239.

15 노용필, 「이기백의 역사주의 수용과 한국사학의 초석 확립」, 『한국사학사학보』 23, 2011, pp.293–294; 이 책의 제2부 제1장, pp.301–302.

론의 전개가 정연해서 이해하기가 어려운 것은 아니었다"라고 밝히고 있음에서 역사이론을 이해하는 데에 있어 그에게 역시 많은 영향을 주었던 게 틀림이 없다고 여겨진다. 즉 "역사를 자유를 향한 이성의 자기 발전으로 본" 그의 사관, 곧 헤겔의 발전사관은 청년 시절부터 이기백이 발전사관을 지니게 되는 데에 상당히 영향을 끼쳤던 것이라 하겠다.[16] 이기백이 이와 같이 헤겔의 발전사관을 수용하는 데에 결정적인 계기가 되었던 것은, 앞서 보았듯이 그가 밝힌 바대로『역사철학서론』을 독파하면서였다.

그런데 그 내용 중에는 다음에 인용하는 대목에서와 같이 "이성이 세계를 지배하며 따라서 세계사까지도 지배한다는 주장(ⓐ)"을 전개하면서 '보편적', '개별적', '특수한 목적' 등을 운위하고 있음을 간과할 수가 없다. 이 '보편적', '개별적', '특수한 목적' 등의 용어가 바로 각각 '보편성', '개별성', '특수성'을 함축하며 지칭하고 있는 것임이 분명하다고 판단되기 때문이다.

우리의 전제(물론 이 전제는 맨 나중에 가서 결과로서 분명해진다)이자 우리의 신념은, ⓐ 이성이 세계를 지배하며 따라서 세계사까지도 지배한다는 주장 위에서 있다. 기타의 모든 것은, 이 확고한 보편적 그리고 실체적인 이성에 종속하는 것이며, 그것에 봉사하는 것이자 수단이다. 또한 이성은 역사적 사건 안에 내재하고, 그 사건 안에서, 그 사건을 통해서 자기를 완성한다. ⓑ 보편적이고 절대적인 존재와 개별적이고 주관적인 존재와의 일치, 이 일치만이 진리인데 그것은 사변적인 것이기 때문에 그것의 일반적 형식은 논리학에서 다루어진다. 지금도 진행 중인 세계사의 발걸음 안에서 역사의 궁극 목적은 아직도 순수한 형태의 욕망과 관심의 내용이 되지는 않는다.

욕망과 관심이 의식되지 않은 채로 ⓒ 보편적인 목적은 특수한 목적 안으로 편입되어 특수한 목적을 통해 자기실현을 한다. 앞에서 말한 특수와 일반의 일치는 자유와 필연의 일치라는 형태로도 파악될 수 있으므로, 그때 절대적인 존재인 정

---

16 노용필,「이기백의 역사주의 수용과 한국사학의 초석 확립」,『한국사학사학보』23, 2011, pp.280 -283; 이 책의 제2부 제1장, pp.286-290

신의 내면적인 발걸음이 필연적인 것으로 간주되고, 인간의 자각적 의사 속에 관심으로 나타나는 것이 자유라고 간주된다. 이러한 개념 관계는 형이상학적인 것으로서 논리학의 고찰 대상이므로 여기서는 깊이 들어갈 수 없다. 중요한 점만을 다루는데 그치도록 하겠다.[17]

요점만을 압축하자면 이성이 세계사까지도 지배한다는 주장(ⓐ) 위에서 "보편적이고 절대적인 존재와 개별적이고 주관적인 존재와의 일치, 이 일치만이 진리(ⓑ)"라고 설파하고 있는 것인데, 여기에서 "보편적이고 절대적인 존재" 자체는 '보편성'을 띠는 것을, "개별적이고 주관적인 존재" 자체는 '개별성'을 띠는 것을 의미하는 것 같다. 그래서 이 '보편성'과 '개별성'의 일치가 곧 진리라고 여기는 것으로 이해될 수 있지 않나 싶다. 한마디로 보편성과 개별성의 일치가 곧 진리라는 뜻일 것이다. 게다가 헤겔은 "보편적인 목적은 특수한 목적 안으로 편입되어 특수한 목적을 통해 자기실현을 한다(ⓒ)"고도 했는데, 이는 결국 특수성 속에서 보편성이 추구되어야 함을 지적한 것이라 풀이될 수 있지 않나 생각된다. 즉 각각의 개별성을 띠고 있는 역사적 사실 속에 나름의 특수성을 지니고 있지만, 그 각각의 특수성이 지니는 일관되는 보편성을 파악해야 하며, 이 보편성과 개별성의 일치만이 진리라는 주장을 폈던 것이라 하겠다. 헤겔의 이러한 해석을 『역사철학서론』을 통해 익힘으로써 이기백은 보편성·특수성·개별성에 대한 정확한 이해를 지니게

---

17 Georg Wilhelm Friedrich Hegel, *Vorlesungen über die Philosophie der Geschichte*; 권기철 옮김, 『역사철학강의』, 동서문화사, 제1판, 1978; 제2판, 2008, p.35. 참고로 김종호 역, 『역사철학강의』 Ⅰ, 삼성출판사, 1982 가운데 동일한 부분인 pp.96~97의 번역도 대조해 보았지만, 더 난해하여 인용을 하지 않기로 하였다. 다만 동일 용어의 한국어 번역이 어느 것이 정확한가를 규명하기 위하여 대조를 시도해 보았다. 또한 일본어 번역판에서 동일 용어의 번역어 선택이 과연 어떠한가를 비교해 보려고 河野正通 譯, 『歷史哲學概論』, 東京:白揚社, 1928와 河野正通 譯, 『歷史哲學緒論』 增補版, 東京:白揚社, 1943와도 또한 일일이 대조해 보았다. 그 결과 河野正通 譯의 『歷史哲學概論』 및 『歷史哲學緒論』 增補版의 p.111에서는 다른 번역본에서는 '보편적'이라 한 것을 '일반적'이라 하기도 하였으므로, 번역자에 따라 '보편성'을 '일반성'이라 선택할 수도 있음을 알기에 이르게 되었다.

되었다고 보인다.

그렇긴 했지만 헤겔의 『역사철학서론』 탐독을 통해 얻은 지식이 모두 이후 줄곧 이기백에게 유용한 가치를 지닌 것은 아니었다. 그가 "나에게 크게 감명을 안겨주었다"고 고백한 헤겔의 역사철학 가운데 "역사를 일원론적인 입장에서 이해"한 것이 특히 그러하였다. 청년 시절에는 그러하였지만 이기백이 일원론적인 입장에서 역사를 해석하려는 데에서 탈피하여, 본격적인 역사 연구에 몰입하면서부터는 다원론적인 입장으로 전환하였기 때문이었다. 그가 이렇게 다원론적인 역사 해석의 입장을 취하게 된 것은 다름 아닌 하야시 겐타로林健太郎의 영향이었다. 하야시 겐타로의 다원적인 역사법칙에 관한 언급이 이기백에게 끼친 영향과 관련해서는 그 자신의 글 가운데 다음 대목에 직접 언급되어 있다.

여기에는 당시 일본으로부터 쏟아져 들어오는 역사이론서들의 영향이 컸었다. 나도 남에게 뒤질세라 『세계사世界史의 기본법칙基本法則』이니 하는 책들을 열심히 읽었고, 또 많은 자극과 깨우침도 받았다. 그러나 끝내 어느 일정한 공식에 의존해서 우리 역사를 이해하려는 데는 찬동할 수가 없었다. 차라리 하야시 겐타로林健太郎의 『사학개론史學槪論』에 나타난 바와 같이 다원적인 법칙에 입각해서 역사를 이해하려는 데에 더 많은 공감이 갔다.[18]

여기에서 "하야시 겐타로의 『사학개론』에 나타난 바와 같이"라고 함은, 하야시 겐타로가 이 책 가운데서 서술한 바 "이리하여 나는 이상의 고찰로써 모든 역사 현상을 단지 하나의 법칙에 의해서 설명하는 것은 불가능하다고 하는 결론에 도달하지 않을 수 없다[19]"라는 대목을 가리키는 것임이 분명해

---

18 「학문적 고투의 연속」, 『한국사 시민강좌』 제4집, 1989; 『연사수록』, 1994, p. 244.

19 林健太郎, 「歷史法則に關する一般的問題」, 『史學槪論』, 東京 : 有斐閣, 初版, 1953, pp. 140-141; 新版, 1970, pp. 131-132. 여기에 덧붙여 초판에서는 "… 그러므로 마르크스가 제기한, 경제관계가 모든 사회 현상의 기초를 이룬다고 하는 법칙도, 끝내 이들 여러 법칙의 하나이지 결코 전부는 아니라고 말하지 않으면 안 된다. … 어쨌든 법칙의 단일지배를 인정하는 것은 역사의 연구를 불

보인다. 하야시 겐타로가 이와 같이 『사학개론』를 통해 역사의 모든 현상이 일원적이 아니라 다원적이라는 점을 강조한 것에서 이기백은 영향을 받았던 것이다.

하지만 하야시 겐타로는 이 『사학개론』을 통해 일관되게 '개별성個別性'과 '일반성一般性'만을 말하였다. '보편성'과 '특수성'를 주로 거론한 게 아니라, 아예 이에 대해 언급조차 하지 않았던 것이다. 아래의 구절에서 특히 그랬음을 알기 어렵지 않다.

① (그러므로) 우리들은 역사에 있어서 개별성과 일반성과의 종합을, 결국 역사의 내용 중에서 구하려는 노력을 하지 않으면 안 될 것이다.[20]
② 딜타이Wilheim Dilthey는 역사학의 대상을 이루는 인간의 특수한 성질 중에 개별적인 것을 일반적인 것에 결부結付시키는 유력한 인자因子를 보았다.[21]

하야시 겐타로는 내용상으로도 "개별성과 일반성과의 종합(①)"을 강조함은 물론이고 인용상으로도 딜타이의 설명을 제시하면서 "개별적인 것을 일반적인 것에 결부시키는 유력한 인자(②)"라고 논하였던 것이다. 이러면서 논문의 제목에서도 '개별성'만을 제시하거나 혹은 '개별성과 일반성'을 내세웠을 따름이었다. 또한 딜타이의 언급을 인용하면서, "인간의 특수한 성질"이라 한 것은 분명 인간의 '특수성'에 대한 지적이었을 터인데, 여기에서도 "개별적인 것" 즉 '개별성'을, "일반적인 것" 곧 '일반성'에 결부시키고 있음을 말했을 뿐이었던 것이다.

이럴 정도로 하야시 겐타로는 '개별성'을 매우 중시하였다고 하겠는데, 이

가능하게 하고 …"라고 한 서술이 있었는데, 신판의 p.132에서는 이 가운데 특히 "… 어쨌든 법칙의 단일지배를 인정하는 것은 역사의 연구를 불가능하게 하고 …"이라 한 부분을 포함한 마지막 단락의 언급이 제외되었음이 주목된다. 신판의 국역으로는 『역사학 입문』(우윤·황원권 공역, 청아출판사, 1983)이라는 서명으로 출판되어 있어 일부 참조가 된다.

20 林健太郎, 「歷史における個別性の問題」, 『史學概論』, 初版, 1953, p.171; 新版, 1970, p.159.
21 林健太郎, 「歷史における個別性と一般性」, 『史學概論』, 初版, 1953, p.192; 新版, 1970, p.179.

렇게 중시한 '개별성'을 정의하면서 다만 설명을 원활히 하기 위해 아울러 헤겔 역시 '개별성'에 대한 개념 규정을 제시하고 있음을 거론하면서 '보편성'과 '특수성'에 관해 언급하였을 뿐이다. 다음과 같이 말하였다.

　　도대체 역사에 있어서 개별적인 것이라고 함은 무엇일까. 우리들은 여기에서 "개별성은 보편성과 특수성과의 통일이다"라고 한 헤겔의 규정規定을 참조하는 게 가능할 것이다. 헤겔이 여기에 덧붙인 철학적 설명은 매우 난해難解하고 또한 번쇄煩瑣하지만, 우리들이 실제로 구체적인 역사상의 개별적 현상을 취하여 보면, 그중에 보편적인 것과 특수한 것의 두 계기契機가 함께 포함되어 있음을 발견하는 게 그다지 어렵지 않다.[22]

　　그런데 이 가운데 "우리들은 여기에서 '개별성은 보편성과 특수성과의 통일이다'라고 한 헤겔의 규정規定을 참조하는 게 가능할 것이다"라는 부분에 각주를 달기를, 원문 그대로 찾아 확인하면, "(2) ヘーゲル「エンチクロペディー」第三版, 第一六三節――一六五節. 『法律哲學』第6節"라고 되어 있다. 이 중에서 「エンチクロペディー」는 1817년 간행된 것으로, 우리말 표기로는 『엔치클로페디』, 독일어로는 Enzyklopädie, 영어로는 encyclopedia 곧 '백과사전'이라는 뜻으로, 번역서는 『철학강요哲學綱要』이다.[23] 이 책에서 제163절부터 제165절까지는 「개념으로서의 개념」의 항목으로서, 하야시 겐타로가 각주의 내용을 통해 일러 준 바대로 특히 개념 자체의 보편성·특수성·개별성에 대해 논하고 있으므로, 보편성·특수성·개별성의 개념 각각을 제대로 알아보기 위해 그 일부를 인용해 제시하면 아래와 같다.

　　〈163〉
　　개념概念에는 그 자체의 특질特質 중에 제 자신과의 자유스런 동등성同等性인

22　林健太郎, 「歷史における個別性と一般性」, 初版, 1953, p.193; 新版, 1970, pp.179-180.
23　서동익, 「해설」, 헤겔 저, 서동익 역, 『철학강요』 세계사상교양전집·속 7, 을유문화사, 1975, p.5.

A-1 보편성의 계기와 또 보편성이 의연依然히 제 자신을 잃지 않고 보유하는 규정성規定性인 B-1 특수성의 계기와 끝으로 보편성과 특수성이란 양규정兩規定의 자기내 반성, 즉 입신立身과의 부정적 통일이 즉자적卽自的 및 대자적對自的으로 규정된 그리고 동시에 자기동일적自己同一的인 또는 보편적인 C-1 개별성과의 세 계기가 있다. …(중략)…

〈164〉

개념은 어디까지나 구체적인 것이다. 왜냐하면 제 자신과의 부정적 통일 그 자체가 개별성, 즉 즉자적卽自的 및 독자적獨自的으로 규정된 존재로서 제 자신에 대한 관계 즉 보편성이기 때문이다. …(중략)… A-2 보편성, B-2 특수성, C-2 개별성은 추상적으로 생각하면 ⓐ 동일성同一性, ⓑ 구별성區別性 및 ⓒ 근거根據와 마찬가지인 것이다. 그러나 A-3 보편적인 것은 그와 동시에 특수적인 것과 개별적인 것을 내포하고 있다는 의미에서 제 자신과 동일한 것이다. 그리고 B-3 특수적인 것은 구별된 것, 즉 특정한 규정을 가진 것이다. 그러나 그것은 보편을 내포하고 있는 것과 개별적인 것으로서 존재하고 있다는 의미에서 그러한 것이다. 그와 마찬가지로 C-3 개별적인 것은 유류類와 종種을 내포하는 것이며 또 그 자체가 실체적인 것인 주체主體나 기체基體라는 의미를 가진 것이다. 이것은 이 제계기諸契機가 구별되면서도 또한 얽히어 있다는 사실을 의미하는 것이다(제160절)—이 사실은 개념의 명증성明澄性을 말하는 것이다. 왜냐하면 개념에 있어서는 모든 구별이 분단되고 혼란되어 있는 게 아니라, 도리어 아주 투명하여 서로 비추어주고 있기 때문이다. …(하략)…

〈165〉

개념의 제계기는 C-4 개별성의 계기에 의하여 비로소 구별로 정립定立되는 것이다. 왜냐하면 C-4 개별성이라는 것은 개념의 부정적인 자기내반성自己內反省이요, 따라서 결국 개념의 규정성規定性을 드러내는 최초의 부정, 즉 개념의 자발적인 분화이기 때문이다. 그러나 동시에 개념의 규정성은 B-4 특수성으로써, 즉 첫째 여러 가지 개념 계기의 규정성만이 서로 대립하여 가지고 있는 ⓑ 구별성과 그 마음에서 여러 가지 개념 계기가 이것이나 저것이나 모두 마찬가지 것이라는 ⓐ 동일성으로서 드러난다. 이와 같이 드러나는 개념의 B-4 특수성이 판단判斷이다. …(하략)…[24]

---

24 헤겔 저, 서동익 역, 『철학강요』, 을유문화사, 1975, pp.173-175.

헤겔이 이 제163절부터 제165절까지의 부분 전체에서 집중적으로 정의한 개념의 3가지 계기는 보편성·특수성·개별성이다. 그중 보편성 즉 "보편적인 것은 그와 동시에 특수적인 것과 개별적인 것을 내포하고 있다는 의미에서 제 자신과 동일한 것(A-3)"이라 정의하고, 다른 용어로 '동일성'(ⓐ)이라고도 규정했다. 또한 특수성은 '특수적인 것'으로서, "구별된 것, 즉 특정한 규정을 가진 것(B-3)"이며, 따라서 달리 '구별성'(ⓑ)이라고도 하였다. 그리고 개별성 곧 "개별적인 것은 유類와 종種을 내포하는 것이며 또 그 자체가 실체적인 것인 주체나 기체라는 의미를 가진 것(C-3)"으로 규정하고, 그리하여 '근거'(ⓒ)라고도 한다는 것이다.

헤겔의 『철학강요』에서의 이러한 보편성·특수성·개별성에 대한 개념 정의는, 앞서 살펴본 바와 같은 『역사철학서론』에서의 그것보다는 정치精緻한 것이라 하지 않을 수 없겠는데, 그 이유는 『역사철학서론』이 『역사철학강의』의 문자 그대로 「서론」으로서 역사와 관련된 것에만 국한된 데에 반해, 『철학강요』 자체는 보다 본질적인 철학 차원의 개념 정의에 심층적으로 집중한 저술이라는 데에 있었다고 가늠된다.

따라서 이기백은 와세다 대학 유학 시절의 20대에 이미 헤겔의 『역사철학서론』, 마이네케의 『역사주의의 입장』 등에 대한 탐독을 통해, 이 보편성·특수성·개별성에 대한 개념을 수용하였다고 하겠다. 그런 한편으로 하야시 겐타로의 『사학개론』 초판이 출판된 1953년 이후 즉 그의 30대에는 이 책을 섭렵함으로써 다원적인 역사 이해에 관한 지견을 확립함은 물론이고, 보편성·특수성·개별성의 개념 가운데서도 하야시 겐타로가 그 내용에서 특히 강조하는 일반성 즉 보편성 및 개별성에 대한 이해에 더욱 다가가게 되었다고 보인다. 그러다가 1970년 2월 『사학개론』의 신판이 출간되어 나오자, 이를 구해 숙독하여 더욱 이들의 개념에 대해 천착하게 되었던 듯하다.

이와 같은 지식을 1971년 『민족과 역사』 초판의 「머리말」에서부터 비로소 처음으로 그의 저술들에 반영하여 한국사학에서의 보편성과 특수성을 논하기 시작하더니, 1973년의 「한국사의 보편성과 특수성」 및 1976년 『한국사신론』 개정판에 이르러서 본격적으로 이에 관해 전면적으로 기술하였다. 당시부터도 아울러 개별성에 대한 인식을 터득하였을 뿐더러, 이후 만년晩年에 이르러 지금까지의 자신의 연구 업적들을 곰삭히는 과정에서, 헤겔의 『역사철학서론』은 물론이고 마이네케의 『역사주의의 입장』 및 하야시 겐타로의 『사학개론』 등을 재차 섭렵하고, 이에 따라 개별성에 대한 인식을 더욱 새롭게 확신하게 됨으로써 자신의 저술들에 그 개념을 본격적으로 아울러 반영하여 서술하게 되었던 것으로 헤아려진다.

4. 백남운 유물사관에서의 보편성과 특수성 검증

이기백이 보편성과 특수성의 개념을 적용하여 가장 치열하게 검토한 것은 백남운白南雲의 유물사관에서 운위하는 그것이 과연 타당성을 지니고 있는가 하는 점이 아니었나 싶다. 그래서 백남운의 유물사관 자체를 면밀하게 검토하여 분석한 후 구극적究極的으로는 이에 대해 비판하는 방식을 취하였던 것이다.

(1) 백남운 유물사관에 있어서의 보편성과 특수성 문제

그는 우선 백남운의 유물사관에 있어서 보편성과 특수성이 각각 어찌 설정되었는가 하는 문제부터 살펴 그 문제점을 찾아내었다. 아래의 글에서 이러한 접근이 뚜렷하다.

① 이상에서 살펴본 바와 같이 유물사관의 공식을 한국사에 그대로 적용하기는 힘들다는 것을 알 수가 있다. 결국 구체적 사실을 무시하지 않는 한 유물사관 공식을 한국사에 적용하기가 힘들다. 백남운이 유물사관의 공식에 충실하려고 한 것은, 한국사도 일원적인 역사발전의 법칙에 따라서 정상적으로 발전하였다고 주장하려는 강한 의욕에서 나온 것이었다. 그러나 그도 ⓐ 한국사의 아시아적

특수성을 인정함으로써, ⓑ 한국사를 변형적인 것으로 보고, 결국 그의 원 뜻은 관철되지 못하였다. 이것은 다른 유물사관론자들의 경우도 마찬가지였다. ⓒ-1 한국사의 세계사적 보편성을 주장하는 것은 옳다. 그러나 유물사관 공식에 따르는 한 이 주장은 관철시킬 수가 없다. 그러므로 한국사의 구체적 사실을 정당하게 이해할 수 있는 ⓓ-1 새로운 세계사의 틀을 마련해야만 한다고 생각한다. 이것이 현대 한국 역사가의 의무이다.[25]

② 유물사관은 단지 한국사의 과거에 대한 인식에 만족하지를 않았다. 유물사관은 역사발전의 필연성을 믿고 있었다. 즉 마르크스가 제시한 유물사관의 공식에 따라서, 원시공동체사회로부터 고대 노예제사회, 중세 봉건사회, 근대 자본주의사회를 거쳐 장차 사회주의사회로 필연적으로 발전하게 되어 있다는 것이다. 이것은 ⓒ-2 일원적인 세계사적 보편성이며, 한국사도 이 보편적인 법칙에서 벗어나지 않는다고 주장한다. ⓔ 한국사도 세계사에 동참하는 시민권을 가진다는 점을 강조한 것도 유물사관이 한국사학에 끼친 하나의 공헌이었다. 다만 유럽을 중심으로 한 공식에 따르다 보니 결과적으로는 ⓐ 아시아적 특수성을 인정해야만 하게 되었다. 따라서 원래 목적한 바와는 달리 ⓑ 한국사를 변형적인 것으로 치부하는 결과를 가져오고 말았다. 그러므로 유물사관의 공식을 극복하고 보다 높은 차원에서 ⓓ-2 세계사적 보편성을 재구상하지 않으면 안 된다는 과제가 현대 한국사학 앞에 놓여진 셈이다.[26]

인용한 이 두 부분은 하나의 글 「유물사관과 현대의 한국사학」 속에서 거의 동일한 내용을 반복한 듯 여겨지기 십상이게 기술되었지만, 따져보면 일치점도 많으나 차이점도 몇몇이 발견되므로 정밀한 검토가 필요하다고 생각한다. 유물사관의 공헌에 대해서 ②에서만 언급되고 있음이 어느 무엇보다도 우선해서 눈에 띄는데, "한국사도 세계사에 동참하는 시민권을 가진다는 점을 강조한 것(ⓔ)"이라는 사실을 꼽은 게 그것이다. 그러면서 한국사의 "아시아적 특수성을 인정(ⓐ)"한다든지, 그래서 "한국사를 변형적으로(ⓑ)" 보았다

---

25 「유물사관과 현대의 한국사학」, 『한국사 시민강좌』 제20집, 1997; 『한국전통문화론』, 2002, pp.265-266.
26 「유물사관과 현대의 한국사학」, 『한국사 시민강좌』 제20집, 1997; 『한국전통문화론』, 2002, p.272.

든지 하는 게 일치하고 있는 것이다. 그렇더라도 ①에서는 "한국사의 세계사적 보편성(ⓒ-1)"을 들었으나 ②에서는 "일원적인 세계사적 보편성(ⓒ-2)"을 거론하였으며, 또 ①에서 "새로운 세계사의 틀을 마련(ⓓ-1)"해야 한다는 것을 강조하였지만 ②에서는 "세계사적 보편성을 재구상(ⓓ-2)"해야 함을 설파한 것이 차이점이라 하겠다. 이와 같이 세부적으로 살필 때 공통점도 있고 차이점도 있는 대목이 드러나 있지만, 문제는 다른 게 아니라 보편성과 특수성 적용의 적합성 여부로 귀결되고 있음을 엿볼 수 있다. 이로써 이기백은 백남운 유물사관이 근원적으로 타당이 있는 것인지에 대한 논의는 결국 보편성과 특수성의 문제에 집중하며 검토하고 있음을 알 수 있겠다.

(2) 백남운 유물사관에서의 보편성 비판

이기백은 백남운의 주장을 집중적으로 검토함으로써 그의 유물사관에 나타난 보편성의 문제에 대해 비판하였다. 이는 아래의 글에서 잘 드러난다.

> 이제 그러면 백남운의 주장을 보기로 하겠습니다. 그가 민족주의사학이나 식민주의사학에 대한 비판을 통해서 제시하고자 한 것은 여러분이 다 아시는 바와 같이 유물사관입니다. 그는 "조선민족의 발전사는 그 과정이 아무리 아시아적이라고 하더라도 사회구성의 내면적 발전법칙 자체는 오로지 세계사적인 것이며, 삼국시대의 노예제사회, 신라통일기 이래의 동양적 봉건사회, 이식자본주의 사회는 오늘날에 이르기까지 조선사회의 기록적 총발전단계를 나타내는 보편사적인 특징"이라고 말하였습니다. 즉 우리나라의 역사도 다른 나라와 마찬가지로 보편적인 역사적 발전법칙에 일치하는 그런 발전을 해왔다는 것입니다. 그리고 이것이 보편성을 강조한 것임은 두말할 나위도 없습니다. 다만 유물사관에서 말하는 보편성이라는 것은, 다른 여러분들이 이야기한 바와 같이, 그리고 저도 여러 차례 그 점을 지적해 두었습니다만, 단순한 <u>보편화라기보다는 구체적으로 유럽화라고 말하는 것이 적절하지 않나 합니다.</u>[27]

---

27 「한국학의 전통과 계승」, 『진단학보』 78, 1994; 『한국전통문화론』, 2002, p.244.

이기백은 곧 이어서, 이렇듯이 백남운과 같이 유물사관에 입각해서 유럽역사에서 얻어진 결론을 한국에 적용하는 것은 문제가 있다고 보고, 그와는 달리 새로운 보편성을 추구한 학자들의 견해를 정리하여 제시하고 있다. 우선 안확安廓이『조선문명사朝鮮文明史』에서 "보편적인 원칙을 우리나라 역사에서 찾아내고자 하는 기본적인 입장 위에서 우리나라 역사 발전의 독자성을 선양하고 강조하는 입장"을 취하고 있음을 지적하였으며[28], 또한 이상백李相佰이『조선문화사연구논고朝鮮文化史硏究論攷』에서 "우리나라 역사에 대한 연구 하나하나가 보편화될 수 있는, 일반화될 수 있는 성격을 지니고 있다는 것을 강조한 점"을 주목하고 싶다고 밝히고 있음이 그것이다.[29]

이기백이 이렇게 한 것은, 백남운이 한국사의 "보편사적인 특징"을 내세워 아무리 보편성을 강조했을지라도, 그것이 유럽을 중심으로 설정된 유물사관의 그것이라는 점을 부각시키기 위한 의도였던 게 아닌가 싶다. 즉 이기백은 백남운의 유물사관에서 표방하는 보편성 지향이라는 것이 구체적으로 살필 때 "유럽화라고 말하는 것이 적절"하다는 점을 강조하고자 했던 것이라 풀이된다고 하겠다. 바로 여기에 이기백이 가한 백남운 유물사관의 보편성에 대한 비판의 핵심이 있었던 것이다.

(3) 백남운 유물사관에서의 특수성 비판

유물사관의 근본이 세계사적인 일원론적 역사법칙을 한국사에 적용하려하므로, 특수성을 배제하려고 함은 지극히 당연한 일인지도 모른다. 백남운 역시 그러하였으나, 문제는 그러면서도 앞서 잠시 보았듯이 유물사관에서 '아시아적 생산양식'을 설정한 것 그 자체에서 비롯된 것이었는데, 이 유물사관의 특수성 문제와 관련하여 이기백이 내린 비판은 다음에서 명백하다.

---

28 「한국학의 전통과 계승」,『진단학보』78, 1994;『한국전통문화론』, 2002, p.245.
29 「한국학의 전통과 계승」,『진단학보』78, 1994;『한국전통문화론』, 2002, p.246.

백남운은 한국사의 특수성을 비판하고 세계사적인 일원론적 역사법칙이 한국사에 그대로 적용된다고 하여 삼국시대를 노예사회로 규정했다(『조선사회경제사朝鮮社會經濟史』,1933). 그러나 이청원李淸源은 그의 주장을 공식주의라고 비판하고, 노예사회를 고려 말까지로 보았다(『조선역사독본朝鮮歷史讀本』,1937). 그런가 하면 전석담全錫淡은 아예 한국에서의 노예사회의 존재 자체를 부정했다(『조선사교정朝鮮史敎程』,1948). 이와 같이 유물사관 공식의 적용에는 많은 견해차가 있었다. 게다가 아시아적 생산양식을 아시아적 특수성으로 이해하는 경우. 일원론적 역사법칙에 의한 한국사 이해는 불가능해지는 것으로 생각되었다.[30]

한마디로 백남운이 '아시아적 생산양식'을 '아시아적 특수성'으로 이해함으로써, 앞서 살핀 바대로 "한국사를 변형적으로 치부하는 결과를 가져오고 말았다"고 한 지적의 연장선상에서 결국 그럼으로써 "일원론적 역사법칙에 의한 한국사 이해는 불가능해지는 것으로 생각"하게 된다고 하였던 것이다. 이기백은 결국 백남운 유물사관에서 운위하는 보편성과 특수성을 한국사에 그대로 적용하는 것 자체가 한국사의 구체적인 사실들을 규명하는 데 전혀 도움이 되지 않는다고 여겼던 것이라 하겠다.

5. 개별성 파악과 보편적 개념의 성격 규정을 통한 한국사의 세계사 공헌

이기백은 앞서 잠시 언급한 바대로, 백남운의 유물사관이 비록 역사법칙을 일원적인 것으로 여기는 것에는 문제가 있을지언정 세계사적 발전법칙을 한국사에 적용함으로써, "한국사도 세계사에 동참하는 시민권을 가진다는 점을 강조한 것도 유물사관이 한국사학에 끼친 하나의 공헌(②의 ⓒ부분)"임을 평가하고 있었다. 그럼에도 불구하고, 백남운의 유물사관에서 운위하는 보

---

30 「한국사의 진실을 찾아서」, 제2회 한·일역사가회의에서의 발표, 2003;『한국사 시민강좌』 제35집, 2004;『한국사산고』, 2005, p.108.

편성과 특수성의 설정에 문제가 있음을 검증하면서, 이를 극복하기 위해서는 일원적이 아니라 다원적이라는 입장에서 개별성의 파악은 물론 보편적 개념의 성격 규정을 강조하여야 한다는 점을 이전보다 더욱 강하게 느끼게 되었다고 헤아려진다.

(1) 개별성 파악과 보편적 개념의 성격 규정 강조

이기백은 이미 헤겔의 『역사철학서론』 등의 탐독을 통해, 개별성이 보편성과 특수성을 아울러 갖는다는 인식을 터득하고 있었지만, 이 개별성을 한국사 속에서 파악하여 더욱 분명하게 강조한 것은 만년晩年에 이르러서였다. 아래의 글에서 뚜렷하다.

① 역사는 다원적인 여러 법칙에 의해서 지배를 받는다고 생각합니다. 그런데 그 여러 법칙이 결합하는 양상이 민족마다 다르기 때문에 그것이 자연히 ⓐ 각 민족의 개별성을 나타내게 된다고 생각합니다. 제가 ⓑ 특수성이란 말을 쓰지 않고 개별성이라고 했는데, 한국의 역사에서 세종대왕이나 한글 창제 같은 것은 ⓒ-1 다 개별적인 것이 아닙니까? 중국의 진시황이나 만리장성, 서양에서는 나폴레옹이나 프랑스혁명, ⓒ-2 다 개별적인 겁니다.
    그런데 우리가 ⓓ 개별적인 인물이나 사건들의 성격을 규정할 때에는 자연히 보편적인 개념을 가지고 하여야 되지 않겠느냐, 이런 얘깁니다. 개인을 얘기하게 되면 좀 납득이 안 가겠습니다만, 예컨대 골품제사회를 들 수 있습니다. 신라는 골품제사회입니다. 그것을 손진태 선생이 귀족사회라 했는데 귀족사회는 보편적인 개념입니다. 그러니까 ⓔ 일단 우리나라 것은 우리나라의 개별적인 것을 존중하고, 그 성격 규정을 할 때 세계사적인 보편적 성격을 띤 개념을 가지고 설명하자는 것입니다.[31]

그는 "각 민족의 개별성(ⓐ)"을 논하면서 자신이 굳이 "특수성이란 말을 쓰

---

31 「나의 한국사 연구」, 『한국사학사학보』 1, 2000; 『한국전통문화론』, 2002, pp.300~301.

지 않고 개별성(ⓑ)"이라 한 것에 대한 상세한 설명을 가하며, 한국 뿐 아니라 중국과 서양의 역사적 실제 예를 구체적으로 열거하면서 "다 개별적인 것(ⓒ -1, 2)"임을 연거푸 강조하였다. 이렇게 함으로써 역사 연구에 있어서 개별성 파악을 중시하여야 함을 갈파한 것인데, 그러면서도 "개별적인 인물이나 사건들의 성격을 규정할 때에는 자연히 보편적인 개념을 가지고 하여야(ⓓ)" 함을 역시 역설하였다. 그리하여 "우리나라의 개별적인 것을 존중"하면서 그 성격 규정은 "세계사적인 보편적인 성격을 띤 개념을 가지고 설명하자는 것(ⓔ)"임을 거듭 되새겼던 것이다.

(2) 한국사의 세계사 공헌 설파

개별성을 파악함은 물론이고 세계사적 보편적 개념의 성격 규정을 이렇듯이 강조함으로 해서, 이기백은 자연스레 한국사 역시 세계사에 공헌할 수 있으며, 또한 의당 그리되어야 한다는 생각을 확고히 지니게 되었던 것 같다. 아래의 글들에 이러한 그의 생각이 완연히 잘 담겨져 있다.

② 결국 한국사라 하더라도 그것은 한국사만을 움직이는 어떤 고유한 특수성에 의해서 지배된 것은 아니다. 그것은 ⓐ 세계 모든 나라의 역사에 한결같이 적용될 수 있는 보편적인 법칙 밑에 놓여 있는 것이다. 따라서 ⓑ 한국사와 세계사와는 서로 뗄 수 없는 긴밀한 관계에 있다. ⓒ 서로가 도움을 받고 도움을 주어야 하는 것이다. … 이렇게 함으로 해서 ⓓ 한국사로 하여금 세계사에서 올바른 위치를 차지할 수 있게 할 것이며, 나아가서는 한국사가 세계사에 공헌할 수 있게도 할 것이다.[32]

③ 한국의 사학사 연구에서 한 가지 문제가 되는 것은, 우리나라 사학사에서 동양사학과 서양사학의 위치를 어떻게 설정하느냐 하는 것입니다. … 만일 한국사학사를 '한국에서의 사학의 역사'라고 하면, 동양사와 서양사도 들어가야 한다

---

32 「한국사의 보편성과 특수성」, 『이화사학연구』 6·7합집, 1973; 『한국사학의 방향』, 1978, pp.141-142.

고 생각합니다. 장차 공동으로 생각할 문제라고 생각합니다. 우선 이론적인 점에서, 헤겔의 이성적인 사관이라든가 마르크스의 유물사관이라든가, 아날학파 이론이라든가 등등 우리 역사학에 끼친 영향이 큽니다. 많은 역사가들이 그런 영향을 받고 자랐고, 지금도 그런 영향을 받으면서 성장하고 있습니다.[33]

요점을 간추리면, "세계 모든 나라의 역사에 한결같이 적용될 수 있는 보편적인 법칙(②-ⓐ)"에 입각해서 살피면, "한국사와 세계사와는 서로 뗄 수 없는 긴밀한 관계(ⓑ)"에 있음을 알게 되며, 그래서 "서로가 도움을 받고 도움을 주어야(ⓒ)" 한다는 것이다. 그럼으로써 "한국사로 하여금 세계사에서 올바른 위치를 차지할 수 있게 할 것이며, 나아가서는 한국사가 세계사에 공헌할 수 있게도 할 것(ⓓ)"이라 믿었다. 이러한 견지에서 "한국사학사를 '한국에서의 사학의 역사'라고 하면, 동양사와 서양사도 들어가야 한다고 생각(③)"하였던 것이다. 바꾸어 말하자면, 이기백은 한국사가 세계사 속에서 올바른 위치를 차지하고 나아가 세계사에 공헌할 수 있기 위해서도, 한국사학 내에서 한국사뿐만이 아니라 동양사, 서양사도 발전하여야 함을 힘주어 말하였던 것이라 풀이된다고 하겠다. 그리고 이를 이루기 위해서도 한국사에서의 보편성과 특수성 파악이 그것 자체만으로 제대로 달성되기 어렵다고 판단하고, 서양사 나아가 역사학 전반에 대한 올바른 인식이 필수불가결하다고 판단하고 있었던 게 분명하다. 아래의 글들에서 이를 여실히 읽을 수가 있겠다.

④ III부 「한국사에서의 보편성과 특수성」은 ⓐ 한국사가 지니는 특수성이 어느 정도 보편적인 역사발전의 특성에까지 통하는가를 살피는 글들을 모은 것이다.
　　한국사를 이해하는 데 있어서 〈한국〉에 중점을 두느냐 혹은 〈역사〉에 중점을 두느냐에 따라서 때로 보는 관점이 다를 수 있다. 물론 이상적으로는 이 두 관점이 조화되어야 한다고 믿지만 사람이란 흔히 어느 한편에 더 기울게 마련이다. 한국사를 전공하는 학자들이 〈한국〉에 보다 치우칠 가능성이 많다고 하

---

33 「한국사학사 연구의 방향」, 『한국사학사학보』 1, 2000; 『한국전통문화론』, 2002, pp.214-215.

면, 외국사外國史를 전공하는 학자들이 〈역사〉에 보다 주목할 가능성이 크다는 것은 어쩌면 자연스러운 현상일지 모르겠다. 물론 이것은 어디까지나 추상적抽象的인 이야기이며, 이 양자를 조화시킨 훌륭한 논문들이 많다고 믿지만, 흔히 빠지기 쉬운 이 결점은 시정是正되어야 하리라고 믿는다. 이러한 관점에서 ⓑ 외국사 혹은 다른 분야의 전공학자들이 지니고 있는 한국사관韓國史觀을 들어보는 것이 필요하다고 믿는다.[34]

⑤ 이 기회에 한 가지 더 말씀드리고 싶은 일이 있다. 그것은 이 『시민강좌』가 한국사에 대한 강좌임에도 불구하고, ⓒ 역사학 전반에 대한 올바른 인식을 토대로 하지 않고서는 한국사도 올바로 인식할 수 없다는 신념에서, ⓓ 「역사학 강의」 난을 설치한 것은 우리가 자랑스럽게 생각하고 있다는 사실이다. 그리고 ⓔ 서양사와 동양사를 전공하는 학자들로부터 깊은 이해와 협조를 얻었던 사실을 기뻐하고 있는 것이다. ⓕ 특히 역사이론이나 세계사에 대한 지식이 빈약한 우리 편집진을 위하여 길현모吉玄謨·차하순車河淳 두 교수는 많은 지도와 편달을 해주었다. 이 자리를 빌려 고마운 뜻을 전하고 싶다.[35]

⑥ 이에 이르러 한국사학은 단지 한국사 자체를 이해하는 데만이 아니라, 세계사를 이해하는 데에도 공헌할 수 있는 길을 찾게 되는 셈이다. 그리고 그렇게 함으로써 ⓖ 한국사학과 세계사학은 진정한 결합이 이루어지게 되는 것이라고 믿는다.[36]

서양사학자 차하순과 공동으로 1976년 『역사란 무엇인가』를 편집하면서 제Ⅲ부 「한국사에서의 보편성과 특수성」을 설정하여 이기백은, "한국사가 지니는 특수성이 어느 정도 보편적인 역사발전의 특성에까지 통하는가를 살피는 글들(ⓐ)"을 모아, "외국사 혹은 다른 분야의 전공학자들이 지니고 있는 한국사관을 들어보는 것(ⓑ)"을 시도하였던 것임을 간과해서는 안 된다. 또한 『한국사 시민강좌』를 책임 편집하면서도 "역사학 전반에 대한 올바른

---

34 「이 책을 내면서」, 이기백·차하순 편, 『역사란 무엇인가』, 문학과 지성사, 1976, p.viii.

35 「독자에게 드리는 글」, 『한국사시민강좌』 제10집, 1992, p.iv; 김태욱 외 엮음, 『민족과 진리를 찾아서―10주기 추모 이기백사학 자료선집―』, 한림대학교 출판부, 2014, p.50.

36 「현대의 한국사학」 1985년 10월 미국 아시아학회 발표문, 『한국학보』 41, 1985; 『한국사상의 재구성』, 1991, p.111.

인식을 토대로 하지 않고서는 한국사도 올바로 인식할 수 없다는 신념(ⓒ)"을 지니면서, 「역사학 강의」 난을 설치(ⓓ)하여, "서양사와 동양사를 전공하는 학자들로부터 깊은 이해와 협조(ⓔ)"를 얻어 "특히 역사이론이나 세계사에 대한 지식(ⓕ)"을 기필코 갖추게 하고자 노력하였던 것이다. 이렇게 하여 이기백은 한국사가 세계사에 대한 공헌을 하게 할 수 있으며, 종국에는 한국사뿐만이 아니라 동양사, 서양사가 함께 하는 한국사학이 세계사학과 어깨를 나란히 할 정도로 발전하여, 그럼으로써 한국사학과 세계사학이 "진정한 결합이 이루어지게 되는(ⓖ)" 날이 머지않아 오기를 온 마음을 다해 염원하였던 것이라 하겠다.

6. 맺는 말

이기백한국사학의 보편성 추구와 개별성 파악에 관한 논의를 이제 마무리 지으며, 2가지 점을 덧붙이고자 한다. 하나는 이기백의 전 생애를 관류하는 용어 사용의 대세를 살피게 되면 '보편성'·'특수성'·'개별성'의 사용 빈도가 시기에 따라 차이가 난다는 점이다. 다른 하나는 이기백이 '보편성'·'특수성'·'개별성' 외에 '독자성'이라는 용어를 자주 구사하기도 하였다는 점이다.

먼저 이기백의 평생 용어 사용의 대세를 살필 때, 시기에 따라 '보편성'·'특수성'·'개별성'의 사용 빈도가 차이가 난다는 사실을 검증하기 위해, 사론집 3부작은 물론 이른바 총론집 3부작[37] 등에 대한 색인을 작성한 후

---

[37] 이기백한국사학 전체를 볼 때 앞의 사론집 3부작 출간 이후에도 사론들이 담긴 저서들이 적어도 3권이 더 간행되었음을 간과해서는 안 된다. 편의상 출간 연대순으로 열거해 보면 『연사수록』(1994), 『한국전통문화론』(2002), 『한국사산고』(2005)가 그런 범주에 든다. 이 3권의 저서는 한국사학의 전반적인 방면에 대한 자신의 생각을 담아낸 것들이므로, 편의상 이름을 붙이자면 '叢論集'이라 할 수 있으며, 따라서 이들 3권의 책들은 〈이기백한국사학논집〉 중 '총론집 3부작'이라 일컬을 수 있다고 본다. 이 '총론집 3부작'의 내용 중에도 적지 않은 사론들이 담겨 있는데, 그 중의 하나 『한국전통문화론』 내용 가운데 다른 것은 몰라도 제IV편 「한국사학의 전통과 현대 한

이를 토대로 이들 용어의 사용 빈도를 조사해서 도표로 정리하여 보았다. 다음의 〈표 1〉이 그것이다.

〈표 1〉 이기백한국사학 사론집 및 총론집의 특수성·보편성·개별성 언급 빈도수 조사 비교표[38]

이기백한국사학 시기 구분		사론집·총론집 서명	특수성	보편성	개별성	비고
구분	특징		빈도수			
초기	'신앙의 힘으로 해결', '민족적 회개 필요'		×	×	×	사론집이 출간되지 않았음
중기	I '한국사학을 학문으로서의 역사학으로'	『민족과 역사』 초판	14	7	×	'개별적' 등은 보임
	II '학문적 왕국 건설'	『한국사학의 방향』	15	15	2	'개별적 사실史實' 등도 보임
후기	'학문적 왕국 유지'	『한국사상의 재구성』	2	2	×	'개별적' 등은 보임
만기	'시민과 더불어 공유하기'	『한국전통문화론』	8	16	1	'개별적' 등도 보임

이를 통해 흥미로운 추세를 읽을 수가 있는 것 같다. 이기백한국사학의 초기에는 사론집이 출간되지 않았으므로 '보편성'·'특수성'·'개별성'에 관한 언급을 일체 찾을 수 없다가, 제1사론집 『민족과 역사』에서는 '특수성' : '보편성'=14:7=2:1의 빈도 비율을 보였다. 그러더니 제2사론집 『한국사학의 방향』에서는 '특수성' : '보편성'=15:15=1:1 그리고 제3사론집 『한국사상의 재구성』에 이르러서는 '특수성' : '보편성'=2:2=1:1의 빈도 비율을 보이다가, 총론집 중의 하나인 『한국전통문화론』에서는 '특수성' : '보편성'=8:16=1:2의 빈도 비율을 보였다. 이는 전체적으로 따져보면, '특수성' : '보편

국사학」 부분의 글들은 「유물사관과 현대의 한국사학」과 제Ⅴ편 「역사교육론」 또한 초·중학교에서의 역사교육에 관한 것이어서 사론 그 자체임이 분명하다. 노용필, 「이기백한국사학 사론집 삼부작의 출간 의도」 한국사학사학회 제124회 월례발표회 발표문, 2015년 11월 28일; 이 책의 제1부 제3장 참조.
38 이 〈표 1〉은 「서장: '학문적 자서전'에 나타난 이기백한국사학의 시기 구분」 소재의 〈표 4〉 '이기백한국사학의 시기 구분'의 일부를 압축하여 재정리한 것이다.

성'의 빈도 비율이 2:1→1:1→1:2라는 흥미로운 수치를 나타내는 것이다. 이는 이기백이 초기에는 특수성에 대한 언급을 보편성에 대한 언급에 비해 2배 더 자주하다가, 만기에는 거꾸로 보편성에 대한 언급을 특수성에 비해서 2배 더 많이 하였음을 알려 준다고 하겠다. 이렇게 보편성에 대한 언급을 만기에 더욱 집중적으로 한 것은, 방금 앞서 보았듯이 "성격 규정을 할 때 세계 사적인 보편적 성격을 띤 개념을 가지고 설명하자는 것(①-ⓒ)"을 강조하게 됨으로써 더욱 그랬던 것임이 자명하다.

반면에 '개별성'에 대해서는 거의 언급을 하지 않았음이 드러난다. 이는 이기백이 '개별성' 외에 '독자성'이라는 용어를 자주 구사하였던 것과 깊은 연관이 있다. 그가 이러했다는 사실은 그의 글 여러 곳에서 입증이 된다. 추려서 발표 연대순으로 제시하면 아래와 같은 부분들에서 그렇다.

① 우리나라의 미술품이라도 <u>한국적인 독자성과 세계적인 보편성을 아울러 겸한 것이어야 위대한 미술품이 된다</u>고 할 수 있을 것 같습니다. <u>개별적인 것은 보편성과 특수성의 두 가지를 아울러 갖는 것</u>이라고 말할 수 있는데, 이 두 가지 점이 종합되어서 위대한 미술품이 되는 것이고 또 훌륭한 문화가 되는 것입니다.[39]

② 이같이 한국과 호주의 개별적 사실은 거기에 적용된 독자적인 법칙 혹은 진리에 의한 것이 아니라 같은 법칙 혹은 진리에 의하여 설명되는 것이다. 이같이 서로 다른 개별적 사실들은 독립한 보편적인 법칙 혹은 진리에 의하여 설명되어야 비로소 학문으로서의 생명이 있다.

거듭 말하지만 <u>모든 개별적인 것은 독자적인 것이다. 그러나 그 개별적인 것들을 꿰뚫는 법칙은 같은 것이다.</u> 즉 진리는 하나인 것이며, 그 하나의 진리 위에 세워진 학문도 하나인 것이다.[40]

③ 『한국사신론』의 또 하나의 특색은 ⓐ-1 <u>한국사의 독자성을 최대한으로 살리려</u>

---

39 「한국사의 재인식」, 『중등교육』 24, 1973년 1월; 『연사수록』, 1994, p.76.
40 「한국의 원시사상과 전통문화」, 『한국사상사방법론』, 소화, 1997; 『한국전통문화론』, 2002, p.88.

고 한 것이었다. 가령 조선시대의 사회를 우선 고유한 용어로서 '양반사회'라고 부르는 것이 옳다고 생각한 것이다. 그리고 나서 그 ⓑ 성격을 규정할 때에 보편적 개념으로서 해야 한다는 것이다. 보편성이 없는 학문은 학문이 아니므로 이 마지막 절차는 당연히 중요한 것이다.

그런데 종종 일정한 이론에 얽매어서 ⓐ-2 한국사의 독자성을 무시하는 경우가 흔히 있다. 그러나 일찍이 성호星湖 이익李瀷이 "우리나라는 스스로 우리나라이므로 그 규제와 형세가 절로 중국사와 달라야 한다"라고 갈파한 바와 같이 ⓐ-3 한국사의 독자성을 중시해야 한다. 그리고 나서 ⓒ 세계사와 비교를 해야 한다.[41]

이를 통해 일찍이 1973년의 「한국사의 재인식」에서부터 '한국적인 독자성(①)'을 강조하였을 뿐만 아니라, 1999년의 「나의 20세기─『한국사신론』」에 이르러서는 '한국사의 독자성(③-ⓐ-1, 2, 3)'을 3차례나 연이어 천명하였던 것을 볼 수가 있다. 그런데 여기에서 각별히 유념해야 할 것은, 1997년의 「한국의 원시사상과 전통문화」에서는 "모든 개별적인 것은 독자적인 것이다(②)"라고 설명함으로써, '개별적인 것' 곧 '개별성'이 '독자적인 것' 즉 '독자성'임을 표방하였다는 사실이다. 따라서 이기백은 '개별성'이 다름이 아니라 '독자성'이라는 개념 정의를 하고 이렇게 구사하였다고 하겠다.

이기백은 과연 그러면 어떤 근거에서 이와 같이 '개별성'을 '독자성'과 동일한 개념으로 여기게 되었을까. 이를 헤아리는 데에는, '개별성'과 '독자성'의 의미가 예전에 편찬된 한글학회의 『우리말 큰 사전』에는 각각 "개별적인 특성"과 "독자적인 성질"이라 매우 간결하게만 되어 있지만[42], 1999년에 편찬된 국립국어연구원의 『표준국어대사전』에는 각각 "사물이나 사람 또는 어떤 상황이나 현상이 각각 따로 지니고 있는 특성"과 "다른 것과 구별되는 혼자만의 특유한 성질"로 비교적 상세하고 구체적으로 해설되어 있음이 참

---

41 「나의 20세기─『한국사신론』」, 『조선일보』 1999년 11월 9일; 『한국사산고』, 2005, pp.79-80.
42 한글학회, 『우리말 큰 사전』 1, 어문각, 초판, 1992, p.136 및 p.1079.

조된다.[43] 이러한 두 사전의 의미 규정, 특히 최신의 『표준국어대사전』에 이렇게 규정되어 있음에 의거하여 '개별성'과 '독자성'의 의미가 흡사하다는 점을 확인하고 이에 따라, 이기백은 특히 만년에 이르러서는 '개별성'을 때로는 '독자성'이라고—바꾸어 말하자면 '독자성'을 '개별성'과 동일한 의미로 표현하기도 했던 것으로 보인다.

이기백은 이렇듯이 줄곧 '개별성'과 동일한 의미로 '독자성'을 강조하였으므로, 한국사학에 있어서 각 시대 개별 사회의 성격을 설명할 때는 보편적인 개념으로 설명하되 한국의 역사적 사실은 그 표현을 우리 스스로의 것으로 해야 한다는 지론을 지니게 되었던 것 같다. 아래의 글에 이러한 그 자신의 생각이 확연하게 잘 드러나 있다.

> 평자는 골품제니 화백회의니 양반사회니 하는 등 ⓐ 우리 스스로의 표현은 최대한으로 살리는 것이 옳다고 생각하고 있다. 그것의 ⓑ 성격을 설명할 때에는 물론 보편적인 개념들로써 설명해야 할 것이다. 그러나 ⓒ 보편적인 개념에 의한 표현은 어디까지나 해석이지, 그것이 곧 ⓓ 우리 자신의 역사적 사실인 것은 아니다.[44]

이를 재정리하면, 한국사 각 시대 사회의 "성격을 설명할 때에는 물론 보편적인 개념들로써(ⓑ)" 해야 하지만, 그 "보편적인 개념에 의한 표현은 어디까지나 해석(ⓒ)"이므로 "우리 자신의 역사적 사실(ⓓ)"은 "우리 스스로의 표현은 최대한으로 살리는 것이 옳다(ⓐ)"는 것이다. 이는 바로 앞서 인용한 바, "성격을 규정할 때에 보편적 개념으로서 해야 한다는 것이다. 보편성이 없는 학문은 학문이 아니므로 이 마지막 절차는 당연히 중요한 것이다(③의 ⓑ부분)"라고 일렀음을 기반으로 하고, 또한 (그보다 더 앞에서 〈(1)개별성 파악과 보편적 개념의 성격 규정 강조〉를 논하면서 인용하여 제시한) "일단 우리나

---

43 국립국어연구원, 『표준국어대사전』 상, 두산동아, 초판 1999, p.196 및 p.1602.
44 서평 『『조선후기 사회경제사의 연구』」, 『역사학보』 153, 1997; 『한국사산고』, 2005, p.303.

라 것은 우리나라의 개별적인 것을 존중하고, 그 성격 규정을 할 때 세계사적인 보편적 성격을 띤 개념을 가지고 설명하자는 것(①-ⓒ)"과도 상통하는 것이다.

이리하여 이기백은 자신의 가장 대표적 저술인 개설서 『한국사신론』부터 사론집·논문집·총론집 등 〈이기백한국사학논집〉의 모든 저술에까지, 한국사학에 있어서 각 시대 개별 사회의 성격을 설명할 때는 보편적인 개념으로 설명하되 역사적 사실의 표현은 독자성, 즉 개별성을 띤 우리의 것으로 해야 한다는 지론을 반영하였던 것이다. 그러므로 이기백한국사학에 있어서는, 결국 보편성의 추구와 개별성=독자성의 파악이 핵심이었다고 해야 옳다고 생각한다.

제3장
이기백의『한국사 시민강좌』간행과
민족의 이상 실현 지향

1. 머리말

이기백은 전 생애의 굽이굽이마다 자신의 경험이나 학문적 성취와 관련하여 직접 몇 편의 글을 작성하여 남겼고, 이는 그의 저서『연사수록』의 'VI「샌님의 넋두리」' 및 'VII「자전적自傳的 소론小論」' 그리고『한국사산고』의 '제1편「학문과 진리」' 등에 주로 담겨 있다. 이 가운데 다른 무엇보다도 「자전적 소론」은 비록 표현은 소박하게 그리했지만 자전이나 다름이 없는 내용들이고, 또한「샌님의 넋두리」속의 같은 제목의 글 역시 자전 그 자체라고 할 수 있을 듯하다. 따라서 이러한「샌님의 넋두리」와「자전적 소론」에 적은 그 자신의 담론談論을 중심으로 이기백한국사학을 그의 연령별로 시기를 구분해서 표로 작성하여 제시해 보이면 다음과 같게 된다.[1]

---

1 이에 대한 구체적인 여러 면모는 이 책의「서장: '학문적 자서전'에 나타난 이기백한국사학의 시기 구분」을 참조하라.

<표 1> 이기백한국사학의 시기 구분

연령	구분	담론
10~20대	학업기 및 모색기	'신앙의 힘으로 해결', '민족적 회개 필요'[2]
30대	성취기	
40대	정립기	'한국사학을 학문으로서의 역사학으로'[3]
50대		'학문적 왕국 건설'
60대	결실기	'학문적 왕국 유지'[4]
70대 이후	완숙기	'시민과 더불어 공유하기'[5]

이 <표 1>에 정리된 바에 기대어 여기에서 특히 면밀히 살펴보고자 하는 것은, 이기백의 60대 결실기 및 70대 완숙기에 걸쳐 추진되었던 '시민과 더불어 공유하기' 시기 부분이다. 좀 더 구체적으로 말하면 이기백이 60대 중반인 1987년 이후부터 80세가 되던 2004년 삶을 마감할 때까지 한국사학의

---

2 이기백, 「샌님의 넋두리」, 『서강타임스』 1975년 9월 1일; 『연사수록』, 1994, p.224에, "한국사를 공부하고자 한 뜻은 대개 민족의 장래와 연결된 생각에서였다. 한국민족이 지난날의 쓰라린 과거를 청산하고, 어떻게 하면 새로운 미래를 건설할 수 있을까 하는 생각이 강하게 나를 지배하고 있었다. 그리고 그것을 신앙의 힘으로 해결할 수 있다고 믿고 있었다. 말하자면 민족적인 회개가 필요하다고 생각했다"고 한 바에서 이 담론이 보인다.

3 「샌님의 넋두리」, 『연사수록』, 1994, pp.224-225에 "어떻든 나는 한국사학을 학문으로서의 역사학으로까지 끌어오려야 한다는 염원을 잠시라도 잊은 적이 없다"라고 했음에서 이 담론이 찾아진다. 다만 이 경우 20대 중반부터의 것이었고, 그래서 반드시 30~40대에 처음으로 비롯된 것은 아니었을지라도 그 무렵에도 여전히 지속되었던 생각이었다고 판단되므로 이에 따르기로 한다.

4 「샌님의 넋두리」, 『연사수록』, 1994, p.226에 보면, "워낙 마음이 약한 이 시골뜨기는 적당히 어려움을 회피해 오곤 하는 경우가 종종 있었다. 그러다 보면 가슴 한 구석에는 멍이 들고, 멍든 상처는 더욱 커지기만 하는 것이었다. 이 상처를 받지 않기 위하여 나는 되도록 일정한 울타리를 쌓고 살려고 하였다. 말하자면 ⓐ 나만의 학문적 왕국을 유지해 보려고 했던 것이다. 그러나 자기를 위하여 남을 수단으로서만 이용하려 드는 도도한 물결 속에서 과연 ⓑ 개인의 학문적 왕국의 건설조차가 어느 정도로 허용될 수 있는 것인지를 나는 모른다"는 대목이 있다. 여기에서 서술 순서가 바뀌어 있으나 ⓑ의 '학문적 왕국 건설'은 그의 50대 때, 그리고 ⓐ의 '학문적 왕국 유지'는 60대 때에 해당하는 담론이라고 여겨진다.

5 『한국사 시민강좌』 간행사」, 『한국사 시민강좌』 제1집·특집―식민주의사관 비판, 1987, p.iv; 『한국사산고』, 2005, p.4에서 『한국사 시민강좌』의 창간 취지를 밝히면서, "여기에는 학문하는 사람의 임무의 하나가 연구를 통하여 얻은 성과를 시민과 더불어 공유하는 데 있다는 사실에 대한 역사학자들의 노력 부족을 반성하는 뜻이 담겨 있다"고 했음에서 '시민과 더불어 공유하기'라는 이 담론을 추출할 수 있다.

학문적 성과를 '시민과 더불어 공유하기' 위하여 모든 심혈을 줄곧 쏟아 부었던 『한국사 시민강좌』의 간행과 그것을 통해 지향하고자 했던 민족의 이상 실현에 관련된 여러 측면을 체계적으로 이 글을 통해 정리해 보고자 하는 것이다.

2. 간행의 목적과 취지

이기백의 『한국사 시민강좌』 간행의 목적과 관련하여서는 우선, 그가 「창간사」에서 밝히고 있는 바를 주목해 마땅하다. 다음의 대목이 특히 그러하다.

> 연구에 몰두한 나머지 시계를 계란인 줄 알고 끓는 물속에 넣은 어느 과학자의 이야기와 같은 일화를 남기는 역사학자가 많이 나오기를 편집자는 바라고 있다.
>
> 그러나 역사학자들이 연구실에서 연구에 몰두하고 있는 동안, 세상에서는 한국 사학의 문제를 둘러싸고 무척 시끄러운 논란이 벌어지고 있다. 어떤 사람은 민족을 위한다는 구실 밑에, 어떤 사람은 현실을 위한다는 명분 아래, 한국사를 자기들에게 유리하도록 이용하고 있는 것이다. 그 결과 한국사학은 마치 제단祭壇 위에 놓인 희생물과 같이 되어 가고 있는 실정이다. 이러한 상황 속에서 빚어진 일종의 위기의식이 연구실에서 연구에 전념하기를 염원해 온 역사가들로 하여금 우리 시민과 더불어 우리 역사문제에 관하여 서로 이야기를 나누어야겠다는 생각들을 하게끔 만든 것이다. 말하자면 연구실과 시민을 연결 지어 주는 끈이 필요하다고 느끼게 된 것이다. 이 시민강좌는 바로 그러한 우리 역사학계의 일반적인 요구에 부응하여 탄생하게 되었다고 할 수가 있다.[6]

연구에 몰두하는 역사학자들이 많이 배출되어 한국사학의 발전이 이루어지기를 소망하면서 자신도 연구에만 몰입하고 있는 사이, 그것만으로 만족할 수 없으리만치 세상은 시끄러운 논란거리를 만들어내어 한국사학 자체를

---

6 『한국사 시민강좌』 간행사」, 1987, pp. iii-iv; 『한국사산고』, 2005, pp.3-4.

'마치 제단 위에 놓인 희생물과 같이' 삼는 상황에 이기백은 그야말로 '일종의 위기의식'을 지니게 되었다고 한다. 그래서 역사문제에 관해 '시민과 더불어' 이야기를 나누고자 『한국사 시민강좌』를 창간하였다고 밝히고 있는 것이다. 이와 같은 「창간사」에 적은 창간의 목적보다 절실한 그의 심정을 토로한 문면은 그가 마지막으로 글을 게재한 『한국사 시민강좌』 제35집의 「한국사의 진실을 찾아서」라는 글 가운데서 찾을 수 있다. 주요 대목만을 인용하여 제시하면 다음과 같다.

> 지리적 조건이 역사에 일정한 영향을 끼치는 것은 분명하지만, 그러나 그것이 결정적 요인일 수는 없으며, 인간사회의 내적 발전과의 관련하에서만 고려될 수 있는 것이다. 이 점은 다른 나라의 경우와 비교해 보면 곧 알 수 있다는 게 내 생각이었다. 그러한 의견을 『국사신론國史新論』(1961)의 「서론緖論」에서 발표하였는데, 그 이후 사회적 요구에 따라서 여기저기 발표했던 글들을 『민족과 역사』(1971)에 실어 두었다.
>
> 그런데 이 식민주의사관 문제는 이상한 방향으로 확대되었다. 소위 재야학자로 일컬어지는 인사들이 대학 강단에서 강의를 담당하는 학자들을 식민주의사학자라고 공격하고 나섰기 때문이다. 그들의 주장은 여러 가지였으나, 가장 중요한 것은 단군의 고조선 건국에 대한 전승은 신화가 아니며, 건국 연대로 전승대로 4,000년 전, 혹은 더 올라가서 5,000년 전으로 봐야 한다는 것이었다. 또 고조선의 영토는 북경에까지 이르렀다고 주장했다. 그러므로 이를 부정하는 대학 교수들은 식민주의사학자라고 공격한 것이다.
>
> 나는 이것이 한국사학의 위기이며, 이 위기를 극복하지 못하면 한국사학은 파국을 면하지 못한 것이라고 판단해서 이를 비판하는 글을 거듭 발표했다(『한국사상韓國史像의 재구성再構成』 수록, 1991). … 영토가 넓어야 위대한 민족이라는 주장은 바로 지리적 결정론 그대로이며, 식민주의사학이 파놓은 함정에 빠지는 것이다. 이 재야학자들이 일으킨 파동은 일단 수그러졌으나, 일본에서 교과서 파동 등 침략주의적 주장이 그치지 않는 것과 마찬가지로, 언제 또 다시 터져 나올지 모르겠다는 생각을 떨쳐 버릴 수가 없다.[7]

---

7 「한국사 진실의 추구」 제2회 한·일 역사가회의에서의 발표, 2003년 10월; 「한국사의 진실을 찾

이를 굳이 압축하여 정리하자면, 지리적 결정론을 비롯한 어용 일본학자들의 식민주의사관 문제에 대한 비판에 힘을 쏟고 있는데, 국내에서 소위 재야학자들이 자신을 식민주의사학자라고 공격하는 일이 발생하자 이를 한국사학의 위기라고 인식하고 이를 역시 비판하였지만 국내외적으로 "언제 또 다시 터져 나올지 모르겠다는 생각을 떨쳐 버릴 수가 없다"는 생각을 자신이 지니게 되어 『한국사 시민강좌』를 창간하기에 이르렀다는 것이다. 요컨대 국내외적으로 조성된 한국사학의 위기를 극복하기 위함이 『한국사 시민강좌』 창간의 목적이었음을 밝히고 있는 것이라 하겠다.

이러한 그의 『한국사 시민강좌』 창간의 목적에 가장 걸맞은 예로, 그가 이에 게재한 글 중에서 꼽을 수 있는 게 「한국 고대의 남북문화권 설정의 문제점」이 아닌가 생각된다. 특히 주목되는 부분은 아래의 것이다.

> 종래 한국 학자들은 한국문화가 시베리아·몽고·만주와 연결되는 북방문화권에 속하는 것으로 생각하여 왔다. 이것은 일본 학자들도 마찬가지였다. 그러한 가운데 유독 미시나 아키히데三品彰英만은 한국을 한강 유역을 중심으로 남북으로 갈라서 그 문화권이 전혀 다르다는 주장을 폈다. 그리고 그 주장이 한국 학자들에게도 적지 않은 영향을 끼치고 있는 듯한 인상을 받는다. 그의 주장은 원시 미성년집회原始未成年集會와 난생신화卵生神話에 관한 연구에 나타나 있는데, 이 글은 그의 그러한 주장이 근거 없는 것임을 밝히는 데 목적이 있다.[8]

어용 일본 식민주의사학자의 대명사인 미시나 아키히데三品彰英가 펼친, 한강 유역을 중심으로 한국을 남북으로 갈라서 그 문화권이 전혀 다르다는 주장에 대해 그는 전면적으로 문제를 제기하고, 그의 그러한 주장이 "전혀 근거 없는 것임을 밝히는 데 목적"을 두는 글을 작성하여 기고하였던 것이

아서」, 『한국사 시민강좌』 제35집·특집—고려의 멸망과 조선의 건국, 2004년 8월, pp.228-229; 『한국사산고』, 2005, pp.106-107.

8 「한국 고대의 남북문화권 설정의 문제점」, 『한국사 시민강좌』 제32집·특집—한국인의 기원, 2003, pp.241-242.

다. 이와 같은 글들을 그는 『한국사 시민강좌』를 통해 발표하고, 그래서 직접 '시민과 더불어' 이야기를 나누려는 목적을 달성하였던 것이라 하겠다.

한편 이러한 목적을 위하여 설정한 『한국사 시민강좌』 창간의 취지는 세부적으로는 3가지였다. 이들에 관해서는 이기백이 다음과 같이 기술한 대목에 잘 제시되어 있다.

> 위의 목적을 위하여 첫째로 이 시민강좌는 오늘날 한국사학에서 논란의 대상으로 부각되어 일단 시민들이 간절히 알고 싶어 하는 쟁점들을 차례로 다루어 보고자 한다. … 둘째로 이 시민강좌는 우리 사회에서 한국사의 진리를 지키는 파수꾼의 구실을 담당하게 되길 바란다. … 셋째로 이 시민강좌는 한국사에 관한 사실을 합리적·과학적으로 이해하고, 이를 체계화된 지식으로 제시하고자 한다. … 그리고 이렇게 얻어진 새로운 이해 내지는 해석을 통하여 우리가 당면하고 있는 현재의 역사적 상황도 올바르게 인식할 수 있게 되리라고 믿는다. … 이상과 같은 취지에서 이 『한국사 시민강좌』를 시작하고자 한다.[9]

이에 나타난 취지의 핵심은, 첫째 한국사의 쟁점 검토 및 정리, 둘째 한국사의 진리 수호, 셋째 한국사의 합리적·과학적 이해, 체계화 제시 및 현재의 역사적 상황 올바른 인식이라고 정리할 수 있지 않나 한다. 각별히 이 가운데서 주목해 볼 사안은 셋째의 것으로, 한국사의 합리적·과학적 이해, 체계화 제시에 그치지 않고 "우리가 당면하고 있는 현재의 역사적 상황도 올바르게 인식할 수 있게" 되기를 희망하고 있었다는 사실인 듯하다. 그랬기에 『한국사 시민강좌』의 특집에 현재의 역사적 상황과 관련된 주제들을 자주 선정하여 기획하였을 뿐만 아니라 체재 자체도 그에 부합될 수 있도록 손대어 변화를 꾀하기에 주저하지 않았다고 보인다.

---

9 『한국사 시민강좌』 간행사」, 1987, pp. iii-iv; 『한국사산고』, 2005, pp. 4-5.

3. 편집의 체재와 변화

『한국사 시민강좌』의 창간호에서 택한 체재는 「특집」+「한국의 역사가」+「연구생활회고」+「역사학 강의」가 기본 골격이었고, 제2집부터는 고정적으로 「독자에게 드리는 글」이 맨 첫머리에 자리매김이 되었다. 하지만 간행이 거듭되면서 이러한 체재에 변화가 있었는데, 이를 표로 정리하여 일목요연하게 작성해 보이면 다음의 〈표 2〉이다.

이와 같은 『한국사 시민강좌』 체재 변화의 모습에서 어느 무엇보다 책임편집자 이기백의 생각대로 잘 유지되기 어려웠던 부분이 「연구생활회고」(제2집부터 이후는 「연구생활의 회고」) 난이었던 것으로 짐작된다. 때때로 이 난이 『한국사 시민강좌』의 편집에서 빠져 있기도 했을 뿐더러, 더욱이 전혀 이에 대한 아무런 안내조차도 없는 경우들도 있었기 때문이다. 이에 관해 조사해서 필자와 제목을 중심으로 표로 작성해 보이면 다음 〈표 3〉과 같다.

전면 특집의 경우, 「연구 생활의 회고」 난 자체가 편집에서 빠지므로 집필자의 선정이 아예 전혀 문제가 되지 않을 테지만, 그 외에는 매번 고충의 연속이었던 듯하다. 가령 제4집의 경우 김철준金哲埈의 타계로 여의치 않자 이기백 자신의 글로 대체해서 공란으로 두지는 않게 되었지만, 제7집의 경우에는 이우성李佑成이 끝내 집필하지 못하자 결국 공란으로 비워두었고, 이후에는 사전에 예고나 사후에 사정마저도 공개하지 않고 게재되지 않는 경우가 제22-26집 그리고 제28-29집에 연속되는 실정이었다. 이렇게 「연구 생활의 회고」 난의 집필자 선정과 원고 청탁에 애를 먹고 있었으므로, 아래의 기록에 보이는 사례가 발생하고 결국에는 중단되기에 이르렀던 것이다.

① 「연구생활의 회고」 난에는 이정식 교수의 연구담을 듣게 되었다. 원래 부탁드리기는 「나의 책을 말한다」 난이었으나, 쓰는 중에 연구생활 전반이 언급되었고, 따라서 난을 바꾸어 싣게 되었다. 그 결과로 해서 우리는 큰 횡재를 한 것 같은

행복감을 느끼게 되었다는 게 솔직한 심정이다.[11]

②이 30집을 계기로 약간의 편집상의 변동이 있다는 점을 알려 드리고자 한다. …
연구생활을 회고하는 난은, 현재 한국사학사학회에서 같은 임무를 맡아 하고
있으므로, 우리 『한국사 시민강좌』에서는 중단키로 했다는 점이다. 양해하여
주기를 바라는 바이다.[12]

오죽이나 「연구 생활의 회고」 난의 집필자 선정과 원고 청탁이 힘들었으면,
「나의 책을 말한다」 난에 실리기로 했던 원고를 옮겨 실으면서 "큰 횡재를 한
것 같은 행복감을 느끼게 되었다는 게 솔직한 심정(①)"임을 피력했는지 가히
짐작이 간다. 그러다가 급기야 제30집부터는 한국사학사학회에서 같은 연구
생활을 회고하는 난을 운용하고 있음을 이유로, 「연구 생활의 회고」 난을 중
단한다고 공표하기에 다다랐다. 이와 같은 표면상의 이런 이유도 이유이지
만, 추측컨대 그간에 이 난을 집필해 온 연구자들이 '대체로 정년을 넘긴 원
로학자[13]'들로 선정되었으므로 그들과 품品, 즉 학계에서의 위상과 격格 곧
학문적 업적에 필적할 만한 연구자들을 더 이상 한국사학계에서 찾을 수 없
다는 게 보다 결정적인 원인이 아니었을까 싶다. 여하튼 이래서 「연구 생활의
회고」 난은 중지되고 말았다.

한편 편집상의 변동이 명칭의 변경에 따라 있기도 하고, 새로운 난이 신
설되기도 하였다. 명칭 변경의 예는 「역사학 강의」 난을 「역사학 산책」 난으
로 바꾼 게 그것인데, 이에 관해서 "다만 좀 더 친밀감을 가지게 하기 위해서
'강의'에서 '산책'으로 바꾸기로 하였다[14]"고 밝히고 있다. 「역사학 강의」보

---

10 곧 이어 상론할 바와 같이 「연구생활의 회고」 난이 전혀 어떠한 예고나 사후 설명도 없이 편집에
서 빠져 있다. 편집상 필시 드러내기 어려운 내면적인 문제가 있었던 게 틀림이 없다고 보이는데,
아마도 필자를 선정하기가 간단치 않았기 때문이었을 것으로 여겨진다.

11 「독자에게 드리는 글」, 『한국사 시민강좌』 제21집·특집—오늘의 북한 역사학, 1997년 6월, p. v.

12 「독자에게 드리는 글」, 『한국사 시민강좌』 제30집·특집—정신적 유산을 남긴 사람들, 2002년 1
월, p. vi.

13 「독자에게 드리는 글」, 『한국사 시민강좌』 제8집·특집—고려의 무인정권, 1991년 1월, p. v.

14 「독자에게 드리는 글」, 『한국사 시민강좌』 제21집·특집—오늘의 북한 역사학, 1997년 6월, p. vi.

〈표 2〉 편집의 채재와 변화 비교표

집수輯數	체재와 변화									
1	간행사	특집	한국의 역사가	연구생활회고				역사학 강의		편집후기
2	「독자에게 드리는 글」	〃	〃	연구생활의 회고				〃		예고
｜	〃	〃	〃	〃				〃		〃
6	〃	〃	〃	〃				〃		〃
7	〃	〃	〃	×				〃		〃
8	〃	〃	〃	○	「나의 책을 말한다」 신설			〃		〃
9	〃	〃	〃	〃	〃			〃		〃
｜	〃	〃	〃	〃	〃			〃		〃
15	〃	〃	〃	〃	〃			〃		〃
16	〃	〃	×	〃	〃			〃		〃
17	〃	〃	○	×[10]	〃			〃		〃
18	〃	〃	×	○	〃			〃		〃
19	〃	〃	○	〃	〃			〃		〃
20	〃	특집	×	×	×			×	「창간 10주년에 부치는 글」	〃
21	〃	〃	○	○	×	「역사의 진실을 찾아서」 신설		「역사학 산책」으로 변경		〃
22	〃	〃	〃	×	○	〃		○		〃
23	〃	특집	×	〃	×	×		×		〃
24	〃	〃	○	〃	○	○		○		〃
25	〃	〃	×	〃	×	×		×		〃
26	〃	〃	○	〃	○	○	「한국사학에 바란다」 신설	○		〃
27	〃	〃	〃	○	〃	〃	〃	〃		〃
28	〃	〃	〃	×	〃	〃	〃	〃		〃
29	〃	〃	〃	×	〃	〃	〃	〃		〃
30	〃	〃	×	중단	×	×	×	×		〃

〈표 3〉「연구생활회고」 및 「연구 생활의 회고」 난 필자 분석표

집輯	필자	제목	비고
1	김원룡	나의 한국 고대문화 연구 편력	
2	천관우	나의 한국사 연구	
3	강진철	학창시절과 연구생활을 되돌아보며	
4	이기백	학문적 고투의 연속	원래 쓰기로 한 김철준의 타계로 대신 집필
5	김철준	연구생활의 일단면	정년퇴임 고별강연 속기록
6	이광린	나의 학문편력	
7		×	원래 이우성에게 집필 의뢰했음을 밝힘
8	윤무병	나의 한국고고학 연구	
9	조기준	경제사학에 뜻을 두고 40여 년	
10	전해종	나의 역사 연구의 길	
11	황수영	선사先師의 길을 따라	
12	이혜구	문제의 산을 넘고 넘어	
13	진홍섭	급월汲月의 교훈을 되새기며	
14	고병익	칠십자술―속 육십자술	
15	이두현	나의 학문 방랑기	
16	김재근	나의 선박사 연구	
17		×	「독자에게 드리는 글」에 일체 예고나 이유 설명이 없이 게재되지 않았음
18	이춘녕	나의 한국농업기술사 연구	
19	이기문	나의 국어사 연구	
20		×	전면 특집호
21	이정식	나의 한국현대사 입문	
22		×	「독자에게 드리는 글」에 일체 예고나 이유 설명이 없이 게재되지 않았음
23		×	전면 특집호
24		×	「독자에게 드리는 글」에 일체 예고나 이유 설명이 없이 게재되지 않았음
25		×	전면 특집호
26		×	「독자에게 드리는 글」에 일체 예고나 이유 설명이 없이 게재되지 않았음
27	변태섭	나의 인생, 나의 학문	
28		×	「독자에게 드리는 글」에 일체 예고나 이유 설명이 없이 게재되지 않았음
29		×	「독자에게 드리는 글」에 일체 예고나 이유 설명이 없이 게재되지 않았음
30		×	「독자에게 드리는 글」을 통해 중단키로 했음을 공지하고 양해를 구하였음

다는「역사학 산책」이 독자인 일반 시민들에게 덜 부담스러울 것이라는 점이 고려된 것으로 보이나, 내용상으로도「역사학 강의」에서는 주로 역사이론을 소개하던 데에서 벗어나「역사학 산책」에서는 구체적인 서양 및 동양 각 나라의 역사적 사실을 소개하게 하기도 한 데에 따른 것이라 판단된다.

그리고 새로이 신설된 경우가 있기도 하였다. 제8집부터의「나의 책을 말한다」난, 제21집부터의「역사의 진실을 찾아서」난 그리고 제26집부터의「한국사학에 바란다」난이다.「나의 책을 말한다」는 연령을 가리지 않는 폭넓은 층의 학자에게 각자 저서를 내는 데 얽힌 이야기를 하게 함으로써 "그 저자의 학문을 보다 잘 이해할 수" 있게 하고 또한 "우리 학계의 현재의 상황을 점검해 보는 계기"로 삼고자 했다.[15]「역사의 진실을 찾아서」는 연구자의 생생한 연구 체험을 적도록 하였다, 그리고「한국사학에 바란다」난은 "다른 분야의 전공자에게 한국사학에 대해 하고 싶은 말을 해 주도록" 마련된 것이었다.[16]

또 다른 한편 제4집에서는 처음으로 편집위원을 선정하여 편집진용을 갖추고 이 사실을 비로소 공개하고, 이후 줄곧 이들과 함께 편집을 의논하는 체제를 구축하였다. 이 사실에 관해서는 다음 부분에 잘 명시되어 있다.

이번에 이『시민강좌』의 편집진용을 소개하기로 하였다(판권란 참조). 원래 이 강좌를 시작할 때에 발의자인 본인은 몇 분과 이 강좌의 체제라든가 특집의 주제라든가를 의논하였고, 그 분들로부터 많은 도움을 받았다. 그리고 특집주제에 따르는 논문 제목의 선정이나 필자의 위촉 같은 것은 그때그때 해당 부문의 전문학자들과 상의하기로 했던 것이다. 그런데 호를 거듭하는 동안에 자연스럽게 편집진용이 고정되기에 이르렀다. 이에 이르러서는 이를 공표하는 것이 도리일 것이라는 생각이 들어서 그렇게 하도록 결정한 것이다. 그러나 편집에 따르는 모든 책임은 어디까지나 본인만이 이를 감당하리라는 점을 아울러 명백히 해두는 바이다.[17]

---

15 「독자에게 드리는 글」,『한국사 시민강좌』제8집, 1991년, p. v.
16 「독자에게 드리는 글」,『한국사 시민강좌』제26집·특집─역사적으로 본 한국의 오늘과 내일, 2000년 2월, p. vi.
17 「독자에게 드리는 글」,『한국사 시민강좌』제4집·특집─세계 속의 한국사상, 1989, p. v.

이를 통해서 편집위원들의 소임이 '강좌의 체제라든가 특집의 주제라든가'의 선정은 물론 '특집주제에 따르는 논문 제목의 선정이나 필자의 위촉 같은 것'이었음을 알 수 있다. 여기에서 특히 이기백이 "편집에 따르는 모든 책임은 어디까지나 본인만이 이를 감당하리라는 점을 아울러 명백히 해두는 바"라고 한 것을 유념해 볼 필요가 있는 게 아닌가 생각한다. 장차 편집과 관련하여 혹여 생길지 모르는 문제들—독자들의 특집 선정에 대한 의문 및 필진 선정에 관한 의혹 제기와 같은—로 인해 다른 편집위원들에게 피해가 끼쳐질까봐 책임편집자로서 자신만이 책임을 감당하겠다는 의사를 표명한 것임에 분명하다. 더불어 그가 이토록 편집에 따르는 모든 책임이 자신 본인에게만 있노라고 강조한 것은, 이러한 것 외에 간행에 따른 경제적 부담 문제도 고려되었던 듯하다. 바꾸어 말하자면, 경제적 부담을 편집위원들에게 조금도 시키지 않고 오로지 자신 홀로 부담하겠다는 의사의 표현이었다고 읽힌다. 그리고 실제로도 그랬던 것 같다.[18]

이후 그렇다고 해서 책임편집 이기백 그리고 편집위원의 구조가 시종일관된 것은 아니다. 『한국사 시민강좌』 겉표지와 판권 난에 명시되어 있는 바를 분석해 보면, 이러한 측면이 드러난다. 그래서 이 측면을 살피기 위해 관련 사실을 정리해 본 게 다음의 〈표 4〉이다.

제1집부터 제3집까지는 편집위원회 구성없이 책임편집 이기백 독자 체제였으므로 1기로, 제4집부터 제30집까지는 책임편집 이기백, 편집위원회의 5인 위원 체제였기에 2기로 구분할 수 있다고 본다. 이 2기에 있어서는 이기백이 편집을 주관하며 실질적으로 책임편집을 도맡았다. 그러다가 제30집 「독자에게 드리는 글」에 다음과 같은 알림사항이 공지되기에 이른다.

이 30집을 계기로 약간의 편집상의 변동이 있다는 점을 알려 드리고자 한다. 첫

---

18 이기백선생 1주기 추모 좌담회 「진리의 파수꾼, 이기백 선생」, 『한국사 시민강좌』 제37집·특집—책의 문화사, 2005년 8월, pp.328-329의 이기동의 談.

<표 4> 『한국사시민강좌』 책임편집 및 편집위원회 구성과 변화의 추이 시기 구분

구분	집수 輯數	책임편집 및 편집위원회 구성과 편집주관 변화						
		책임편집	편집위원회 구성					편집주관
1기	제1집 -제3집	이기백 / 실질적	×					이기백
2기	제4집 -제30집	실질적	유영익	민현구				이기백
3기	제31집	이기백 / 형식상	민현구	유영익	이기동	이태진	홍승기	민현구→ 이기동→ 이태진→ 유영익 순번으로
4기	제32집	형식상	"	"	"	"	×	
	제33집							
	제34집							
	제35집							
5기	제36집 이후	×						

째는 편집진용은 그대로이지만, 각호마다 그 주제에 따라서 편집의 실질적 임무를 편집위원이 돌아가며 맡게 되었다는 점이다. 그러나 전체의 책임은 여전히 제가 짊어지게 될 것이다.[19]

이리하여 '편집의 실질적 임무를 편집위원이 돌아가며 맡게' 되었고, 여전히 이기백은 책임편집자로 『한국사 시민강좌』의 겉표지와 판권 난에 명기되었으나 형식상일 뿐이었다. 이런 변화 과정에 따라 제31집부터 편집위원이 돌아가며 순번에 따라 '실질적 임무'를 맡게 되니, 이 시기에는 책이 단 한 번 간행되었을 뿐이나 3기로 구분되어야 옳겠다. 왜냐하면 불행히도 제32집부터는 개인의 사정으로 편집위원이 5인에서 4인으로 축소되게 되었기 때문이다. 그리고 이때부터는 그러므로, 4기로 구분되어야 할 것 같다. 그러다가 제35집 편집회의에 마지막으로 참석했던 이기백이 얼마 후 소천召天함으로써, 이후에는 이들 4인 편집위원에 의해 『한국사 시민강좌』가 꾸려졌다. 이 시기

---

19 「독자에게 드리는 글」, 『한국사 시민강좌』 제30집·특집─정신적 유산을 남긴 사람들, 2002, p. vi.

는, 따라서 5기로 보아야 하겠다. 5기로 전환되는 이 어간의 실제 사정과 관련해서는 이기백이 친필親筆로 남긴 당부의 글이 의당 참조되어야겠다. 다음이다.

[추기追記]

법정法頂은 "버리고 떠나라"를 권하였다. 그래야 새로운 삶의 출발로 이어진다는 것이다. 나도 이제 늙고 병든 몸으로 감당하기 힘든 일을 버리고 떠나야 할 때가 되었다고 생각하고, 『한국사 시민강좌』에서 손을 떼고자 한다. 나는 가능하면 『한국사 시민강좌』를 폐간하고, 「종간사」를 쓰기를 원하였으나, 다른 편집위원들의 의견을 존중하여 이렇게 간략한 글로 떠나는 뜻을 알리고자 한다.

다만 간절히 바라는 것은 이 강좌가 한낱 평범한 교양물로 전락하지 않는 것이다. 민족의 어제와 오늘과 내일에 관한 일을 시민과 더불어 고민함으로써 세상의 빛과 소금의 구실을 충실히 감당하도록 노력하기를 부탁드리고 싶다. 〈2004. 3〉[20]

이기백은 「종간사」를 쓰고 폐간시키고자 했으나, 다른 편집위원들의 만류로 성사되지 못하자, 그들의 '의견을 존중하여' '떠나는 뜻'을 알리고 있는 것이다. 그러면서 그가 간절히 바랐던 것은 『한국사 시민강좌』가 "한낱 평범한 교양물로 전락하지 않는 것"이었고[21], "민족의 어제와 오늘과 내일에 관

---

20 이 [추기]의 친필 원문은 『한국사 시민강좌』 제35집, 2004의 p.ix에 실려 있으며, 「한국사의 진실을 찾아서」, 같은 책, 2004, p.237에 활자화되어 함께 게재되어 있다. 이 [追記]에서 주목되는 바는 두 가지 점이다. 하나는, 활자화된 글 가운데 "이렇게 간략한 글로 떠나는 뜻을 알리고자 한다"라고 되어 있는 부분 중 '간략한'이 친필 草稿에는 '궁색한'으로 되어 있다는 점이고, 다른 하나는, 또 그 가운데 "이 강좌가 한낱 평범한 교양물로 전락하지 않는 것이다"라고 되어 있는 부분 중 '전락'이 친필 초고에는 '타락'으로 되어 있다는 점이다. 스스로 '궁색한'을 '간략한'으로, '타락'을 '전락'으로 바꾼 것이지만, 뭔가 마뜩찮게 여겨지기에 이러한 표현을 굳이 구사한 것이라 여겨진다고 하겠다.

21 이기백이 이렇게 『한국사 시민강좌』가 한낱 '교양물'로 전락하지 않기를 염원한 것은, 矢內原忠雄가 다음과 같이 지적하고 있는 바를 염두에 두었기에 그랬던 게 아닐까 생각한다.
"최근 '교양'이란 말이 유행어가 된 듯한 인상인데, '교양'은 美容과 같은 것이어서 有敎養이 無敎養보다는 낫고, 自他에 쾌감을 주는 것이긴 하지만, 요컨대 그것은 외면적 장식에 지나지 않는다. 교양에 의해서 내면적인 정신력이 용솟음칠 수는 없다. 외면적 분식보다도 내면적 용솟음침, 교양보다는 이상, 학자보다는 예언자. 현실세계의 혼미가 더해진 시대에 있어서 더욱 필요한

한 일을 시민과 더불어 고민함으로써 세상의 빛과 소금의 구실을 충실히 감당"하는 것뿐이었다.

이렇게 해서 이기백의 『한국사 시민강좌』 간행 시대는 마감되고 말았다. 『한국사 시민강좌』 제4집에 게재한 자신의 「학문적 고투의 연속」에서 그 자신이 인용한 바 있는 정지용鄭芝溶의 시 「조약돌」에서 "조약돌 도글 도글 …… 그는 나의 혼魂의 조각이러뇨"라고 되뇌었듯이….[22]

4. 특집의 선정과 구성

이기백 책임편집 시기의 『한국사 시민강좌』 특집의 선정 및 구성과 관련해서 우선 눈여겨볼 것은, 제2집의 「독자에게 드리는 글」 속에서 "앞으로 고조선이나 광개토왕릉비와 같은 고대사 문제뿐 아니라, 근현대사나 다른 시대의 문제들도 다룰 계획이다. 또 개별적인 문제뿐 아니라 「한국문화와 세계문화」와 같은 따위의 보다 광범한 문제들도 다루는 기회를 가지도록 계획하고 있다[23]"고 명시하였음이다. 그러므로 특집의 선정과 구성에 있어 시대를 넘어 개별적인 문제뿐 아니라 광범한 문제들도 다룬다는 게 원칙이었음이 자명하다. 그리고 제4집에서 편집위원의 명단을 공개한 이후는 이미 앞서 언급한 바와 같이, 편집위원들의 소임이 '강좌의 체제라든가 특집의 주제라든가'의 선정은 물론 '특집주제에 따르는 논문 제목의 선정이나 필자의 위촉

것은 이것이다. 많은 사람들은 말한다. "우리는 현실의 사정을 잘 알지 못하기 때문에 정책의 是非・正邪를 식별할 수가 없다"고. 이 심리야말로 선전이 열매를 맺는 밭이다" 矢內原忠雄, 이기백 역, 「국가의 이상」, 『한국사 시민강좌』 제17집, 1995, pp.219-220.

22 이기백은 이 시를 인용하고 나서, "나도 이 시인과 비슷한 경험을 갖고 있다. …(중략)… 그 이후에도 어째서인지 나는 인생의 고독을 되새기며 살아온 듯한 기분에 젖어드는 때가 많았다. 내 詩라는 것도 대개 이런 때에 씌어졌다"고 한 바가 있다. 「학문적 고투의 연속」, 『연사수록』, 1994, p.250. 이 대목의 기록으로 미루어 아마도 그의 시는 敍事詩가 아닌 주로 抒情詩였을 게 거의 틀림이 없어 보인다. 그의 詩作과 관련해서는 뒤의 p.373 각주 67)의 내용도 참조하라.

23 「독자에게 드리는 글」, 『한국사 시민강좌』 제2집・특집―고조선의 제문제, 1988년 1월, p. ⅴ.

같은 것'이었다고 하였으므로, 편집위원들의 의견도 수렴하여 이기백이 결정하였음을 알기 어렵지 않다.[24] 특히 제4집 이후의 특집 선정과 구성과 관련해서는 아래의 얘기를 우선적으로 경청해야겠다.

제2집에서 편집자가 시사한 대로 제4집은 「한국문화와 세계문화」의 사상思想편을 펴내기로 하였다. 실은 예고된 제목 하나하나가 특집이 될 수 있고, 또 장차그러한 날이 오리라고 믿는다. 그러나 지금은 우선 이렇게 큰 범위에서, 그러나 하나하나를 깊이 있게 다루어볼 작정이다. 우리는 장차 사상 이외의 다른 부분들도다루어 보기를 원하고 있다. 그러나 이 강좌에서 다루어야 할 주제主題가 너무도많으며, 따라서 반드시 연속해서 이 문제에만 매달릴 수는 없을 것이다. 물론 시민여러분이 궁금해 하는 중요한 문제들을 차례로 다루어 보고자 하는 본래의 취지에는 변함이 있을 수가 없다.[25]

이를 보면 특집이 「한국문화와 세계문화」와 같은 큰 범위에서 우선 기획되고 그 가운데서 일단 사상 편을 먼저 펴내는 것과 같이 장차 세부적인 것들도 다루기로 작정하고 있음이 드러난다. 또한 "시민 여러분이 궁금해 하는 중요한 문제들을 차례로" 다룬다는 게 본래의 취지였음도 알 수 있다. 이러한 취지에 걸맞게 시대를 넘나들며 다양하게 선정된 특집의 구체적인 구성은 아래의 〈표 5〉에서 한눈에 볼 수 있다.

이상과 같은 특집을 기획하고 실행함으로써, 예컨대 특집 「세계 속의 한국사상」의 경우 우리나라 사상사를 세계사상이란 넓은 안목에서 세계사상 속에서 한국사상이 차지하는 위치를 더듬어 보려는 것이었고, 특집 「한국사상

---

24 이와 관련하여 편집위원 중 하나였던 민현구의 다음과 같은 이야기를 참고할 만하다. "제가 생각하기에 『한국사 시민강좌』가 그렇게 꼬박꼬박 나올 수 있었던 것은 물론 편집위원들의 도움도 있었습니다만, 이기백 선생님께서 거의 전적으로 여기에 매달리다시피 했기 때문입니다. 기획 단계부터 중요한 원고의 집필 의뢰 같은 것들을 손수 하셨지요." 이기백선생 1주기 추모 좌담회 「진리의 파수꾼, 이기백 선생」, 『한국사 시민강좌』 제37집, 2005년 8월, p.329.
25 「독자에게 드리는 글」, 『한국사 시민강좌』 제3집·특집─광개토왕릉비, 1988년 6월, p.ⅴ.

〈표 5〉 이기백 책임편집 시기의 『한국사시민강좌』 특집 구성과 이기백의 집필 제목

구분	특집 주제	이기백의 집필 제목			
		책임편집자로서의 집필		연구자로서의 집필	
제1집	식민주의사관 비판	간행사	편집후기	반도적 성격론 비판	김대문과 김장청
제2집	고조선의 제문제	독자에게 드리는 글		고조선의 국가 형성	
제3집	광개토왕릉비	〃			
제4집	세계 속의 한국사상	〃		학문적 고투의 연속	
제5집	한국사상韓國史上의 분열과 통일	〃			
제6집	농민과 국가권력	〃		한국전통사회 농민의 신분과 계급	
제7집	개화기 자주와 외압의 갈등	〃			
제8집	고려의 무인정권	〃			
제9집	조선 후기의 상공업	〃			
제10집	한국사상韓國史上의 이상국가론	〃		최승로의 유교적 이상국가	
제11집	임나일본부설 비판	〃			
제12집	해방정국	〃			
제13집	변혁기의 제왕들	〃			
제14집	한국의 풍수지리설	〃		한국 풍수지리설의 기원	
제15집	한국사상韓國史上의 여성	〃			
제16집	조선시대의 과학기술	〃			
제17집	해방 직후 신국가 구상들	〃		국가의 이상 (번역)	
제18집	한국 대학의 역사	〃			
제19집	일본의 대한제국 침탈의 불법성	〃			
제20집	한국사학 무엇이 문제인가	〃		유물사관과 현대의 한국사학	한국사학과 현실 인식
제21집	오늘의 북한 역사학	〃			
제22집[26]	부정축재의 사회사	〃			
제23집	한국의 문화유산, 왜 자랑스러운가	〃			

제24집	족보가 말하는 한국사	〃		족보와 현대사회	
제25집[27]	20세기 한국을 움직인 10대 사상	〃			
제26집	역사적으로 본 한국의 오늘과 내일	〃		통일: 역사적 경험에 비춰본 민족의 통일	
제27집	단군, 그는 누구인가	〃			
제28집	한국인의 해외 이주, 그 애환의 역사	〃			
제29집	양반문화의 재평가	〃			
제30집	정신적 유산을 남긴 사람들	〃		평강공주—신분의 벽을 넘은 여성 선구자—	
제31집	실패한 정치가들	×			
제32집[28]	한국인의 기원	×		한국 고대의 남북문화권 설정의 문제점	
제33집	한국사에서의 보수·진보 읽기	×			
제34집	한국을 사랑한 서양인	×			
제35집	고려의 멸망과 조선의 건국	×	추기追記	한국사의 진실을 찾아서[29]	

「韓國史上의 여성」의 경우는 한국의 연구자들이 거의 돌보지 않는 여성사의 문제를 반성 위에서 파헤치려는 것이었다. 하지만 그것의 진행이 여간 녹록 치 않은 작업이었음이 다음과 같은 글들을 통해 우러나온다.

---

26 제22집과 제23집의 「독자에게 드리는 글」의 하단에 "대우재단의 지원에 감사의 뜻을 표한다"는 문구가 있는 것으로 보아, 1998년 1년 동안에는 발간에 대우재단의 금전적 지원을 받았음을 알 수 있다.

27 「독자에게 드리는 글」의 말미에 "끝으로 본 제25집의 마무리 작업은 거의 전적으로 홍승기 편집 위원의 노력으로 이루어졌음을 적어서 감사의 뜻을 표하고자 한다"고 되어 있어, 책임편집 이기 백의 건강이 좋지 않아 그랬음이 역력하다.

28 제32집의 「독자에게 드리는 글」의 하단에 "본 시민강좌의 간행을 후원하여 편집위원회에 淨財를 喜捨하신 장 수녀님(모니카)과 그 뒤 별도로 큰 돈을 出捐하신 장 수녀님의 慈堂 홍정수 님께 고 마운 뜻을 표합니다"는 문구가 있는 것으로 보아, 제32집과 그 이후 얼마간에는 이들의 도움으로 발간이 이루어졌음을 엿볼 수 있다.

29 제34집의 p.257에 게재되어 있는 제35집의 발간 예정 안내문에는 '한국사 진실의 추구'로 되어 있어, 李基白이 애초에 구상했던 제목은 그랬던 것임을 살필 수 있다.

① 실은 이러한 노력이 필요한 것임을 절실히 느껴서 계획을 세우기는 하였으나, 아직은 시기가 이른 과잉기획이 아닌가 하는 위구심을 내심 품고 있었다. 그래서 원고를 재촉하기가 송구스럽게 느껴지는 때도 없지 않았다.[30]

② 실은 이러한 특집에 대한 생각은 벌써부터 있어왔지만, 뜻한 바대로 성공할 수가 있을까 하는 우려도 있어서 미루어왔던 것이다. 그러나 너무 미룰 수만도 없다고 생각되어 실천에 옮기도록 한 것이다.[31]

사상사이든 여성사이든 한국사학의 역량이 제대로 축적되어 있지 않은 터에, 이를 실행에 옮긴다는 게 어쩌나 지난至難한 일이었을지가 가히 짐작이 가는 바인데, 그렇다고 해서 이를 미룰 수 없어 실천에 옮길 수밖에 없는 책임편집자로서의 고충은 더더욱 이루 말하기 어려웠을 것이다. 그래서 "아직은 시기가 이른 과잉기획이 아닌가 하는 위구심(①)"을 품고 있었고, 또 "뜻한 바대로 성공할 수가 있을까 하는 우려(②)" 역시 끊임없이 하였을 게다. "그래서 원고를 재촉하기가 송구스럽게 느껴지는 때도 없지 않았다"고 독백하듯이 진솔하게 표현은 하면서도, 적어도 자신의 의견과 상치되는 경우에는 어찌 처리해야 할지 고민이 많았을 것이다. 이럴 경우 일단은 집필자에게 보완해 줄 것을 요청하고, 이것이 받아들여지지 않게 되었을 때[32], 책임편집자 이기백이 취할 수 있는 유일한 방도는 「독자에게 드리는 글」을 빌어 그 속에서 독자들에게 이러한 실상을 설명하면서, 나름대로 논평과 전망을 제시하는 것뿐이었으리라 여겨진다.

---

30 「독자에게 드리는 글」, 『한국사 시민강좌』 제4집·특집—세계문화 속의 한국사상, 1989년 1월, p.iii.

31 「독자에게 드리는 글」, 『한국사 시민강좌』 제15집·특집—한국사상의 여성, 1994년 7월, p.iii.

32 이기백선생 1주기 추모 좌담회 「진리의 파수꾼, 이기백 선생」, 『한국사 시민강좌』 제37집, 2005년 8월, p.329의 민현구의 談 가운데에, "원고가 들어오면 그것을 검토하시면서 필자의 논지 같은 것을 흐트러뜨리지 않으면서도 전체 주제와 어긋나지 않도록 직접 필자를 만나 보완해줄 것을 부탁하시기도 했습니다"라 있음에서 이러한 사실을 충분히 읽을 수 있다.

5. 「독자에게 드리는 글」 중 논평과 전망 제시

창간호의 「창간사」 이후 제2집부터 『한국사 시민강좌』의 맨 앞자리는 「독자에게 드리는 글」이 줄곧 차지하고 있었고, 이는 전적으로 이기백의 몫이었다. 그가 책임편집자로서의 직임을 실질적으로 떠난 31집 이전까지는 오로지 그러하였다. 그러므로 이 「독자에게 드리는 글」은 그가 독자들에게 자신이 직접 언급하고픈 모든 내용을 전달하는 창구 구실을 하였던 것이다. 그래서 매번 간행할 때마다 특집의 설정 배경에 대한 설명은 물론이고, 고정적으로 개설되어 있는 「역사학강의」(제21집부터는 「역사학 산책」) 난 등의 내용 소개도 여러 차례에 걸쳐 자상하게 곁들였다.[33] 그러는 한편으로, 경우에 따라서는 전호에 예고되었던 사항이 변동이 생기는 경우 이에 대한 설명을 독자들에게 하고 양해를 구하기도 하였다.[34]

하지만 「독자에게 드리는 글」이 결코 이러한 구실만을 한 게 아니라는 사실이, 적어도 제5집에서부터 나타나고 있다. 집필자들의 의견이 서로 일치하지 않는 부분과 관련하여, "물론 우리는 여러 필자들의 의견이 반드시 모두 일치하리라고 기대하는 것은 아니다. 그러나 그 모두가 일정한 흐름의 방향을 우리에게 제시해주리라는 것을 믿어 의심치 않는다[35]"고 비로소 드러내고 있음이 그것이다. 이는 「특집」 난에 실린 각 원고의 구체적인 사안에

---

33 「역사학강의」 난에 대해서는 창간호의 「편집후기」에서 "편집자는 이 난을 다른 어느 부분 못지 않게 이 강좌에서 중요시하고 있다는 점을 말해두고 싶다(p.162)"고 한 이래, 제3·10·12·13·18·19집에서 그리고 「역사학 산책」으로 이름을 바꾼 이후에도 제22·27집에서 각별한 관심을 가지고 있음을 거듭 밝히고 있다.

34 이를테면, 「독자에게 드리는 글」, 『한국사 시민강좌』 제4집·특집―세계 속의 한국사상, 1989, p.iv에서 「연구생활의 회고」 난에 애초 김철준의 글을 게재하기로 하였으나, 타계하자 "이에 본호에는 그 대신 편집자 자신의 것을 싣게 되었음을 양해하여 주기 바란다"로 시작되는 사연을 싣고 있음이, 이러한 경우의 단적인 예다.

35 「독자에게 드리는 글」, 『한국사 시민강좌』 제5집·특집―韓國史上의 분열과 통일, 1989년 1월, p.iii.

대한 견해 차이에 관해 책임편집자로서 처음으로 언급한 것이었다.[36] 곧 이어서 간행된 제6집에서는 집필자들 사이에 노정되는 이러한 견해 차이에 따른 책임편집자로서의 고충을 곁들여 더욱 솔직하게 이래와 같이 토로하고 있다.

① 이 『시민강좌』를 편집하는 데는 여러 가지 어려움이 따랐다. 특히 집필자의 학문적 주장과 독자를 위한 안내서로서의 기능 사이에서 일어나는 갈등 때문에 그러하였다. 전공학자를 상대로 하는 연구논문을 싣는 학보라면 그러한 곤란은 별로 느끼지 않을 것이다. 그런데 이 『시민강좌』는 독자가 일반 시민인 것이다. 그러므로 가장 공정한 견해를 전달해 줘야 하는 의무를 지닌다. 가능한 한 서로 논의를 하여 최선의 길을 모색해 왔지만, 최후의 결정권은 집필자가 쥐고 있는 것이다. 창간호의 간행사에서 이미 밝혀둔 바와 같이, 여기에 제시된 견해가 모두 옳다거나, 또 모든 집필자의 견해가 서로 모순 없이 일치하리라고는 생각하지 않는다. 학문 연구란 원래가 그런 것이다. 다만 최선의 성과가 이루어지도록 성실한 노력을 기울일 뿐이라고 생각하고 있다.

② 남한의 농지개혁에 따른 농민의 변화에 대하여는, 여러 의견이 엇갈려 있으나, 가장 타당한 견해를 제시하게 된 것으로 믿고 있다. 다만 그 정치적 배경에 있어서, 정치단체들이 내놓은 선전적 문서를 토대로 한 언급에 대해서는, 또 그것을 농민운동으로 파악하는 데 대해서는, 다른 견해의 여지도 남아 있는 것으로

---

36 동일한 「특집」 난의 원고를 분담한 집필자들의 견해의 차이에 대한 이와 같은 논평은, 이후 제12집과 제16집에서도 행해졌다. 우선 제12집·특집—해방정국에서는, "때로는 약간의 견해의 차이가 있는 것이긴 하지만, 이러한 약간의 의견 차이는 피할 수 없는 일이며, 오히려 그렇지 않다면 그것이 도리어 이상한 일일 것이다. 그러한 약간의 의견 차이에도 불구하고 크게 볼 때에 여기에 제시된 글들은 한데 어울려서 해방정국의 실제를 생생하게 그리고 진실되게 우리에게 전해 주고 있다고 믿는다. 엇갈리기 쉬운 해방정국에 대한 이해를 정리하는 길이 마련되는 기회가 되기를 바라는 마음 간절하다(「독자에게 드리는 글」, 『한국사 시민강좌』 제12집·특집—해방정국, 1993년 1월, p.iv)"고 하였다. 그리고 제16집·특집—조선시대의 과학기술에서는 "학문적인 연구에서는 늘 다른 의견이 있게 마련이고, 사실 그것이 당연한 일이다. 그러나 진리는 하나일 것이므로, 그 하나인 진리에 가까이 접근하도록 부단한 노력을 할 필요가 있는 것임도 또한 명심할 필요가 있는 일이라고 하겠다(「독자에게 드리는 글」, 『한국사 시민강좌』 제16집·특집—조선시대의 과학기술, 1995년 1월, p.vi."고 한 바가 있음이 특히 주목된다.

생각한다.[37]

　여기 ①부분에서 주목되는 바는, 책임편집자로서의 어려움이 "특히 집필자의 학문적 주장과 독자를 위한 안내서로서의 기능 사이에서 일어나는 갈등 때문"이었다고 밝히고 있는 대목이다. 이는 『시민강좌』의 독자가 일반 시민이므로, '가장 공정한 견해'를 전달해 줘야 한다는 의무감에서 비롯된 것이었는데, 그러면서 자신은 "다만 최선의 성과가 이루어지도록 성실한 노력을 기울일 뿐"이라고 하였다. 그렇다고 해서 '가장 공정한 견해'를 펼치지 못한 집필자의 글을 그대로 게재한 것이 아니었다. 위 글 가운데서 "가능한 한 서로 논의를 하여 최선의 길을 모색해 왔지만, 최후의 결정권은 집필자가 쥐고 있는 것이다"고 한 대목에서, 특히 '가능한 한 서로 논의를 하여 최선의 길을 모색'했다고 기술하고 있음에서, 집필자에게 요구하여 일부 수정의 과정이 시도되기도 하였음을 엿볼 수 있다. 그렇더라도 이기백의 기대만큼 자신이 생각하는 '가장 공정한 견해'가 원고에 잘 반영되지 못한 경우도 있었던 것 같은데, '최후의 결정권은 집필자가 쥐고 있는 것이다'라고 한 데에서 이런 분위기가 무겁게 느껴진다.

　그랬으므로 이런 경우에는 자신의 논평을 「독자에게 드리는 글」 속에 고스란히 담아냈던 것으로 보인다. 방금 앞서 제시한 인용문 ②부분에서 보이듯이, 남한의 농지개혁에 따른 농민 변화의 그 정치적 배경에 대한 집필자의 견해와 관련하여 2가지 면에서 적절하지 못하다고 그는 판단하고 있었음이 드러난다. 첫째는 접근 방식에 있어서 정치단체들이 내놓은 선전적 문서를 토대로 하였다는 점, 그리고 둘째는 성격 규정에 있어서 그것을 농민운동으로 파악하였다는 점이 그러하였던 것이다. 결국 이러한 이유로 해서 '가장 공정한 견해'가 되지 못하는 견해를 집필자가 피력한 것에 대해 독자인 일반 시민

---

37 「독자에게 드리는 글」, 『한국사 시민강좌』 제6집·특집―농민과 국가권력, 1990년 1월, pp. iii-iv.

들을 위해 '다른 견해의 여지도 남아 있는 것'을 지적하지 않을 수 없었던 것이라 하겠다.

두말할 나위 없이 이기백이 책임편집자로서 지니고 있었던, 집필자들이 기고한 원고들에 관한 기본자세는, '모두가 완전한 해답을 제시했다고 장담할 수는 없는 일[38]'이고, 경우에 따라서는 '약간 과욕한 탓으로 지나친 해석이 있지 않나 하는 염려[39]'가 들기도 하지만, '지나치게 과장된 생각을 억제한다면, 이를 정당하게 이해할 길은 열려 있다고 믿는 것[40]'이었다. 하지만 집필자가 혹여 '지나친 해석'이 행해지거나 '지나치게 과장된 생각'을 서술할라치면 이에 대해서는 냉혹하리만치 가차 없는 비판을 가하였던 것이다. 다음과 같은 게 그러한 경우의 하나다.

끝으로 조선시대 과학사를 어떻게 이해할 것인가 하는 전반적인 문제를 다룬 글

---

38 「독자에게 드리는 글」, 『한국사 시민강좌』 제8집·특집—고려의 무인정권, 1991년 1월, p. iii. 이 구절의 원문 부분은 다음과 같다.
　　"우리는 종래 대개 상식적인 선에서 위와 같은 여러 문제들을 다루어 왔다는 인상이 짙다. 그러나 이 특집의 집필자들은 모두 해당 분야에서 새로운 관점을 제시하려고 노력해 온 학자들이다. 물론 모두가 완전한 해답을 제시했다고 장담할 수는 없는 일이지만—실상 그러한 일은 역사의 어느 분야에서고 있을 수가 없는 일이지만—가장 최신의 연구성과를 우리에게 제시해 준 것이라고는 말할 수가 있다"
39 「독자에게 드리는 글」, 『한국사 시민강좌』 제21집·특집—오늘의 북한 역사학, 1997년 6월, p. v. 이 구절이 담긴 원문 부분은 아래다.
　　"「한국의 역사가」로서는 손진태孫晉泰를 다루었다. 일제시대에 민속학에 주력하면서 진단학회에서 주요한 역할을 담당했던 그는 해방 후 신민족주의사학을 제창하여 주목을 받은 역사가이다. 그러나 6·25 때에 납북된 이래 박물관의 말단직을 맡는 등의 푸대접을 받았다는데, 근자에 그의 전집이 간행되기도 하였다. 그러나 여기서는 전집에 수록되지 않은 자료들도 찾아내서 역사가로서의 새로운 모습을 그려주고 있다. 다만 약간 과욕한 탓으로 지나친 해석이 있지 않나 하는 염려가 든다."
40 「독자에게 드리는 글」, 『한국사 시민강좌』 제9집·특집—조선후기의 상공업, 1991년 6월, p. iii. 이 구절이 포함된 원문 부분은 다음이다.
　　"자본주의 맹아론에 대한 연구사적 검토는, 그 초기의 연구 성과를 소개함에 그치었지만, 이를 상세하게 언급하는 과정에서 문제의 소재가 자연히 부각되게 된 것으로 생각하고 있다. 다른 필자가 지적한 대로, 맹아는 역시 싹인 것이기 때문에, 지나치게 과장된 생각을 억제한다면, 이를 정당하게 이해할 길은 열려 있다고 믿는 것이다."

을 실었다. 여기서는 종래 한국과학사를 연구해 온 관점에 대해서 여러 가지 의문을 제기하고, 우리나라의 전통과학이 자연의 눈을 통하여 현실사회를 보려는 정치적 성격의 것이어서, 경제적 성격의 실용성과는 거리가 있다는 의견이 제시되었다. 또 17세기 이후에 갑자기 발달한 서양과학이 지리적인 조건으로 인하여 일본보다 300년이나 늦게 전해진 것에서 한국이 일본의 식민지로 전락할 수밖에 없었던 근본적 원인을 찾기도 하였다. 이러한 의견들은 종래의 과학사 연구에 커다란 반성을 촉구하는 것이다. 그러나 측우기가 세종 때뿐 아니라 계속해서 농업과의 관련에서 이용되었다는 증거들이 있고 보면, 과학기술은 경제적 측면에서도 보다 심도 있게 검증되어야 할 문제가 아닌가 한다. 또 일본과 한국의 지리적 위치가 서양문화 수용에 300년이란 격차를 가져왔다는 것도 납득이 안 간다. 일본보다 더 빨리 서양 근대문명과 접촉할 수 있는 지리적 위치에 자리한 중국·타이·필리핀·인도네시아·인도 등등 여러 나라가 일본보다 근대 과학문명이 발달하지 못한 사실에 견주어 보더라도 이는 알 수가 있다. 이러한 문제점들이 있기는 하지만, 여기서 제시된 의견들은 과학사의 연구에 하나의 반성과 자극을 제공해 줄 것으로 생각한다.[41]

조선시대 과학사를 이해하기 위해 전반적인 문제를 다룬 글로, 종래 한국과학사 연구의 관점에 대해서 여러 가지 의문을 제기하고 나름대로의 의견을 제시하여 종래의 과학사 연구에 커다란 반성을 촉구한 것에 대해서는 평가하면서, 동시에 이 글이 지니고 있는 문제점에 대해서는 날카롭게 비판하였던 것이다. 2가지 점에서였다. 하나는 측우기가 세종 때뿐 아니라 계속해서 농업과의 관련에서 이용되었으므로, 경제적 측면에서도 심도 있게 검증되어야 하는데 그렇지 못했다는 점, 또 하나는 일본과 한국의 지리적 위치가 서양문화 수용에 300년이란 격차를 가져왔다고 해석한 점과 관련해서다.

특히 후자의 문제와 관련해서는 "납득이 안 간다. 일본보다 더 빨리 서양 근대문명과 접촉할 수 있는 지리적 위치에 자리한 중국·타이·필리핀·인도

---

41 「독자에게 드리는 글」, 『한국사 시민강좌』 제16집·특집―조선시대의 과학기술, 1995년 1월, p. iv.

네시아·인도 등등 여러 나라가 일본보다 근대 과학문명이 발달하지 못한 사실에 견주어 보더라도 이는 알 수가 있다"고 직설적인 설명을 가하였다. 이는 그야말로 '지나친 해석'을 함으로써 '가장 공정한 견해'가 되지 못하는 이러한 견해를 집필자가 피력한 것에 대해, 독자인 일반 시민들을 위해 '다른 견해'를 자신이 직접 제시하였던 것이다.

이와 같은 집필자의 '지나친 해석'에 대한 비판뿐 아니라, '지나치게 과장된 생각'에 대해서도 명명백백하게 지적하여 자신의 견해를 결코 숨기려 하지 않았다. 아래의 경우가 대표적인 사례이다.

끝으로 「한국사의 새로운 모색과 포스트모더니즘」을 첨가하였다. 원래 이 글은 제20집을 위해서 집필을 부탁했던 것인데, 내용에 한국사의 구체적 사실에 관한 서술이 없기 때문에 보류했던 것이다. 이 글은 유럽 중심의 보편성에 대한 비판에서 출발하여 각국의 지역성이 조화를 이룬 체계성으로 나갈 것을 주장하고 있다. 이 같은 논리에서 한국사의 특수성이 한국사의 내적인 논리로써 설명될 수 있기를 주장하는 야심적인 글이다. 다만 유럽 중심의 보편성이 부정된다고 해서 보편성 그 자체가 부정되는 것은 아니라는 점도 아울러 고려해 볼 필요가 있는 게 아닐까 하는 점을 첨가해 두고 싶다.[42]

「한국사의 새로운 모색과 포스트모더니즘」이란 글에 대한 논평으로서 이기백은, 유럽 중심의 보편성에 대한 비판에서 출발하여 한국사의 특수성이 한국사의 내적인 논리로써 설명될 수 있기를 주장하는 야심찬 견해를 펼쳤으나 '한국사의 구체적 사실에 관한 서술이 없기 때문에 보류했던 것'인데, 원래보다 늦게 다음 호에 게재하게 된 사연을 적으면서, 일갈을 하였다. '유럽 중심의 보편성이 부정된다고 해서 보편성 그 자체가 부정되는 것은 아니라는 점도 아울러 고려해 볼 필요'가 있다는 것이었다. 이렇게 그는 '지나치게 과장된 생각'을 펼친 집필자의 견해에 대해 역시 문제를 지적하는 데 그치지 않

---

42 「독자에게 드리는 글」, 『한국사 시민강좌』 제21집·특집—오늘의 북한 역사학, 1997년 6월, p. vi.

고 나름대로의 '다른 견해'를 제시하였던 것이다.

이는 그렇게 함으로써 『한국사 시민강좌』의 독자인 시민들에게 '가장 공정한 견해'를 제공하고자 하는 것이었음이 분명하지만, 단지 거기에만 그치는 게 아니었다고 보인다. 즉 장차 한국사학 발전에 도움이 될 수 있게끔, 이기백이 연구자로서 자신이 지니고 있는 이 분야에 관한 전망을 연구자들에게 제시해 준 것이라고 풀이된다. 이외에도 「독자에게 드리는 글」 중 새로운 연구를 위해 전망을 제시한 경우로는, 다음과 같은 부분 역시 그러하였다.

> 한편 우리나라 전통과학을 서양과학과 비교하여 그 성격을 보다 분명히 이해할 필요가 있다는 점을 또한 느끼게 되었다. 우리의 전통과학이 서양의 근대과학과는 성격이 달랐을 것이지만, 한편 서양의 전통과학과는 어떻게 달랐는지도 또한 살필 필요가 있다고 생각한다. 왜냐하면 그것은 한국과 서양과의 차이가 원천적인 것인지 혹은 역사적인 것인지를 가려내 줄 것이기 때문이다.[43]

한국 전통과학의 성격을 '보다 분명히 이해할 필요', 그리고 서양의 전통과학과는 성격 차이 '또한 살필 필요'를 역설하고 있음이 여실하다. 앞으로 이런 부분에 대한 연구가 이루어져 한국사학의 발전에 기여할 수 있게 되기를 바라는 간절한 심정에서, 이기백은 이러한 기술을 서슴지 않았다고 보인다.

이로써 이기백이 『한국사 시민강좌』의 독자인 시민들에게 '가장 공정한 견해'를 제공하고자 「독자에게 드리는 글」 중에서 논평을 통해 집필자의 '지나친 해석'과 '지나치게 과장된 생각'에 대해 비판을 가하고 자신의 '다른 견해'를 제시하였음을 확인할 수 있다. 뿐만 아니라 그는 「독자에게 드리는 글」 중에서 비판에만 그치지 않고 앞으로의 연구를 통해 한국사학의 발전에 기여할 수 있게 하기 위해 전망을 곁들이기도 했음을 알겠다.

---

43 「독자에게 드리는 글」, 『한국사 시민강좌』 제16집·특집―조선시대의 과학기술, 1995년 1월, pp.v-vi.

6. 게재한 글에 나타난 민족의 이상 실현 지향

이 소제목에서 '게재한 글'이라고 함은 이기백이『한국사 시민강좌』에 게재한 번역문, 게재 논문 그리고「독자에게 드리는 글」3가지 부분을 가리키는 것이다. 그리고 여기에서의 '민족'의 개념 자체는, 랑케Ranke와 마이네케Meinecke가 각각 자신들의 저서『강국론』과『역사주의의 입장』에서 제시한 바에 근거하여 이기백이 정리한 것으로, 세계사 속 독자적 성격을 지닌 여러 민족국가들 중의 하나인 한국 '민족'을 의미한다.[44] 또한 '이상'의 개념은 야나이하라 다다오矢内原忠雄가 제시한 "인간으로 하여금 인간이게 하는 바 '의미'·'가치'·'정신'의 기저가 곧 '이상'이다[45]"라고 한 정의定義에 입각한

---

44 이기백이 정리한 이러한 '민족'의 개념과 관련된 구체적인 구절을 인용하여 제시해 보이면 다음이다.
　　"랑케의 저술은 당시 여러 권으로 選集이 번역되어 나왔으나, 나는 어느 것보다도 世界史를 독자적 성격을 지닌 여러 민족국가들의 交響樂과 같이 본『강국론』의 주장에 제일 매력을 느꼈다. 마이네케의 책은, 그 자신은 이에 대한 극복을 시도하고 있기는 하지만, 역사적 사실들을 상대적으로 보는 관점이 도리어 흥미를 느끼게 했다. 그러니까 나는 대체로 역사는 자유란 목표를 향하여 일원적인 힘에 의하여 발전하는 것이며, 그 발전과정에서 일어나는 구체적인 역사적 사건들은 절대적인 가치를 지닌다기보다는 앞뒤의 사실들과의 관련 속에서 의미가 부여되어야 하며, 여기에 민족을 단위로 하는 국가가 각기 그 독자적인 역할을 담당하는 것이라고 생각했던 셈이다."(「학문적 고투의 연속」,『한국사 시민강좌』제4집·특집－세계 속의 한국사상, p.170;『연사수록』, 1994, pp.239~240)
　　이기백의 랑케 및 마이네케의 저술을 통한 역사주의의 수용과 한국사학의 토대 구축과 관련하여서는 노용필,「이기백의 역사주의 수용과 한국사학의 초석 확립」,『한국사학사학보』23, 2011년 6월; 이 책의 제2부 제1장 참조.
45 矢内原忠雄, 이기백 역,「국가의 이상」,『한국사 시민강좌』제17집, 1995, p.208. 이 글의 일본 원문은 矢内原忠雄,「國家の理想」,『中央公論』1937年 9月號;『日本の傷を医す者』, 東京 : 白日書院, 1947;『矢内原忠雄全集』第18卷, 東京 : 岩波書店, 1964 참조.
　　이기백의 이 글 번역에 달린 소개에 "이 글은 원래 일본의 중국 침략이 시작되는 蘆溝橋事件이 일어났다는 보도를 듣고 집필하여『중앙공론』1937년 9월호에 기고했던 것인데, 전문全文 삭제되었고, 이 글이 문제되어 대학에서 추방되었었다"하였는데, 저자가『中央公論』1937년 9월호의 원문을 구하여 대조해본 결과 '전문 삭제'된 게 아니고 문제가 되는 부분들이 읽을 수 없게 되어 있음을 알 수 있었다. 이에 대해 앞의『矢内原忠雄全集』第18卷, 1964, p.645에 삽입되어 있는 編集者의 해설에 "많은 伏字가 있었지만"이라 밝히고 있음이 참조된다고 하겠다. 이 '伏字'는 일본어 사전에 따르면 '숨김표'의 의미라고 한다.

것이다.

이기백이 전 생애를 통틀어 일본어로 된 글을 우리말로 번역하여 자신의 이름으로 세상에 내놓은 것은, 『한국사 시민강좌』 제17집의 「국가의 이상」이 유일한데[46], 이 글에 대한 독자들의 이해를 돕기 위해 설명을 이기백은 달아 두었다. "이 글은 일본의 중국 침략을 비판하는 뜻을 담고 씌어진 것인데, 강 단에서 식민정책植民政策을 강의하던 야나이하라矢內原 교수는 이 글에서 국 가의 이상은 정의正義라고 하였다. 안으로는 사회정의, 밖으로는 국제정의가 국가의 이상이라는 것이다. 이 글로 말미암아 야나이하라 교수는 군국주의 軍國主義 일본정부日本政府에 의해 대학에서 추방되었지만, 이상적인 국가를 바라는 독자 여러분은 많은 것을 배우게 될 것으로 믿는다[47]"고 기술한 바가 그것이다.

야나이하라는, 잠시 앞에서 언급한 바 있듯이 "인간으로 하여금 인간이 게 하는 바 '의미'·'가치'·'정신'의 기저가 곧 '이상'이다[48]"라고 정의한 후 "따라서 이상을 분명히 함으로써 사람은 자기의 현실을 비판하고 지도하여, 써 '인간'된 의미, '인간'된 품위를 회복하고 혹은 그것을 더욱 발양할 수 있 다[49]"는 것이다. 또한 그는, "국가의 이상은 정의이다. 그러므로 국가의 이상 을 달성하는 것을 목적으로 하는 국책은 정의를 지표로 하지 않으면 안 된다. 즉 국내적으로는 국가를 구성하는 분자 중 약자의 권리가 강자에 의하여 억 압되는 것을 방위하는 것, 국제적으로는 타국 특히 약국의 권리를 강자가 꺾

---

46 이외에 이기백이 일본어로 된 글을 우리말로 옮긴 것은 恩師인 李丙燾의 저서 간행을 거들기 위 해서 그의 일본어 논문을 그래준 것이었다. 이러한 사실에 대해서는 이병도, 「자서」, 『한국고대사 연구』, 박영사, 1976, p.11의 "끝으로, 前日 筆者가 일본학술지에 발표했던 日文舊稿 중의 몇 篇 (「蘇那曷叱智考」·「天理圖書館所藏의 唐法藏致新羅義湘書(墨簡)에 대하여」·「韓國古代社會의 井 泉信仰」)은 서강대 이기백 교수가 國譯의 勞苦를 自擔해준 것을 마음껏 감사히 여기며,…"라 했 음에서 알 수가 있다.

47 「독자에게 드리는 글」, 『한국사 시민강좌』 제17집·특집―해방 직후 신국가 구상들, 1995, p. v.

48 矢內原忠雄, 이기백 역, 「국가의 이상」, 『한국사 시민강좌』 제17집, 1995, p.209.

49 矢內原忠雄, 이기백 역, 「국가의 이상」, 『한국사 시민강좌』 제17집, 1995, pp.209-210.

는 일을 하지 않는 것 그것이다[50]"라 말하였다. "그러므로 국가의 이상은 대내적으로는 사회정의, 대외적으로는 국제정의여야 한다는 것은, 국가의 본질상 당연한 결론이다"라고 규정한 후, "즉 국제정의와 사회정의는 국가의 본질상 뿌리를 같이하는 원리이며, 양자 공동의 필연적 정책은 평화이다. 요컨대 정의와 평화야말로 국가의 이상이다[51]"라 설파하였다.

이러한 야나이하라矢內原忠雄의 글을 이기백이 우리말로 옮겨 그것도 하필이면 『한국사 강좌』에 게재한 것은, 오로지 학문적 진리를 지상으로 삼아야 한다는 점을 각별히 강조하기 위함이었다. 이 점은 다음과 같은 그 자신의 언급에서 잘 드러나 있다.

학문은 진리를 탐구하는 것을 목적으로 한다는 평범한 신념으로 지금껏 한국사 연구에 전념해 왔다. 나의 이런 신념은 야나이하라 다다오矢內原忠雄로부터 고취되었다. 그는 독실한 무교회주의無教會主義 기독교신자였으나, 나는 그가 학문적 진리를 강조하는 데 감화를 받았다. 오늘날 민족은 결코 지상이 아니다. 이 점은 민중의 경우에도 마찬가지이다. 지상은 진리이다. 진리를 거역하면 민족이나 민중은 파멸을 면하지 못한다. 오늘의 학자들은 이 점에 대한 믿음을 확고하게 견지해야 한다고 믿는 것이다. 나는 이러한 취지를 살리기 위해서 1987년에 『한국사 시민강좌』(반년간)를 시작하여 오늘에 이르고 있다. ―제2회 한 · 일 역사가회의에서의 발표(2003. 10)―[52]

누구나 다 잘 알듯이 이 글은 이기백 생애의 맨 마지막 활자화된 글이다. 여기에서 그 자신이 학문적 진리를 강조하는 게 바로 야나이하라의 영향을 받은 것임을 밝히고, "진리를 거역하면 민족이나 민중은 파멸을 면하지 못한다"라 광야에서 외치듯이 강조하며, 『한국사 시민강좌』의 간행도 이러한 취

---

50 矢內原忠雄, 이기백 역, 「국가의 이상」, 『한국사 시민강좌』 제17집, 1995, p.214.
51 矢內原忠雄, 이기백 역, 「국가의 이상」, 『한국사 시민강좌』 제17집, 1995, p.215.
52 「한국사의 진실을 찾아서」, 『한국사 시민강좌』 제35집 · 특집―고려의 멸망과 조선의 건국, 2004, p.237; 『한국사산고』, 2005, p.115.

지를 위해서였음을 적어놓았던 것이다.

한편으로, 야나이하라의 글을 번역하여 게재한 게 제17집의 「특집—해방 직후 신국가 구상들」이었기에, 민족의 이상과 관련을 지어 더 이상의 언급은 하지 않았다고 보이지만, 이외에 『한국사 시민강좌』에 게재한 논문에서 이기백이 민족의 이상 실현 지향에 관해 언급한 대목들 역시 적지 않다. 그 가운데서도 가장 이채롭다고 여겨지는 것은, 『한국사 시민강좌』 제24집·특집—족보가 말하는 한국사에 게재한 「족보와 현대사회」에서 족보와 관련하여 민족의 이상을 상세히 논하고 있다는 사실이다. 아래의 대목들이 특히 주목된다.

① 두말할 것도 없이 신분에 의하여 인간의 사회적·정치적·경제적 지위를 규정하는 것은 낡은 시대의 유산일 뿐이다. 개인의 실력에 의하여 인간의 능력을 평가하고, 그 능력에 적합한 사회적 지위와 봉사의 기회가 주어지는 것이 민주사회의 바람직한 이상이다. 그런데 족보는 옛날의 신분적 질서를 유지·보전하고, 이에 의하여 인간을 차별하려는 노력의 산물이며, 이는 민주사회의 이상에 배치되는 것이다. 그러므로 개인의 자유와 평등을 추구하는 우리나라 역사의 발전에 있어서 걸림돌이 되는 것이다. 더구나 이미 사실과는 어긋나는 족보가 증가하고 보면, 그것을 근거로 자신의 사회적 지위를 과시하려는 것은, 결국 남을 속이는 일에 지나지 않는다. 따라서 족보를 가지고 자기의 신분을 과시하려는 풍조가 우리 사회에서 사라지는 날이 곧 진정한 민주사회가 이루어지는 날이라고 할 수 있을 것이다.[53]

② 선조들의 신분적 귀천이나 직업적 차별에 관계없이, 모든 사회 구성원이 평등한 입장에서 정치활동의 자유, 직업선택의 자유, 결혼의 자유 등 인간으로서 마땅히 누려야 할 여러 자유를 향유할 수 있는 사회를 건설하는 것이 우리 역사가 지시하는 이상이다. 이런 민주사회를 건설하는 데 있어서 족보는 걸림돌의 구실을 하고 있다.[54]

---

53 「족보와 현대사회」, 『한국사 시민강좌』 제24집·특집—족보가 말하는 한국사, 1999년 2월, p.115.
54 「족보와 현대사회」, 『한국사 시민강좌』 제24집, 1999년, p.117.

이 글의 핵심을 추리자면, 족보는 "민주사회의 이상에 배치되는 것이다. 그러므로 개인의 자유와 평등을 추구하는 우리나라 역사의 발전에 있어서 걸림돌이 되는 것(①)"이고, "인간으로서 마땅히 누려야 할 여러 자유를 향유할 수 있는 사회를 건설하는 것이 우리 역사가 지시하는 이상"인데, "이런 민주사회를 건설하는 데 있어서 족보는 걸림돌의 구실(②)"이나 할 뿐이라는 것이다. 이럴 정도로 이기백은 족보가 자유와 평등을 추구하는 민주사회의 건설이라는 이상 실현에 걸림돌이 된다고 인식하고 있었던 것이다. 다만 여기에서는 '자유와 평등을 추구하는 민주사회의 건설'이 이상이라고 하긴 했지만, 굳이 '민족'의 이상이라고는 하지 않았는데, 다음의 글에서는 이것이 '민족'의 이상임을 못 박아 밝히고 있다.

> 한국사는, 보다 많은 국민이 평등한 입장에서 자유를 누릴 수 있도록, 역사에 참여하는 인간의 사회적 기반이 확대하는 방향으로 발전해 왔다. 그리고 그러한 자유와 평등이 보장되는 사회를 실현하는 것이 민족의 이상이라고 필자는 생각하고 있다. 따라서 남과 북에서 모두 이 민족의 이상이 실현된다면, 통일은 평화적인 방법으로 자동적으로 이루어지는 게 아닐까 하는 생각이다. 그러므로 결과인 통일보다는, 그 결과를 가져올 씨앗이 되는 민족의 이상을 실현하는 일, 즉 온 국민이 자유와 평등을 누릴 수 있는 사회를 건설하는 데 노력하는 일이 현대 한국인에게 짊어지워진 책무라고 생각한다.[55]

결국 이기백은 자유와 평등이 보장되는 사회를 실현하는 게 민족의 이상임을 분명히 하였던 것이다, 그러면서 이러한 민족의 이상을 실현하는 일이 '현대 한국인에게 짊어지워진 책무'라고 규정하고 있는 것이다.

또 다른 한편으로, 이기백이 「독자에게 드리는 글」에서 민족의 이상에 대해서 언급한 것 역시 적지 않다. 제5집·특집—「한국사상韓國史上의 분열과

---

55 「역사적 경험에 비춰본 민족의 통일」, 『한국사 시민강좌』 제26집·특집—역사적으로 본 한국의 오늘과 내일, 2000년 2월, p.110.

통일」[56], 제10집·특집—「한국사상韓國史上의 이상국가론理想社會論」[57], 제17집·특집—「해방 직후 신국가 구상들」[58] 등에서도 그러하였고, 제26집·특집—「역사적으로 본 한국의 오늘과 내일」에서도 그러하였다. 이런 경우는 전무후무하여 특이하다고 할 수밖에 없는데, 이 제26집에서는 「통일 : 역사적 경험에 비춰 본 민족의 통일」을 기고한 후 이를 「독자에게 드리는 글」 속에서

---

56 「독자에게 드리는 글」, 『한국사 시민강좌』 제5집·특집—韓國史上의 분열과 통일, 1989, p.v. 원문의 핵심 대목은 다음이다.

"오늘의 남북분단에 대해서는 그 원인에 대해서부터 갖가지 학설이 나오고 있다. 심지어는 계급분열이 남북분단의 원인이었다는 주장까지 나오고 있다. 이것은 외부로부터의 침략이 아니라 양반사회 내부의 당쟁이 일본의 식민지가 된 원인이었다고 하는 일제의 침략주의적 식민주의사관의 유산을 이어받은 그릇된 주장이다. 그런데도 불구하고 뜻밖에 이에 현혹되는 사람이 있는 것은 놀라운 일이다. 통일방책에 이르러서는 더 많은 서로 상충되는 견해들이 제시되고 있다. 그러나 솔직히 말해서 너무 허공에 들떠 있는 상태이거나, 정치적 책략에 의하여 조종되고 있다는 인상이 짙다. 그리고 그들은 대개 <u>민족과 국가의 정상적인 발전—자유와 평등에 입각한 사회정의가 보장되는 민주국가의 건설</u>—을 위한 정치사회적인 측면에서의 방향 제시를 백안시하는 것이다. 이것은 실로 민족적 불행의 씨앗이 되지나 않을까 하는 염려를 떨쳐 버릴 수가 없다. 이 특집은 이러한 문제에 대해서도 우리의 반성을 촉구해 줄 것으로 기대해 본다."

57 「독자에게 드리는 글」, 『한국사 시민강좌』 제10집·특집—韓國史上의 이상사회론, 1992년 1월, pp.iv-v.

"이번 『시민강좌』는 창간 5주년을 당하여 제10집을 간행하게 된 것을 기념하는 뜻으로, 이미 예고해 드린 바와 같이, 「한국사상의 이상사회론」을 특집으로 엮었다. <u>과거에 우리 민족은 어떤 이상사회를 꿈꾸며 살아왔는가</u> 하는 것은 누구나가 궁금하게 생각하는 중요한 문제가 아닐 수 없다. 그런데도 불구하고 이 문제에 대해서는 너무도 우리가 소홀해 오지 않았나 싶다. 물론 이러한 이상사회론이라 하더라도 역사적 산물이 아닌 것이 없다. 따라서 오늘의 우리 입장에서 본다면 불만족스럽게 느껴지리라고 생각된다. 이것은 역사학의 관점에서 살필 때에는 지극히 당연한 일이다. 그러나 꿈을 늘 키워왔다는 것 자체가 중요한 것이라고 생각한다. <u>이제 우리는 오늘의 시점에서 새로운 우리 민족의 이상을 꿈꾸어야 할 것이라고 생각한다.</u> 이 특집이 이러한 우리의 이상을 키우는 데 하나의 자극이 된다면 그 이상의 기쁨이 없겠다."

58 「독자에게 드리는 글」, 『한국사 시민강좌』 제17집·특집—해방 직후 신국가 구상들, 1995, p.iii.

"해방이 되고 50년이란 세월이 흐르는 동안, 우리 사회가 크게 발전한 것은 사실이다. 그러나 아직도 남·북으로 분단된 민족의 고통은 그대로 계속되고 있다. 그리고 남과 북의 차이는 오히려 다른 민족과의 차이보다도 더 심각하다. 그런데도 이것이 언제 어떻게 통일이 되리라는 이렇다 할 전망이 보이지 않고 있다. … 이런 속에서 우리 사회의 구심점을 어디서 구해야 되는가 하는 것은 당면한 민족적 과제가 아닐 수 없다. 그런데 그러한 구심점이 될 이념을 제시하는 노력을 하는 사람을 거의 찾아볼 수가 없다. 정치계는 말할 것도 없고, 학계나 종교계조차도 우리의 기대를 저버리고 이기주의에 사로잡혀 사회 전체의 물을 흐려놓고 있다. <u>요컨대 민족의 이상을 생각해 보려는 노력이 너무도 부족하다.</u>"

다음과 같이 스스로 평가하고 있다는 사실이다.

통일 문제에 있어서는, 내부의 분열에 의한 자멸의 현상에 주목하는 한편, 사회적 주도세력의 지지를 얻는 것의 중요성을 지적하고 있다. 현대의 한국에 있어서는, 온 국민이 자유와 평등을 보장받는 사회를 실현하는 것이 민족의 이상임을 말하고, 남과 북에서 모두 이 민족의 이상이 실현되면, 자연히 평화적인 통일이 이루어질 것임을 말하고 있다.

역사적 관점에서 본 한국의 현재와 미래에 대한 전망은 역사가로서의 사회적 발언인 셈이다. 학자란 사회적으로 무력한 존재이기는 하다. 그러나 객관적 진리에 토대를 둔 학문적 발언은 권위를 지니는 것이다. 그 권위를 존중하는 풍토가 조성됨으로 해서 우리 사회는 더욱 성장할 수 있을 것이라고 믿는다.[59]

여기서도 거듭 온 국민이 자유와 평등을 보장받는 사회를 실현하는 것이 민족의 이상임을 논하면서, 이러한 "민족의 이상이 실현되면, 자연히 민족의 평화적 통일이 이루어질 것임을 말하고 있다"고 남의 얘기를 정리하듯이 자신의 심정을 기술하고 있는 것이다. 이렇게 해서라도 자신의 생각을 강조하고 싶었기 때문일 것이다.

그러면서 지금껏 앞의 다른 곳에서 민족의 이상을 논하면서도 전혀 한 적이 없는 말을 덧붙이고 있음이 주목된다. 자신이 이러한 "역사적 관점에서 본 한국의 현재와 미래에 대한 전망은 역사가로서의 사회적 발언"이라고 했고, 또한 "객관적 진리에 토대를 둔 학문적 발언은 권위를 지니는 것"이며, "그 권위를 존중하는 풍토가 조성됨으로 해서 우리 사회는 더욱 성장할 수 있을 것이라고 믿는다"고 했던 것이다. 한마디로 자신이 역사적 관점에서 제시한 현재와 미래에 대한 전망은 역사가로서 객관적 진리에 토대를 두고 한 학문적 발언으로 권위를 지니는 것이니 존중되는 풍토가 되어야 한다는 심중

---

59 「독자에게 드리는 글」, 『한국사 시민강좌』 제26집·특집—역사적으로 본 한국의 오늘과 내일, 2000년 2월, p. ⅴ.

을 강하게 드러내고 있는 것이라 하겠다.

7. 1997·2002년 대통령 선거와 관련한 현실 인식 표명

이 소제목에서의 '현실'이란 단어는 곧 '현재'와 같은 의미로 선정한 것이다.[60] 일반적으로 인식의 문제와 연관하여서는 '현실 인식'이라 흔히 하지, '현재 인식'이라고는 하지 않지 않나 하는 생각에서 이렇게 한 것이다.

이기백이 관심을 기울이고 이해하려고 한 '현재'는, '한국사상韓國史上의 현재'로 "단순히 그와 가까운 시대와 연결되어 있는 현재가 아니라, 한국사의 오랜 발전 속의 한 시점으로서의 현재"였고, 그는 "그러므로 현재를 가장 올바로 이해하는 길은 한국사의 큰 흐름을 체계적으로 이해하는 데 있다고 믿는다[61]"고 하였던 것이다. 이러한 현재에 대한 인식을 바탕으로 한 역사학 혹은 한국사학에 있어서 연구 대상으로서의 현재에 대한 의미 파악과 관련하여서 이기백이 아래와 같이 구체적으로 기술하였음을 그냥 스쳐 지나칠 수 없는 것이다.

과거의 사실을 연구의 대상으로 하는 역사학 혹은 한국사학이 현재에 무슨 의미가 있는가 하는 문제는, 곧 역사학 혹은 한국사학이 존재할 가치가 있는가 하는 문제이기도 하다. 그러므로 그것은 역사학 내지 한국사학의 생명과 같이 중요한 문제이기도 하다. 그러나 그렇다고 해서 역사학에서 현재의 사실을 곧 과거의 사실과 직결시켜 생각할 수는 없는 일이다. 역사학이 역사학이기 위해서는 결국 역사학의 독자적인 방법을 통해서 이 문제를 해결할 수밖에 없다. 그리고 그것은 냉철한 학문의 문제이며, 그렇기 때문에 더욱 권위를 가지고 현재에 대하여 강력한 발

---

60 이와 관련해서는 '현실'에 대해 한글학회,『우리말 큰 사전』3, p.4639에는 '현재의 사실이나 형편'으로 되어 있고, 국립국어연구원,『표준국어대사전』하, p.6887에는 '현재 실제로 존재하는 사실이나 상태'로 풀이되어 있음이 참조된다.

61 「한국사 이해에서의 현재성 문제」,『문학과 지성』1978년 여름호;『한국사학의 방향』, 1978, p.150.

언권을 행사할 수 있는 문제이기도 하다. 역사학이 현재에도 필요한 학문이기 위하여, 독립된 학문으로서의 권위를 더욱 굳건히 지켜야 한다고 생각하는 이유가 여기에 있다.[62]

이를 한편 집약하면 이기백은, "역사학 혹은 한국사학이 현재에 무슨 의미가 있는가 하는 문제는, 곧 역사학 혹은 한국사학이 존재할 가치가 있는가 하는 문제"이므로 "그것은 역사학 내지 한국사학의 생명과 같이 중요한 문제"라는 인식을 지니고 있었고, 따라서 "역사학이 현재에도 필요한 학문이기 위하여, 독립된 학문으로서의 권위를 더욱 굳건히 지켜야 한다"고 생각하고 있었던 것임이 자명하다. 그렇기 때문에 방금 앞에서 보았듯이 자신이 역사적 관점에서 제시한 현재와 미래에 대한 전망이 역사가로서 한 학문적 발언으로 권위를 지니는 것이니 존중되는 풍토가 되어야 한다고 기탄없이 토로하였던 것이라 하겠다.

그러면서도 그는 또 한편으로는 앞의 글에서 이어서 "역사학에서 현재의 사실을 곧 과거의 사실과 직결시켜 생각할 수는 없는 일이다. 역사학이 역사학이기 위해서는 결국 역사학의 독자적인 방법을 통해서 이 문제를 해결할 수밖에 없다"고 하였는데, 그가 말하는 '역사학의 독자적인 방법'이란 과연 무엇인가? 이와 관련한 그의 가장 농축된 설명이, 역시 『한국사 시민강좌』에 게재한 「한국사학과 현실 인식」이라는 글에 제시되어 있음을 기억한다.

① 역사적인 모든 개별적 사실들을 하나의 실에 꿰어서 큰 줄기를 세워줘야만 한다. 여기에 역사학의 구극의 목적이 있다. 다시 말하면 역사의 큰 흐름, 역사가 움직여 온 대세를 파악하는 일이 중요하다. 이것은 개별적인 역사적 사실들을 정리해서 그것을 체계화하는 작업이라고 할 수도 있다.[63]

---

62 「한국사 이해에서의 현재성 문제」, 『한국사학의 방향』, 1978, pp.151-152.
63 「한국사학과 현실 인식」, 『한국사 시민강좌』 제20집·특집─한국사학, 무엇이 문제인가, 1997, p.98.

② 역사가 흘러온 대세에 입각해서 개별적인 역사적 사실들을 평가하는 것을 역사적 관점이라고 말할 수가 있다. 이 역사적 관점이야말로 지나간 과거건 오늘의 현실이건 간에, 역사상의 일정한 시점에서 벌어진 개별적 사실이 지니는 의의를 평가하는 올바른 기준이 된다.[64]

③ 요컨대 역사적 사실에 대한 평가는 역사적 관점에서 이루어져야 한다. 비단 과거의 역사적 사실뿐 아니라 현실 속에서 벌어지고 있는 역사적 사실들에 있어서도 이는 마찬가지다. 현재도 역사의 흐름 속의 한 시점인 이상, 현재의 상황이 역사적 대세에 의하여 평가되어야 한다는 것은 너무도 당연하다. … 현실에 대한 인식도 다른 역사적 사실들과 마찬가지로 엄정한 역사적 관점에서 이루어져야 한다. 이것이 말하자면 역사의 심판인 것이다. 그리고 이 심판은 역사의 대세에 거역하는 어떠한 세력도 결국은 멸망하고야 만다는 엄연한 역사적 진실에 근거한 것이다.[65]

역사학 구극의 목표가 역사의 대세를 파악하고 체계화(①부분)해야 하는 것이고, 과거건 현실이건 이러한 대세에 입각해서 개별적 사실이 지니는 의의를 평가(②부분)해야 한다는 것이다. 그리고 이 역사의 대세를 거역하는 어떠한 세력도 역사의 심판을 받아 결국은 멸망하고야 만다는 엄연한 역사적 진실에 근거(③부분)해야 한다는 것이다.

현실은, 그렇지만 그렇지 않기 때문에 이에 대해 가슴 저려하며, 이기백은 냉철하게 낱낱이 짚어가며 준엄하게 비판을 가하기를 서슴지 않았다. 특히 1997년의 대통령 선거를 앞두고부터 그러하였다. 다음의 글에 이러한 그의 심정이 잘 드러나 있다.

이제 머지않아 대통령 선거가 있다고 한다. 그래서 대통령이 되려고 열심히 뛰어다니는 사람들이 있다. 그런데 그들 일부의 언동을 보면, 그들이 민족을 위해서, 나라를 위해서, 인류를 위해서 희생적으로 일하겠다는 염원을 품고 있는 것 같지

---

64 「한국사학과 현실 인식」, 『한국사 시민강좌』 제20집, 1997, p.99.
65 「한국사학과 현실 인식」, 『한국사 시민강좌』 제20집, 1997, p.100.

가 않게 느껴진다. 오히려 반대로 자기가 대통령이 되기 위해서는 민족이 어떻게 되든, 나라가 어떻게 되든, 인류가 어떻게 되든 상관이 없다는 것 같은 인상을 풍기고 다닌 경향조차 엿보이는 듯하다. 이런 풍조는 기업인, 교육자, 노동자, 심지어는 학생에 이르기까지 온 국민 속에 스며들고 있다. 실로 가슴이 저려 오는 일이 아닐 수 없다.

하늘과 더불어 사귀는 사람이 그리워지는 때다. 목마른 사슴과 같이 진리를 사모하는 사람이 그리워지는 때다.[66]

대통령이 되려고 열심히 뛰어다니는 사람들이 민족·나라·인류를 위해 희생적으로 일하겠다는 염원을 품고 있는 것 같지 않고, 또 이와 같은 풍조가 심지어는 학생들에게까지 널리 스며들고 있는 것을 가슴 저려하고 있었던 것이다. 그래서 "하늘과 더불어 사귀는 사람이 그리워지는 때다. 목마른 사슴과 같이 진리를 사모하는 사람이 그리워지는 때다"라고 시대의 아픔을 노래하는 시인이 되어[67] 읊조리듯이 고백하였다.

그랬을지언정 그는 매양 현실에 대해 비판적이지만은 아니었던 듯싶다. 1997년의 대통령 선거의 결과 이른바 문민정부가 수립되자 적지 않게 기대를 했었던 모양인데, 그마저도 실망스럽게 그지없게 되어 버리자, 냉철하게 이에 대해 비판을 가하였다. 아래의 글에서 잘 나타나 있다.

문민정부에는 학생시절에 운동권에서 활약하던 사람들이 적지 않다는데, 신문

---

66 「하늘을 상대로 하면」, 『21세기 문학』 창간호, 1997년 봄; 『한국사산고』, 2005, p.39.
67 「학문적 고투의 연속」, 『한국사 시민강좌』 제4집·특집─세계 속의 韓國思想, 1989; 『연사수록』, 1994, pp.229-230에 보면, 다음과 같은 대목이 있다. "아버지는 우리말이 귀하다고 하시면서 우리말로 씌어진 책이면 시집이건 소설책이건 닥치는 대로 사 놓았다. 사 놓으면서도 소설은 읽지 말라고 했으나, 나는 소설을 더 먼저 읽었다. 그러나 시도 열심히 읽었으며, 또 생각나는 대로 시를 쓰기로 해서 아마 노트 한 권은 실히 메웠을 것이다. 누구나 젊었을 때 경험하는 일을 나도 경험한 셈이다. 시는 그 뒤에도 가끔 썼는데, 지금은 다 불살라 버렸으나 아직도 차마 버리지 못하고 그대로 둔 것이 어딘가에 몇 편은 남아 있지 않나 싶다. 필시 언제고 찢어 버릴 날이 오기는 할 것이겠지만." 시인으로서의 면모를 여기에서 엿볼 수 있으며, 그래서 글에서 종종 다른 시인들의 시를 인용하곤 했음을 알겠다. 그의 詩作과 관련해서는 앞의 p.351 각주 22)도 참조하라.

에서 전하는 대로라면 그들도 별로 다름이 없다고들 한다. 그러고 보면 오늘의 학생운동은 뭔가 잘못돼 있는 것이 아닌가 한다. 세계가 다 아는 바와 같이 북한은 주체사상 때문에 사회가 불안하고 국민은 기아선상에서 허덕이고 있다. 그런데 그 주체사상을 받드는 주사파가 우리 학원 안에서 공공연히 활동하고 있다는 것이 실로 신기하기만 하다. 그들도 애국을 외치고 있지만, 실은 애국이 아니라 해국害國을 하고 있다. 필시 훗날에 통계 숫자를 가지고 그들의 사회 진출 후의 활동과를 연결시켜 가며 그 정체를 밝히는 연구가 행해지는 시기가 올 것이라고 나는 믿고 있다.[68]

문민정부에 몸담았던 사람들 가운데 학생시절 운동권 출신들조차 기성 정치세력과 별로 다름이 없는 행태를 드러내자, "오늘의 학생운동은 뭔가 잘못돼 있는 것이 아닌가"라고 의문을 제기하고, 소위 '주사파'들도 "애국을 외치고 있지만, 실은 애국이 아니라 해국을 하고 있다"고 비판하였다.[69] 게다가 "훗날 통계 숫자를 가지고 … 그 정체를 밝히는 연구가 행해지는 시기가 올 것이라고 나는 믿고 있다"고까지 썼던 것이다.

이후 2002년의 대통령 선거를 앞두고서도 이러한 심경을 또 한 차례 노골적으로 표방하였다. 박두진朴斗鎭의 「청산도靑山道」라는 시의 "띠끌 부는 세상에도 벌레 같은 세상에도 눈 맑은, 가슴 맑은, 보고지운 나의 사람"이라는 구절을 인용하고 나서, 이기백은 다음과 같이 서술하였다.

시인은 그가 살던 시대를 띠끌(티끌) 부는 세상, 벌레 같은 세상이라고 하였다.

---

68 「작은 애국자가 되라」, 『한림학보』 1997년 3월 5일; 『한국사산고』, 2005, p.44.

69 이러한 '애국'과 관련한 이기백의 언급은, "국민 중의 한 사람이 이 이상을 견지하고 이를 明徵하는 것이 필요하다. 이것이야말로 참 애국이다(矢內原忠雄, 이기백 역, 「국가의 이상」, 1995, p.219)"라고 한 야나이하라의 지적과 무관하지 않을 것이라고 생각한다. 아울러 진정한 애국심에 대해 이기백이, "朴殷植 선생은 학문이 천지를 개벽하고 세계를 좌우하는 능력이 있다고 하였다. 학문은 진리를 밝힘으로써 박은식 선생이 말한 위업을 이룩할 수 있을 것으로 믿는다. 그리고 민족을 위하는 길도 여기에 있는 것이다. 진리를 사랑하는 마음이 곧 진정한 애국심임을 가슴에 새겨 두어야 할 것이다(「독자에게 드리는 글」, 『한국사 시민강좌』 제27집·특집―단군, 그는 누구인가, 2000년 7월, p. vi)"고 한 바를 기억해야 할 것이다.

오늘 우리가 사는 시대는 또 어떠한가. 그보다 나아진 것이 있는가. 아니 오히려 더 더러워진 것은 아닌가. 거짓말쟁이, 사기꾼, 협잡꾼, 모략꾼, 위선자 등등 우리가 동원할 수 있는 고약한 낱말들을 모두 사용해서 표현해도 모자랄 그런 자들이 스스로 지도자라고 하며 날뛰는 세상이 되었다. 이 혼탁 속에서 우리도 눈 맑고 가슴 맑은 사람을 그리워하게 되었다. 이 같은 소망을 역사학에서는 어떻게 표현할 수가 있는 것인가를 고심한 끝에, 우리가 본받을 만한 정신적 유산을 남긴 역사적 인물들을 생각해 보기로 한 것이다.[70]

그가 살던 시대를 "티끌 부는 세상, 벌레 같은 세상"이라고 한 것은 박두진이고, "우리가 동원하는 고약한 낱말들을 모두 사용해서 표현해도 모자랄 그런 자들이 스스로 지도자라고 하며 날뛰는 세상"이라고 한 것은 이기백이었다. 이렇듯이 "거짓말쟁이, 사기꾼, 협잡꾼, 모략꾼, 위선자 등등"이 날뛰는 "이 혼탁 속에서 우리도 눈 맑고 가슴 맑은 사람을 그리워하게" 되었던 것이다. 그리고 "술수에 능한 모사들만이 득세"를 하고 있는 "이러한 위기 속에서, 우리가 모범으로 삼을 만한 인물들을 역사에서 찾아 반성의 기회를 삼고자 하는 취지[71]"에서 이런 인물들을 굳이 『한국사 시민강좌』의 특집에서 다루기에 이르렀던 것이다.

이와 같이 이기백이 1997·2002년의 대통령 선거를 거치면서 이와 관련한 지극히 비판적인 현실 인식을 노골적으로 표명한 것은, 현실을 비관적으로 여기거나 혹은 민족의 앞날에 희망이 없다거나 하는 부정적인 상념을 지

---

70 「독자에게 드리는 글」, 『한국사 시민강좌』 제30집·특집―정신적 유산을 남긴 사람들, 2002년 1월, pp. iii~iv.

71 제30집에 대한 예고 가운데 「독자에게 드리는 글」, 『한국사 시민강좌』 제29집·특집―양반문화의 재평가, 2001년 8월, p.viii에서 이러한 표현을 구사하였는데, 원문은 다음이다.
"다음의 제30집 기념호는 「정신적 유산을 남긴 사람들」이란 특집으로 지면을 메우려고 한다. 오늘의 우리나라에서는 진실된 사람이 아니라 술수에 능한 모사들만이 득세를 하고 있다. 이것은 분명히 위기의 징조다. 이러한 위기 속에서, 우리가 모범으로 삼을 만한 인물들을 역사에서 찾아 반성의 기회를 삼고자 하는 취지에서 이 특집을 마련하게 된 것이다. 독자 여러분의 성원을 바라마지 않는다."

닌 적이 결코 없이, 되레 줄곧 이상을 한결같이 견지하고 있었기 때문이었다고 보인다.[72] 그 결과 장차 한국민족이 자유와 평등을 누리는 사회를 이루게 될 것이라 신념을 굳게 지니고 있었고, 그래서 이를 국사편찬위원회의 『한국사』 총설의 맨 앞자리에 기고한 「한국사의 전개」에서도 아래처럼 거듭 설파하였던 것이다.

다음으로 주목되는 점은 모든 민족구성원이 한결같이 자유와 평등을 누리는 사회를 지향하며 한국사가 전개되어 왔다는 사실이다. 즉 모든 민족 구성원이 평등한 입장에서 정치적 활동의 자유, 직업 선택의 자유, 사상과 신앙의 자유, 학문의 자유, 결혼의 자유 등을 누릴 수 있는 사회를 이루도록 전개되어 왔다는 점이다. 이같이 한국민족이 추구해 온 이상은 인류가 추구해 온 이상과도 일치하고 있는 것이다. 이 같은 점에서 한국사는 세계사에서 정당한 시민권을 누릴 자격을 갖추고 있다고 생각하는 것이다.[73]

그는 여기에서도 역시 한국사 자체가 자유와 평등을 누리는 사회를 지향하며 전개되어 왔음을 지적하였다.[74] 이로써 그 자신이 민족의 이상이 반드시

---

72 이기백이 이처럼 민족에 대한 높은 이상을 지니고 있음으로 해서 현실에 대해 비판을 강력하게 할 수 있었던 데에는 아마도 야나이하라의 영향이 강하게 미친 게 아닐까 싶다. 矢内原忠雄, 이기백 역, 「국가의 이상」, 1995, p.208의 아래와 같은 대목에서 이러한 생각을 하게 된다.
"現實國家의 행동·태도가 혼미할 때에 국가의 이상을 생각하고, 현실국가가 광란할 때에 이상의 국가를 생각한다. 이것은 현실로부터의 도피가 아니고, 도리어 현실에 대하여 가장 강력한 비판적 접근을 하기 위하여 필요한 비약이다. 현실 비판을 위해서는 현실 속에 있지 않으면 안 되지만, 현실에 집착하는 자는 현실을 비판할 수가 없다. 즉 현실에 의해서 현실을 비판할 수는 없는 것이다. 현실을 비판하는 것은 이상이다. … 현실을 비판하고 지도하기 위해서는 이상을 밝히고 이상의 세계에 발판을 두지 않으면 안 된다. 이상의 고도가 높을수록 현실 비판은 강력할 수 있는 것이다."
73 「한국사의 전개」, 『한국사』 1 총설, 국사편찬위원회, 2002, p.10.
74 이와 거의 동일한 견해는 「한국사 진실의 추구」 제2회 한·일 역사가회의에서의 발표, 2003년 10월; 「한국사의 진실을 찾아서」, 『한국사 시민강좌』 제35집, 2004, pp.236~237; 『한국사산고』, 2005, p.115의 다음과 같은 대목에서도 찾아볼 수 있다.
"결국 한국사는 통일신라 이후 보다 많은 민족 구성원이 평등한 입장에서 정치활동의 자유, 직업 선택의 자유, 결혼의 자유, 사상의 자유, 신앙의 자유, 학문의 자유를 추구해온 과정으로 이해할

실현될 것임을 믿어 최후까지 조금도 의심치 않고 이를 신념화하고 있었음을 알 수 있겠다. 단지 이 글의 마지막에서 "이같이 한국민족이 추구해 온 이상 은 인류가 추구해 온 이상과 일치하고 있는 것"이어서 "한국사는 세계사에서 정당한 시민권을 누릴 자격을 갖추고 있다고 생각"하였다고 한 점만은『한국 사 시민강좌』를 위시한 그의 글 어디에서도 찾아볼 수가 없는 매우 독창적인 내용이다.[75]

8. 맺음말

이기백이 1987년『한국사 시민강좌』를 간행하기 시작한 이후 자신이 직접 집필한 게재문과「독자에게 드리는 글」등을 통해 누누이 강조한 바는, 지금 껏 살펴왔듯이 2가지 점이었다고 가늠된다. 첫째, 한국사 자체가 자유와 평 등을 누리는 사회를 지향하며 전개되어 왔고, 둘째, 한국민족의 이상이 자유 와 평등을 추구하는 민주사회의 건설이었다는 사실이 바로 그것이다.

이러한 그의 지론은, 그러면 과연『한국사 시민강좌』에서만 주로 펼쳐져 있었을 뿐이었을까? 즉답은 '아니다'가 옳다. 왜냐하면 그 자신 스스로 분신 과도 같다고 하였던[76]『한국사신론』의 1990년 신수판에서부터 이 내용을 이

수 있겠다. 나는 이 흐름을 한국사 발전의 법칙으로 이해할 수 있으며, 이 진리를 이해하는 것이 한국사의 앞으로의 발전 방향에 대한 길잡이가 될 것으로 믿고 있다."

75 다만 이 점은 곧 뒤에 제시하는 〈표 6〉의『국사신론』의 최종 부분 가운데 밑줄 그어놓은 내용 즉, "波濤치는 세계의 중심에 선 한국민족은 이 시련을 극복하고 자유와 통일을 위한 課業을 슬기롭 고 용감하게 수행함으로써 또한 인류의 자유와 발전을 위하여 貢獻하기를 기약해야 할 것이다" 라고 한 것과 깊은 연관이 있는 게 아닌가 생각한다. 말하자면 여기에서 한국민족의 이상 가운데 평등은 전혀 꼽고 있지 않으나, 자유는 인류와 공유하는 셈이므로 그러하다고 할 수 있지 않나 싶 은 것이다.

76 이와 관련해서는「나의 책『한국사신론』을 말한다」,『오늘의 책』창간호, 1984;『연사수록』, 1994, p.252에 보면, "어떻든 몸에 병이 들면 고쳐줘야 하듯이,『신론』에도 병든 곳이 발견되면 이를 곧 고쳐줘야 한다는 생각이 늘 내 마음을 사로잡고 있다.『신론』은 그러므로 말하자면 나의 分身과도 같이 된 셈이다"고 한 대목에서 여실하다. 이러한 그의『한국사신론』에 대한 무시로 행 해진 수정에 대해서는 노용필,「이기백『국사신론』·『한국사신론』의 체재와 저술 목표」하,『한

미 반영하였기 때문이다. 이러한 사실 관계를 규명하기 위해 그가 저술한 개설서들의 서술 내용 가운데 최종 부분만을 비교해서 표로 작성하여 제시해 보이면 아래와 같다.

〈표 6〉『국사신론』 및 『한국사신론』 최종 부분 비교표

『국사신론』 (1961)	해방 이후 한국민족은 역사상 가장 심한 시련기를 겪어 왔다. 6·25동란六二五動亂과 4월혁명四月革命은 모두 이 시련의 산물이었다. 그리고 이 시련은 아직도 계속되고 있는 것이다. 파도치는 세계의 중심에 선 한국민족은 이 시련을 극복하고 자유와 통일을 위한 과업을 슬기롭고 용감하게 수행함으로써 또한 인류의 자유와 발전을 위하여 공헌하기를 기약해야 할 것이다.[77]
『한국사신론』 초판 (1967)	4월혁명은 독재정치와 부정축재에 반항하는 국민의 힘이 학생들의 젊은 의기意氣를 통하여 발현된 것이었다. 그리고, 이것은 한국 민주주의의 발전에 많은 전망을 던져 주었다.[78]
『한국사신론』 개정판 (1976)	이러한 과정을 통하여 해방과 더불어 민중民衆의 직접적인 정치참여가 가능하게 되었고, 이러한 대세大勢는 4월혁명에서 알 수 있듯이 더욱 더 발전되어 가고 있는 것이다.[79]
『한국사신론』 신수판 (1990)	이러한 과정을 통하여 해방과 더불어 민중의 직접적인 정치참여가 가능하게 되었고, 이러한 대세는 4월혁명에서 알 수 있듯이 더욱 더 발전되어 가고 있는 것이다. 그리고 이러한 추세가 자유와 평등에 입각한 사회정의가 보장되는 민주국가의 건설로 이어질 것이 기대되고 있다.[80]
『한국사신론』 한글판 (1999)	이러한 과정을 통하여 해방과 더불어 민중의 직접적인 정치참여가 가능하게 되었고, 이러한 대세는 4월혁명에서 알 수 있듯이 더욱 더 발전되어 가고 있는 것이다. 그리고 이러한 추세가 자유와 평등에 입각한 사회정의가 보장되는 민주국가의 건설로 이어질 것이 기대되고 있다.[81]

국사학사학보』 20, 2008, pp.24-25; 이 책의 제1부 제1장, pp.83-84. 특히 구체적으로 『한국사신론』 한글판 내용 가운데의 대표적인 수정 대조표는 같은 글, pp.34-36; 이 책의 〈부록-표4〉, pp.396-398를 참조하라.
77 『국사신론』, 태성출판사, 1961; 제일출판사, 1963, p.384.
78 『한국사신론』 초판, 1967, p.405.
79 『한국사신론』 개정판, 1976, p.456.
80 『한국사신론』 신수판, 1990, p.493.
81 『한국사신론』 한글판, 1999, p.412.

이 〈표 6〉을 통해 『국사신론』에서건 『한국사신론』에서건 일관되게 4월혁명에 관해 최종적으로 서술되었음을 볼 수 있다. 4월혁명의 역사적 의의를 논함에 따라 『국사신론』에서는 '자유'가 꼽아졌고, 『한국사신론』 초판(1967)에서는 '민주주의 발전'이 자연스레 거론되었음이 분명하다. 그러던 것이 『한국사신론』 개정판(1976)에서부터 '민중의 직접적인 정치참여'의 '대세'가 언급되더니, 신수판(1990)에서부터는 이에 덧붙여 "그리고 이러한 추세가 자유와 평등에 입각한 사회정의가 보장되는 민주국가의 건설로 이어질 것이 기대되고 있다"는 대목이 기술되었다. 이는 결국 이기백이 자신의 지론인 2가지 사실 즉 첫째, 한국사 자체가 자유와 평등을 누리는 사회를 지향하며 전개되어 왔고, 둘째, 한국민족의 이상이 자유와 평등을 추구하는 민주사회의 건설이었다는 점을, 일반 시민을 독자로 하는 1987년 『한국사 시민강좌』의 창간을 즈음하여 표방한 후, 1990년 『한국사신론』 신수판에 이미 반영하였으며, 이후 1999년의 『한국사신론』 한글판에서도 그대로 존속시켰음을 입증해 준다고 하겠다.

부록

〈표 1〉 이기백한국사학 저술 연도별 계량적 분석표

연도	연구 논문 편수 고대분야	고려분야	사론분야	논설 편수	서평·논문평 편수	대담·토론·속기록 편수	수필·추도사 편수	저서 제목 (역서·공저·편저·공편저 포함)	소계
1947– 1950							4		4편
1954	1	1			1				2편
1955					1				1편
1956		1					1		2편
1957	1	1					2		3편
1958		2	2	1					3편
1959	2				1			『새 역사의 창조』(역서)	1권 3편
1960		3			1				4편
1961		3		1	1		2	『국사신론』 중판(태성사판)	1권 4편
1962	3	6	3	1	1				8편

연도							저서명	편수
1963	6	8	2				『국사신론』 재판(제일출판사판)	1권 8편
1964	2	4	2		1	1		6편
1965	2	5	4	2	1	1		9편
1966	1	4	1	3	1	1		4편
1967	2	4	1	2	1	1	『한국사신론』 초판(일조각)	1권 8편
1968	2	7	1		1	4	『고려병제사연구』	1권 12편
1969	6	10	2	2	2		『고려사 병지 역주』1	1권 14편
1970	3	7	4	4	1	5		17편
1971	2	4	2		1	2	3	『민족과 역사』	1권 10편
1972	2	4	2	5	1	3	4	『한국사의 기본지식』(공편저)	1권 17편
1973	6	14	7	1	1	2	2	『한국현대사론』(역서)·『근대한국사론선』(편저)·『독사수록』	3권 19편
1974	2	8	4	1	2	2	2	『신라정치사회사연구』	1권 15편

연도							저서 · 논문	계
1975	2	2	2	2	2	9 / 5	『한국고대사론』·『호암사론선』(편저)	2권 17편
1976	1	3	1		1	7 / 6	『역사란 무엇인가』(공편저)·『한국사신론, 개정판』·『우리 역사를 어떻게 볼 것인가』(공편저)	3권 11편
1977	1	1	1	1	1	3 / 2		7편
1978	1	1	3	3	4	7 / 2	『신라시대의 국가불교와 유교』·『한국사학의 방향』	2권 15편
1979		2		3	3	4 /		9편
1980			1		1	2 / 1		3편
1981	2		2	2	6	6 / 6	『고려광종연구』(편저)	1권 12편
1982			1	1	2	2 / 2	『한국사강좌 1 고대편』(공저)	1권 3편
1983			1	2	3	5 / 1		8편
1984	1	1	1	1	4	7 / 3	*A NEW HISTORY OF KOREA*(영역본), 『사료로 본 한국문화사』, 고려편(공편저)	2권 11편
1985	3		2	4	2	4 / 2		13편

연도								저서	계
1986	5	4	1				3	『신라사상사연구』	1권 8편
1987	7	2	5	6		1	1	『한국상대고문서자료집성』(편저)	1권 15편
1988	3	3		3		1	2	『단군신화론집』(편저)	1권 9편
1989	2		2	2			3		7편
1990	1	1		2		1	3	『한국사신론』 신수판·『고려귀족사회의 형성』·『KOREA : Old and New』(공저), 『단군신화론집』(증보판, 편저)	4권 7편
1991	3	1	2	2	2	1	1	『한국사상韓國史像의 재구성』·『현대 한국사회와 사관』(공저)	2권 9편
1992	4			4		2	1		7편
1993	6	2	2	2		1	4	『최승로상서문연구』(공저)·『역대한국사론선』(편저)·『한국사상韓國史上의 정치형태』(공저)·『한국상대고문서집성』(제2판, 편저)	4권 13편
1994	4	2		3			1	『민족과 역사』(신판)·『연사수록』	2권 8편
1995	3	1	1	2		1	4	『한국고대사론』(증보판)	1권 10편
1996	2	1		3	1		3	『한국고대정치사회사연구』·『우리 역사의 여러 모습』·『한국사를 보는 눈』	3권 9편

연도									
1997	2	6	4	3	2	1	8	『한국사상사방법론』(공저)	1권 20편
1998	1	1	1	3			1		5편
1999	1	5	4	2			6	『한국사신론』한글판	1권 13편
2000	1	6	6	2		1	1	『역사교육, 무엇을 어떻게 가르칠까』(공저)	1권 10편
2001				2		1	3		6편
2002	1	3	2	3	1			『한국전통문화론』	1권 6편
2003	1	1		2		1	1		5편
2004								『한국고전연구』	1권
2005								『한국사고』	1권
2006								『한국현대사론』(개정판, 역서)	1권
2009									

합계	205편 (100%)			244편 (100%)				49권 (100%) ※증보판·개정판·영역본 등도 독립된 저술로 파악함※					49권 449편
	74편 (36.1%)	35편 (17.1%)	96편 (46.8%)	88편 (36.1%)	38편 (15.6%)	31편 (12.7%)	87편 (35.7%)	저서	역서	공저	편저	공편저	
								27 (55.1%)	3 (6.1%)	7 (14.3%)	8 (16.3%)	4 (8.2%)	

계량 분석

본격적인 저술을 개시한 1954년부터 타계한 2004년까지 50년 동안, 연평균 4.1편의 연구논문과 4.8편의 글을 발표하였으며, 0.98권의 책을 저술한 것으로 분석됨

〈2008년 12월 기준〉

〈표 2〉 이기백 『국사신론』・『한국사신론』여러 판본의 소절 제목 비교표

비고	『국사신론』초판 및 재판	『한국사신론』초판	『한국사신론』개정판	『한국사신론』신수판 및 한글판
동일한 경우	134 소절[1] (47.8%)[2]	127 소절[3] (43.0%)		231 소절[4] (88.1%)
유사한 경우[5]	40 소절 (14.2%)	23 소절 (7.7%)		11 소절 (4.1%)
통합한 경우[6]	1 소절 (0.3%)	19 소절 (6.4%)		0 소절 (0%)
분리한 경우[7]	6 소절 (2.1%)	6 소절 (2.0%)		2 소절 (0.7%)
신설한 경우[8]	62 소절 (22.1%)	72 소절 (24.4%)		12 소절 (4.5%)
삭제한 경우[9]	37 소절 (13.2%)	48 소절 (16.2%)		6 소절 (2.2%)

1 『국사신론』초판 및 재판의 소절 제목과 『한국사신론』초판의 그것을 비교해서 동일한 경우를 가리키며, 이하 네 칸의 것들도 비교 대상이 된다.

2 여기의 퍼센트는 『국사신론』초판 및 재판과 『한국사신론』초판의 소절 제목을 비교하여, 동일한 소절 제목의 경우·유사한 경우·통합한 경우·분리한 경우·신설한 경우·삭제한 경우를 모두 더한 숫자인 280을 分母로 하고 각 경우를 分子로 하여 계산한 것으로, 다른 경우도 마찬가지 기준으로 계산하였다. 이기어 통계적으로는 큰 의미를 부여할 필요가 없을 테지만, 단순히라도 각 경우의 증감을 비교해 보아 『국사신론』·『한국사신론』여러 판본의 소절 제도 변화의 추이를 판단하는 데에는 약간의 의미라도 있는 게 아닌가 여겨진다.

3 『한국사신론』초판의 소절 제도와 『한국사신론』개정판의 그것을 비교해서 동일한 경우를 말하며, 이 아래 칸의 것들도 비교 대상이 된다.

4 『한국사신론』개정판과 신수판·한글판의 소절 제목을 비교해서 동일한 경우를 말하며, 이 아래 칸의 것들도 비교 대상이 된다.

5 여기에 해당하는 것으로 예컨대 『국사신론』초판 및 재판에서 〈백제와 고구려의 발양〉과 〈정의 간섭〉으로 각기 나뉘어져 있었던 소절이, 『한국사신론』초판에서는 〈삼국의 통일〉과 〈해방을 위한 투쟁〉으로 바뀐 경우 등을 포함한다.

6 이런 경우의 구체적인 예로는 『국사신론』초판 및 재판에서 〈열강과의 통상〉과 〈정의 간섭〉으로 각기 나뉘어져 있었던 소절이, 『한국사신론』초판에서는 〈정의 간섭과 열강과의 통상〉으로 통합된 것 등을 들 수 있다.

7 이런 경우의 구체적인 예로는 『국사신론』초판 및 재판에서 〈동학란〉으로 정해져 있던 소절이, 『한국사신론』초판에서는 〈동학난의 발생〉과 〈계정개혁 난의 실패〉도 나아어진 것 등을 들 수 있다.

8 『국사신론』초판 및 재판에는 〈상공업의 부진〉이라는 소절이 있었지만, 『한국사신론』초판에서는 〈산업자본의 발생〉이라는 소절이 보이는데, 이럴 경우 제도에 설정내용상 전의 것에는 다음 소절이라고 판단하여 신설하여 설정한 소절로 구분하였다.

9 『국사신론』초판 및 재판에는 〈전황과 공예〉이라는 소절이 있고, 『한국사신론』초판에는 〈후배제도 배용〉이라는 소절이 보이는데, 전황이 전자음은 후배제도·공예가 쉬운 배용이라는 국가에 의해서 설명하고 있음으로지라도 제도에서 표방하는 내용상 서로 다른 소절이라고 판단하여 앞의 것을 삭제된 소절로 구분하였다.

〈표 3〉 이기백 『국사신론』 및 『한국사신론』의 문화 관련 소절 비교

『국사신론』 초판 및 재판	『한국사신론』 초판	『한국사신론』 개정판	『한국사신론』 신수판 및 한글판
第1章 新石器時代		第1節 舊石器文化	第1節 舊石器文化
		舊石器人의 社會와 文化	舊石器人의 生活과 文化
第2節 新石器時代의 社會와 文化 巫覡信仰	第2節 新石器時代의 社會와 文化 巫覡信仰	第2節 新石器時代의 社會와 文化 巫覡信仰	第2節 新石器時代人의 社會와 文化 巫覡信仰(천군과/무속신앙)
		原始藝術	原始藝術
第2章 古朝鮮 / 金屬文化의 傳來	第3節 青銅器文化와 部族國家의 出現 / 青銅器文化		
	鐵器文化의 傳來		
古朝鮮의 法俗	第1節 古朝鮮 / 古朝鮮의 法俗		
第4章 扶餘 / 宗教	第4節 扶餘 / 宗教		
第5章 高句麗 / 民俗과 宗教	第5節 高句麗 / 民俗과 宗教		
第6章 三韓 / 民俗과 宗教	第6節 三韓 / 民俗과 宗教		
		第5節 聯盟王國時代의 文化	第5節 聯盟王國時代의 文化
		法律	法律
		宗教	宗教
		藝術	藝術

言論機關의 發達	第5節 近代文化의 發生	言論機關의 發達	言論機關의 발달
教育熱의 膨脹	言論機關의 發達	教育熱의 膨脹	教育熱의 광경
宗教運動	教育熱의 膨脹	宗教運動	宗教運動
國學 研究와 國文學	宗教運動		
	啓蒙的 學問	啓蒙的 學問	啓蒙的 學問
啓蒙的 學問	新小說과 唱歌	新小說과 唱歌	小說과 歌辭
新小說과 唱歌			
第4章 日帝 下의 文化	第4節 民族文化의 成長		
植民地教育	植民教育과 民族教育		
第4節 民族文化의 成長	民族主義 史學		
國學研究	新文學의 成長		
新文學의 成長	學問과 演藝		
第4節 民族文化의 守護	第4節 民族文化의 守護	第4節 民族文化의 守護	第4節 民族文化의 守護
		民族教育의 抵抗	民族教育의 抵抗
		國學研究	國學研究
現代文學의 成長	現代文學의 成長	現代文學의 成長	現代文學의 成長
合計 50개 小節	合計 58개 小節	合計 65개 小節	合計 67 小節

小節의 비교에 있어서, 다른 책보다 앞의 자리에 있는 경우나 죽은 뒤의 자리에 있는 경우, 공통됨을 드러내기 위해서 다른 책보다 앞의 자리에 있는 경우 내리 보내기 표시는 칸의 뒤에 다가/, 내려 받기 앞에 다가ヽ, 다른 책보다 뒤의 자리에 있는 경우 올려 받기 보내기 표시는 뒤에 다가/, 올려 받기 앞에다가ヽ을 붙였다.

395

〈표 4〉『한국사신론』한글판 내용 가운데 대표적인 수정 대조표

대조	한글판 1판 1쇄(1999년 1월), pp.309~311	한글판 1판 6쇄(2001년 6월)[1]이후, pp.309~311
소절 제목	집강소의 설치와 항일전	폐정개혁 요구와 항일전
인용문 이전 부분	이때 동학농민군이 제시한 폐정개혁안은 그들이 봉기 당초부터 주장하였던 것들이었다. 즉, 첫째는 양반들의 부당한 가렴주구를 배격하는 것이며, 둘째는 외국상인의 침투를 반대하는 것이었다. 이에 동학농민군은 전주에서 철퇴하여 각자 출신지로 돌아가고 중앙도에서 일어난 다른 동학농민군도 해산하였다. 그러나 동학농민군은 촌촌(村村設包) 즉 촌마다 포를 설치하는 것을 구조로 그들의 조직을 각 지에 검무시켰다. 더우이 전라도 53군에는 집강소(執綱所)라는 일종의 민정기관을 설치하여 폐정 개혁에 착수하였다. 집강소에는 한 사람의 집강(執綱)과 그 밑에 서기(書記) 등 몇 명의 임원이 있고, 전주에는 집강소의 총본부인 대도소(大都所)를 두어 전봉준이 이를 총지휘하게 되어 있었다. 대체로 이들 요직에는 행정에 대한 지식이 있는 잔반(殘班)이나 향리(鄕吏)들이 임명되었는데, 여기서 행해진 개혁의 요강은 다음과 같은 것이었다.	폐정개혁안은 여러 차례 제시되었지만, 비교적 내용이 포괄적인, 장성에서 전라감사에게 제시된 것을 인용하면 다음과 같다.
인용문 부분	1. 동학교도와 정부와 사이에 쌓인 원한을 씻어 버리고 모든 행정에 협력할 것. 2. 탐관오리는 그 죄목을 조사해 내어 일일이 엄징할 것. 3. 횡포한 부호(富豪)의 무리는 엄징할 것. 4. 불량한 유림(儒林)과 양반(兩班)의 무리는 징별할 것. 5. 노비문서는 불태워 버릴 것.	1. 전운사(轉運司)는 혁파하고 (공물을) 이전대로 이전할 것. 2. 균전어사(均田御使)는 혁파하고 혁파할 것. 3. 탐관오리를 징계하고 축출할 것. 4. 각 읍에서 공금을 포탈한 이속(吏屬) 중 포탈액이 천 냥이 지는 죽이되, 그 가족은 징계치 말 것. 5. 봄·가을 두 차례에 부과하는 호역전(戶役田)은 과거의 예에 따라 매호 한 냥씩 배당할 것.

인용문 부분	6. 각종의 결전(結錢)으로 거두는 돈은 공평·균등하게 분배하고 함부로 많이 거두지 못하게 할 것. 7. 각 포구에서 사사로이 쎌을 사고 파는 것을 엄금할 것. 8. 각 읍의 수령들이 자기 임지에 있는 산에다 묘를 쓰거나 전장을 사는 것을 엄금할 것. 9. 외국 상인들은 각 항구에서 매매를 하되, 도성에 들어가서 상점을 설치하거나 각처에 임의로 다니며 상업을 하지 못하게 할 것. 10. 행상·보부상들은 철을 할 때 뇌물을 받지 말고, 쓸 만한 사람을 택하여 임용할 것. 11. 각 읍에서 이속들의 자리를 농간하는 부서이 많으니 혁파할 것. 12. 간신(奸臣)이 권세를 농간하여 나라의 일이 나날이 잘못되고 있으니, 그들을 매단(賣官)하는 일을 정지할 것. 13. 대원군(大院君)이 국정에 간섭하는 것이 민심의 바라는 것임.[2]

6. 칠반천인(七般賤人)의 대우는 개선하고 백정(白丁)이 머리에 쓰는 패랭이는 벗겨버릴 것. 7. 청춘과부의 개가(改嫁)를 허락할 것. 8. 명분 없는 잡세(雜稅)는 모두 거두지 말 것. 9. 관리의 채용은 지벌(地閥)을 타파하고 인재를 등용할 것. 10. 왜(倭)와 내통하는 자는 엄징할 것. 11. 공사채(公私債)는 물론하고 기왕의 것은 모두 무효로 할 것. 12. 토지는 평균으로 나누어 경작하게 할 것.	
인용문 이후 부분	여기의 토지조항 등에는 의문점도 있으나[3] 요컨대 정부나 양반의 동학에 대한 탄압과 농민에 대한 부당한 경제적 수탈을 중지할 것, 신분상의 모든 차별 대우를 폐지할 것, 그리고 일본의 침략에 내통하는 자를 엄징하는 것 등이 주요 내용이었다. 이 같은 집강소를 통한 개혁운동은 농민들로부터 큰 환영을 받았다. 이리하여 동학의 세력은 마단 전라도뿐만 아니라 삼남 지방을 비롯하여 북으로 평안도·함경도에까지 미쳤다.
인용문 이후 부분	여기서 동학농민군의 요구한 경장개혁 내용을 보면, 무엇보다 도 경제적으로 농민의 고통을 제거하는 것이었고, 둘째로는 외국 상인의 침략에 따르는 폐해를 없애려고 하는 것이었으며, 셋째로는 정치적으로 간신의 정치를 바로잡으려는 것이었다. 전주화약의 결과 동학농민군은 전주에서 해산하여 각자 출신지로 돌아갔다. 그러나 동학농민군은 존속설포(設包)를 구조로 그들의 조직을 각지에 침투시켰다. 더욱이 전라도 53군에는 집강소(執綱所)를 설치하여 지방의 치안유지에 힘쓰는 한편, 동학농민군의 폐정개혁 요구를 행정에 반영시키도록 노력하였다. 전주에는 집강소의 총본부인 대도소(大都所)를 두어 송희옥(宋熹玉)으로서 이를 총지휘하게 되었다.

1 『한국사신론』한글판 1판 1쇄가 나온 것도 1999년 1월이었는데, 대중적인 인기를 끌어 등년 3월에는 곧 2쇄를 끌어 있었고, 이후 그 여에는 지속되었다. 그래서 2001년 1월에는 5쇄를 찍었는데, 이 사이에도 연속적으로 이기백의 교정 작업은 이어졌으며, 이 부분의 수정은 이때까지는 없었는데, 일조각의 보관 중인 2001년 9월 5일자의 7쇄에서는 이 부분의 수정이 거의 틀림이 없을 것이다.

2 인용문에서 吳知泳의 이른바 『폐정개혁안 12개조』, 전체를 제외시키고 대신에 이를 토대로 한 것은, 유영익, 『동학농민봉기와 갑오경장』, 1998과 노용필, 「(동학사)의 부분을 손질한 것」, 국학자료원, 유영익의 저서, pp.213-214에서 이 『갑성포고문』 가운데 제2조목의 '외국 상인들의 각 항구에서 매매를 하되, 도성에 들어가서 상점을 설치하거나 각처에 임의로 다니며 상업을 하지 못하게 할 것'이 누락되어 12조목으로 결부 인용되어 있는 사실을, 한우근, 『(전정판) 동학과 농민봉기』, 1983, pp.113-114의 비교를 통해 발견하고 여러 문헌을 대저 조사하고 숙고한 끝에, 이를 수정하여 원문대로 바로잡아 13개 조목으로 제대로 인용되었던 것이다, 이 과정에서 자신의 판단의 근간이 옳은 것인지 여부를 일러 주도록 자세에게 어느 날 전화로 요청한 바가 있었으므로, 이를 생생하게 기억하여 이 점을 적어 두는 바이다.

3 『한국사신론』개정판 p.341에는 이 부분이 실려 있지 않았으나 신수판 출간 때, p.373에 삽입되었는데, 그것은 〈참고〉 난에 노용필, 「오지영의 인물과 저작물」, 「동아연구」 19, 1989를 평가하면서 반영한 것으로, 오지영의 『동학사』에 있는 '폐정개혁안 12개조, 중 특히 제12조목 '토지는 평균으로 나누어 경작하게 할 것'에 대해 신방하기 어렵다는 문제를 염두에 둔 예로 든 것이었다.

398 부록

〈참고표〉 이기백 『국사신론』 및 『한국사신론』의 편·장·절·소절 비교표

『國史新論』初版 및 再版	『韓國史新論』初版	『韓國史新論』改正版	『韓國史新論』新修版 및 한글판
結論	序章 韓國史의 새로운 理解	序章 韓國史의 새로운 理解	序章 韓國史의 새로운 이해
	第1節 主體性의 認識		
半島的 性格論	半島的 性格論		
事大主義論	事大主義論		
	第2節 韓國史와 民族性		
黨派性의 問題	黨派性의 問題		
文化的 獨創性의 問題	文化的 獨創性의 理論		
	民族性論의 問題		
	第3節 韓國史의 體系化		
停滯性의 理論	停滯性의 理論		
	韓國史의 體系化		
		第1節 近代 韓國史學의 傳統	제1절 近代 韓國史學의 전통
			植民主義 史觀의 청산
		近代史學의 傳統	近代史學의 傳統
		傳統의 繼承과 發展	傳統의 계승과 발전
		第2節 韓國史의 體系的 理解	제2절 韓國史의 體系的 認識
		人間 중심의 理解	人間 중심의 이해
		普遍性과 特殊性	普遍性과 特殊性
		韓國史의 時代區分	韓國史의 時代區分
第1篇 部族聯盟의 形成	第1章 氏族社會와 部族國家	第1章 原始共同體의 社會	제1장 原始共同體의 社會

403

413

419

漢城條約과 天津條約	漢城條約과 天津條約	漢城條約과 天津條約	
列强勢力의 침투	列强勢力의 浸透	第14章 農民戰爭과 近代的 改革	第3章 東學亂
		第1節 列强 사이에 彷徨하는 政府	
		露西亞의 進出	露西亞의 進出
		英國의 巨文島 占領	英國의 巨文島 占領
		日本의 經濟的 進出	日本의 經濟的 進出
		第2節 東學亂	
제3절 東學農民軍의 항쟁	第3節 東學農民軍의 革命運動		東學亂
農民의 동요	農民의 動搖	農民의 動搖	農民의 動搖
東學農民軍의 봉기	東學農民軍의 蜂起	東學勢力의 擡頭	東學勢力의 擡頭
		東學亂의 發生	東學亂
		弊政改革과 亂의 失敗	
執綱所의 설치와 抗日戰(2001년 이후의 한글판/개정개역 요구와 항일전)	執綱所의 設置와 抗日戰	第3節 淸·日戰爭	
		淸·日戰爭	
		馬關條約	
淸·日의 侵略競爭	淸·日의 侵略競爭	第4節 甲午更張	第4章 甲午更張
제4절 甲午更張	第4節 甲午更張	改革의 着手	淸日戰爭
			甲午更張

三・一運動	三・一運動	三・一運動의 展開	三・一運動의 전개
		臨時政府의 樹立	臨時政府의 수립
		第15章 民族運動의 發展	제15장 民族運動의 發展
		第1節 日帝 植民政策의 轉換	제1절 日帝 植民政策의 전환
文化政治	文化政治의 標榜	文化政治의 標榜	文化政治의 표방
	第4節 民族文化의 成長		
	植民教育과 民族教育		
	民族主義 史學		
	新文學의 成長		
	第17章 民族主義의 發展		
第3章 日本 植民政策의 發展	第1節 日本 植民主義의 轉換		
産米增殖計劃	産米增殖計劃		
農民의 零落		食糧의 掠奪	食糧의 약탈
商品市場의 구실	商品市場의 구실	商品市場의 구실	商品市場의 구실
重工業의 發展	重工業의 發展	重工業에의 投資	重工業에 投資 (철금과/중공업 분야의 투자)
鑛業의 開發	鑛業의 開發	鑛山資源의 掠奪	鑛山資源의 약탈
		民族抹殺政策	民族抹殺政策
	第2節 民族資本과 農民・勞動者의 狀態	第2節 民族資本과 農民・勞動者의 狀態	제2절 民族資本과 農民・勞動者의 狀態
	民族資本의 零落	民族資本의 零落	民族資本의 상태
	農民의 零落	農民의 零落	農民의 零落

労動者의 生활 | 民族抹殺政策

제3절 民族運動의 새 양상
物産獎勵運動과 小作·勞動爭議
新幹會의 활동
六·十萬歲運動과 光州學生運動
海外의 獨立運動
제4절 民族文化의 수호
民族敎育의 저항
國學硏究
現代文學의 성장
제16장 民主主義의 성장
제1절 八·一五解放
解放

勞動者의 生活
第3節 民族運動의 새 樣相
物産獎勵運動과 小作·勞動爭議
新幹會의 活動
六·十萬歲運動 光州學生運動
海外의 獨立運動
第4節 民族文化의 守護
民族敎育의 抵抗
國學硏究
現代文學의 成長
第16章 民主主義의 成長
第1節 八·一五解放
解放

勞動者의 生活
第3節 民族運動의 發展
社會主義의 擡頭와 六·十萬歲運動
新幹會의 光州學生運動
海外의 獨立運動
第4節 民族文化의 守護
學問과 演藝
現代文學의 成長
第5節 日本의 民族抹殺政策과 이에 대한 抗爭
民族抹殺政策
解放을 위한 鬪爭
第18章 民主主義의 成長
第1節 八·一五解放
解放

勞動者의 生活
民族抹殺政策
第4章 日帝 下의 文化
植民地敎育
國學硏究
新文學의 成長
第5章 解放과 獨立
抗日民族運動의 發展
解放

425

參考書目	參考 古典書目	歷代王室世系	參考書目(한글판에는 없음)
參考論著追加目錄(再版에만 있음)	參考 研究書目	參考書目	歷代王室世系
歷代王室世系表	歷代王室世系表		
索引	索引	索引	索引
합계 7篇 43章[부1] 218小節[부2]	합계 19章 85節 257小節	합계 18章 77節 252小節	합계 18章 76節 256小節

1 '篇·章·節'이라는 용어는 각 책이 「차례」에 나와 있지만, '小節'이라는 용어는 「차례」에는 나와 있지 않다. 다만 「參考書目」에 '項目'이라는 용어가 있으므로, 이를 따다가 '項目'이라는 용어를 쓸 수도 있고, 「國史新論」의 경우 각 章 아래 내용의 소제목을, 그리고 「韓國史新論」의 경우 각 節 아래 내용의 소제목을 '項'이라 이름하는 게 적절하지 않은가 여겨지기도 하였지만, 「序」, 「韓國史新論 改正版」, 1976, p.面에서 "각 小節마다 실은 參考文獻"이란 표현을 쓰고 또한 나의 책 '한국사신론'을 말한다, 오늘의 책」 창간호, 1984; 「硏史隨錄」, 1994, p.260에서, '본문의 각 小節 끝에 실린 참고문헌은 논문이 될 수밖에 없었다"고 했으므로 '小節'이란 용어를 취하기로 하였다.

2 小節의 비교에 있어서, 다른 책보다 앞의 자리에 있는 경우나 죽은 뒤의 자리에 있는 경우, 공통됨을 드러내기 위해서 다른 책보다 앞의 자리에 있는 경우 앞의 보내기 표시는 앞에다가 /, 뒤에 받기 표시는 뒤에 두고, 공통됨을 드러내기 위해서 다른 책보다 뒤의 자리에 있는 경우 올려 보내기 표시는 앞에다가 \, 내려 받기 표시는 앞에다가 \, 다른 책보다 뒤의 자리에 있는 경우 앞에 올려 보내기 표시는 앞에다가 \, 일치하지 않는 경우에는 같은 셈을 실해 두었으며, 만듦이 차이를 새로이 만든다든지 간을 새로이 두었으며 아무런 차이를 두었으며 아무도 무인해 새도 철하지 않고 그대로 두었다.

3 각 章·節·小節을 비교하여 서로 일치하는 경우에는 同列로 두고 그 간에 모두 약간 틈을 실해 두었으며, 다른 책보다 뒤의 자리에 있는 경우에는 같은 셈을 실해 두었으며, 철하지 않고 그대로 두었다.

참고문헌

1. 한글 사전

한글학회, 『우리말 큰 사전』, 어문각, 초판, 1992.
국립국어연구원, 『표준국어대사전』, 두산동아, 초판, 1999.

2. 이기백의 저서 및 논문

(1) 저서

李基白, 『國史新論』, 泰成社, 1961; 再版, 第一出版社, 1963.

李基白, 『韓國史新論』 初版, 一潮閣, 1967.

李基白, 『韓國史新論』 改正版, 一潮閣, 1976.

李基白, 『韓國史新論』 新修版, 一潮閣, 1990.

李基白, 『한국사신론』 한글판, 일조각, 1999.

李基白, 『高麗兵制史研究』, 一潮閣, 1968.

李基白, 『民族과 歷史』 初版, 一潮閣, 1971; 新版, 1990.

그라즈단제브 著, 李基白 譯, 『韓國現代史論』, 一潮閣, 1973; 新版, 2006.

李基白, 『新羅政治社會史研究』, 一潮閣, 1974.

李基白, 『韓國古代史論』, 探求堂, 1975; 增補版, 一潮閣, 1995.

李基白, 『韓國史學의 方向』, 一潮閣, 1978.

李基白, 『韓國思想史研究』, 一潮閣, 1986.

李基白, 『高麗貴族社會의 形成』, 一潮閣, 1990.

李基白, 『韓國史像의 再構成』, 一潮閣, 1991.

李基白, 『研史隨錄』, 一潮閣, 1994.

李基白, 『韓國古代政治社會史研究』, 一潮閣, 1996.

李基白, 『韓國傳統文化論』, 一潮閣, 2002.

李基白, 『韓國古典研究』, 一潮閣, 2004.

李基白, 『韓國史散稿』, 一潮閣, 2005.

李基白, 『韓國史學史論』, 一潮閣, 2011.

(2) 논문

李基白, 「3·1운동론」, 『사상계』 1962년 3월호; 『민족과 역사』 초판, 1971; 신판, 1994.

李基白, 「민족주의사학의 문제」, 『사상계』 1963년 2월호; 『민족과 역사』 초판, 1971; 신판, 1994.

李基白, 「단군신화의 문제점」, 『서강타임스』 1963년 9월 21일; 『韓國古代史論』, 探求堂, 1975; 增補版, 一潮閣, 1995.

李基白, 「남강 이승훈선생의 일면」, 『기러기』 3호, 1964년 8월; 『研史隨錄』, 1994.

李基白, 「나의 東洋古典觀」, 『서강타임스』 1967년 10월 3일; 『研史隨錄』, 1994.

李基白, 「韓國史의 時代區分 問題」, 韓國經濟史學會, 『韓國史時代區分論』, 乙酉文化社, 1970; 『民族과 歷史』, 1971; 『民族과 歷史』 新版, 1994.

李基白, 「『論語』와의 인연」, 『新東亞』 1971년 9월호; 『研史隨錄』. 1994.

李基白, 「한국사의 재인식」, 『중등교육』 24, 1973년 1월; 『研史隨錄』, 1994

李基白, 「韓國史의 普遍性과 特殊性」, 『梨花史學研究』 6·7합집, 1973; 『韓國史學의 方向』, 1978.

李基白, 「主體的 韓國史觀」, 『成大新聞』 1970년 9월 19일; 『民族과 歷史』, 1971

李基白, 「한국사회발전사론」, 『한국사』 23 총설, 1977: 『韓國史學의 方向』, 1978.

李基白, 「韓國史 理解에서의 現在性 問題」, 『文學과 知性』 1978년 여름호; 『韓國史學의 方向』, 1978.

李基白, 「民族主義史學의 問題」, 『思想界』 1963년 2월호; 『民族과 歷史』, 1971; 新版, 1994.

李基白, 「韓國人의 依他主義와 排外思想」, 『京畿』 9, 1970; 『민족과 역사』 초판, 1971; 신판, 1994.

李基白, 「現代 韓國史學의 方向」, 『文學과 知性』 1974년 겨울호; 『韓國史學의 方向』, 1978,

李基白, 「샌님의 넋두리」, 『서강타임스』 1975년 9월 1일; 『研史隨錄』. 1994.

李基白, 「韓國史 理解에서의 現在性 問題」, 『文學과 知性』 1978년 여름호; 『韓國史學의 方

向』, 1978.

李基白, 「한국사학의 바른 길」, 『이화사학연구』 11·12합집, 1981; 『韓國史像의 再構成』, 1991.

李基白, 「국사교과서 개편 청원에 대한 국회 문공위에서의 진술」, 1981년 11월 27일; 『韓國思想의 再構成』, 1991.

李基白, 「식민주의사관을 다시 비판한다」, 『동아일보』 1982년 10월 7일; 『研史隨錄』, 1994.

李基白, 「나의 책 『韓國史新論』을 말한다」, 『오늘의 책』 창간호, 1984; 『研史隨錄』, 1994.

李基白, 「과학적 한국사학을 위한 반성과 제의」, 『역사학보』 104, 1984; 『韓國史像의 再構成』, 1991.

李基白, 「식민주의사관 논쟁」, 『한림학보』 1985년 4월 16일; 『韓國史像의 再構成』, 1993.

李基白, 「현대의 한국사학」 1985년 10월 미국 아시아학회 발표문, 『한국학보』 41, 1985; 『韓國史像의 再構成』, 1991.

李基白, 「『한국사 시민강좌』 간행사」, 『한국사 시민강좌』 제1집, 일조각, 1987; 『韓國史散稿』, 2005.

李基白, 「史實 과장집필 말아야」, 『동아일보』 1987년 6월 8일; 『韓國史像의 再構成』, 1991.

李基白, 「지극히 평범한 만남」, 『샘터』 1988년 2월호; 『研史隨錄』, 1994.

李基白, 「學問的 苦鬪의 연속」, 『韓國史 市民講座』 4, 1989; 『研史隨錄』, 1994.

李基白, 「著述을 통해 본 斗溪史學」, 『출판저널』 47, 1989; 『韓國史像의 再構成』, 1991.

李基白, 「唯物史觀的 韓國思想」, 『現代 韓國史學과 史觀』, 1991; 『韓國史像의 再構成』, 1991.

李基白, 「신라 전제정치의 성립」, 『한국사 전환기의 문제들』, 지식산업사, 1993; 『韓國古代政治社會史研究』, 1996.

李基白, 「통일신라시대의 전제정치」, 『한국사상의 정치형태』, 일조각, 1993; 『韓國古代政治社會史研究』, 1996.

李基白, 「신라 전제정치의 붕괴과정」, 『학술원 논문집』 인문사회과학편 34, 대한민국 학술원, 1995; 『韓國古代政治社會史研究』, 1996.

李基白, 「한국사학의 전개」, 『歷代韓國史論選』, 새문社, 1993.

李基白, 「한국학의 전통과 계승」, 『震檀學報』 78, 1994; 『韓國傳統文化論』, 2002.

李基白, 「우리 근대사를 보는 시각」, 『동아일보』 1994년 1월 1일; 『研史隨錄』, 1994.

李基白, 「진리를 더불어 공유하기를 바라며」, 『동아일보』 1996년 2월 12일; 『韓國史散稿』, 2005.

李基白, 「한국의 원시사상과 전통문화」, 『韓國思想史方法論』, 소화, 1997; 『한국전통문화

론』, 2002,

李基白,「유물사관과 현대의 한국사학」,『한국사 시민강좌』20, 1997;『韓國傳統文化論』, 2002.

李基白, 서평「『조선후기 사회경제사의 연구』」,『歷史學報』153, 1997;『韓國史散稿』, 2005.

李基白,「安鼎福의 합리주의적 사실 고증」,『韓國實學研究』1, 1999;『韓國傳統文化論』, 2002.

李基白,「나의 20세기―『한국사신론』」,『朝鮮日報』1999년 11월 9일;『韓國史散稿』, 2005.

李基白,「나의 한국사 연구」,『韓國史學史學報』1, 2000;『韓國傳統文化論』, 2002.

李基白,「한국사학사 연구의 방향」,『韓國史學史學報』1, 2000;『韓國傳統文化論』, 2002.

李基白,「국가와 종교를 보는 하나의 시각―순교자의 문제―」, 歷史學會 編,『歷史上의 國家權力과 宗敎』, 一潮閣, 2000;『한국전통문화론』, 2002.

李基白,「한국사의 전개」,『한국사』1 총설, 국사편찬위원회, 2002.

李基白,「민족에 대한 사랑과 진리에 대한 믿음은 둘이 아니라 하나다―POSCO 국제한국학 심포지엄 개회식 축사―」, 2002년 10월 10일;『韓國史散稿』, 2005.

李基白,「사대주의란 무엇인가」,『學術院會報』112, 2002년 11월 1일;『韓國史散稿』, 2005.

李基白,「한국 고대의 남북문화권 설정의 문제점」,『한국사 시민강좌』제32집, 2003.

李基白,「한국사 진실의 추구」 제2회 한·일 역사가회의에서의 발표, 2003년 10월;「한국사의 진실을 찾아서」,『한국사 시민강좌』제35집, 2004;『韓國史散稿』, 2005.

矢内原忠雄, 李基白 譯,「國家의 理想」,『한국사 시민강좌』제17집·특집―해방 직후 新國家 構想들, 1995.

(3) 대담집 및 관련 자료집

고병익·이기백·이우성 대담,「한국사학사의 몇가지 문제」,『우리 역사를 어떻게 볼 것인가』, 삼성미술문화재단, 1976.

김태욱 외 엮음,『민족과 진리를 찾아서―10주기 추모 이기백사학 자료선집―』, 한림대학교 출판부, 2014.

(4) 편저

李基白 編,『近代韓國史論選』, 編著, 三星文化財團, 1973.

李基白·車河淳 編,『역사란 무엇인가』, 文學과 知性社, 1976.

李基白 編,『우리 역사를 어떻게 볼 것인가』, 三星文化財團, 1976.

李基白 編,『韓國上代古文書資料集成』, 一志社, 1987; 제2판, 1993.

李基白 編,『檀君神話論集』, 새문社, 1988; 再版, 1990.

李基白 編,『歷代韓國史論選』, 새문社, 1993.

(5) 공저

李基白·李基東,『韓國史講座』古代篇, 一潮閣, 1982.

盧泰敦·洪承基·李賢惠·李基白·李基東,『現代 韓國史學과 史觀』韓國史의 爭點 제1책, 一潮閣, 1991.

朱甫暾·金龍善·鄭斗熙·李泰鎭·柳永益,『韓國社會發展史論』한국사의 쟁점 제2책, 一潮閣, 1992.

李鍾旭·李基白·申虎澈·鄭萬祚·柳永烈,『韓國史上의 政治形態』한국사의 쟁점 제3책, 一潮閣, 1993.

車河淳·李基東·李賢惠·李樹健·洪承基,『韓國史 時代區分論』한국사의 쟁점 제4책, 소화, 1995.

車河淳·李基東·李賢惠·李樹健·洪承基,『韓國思想史方法論』한국사의 쟁점 제5책, 소화, 1998.

李基白·金龍善·李培鎔·金榮漢,『역사교육, 무엇을 어떻게 가르칠까』, 소화, 2000.

3. 참고 저서 및 논문

(1) 국내 저서

김학준,『한국전쟁』, 박영사, 1989.

신일철,『동학사상의 이해』, 사회비평사, 1995.

이대근,『한국전쟁과 1950年代 자본축적』, 까치, 1987.

조동걸,『現代韓國史學史』, 나남출판, 1998.

한국정치외교사학회 편,『한국전쟁의 정치외교사적고찰』, 평민사, 1989.

헤겔 저, 서동익 역,『철학강요』세계사상교양전집·속 7, 을유문화사, 1975.

(2) 국내 논문

강만길,「대한제국의 성격」,『창작과 비평』48, 1978년 여름호;『분단시대의 역사인식』, 창작과 비평사, 1979.

고병익,「茶山의 進步觀―그의「技藝論」을 중심으로―」,『曉城趙明基博士華甲紀念 佛教史學論叢』, 1965;『東亞交涉史의 研究』, 서울대학교출판부, 1970.

길현모, 「랑케의 史觀」, 『歷史의 理論과 敍述』, 西江大學校 人文科學硏究所, 1975.

길현모, 「크로체의 歷史理論」, 『西洋史學史論』, 法文社, 1977.

김기봉, 「'모든 시대는 진리에 직결되어 있다'―한국 역사학의 랑케, 이기백」, 『한국사학
사학보』 14, 2006.

김당택, 「이기백사학과 민족문제」, 『역사학보』 190, 역사학회, 2006.

김용선, 「이기백의 저술과 역사연구」, 한림과학원 엮음, 『고병익·이기백의 학문과 역사
연구』, 한림대학교출판부, 2007.

노용필, 「高句麗 王陵 殉葬者의 社會的 處地―高句麗社會의 奴隷制說 批判의 일환으로
―」, 『韓國古代社會思想史探究』, 韓國史學, 2007.

노용필, 「高句麗·新羅의 中國 農法 受容과 韓國 農法의 發展」, 『韓國稻作文化硏究』, 한국
연구원, 2012.

노용필, 「남·북한 독립정부의 수립과 6·25동란의 발발」, 『한국현대사담론』, 한국사학,
2007.

노용필, 「李基白 『國史新論』·『韓國史新論』의 體裁와 著述 目標」, 『韓國史學史學報』
19·20. 2009.

노용필, 「이기백의 역사주의 수용과 보편성 지향」, 한국사학사학회 편, 『역사주의 : 역사와
철학의 대화』, 경인문화사, 2014.

노용필, 「李基白의 『한국사 시민강좌』 간행과 民族의 理想 실현 지향」, 『韓國史學史學報』
29, 2014.

노용필, 「李贄甲의 풀무학교 설립을 통한 인간 중심 사상의 구현」, 『韓國近現代社會思想
史探究』, 韓國史學, 2010.

노용필, 「천주교가 동학에 끼친 영향」, 『부산교회사보』 34, 부산교회사연구소, 2002; 『한
국천주교회사의 연구』, 한국사학, 2008

노용필, 「韓國에서의 歷史主義 受容 : 李基白 韓國史學硏究의 礎石」, 『韓國史學史學報』 23,
2011.

노용필, 「『국사신론』·『한국사신론』 본문의 사론」, 韓國史學者李基白追慕 國際學術大會
발표논문, 2014; 金榮漢·金翰奎 외, 『李基白韓國史學의 影響』, 韓國史學, 2015.

민현구, 「민족적 관심과 실증의 방법론―李基白 史學의 一端―」, 한림과학원 엮음, 『고병
익·이기백의 학문과 역사연구』, 한림대학교출판부, 2007.

백승종, 「'진리를 거역하면 민족도 망하고 민중도 망한다'―역사가 이기백의 '진리지상주
의'에 대한 몇 가지 생각」, 『역사와 문화』 9, 문화사학회, 2004.

송찬식, 「星湖의 새로운 史論」, 『白山學報』 8, 1970; 『朝鮮後期社會經濟史의 硏究』, 一潮
閣, 1997.

양병우,「블로크의 비교사학」,『역사론초歷史論抄』, 지식산업사, 1987.

요한 구스타프 드로이젠, 이상신 옮김,「방법론」,『역사학』, 나남, 2010.

유영익, (英文版 *A NEW HISTORY OF KOREA*)「書評」,『歷史學報』 119, 1988.

이기동,「민족학적으로 본 문화계통」,『한국사』 1 총설, 국사편찬위원회, 2002.

이기동,「한국사 시대구분의 여러 유형과 문제점」, 차하순 외 공저,『한국사 시대구분』, 소
　　화, 1995; 改題「한국사 시대구분의 반성과 전망」,『轉換期의 韓國史學』, 一潮閣, 1999.

이기동,「한국사상사 연구자로서의 이기백」, 한림과학원 엮음,『고병익·이기백의 학문과
　　역사연구』, 한림대학교출판부, 2007.

이병도,「箕子朝鮮의 정체와 所謂 箕子八條敎에 대한 신고찰」,『韓國古代史研究』, 博英社,
　　1976.

이한구,「역사주의는 두 유형으로 정형화된다」,『역사주의와 반역사주의』, 철학과 현실사,
　　2010.

임창순,「辰韓位置考」,『史學研究』 6, 1959.

정두희,「이기백, ‘한국사신론’—민족주의와 내재적 발전론의 조화」,『하나의 역사, 두 개
　　의 역사학—개설서로 본 남북한의 역사학—』, 소나무, 2001.

정순태,「卷頭 특별 인터뷰—韓國史新論의 著者 李基白 선생이 말하는 한국사의 大勢와
　　正統」,『월간 조선』 2001년 11월호.

차하순,「여석과 그의 역사세계」,『한국사 시민강좌』 50, 2012.

차하순,「歷史主義의 傳統」,『歷史의 意味』, 弘盛社, 1981.

천관우,「個性있는 通史」(『韓國史新論』書評),『創作과 批評』 1976년 겨울호, 1976.

한영우,「해방 이후 분단 체제의 역사학」,『역사학의 역사』, 지식산업사, 2002.

(3) 해외 저서 및 번역서

Benedetto Croce, *History its theory and practice, authorized translation by Douglas
　　Ainslie*, New York : Harcourt, Brace and Company, 1921; 李相信 譯,「‘歷史哲學’의
　　生成과 그 槪念의 解體」,『歷史의 理論과 歷史』, 三英社, 1978; 羽仁五郎 譯,『歷史敍述
　　の理論及び歷史』, 岩波書店, 1940; 新版『歷史の理論と歷史』, 岩波書店, 1952.

Ernst Bernheim, *Einleitung in die Geschichtswissenschaft*, 1905; 新改訂版, 1920; 坂
　　口昂·小野鐵二 共譯,『歷史とは何ぞや』 初版, 岩波書店, 1922.

Ernst Bernheim, *Einleitung in die Geschichtswissenschaft* 제4판, 1926; 趙璣濬 譯,『史
　　學槪論』, 精硏社, 1954;『歷史學入門』, 正音社, 1976;『史學槪論』, 三省出版社, 1993; 박
　　광순 옮김,『역사학 입문』, 범우사, 1985

Ernst Bernheim, *Einleitung in die Geschichtswissenschaft* 補訂版, 1935; 坂口昂·小

野鐵二 共譯,『歷史とは何ぞや』改譯版, 岩波書店, 1935; 改版, 1966.

Ernst Bernheim, *Geschichforschung und Geschichtsphilosophie*, 1880.

Ernst Bernheim, *Lehrbuch der historischen methode und Geschichtsphilosophie*, Duncker & Humbolt, 1889; 5. und 6. Aufl., 1908; 小林秀雄 譯,『史學研究法』, 東京: 立教大學史學會, 1931.

Friedrich Meinecke, *Die Entstehung des Historismus*, 1936; 菊盛英夫・麻生建 譯,『歷史主義の成立』(上・下), 東京: 筑摩書房, 1967.

Friedrich Meinecke, *Die Idee der Staatsräson in der neueren Geschichte*, 1924; 菊盛英夫・生松敬三 共譯,『近代史における國家理性の理念』, 東京: みすず書房, 1960; 岸田達也 譯,『近代史における國家理性の理念』, 林健太郎 編,『マイネッケ』世界の名著 54, 東京: 中央公論社, 1977; 이광주 옮김,『국가권력의 이념사』, 민음사, 1990; 한길사, 2010.

Friedrich Meinecke, *Historism-The Rise of a New Historical Outlook*, translated by J. E. Anderson, London: Routledge & Kegan Paul, 1972; 菊盛英夫・麻生建 譯,『歷史主義の成立』下, 東京: 筑摩書房, 1968.

Friedrich Meinecke, *Vom geschichtlichen Sinn und vom Sinn der Geschichte*, Koechler & Amelang, Leipzig, 1939; 中山治一 譯,『歷史主義の立場─歷史的感覺と歷史の意味』, 創元社, 1942; *Vom geschichtlichen Sinn und vom Sinn der Geschichte*, 5., veränderte Auflage, K. F. Koehler Verlag, Stuttgart, 1951; 中山治一 譯,『歷史的感覺と歷史の意味』, 創文社, 1972.

Friedrich Meinecke, *Weltbürgertum und Natioalstaat: Studien zur Genesis des deutschen Nationalstaates*, 1907; 矢田俊隆 譯,『獨逸國民國家發生の研究: 世界主義と國民國家』, 東京: 富山房, 1943; 矢田俊隆 譯,『世界市民主義と國民國家: ドイツ國民國家發生の研究』, 東京: 岩波書店, 1972; 이상신・최호근 역,『세계시민주의와 민족국가: 독일 민족국가의 형성에 관한 연구』, 나남, 2007.

Georg Wilhelm Friedrich Hegel, *Die Vernunft in der Geschichte*, 1955; 임석진 역, 「세계사의 일반적 개념」,『역사 속의 이성─역사철학서론─』, 지식산업사, 1992.

Georg Wilhelm Friedrich Hegel, *Vorlesungen über die Philosophie der Geschichte*; 권기철 옮김,『역사철학강의』, 동서문화사, 제1판, 1978; 제2판, 2008; 김종호 역,『역사철학강의』 I, 삼성출판사, 1982

H. Stuart Hughes, *Consciousness and Society the reorientation of european social thought 1890-1930*, New York: Vintage Books, 1958; 황문수 옮김,『의식과 사회』서구사회사상의 재해석 1890-1930, 개마고원, 2007.

Hans Friedrich Fulda, *Georg Wilhelm Friedrich Hegel*, 2003; 남기호 옮김, 「15년간의 대학교수」, 『게오르그 빌헬름 프리드리히 헤겔』, 용의 숲, 2010.

Karl Heussi, *Die Krisis des Historismus*, 1932; 佐伯 守 譯, 『歷史主義の危機』, 東京 : イザラ書房, 1975.

Leopold von Ranke, *Die Grossen Mächte, Historisch-politische Zeitschrift*, 1833; *Mit einem Nachwott von Theodor Schleider*, Vandenhoeck & Ruprecht·Göttingen, 1955; The Great Powers, *The Theory and Pratice of History*, edited with an introduction by George G. Iggers and Konrad von Moltke, theBobbs−Merrill Company, Indianapolis·New York, 1973; 相原信作 譯, 『强國論─近世歐洲列强の盛衰─』, 岩波書店, 1940; 小林榮作郎 譯, 「强國論」, 『ランケ選集』 第6卷 小論集, 三省堂, 1942. 村岡 晢 譯, 「列强論」, 『世界の名著』 續 11, 中央公論社, 1974.

Mircia Eliade, *Shamanism─Archaic Techniques of Ecstasy*, Princeton University Press, 1974; 이윤기 역, 『샤마니즘─고대적 접신술』, 까치, 1992.

ディルタイ, 甘粕石介 譯, 『靑年時代のヘーゲル』, 三笠書房, 1937.

西村眞次, 「原人の生活と中石器時代」, 『文化人類學』, 早稻田大學出版部, 1924.

安田達也(Kisida Tatsuya), 「ベルンハイムの史學思想的位置」, 『名古屋大學敎養部紀要』 18, 1974; 『ドイツ社會思想史硏究』, 1976.

野々村戒三, 『史學要論』, 早稻田大學出版部, 1937.

林健太郎, 「歷史法則に關する一般的問題」, 『史學槪論』, 東京 : 有斐閣, 初版, 1953; 新版, 1970; 우윤·황원권 공역, 『역사학 입문』, 청아출판사, 1983.

車河淳, 「마이네케에 대하여」, 『랑케와 부르크하르트』, 探求堂, 1984.

河野正通 譯, 『歷史哲學槪論』, 東京 : 白揚社, 1928; 河野正通 譯, 『歷史哲學緖論』 增補版, 東京 : 白揚社, 1943.

Abstract

Lee Ki-baik's Foundational Research on Korean Historical Studies

Noh Yong-pil

Preface: Periodization of Lee Ki-baik's Korean Historical Studies as Revealed in his 'Academic Autobiography'

Korean historian Lee Ki-baik(1924-2004) appears to have cherished a dream from his early years to write his autobiography. That is why he either used such expressions as 'pieces of my autobiography' so many times in his writings or set Autobiographic Essays as a title for certain parts in his writings and grouped his writings often based on that. And particularly in his later years, he wrote several essays, employing the term 'Academic Autobiography'. If we summarize key phrases as shown in these writings, they could establish themselves as the representative discourse for each period of Lee Ki-baik's Korean historical studies.

In phase 1 of the beginning stage, he advocated to 'Settle by the strength of faith' and 'the Need for national repentance', while in phase 2, he advocated 'We can accept humans and history as they are'. And in phase 1 of the middle stage, he was oriented towards 'Korean historical studies as a domain for learning' and in phase 2 towards 'Build a personal academic kingdom'. Then in phase 1 of the later stage, he maintained the posture of 'Maintain my personal academic kingdom' and in phase 2 'Share with citizens'. And entering the very late stage, he advocated 'Ultimate is a truth', which was materialized by the phrase 'Love of the people and belief in truth are one, not two'. According to his wishes during his lifetime, this phrase was inscribed on his tombstone as is. This may be remembered in history as a famous saying symbolic of Lee Ki-baik's career in Korean historical studies.

Part 1 Review

Chapter 1: Systemization and Authoring Objectives of Lee Ki-baik's *A New History of Korea*, Original & Subsequent editions

In his publication of the original *A New History of Korea* (*Guksa Sillon*) in 1961, he reflected on his existing research outcomes faithfully and emphasized national independence, and as a result, he was credited for having written the best introductory text on Korean history for the first time as a Korean since the country's liberation from Japan. And in just two years thereafter he modified and supplemented it to publish the second edition of *A New History of Korea*, in 1963. Furthermore as

Prof. Wagner of Harvard University in the US suggested he published it in English, Lee Ki-baik changed the title and modified the contents on a large scale, giving birth to the first edition of *A New History of Korea* (*Hanguksa Sillon*) in 1967 just four years. There were two objectives in doing so. One was to systemize the development of Korean history based on the shifts of the ruling powers and another was to highlight the originality of Korean history.

Not settling for this, in 1976 he published the revised edition of *A New History of Korea* because of his strong wish to clear off the remains of the Japanese rule in the wake of over 30 years since the country's liberation. And his publication of another new supplemented version of *A New History of Korea* in 1990 aimed at reflecting his new research results as well as making his points of view clear even with new theory. And in 1999, just ahead of the new century, he published a Korean hangul version free of Chinese characters. Behind it were his wishes to share Korean history with ordinary people in the pure Korean language and hoping to contribute to the present and future of Korean history beyond the people's simple recognition of only the past.

The various editions of *A New History of Korea* can generally be characterized by four points. First, in terms of contents, they were general statements putting historical views as the first priority. Second, in terms of description, the books, reflecting his existing research outcomes faithfully, were oriented toward fair descriptions through detailed facts. Third, in terms of the form, they clearly revealed references so as to be used as an introductory book for those who would like to delve into Korean historical studies in the future. Fourth, in terms of what underlies at the center stage of history, the editions emphasized human-centered understanding as social power.

Apart from this, the historical implication for the various editions of *A New History of Korea* have the following accomplishments at the least. First, Lee Ki-baik authored the books reflecting all his research outcomes. Second, he summarized the developing stages of Korean history while securing relevance to comparative history and completing its periodization in his own way. Third, he described the history, putting considerable weight on living cultural history through human-oriented understanding, instead of political systems or institutions. Of special note to be remembered here is the fact that even the same book with different editions did not have identical contents. In other words, Lee Ki-baik considered *A New History of Korea* as another self and used to modify the editions from time to time, always keeping them on his desk along with *the Bible*.

Chapter 2: Historical Theory of the Text: *A New History of Korea*

While writing the various editions of *A New History of Korea*, he put his own historical theory into the main texts of each edition. As a result of close research on these historical theories as contained in the descriptive contents throughout all periods without exception from the Old Stone Age to modern times, this study found as many as forty historical theories, which can generally be grouped into four areas. First, he rendered his continued effort to suggest new discussion as reflected in the names of the two books. Second, he continued to pay attention to an exact understanding and establishment of academic terms, resulting in more depth as the editions went further. Third, the more the time elapsed, the more specific his progressive view—his view on historical development—turned. Fourth, as a result, shaking away from the unitary approach shown in the beginning stage, he attempted a periodization using plural ones.

Meanwhile, he respected a research attitude emphasizing individuality and universality, while raising problems of and warning on the tendency of considering individuality simply as specificity or uniqueness. So by his later years, he substituted the term of 'specificity' for 'individuality' and quoted historical examples to explain the division in a clearer way. The individuality that he put so much emphasis on can be categorized into four domains; systematic description, specific suggestions, direct mentioning, and prophetic prospect.

These historical theories of Lee Ki-baik as described in *A New History of Korea*, seem to have two characteristics. One is that they were based on a progressive view—the view on historical development whereby the mainstream of overall Korean society as well as Korean historical studies themselves have developed in accordance with the elapse of time and Korea's advance into the modern period. Another is that, while these books are introductory ones for those wishing to learn Korean history, the author not only introduced other scholars' academic theories, but also continued to describe his own historical theories clearly as they relate to the subject.

Chapter 3: Lee Ki-baik's Intentions in Publishing Three Volumes on Korean Historical Theory

The Collection of Historical Theory refers to three of Lee Ki-baik's books: *Nation and History* (first edition, 1971; new edition 1994), *Direction of Korean Historical Studies* (1978) and *Reorganization of Korea's Historical Phenomena* (1991). These writings were about the flow and processes throughout Korean history and he put so much emphasis on these writings during his lifetime that they were numbered from 1 to 3 in the beginning part of 'The Collection of Lee Ki-baik's Korean Historical Studies'.

Of these, his primary intention in publishing *Nation and History* was to clearly reveal his historical theory regarding the nation and people. Second, he was set to make clear his historical theory about history itself. Third, he sought to suggest theoretical and historical factual understanding and awareness regarding the history of the Korean people. To be brief, his ultimate goal in publishing *Nation and History* was to look forward to the future of the nation as well as clearing off the remains of the Japanese colonial view, both of which were his long-cherished wishes in authoring *A New History of Korea*.

On the other hand, his publication of *Direction of Korean Historical Studies* aimed, in the first place, at contributing to solving the nation's realistic issues as he poignantly felt there was a huge crisis in Korean historical studies at that time and sought to overcome this crisis. Second was his intention to express a nobler and more aggressive attitude in establishing Korean historical views in an attempt to suggest improvements in Korean historical studies. Third, there underlay his intention to solidly verify the descriptive contents of the revised editions of *A New History of Korea*. Fourth, he was concerned with how to clarify principles of historical development by an in-depth approach according to his views on universality and specificity. This implies that he intended to emphasize that Korean history is based on plural historical development principles instead of a unitary one, possessing both traits of universality and specificity.

In terms of its content, his intention in writing *Reorganization of Korea's Historical Phenomena* was, first of all, to contribute as a scholar to the present and not only to attempt methodological approaches but also to vigorously suppress the materialistic view of history itself. The reason he maintained a more positive attitude while publishing this book was to reorganize Korea's historical phenomena literally as per the book's title by overcoming the materialistic view of history completely for the purpose of the ultimate development of Korean historical studies.

Part 2 Exploration

Chapter 1 : Accommodation of Historicism in Korea : The Cornerstone of Lee Ki-baik's Korean Historical Studies

During his research on Korean history, he read and was influenced by the historiographical approaches of Bernheim, Croce and the history books of Hegel, Ranke and Meinecke. Ever since he read these books interestingly during his study in Japan, he not only kept them with him always and referred to them often but also he directly quoted them in some of his papers and furthermore, in case of Bernheim's *Lehrbuch Der Historischen Methode* (Text Book for Historical Methods), he strongly recommended students of historical studies to read it. Therefore, this study affirms quite reasonably that Lee Ki-baik, who accommodated historicism affirmatively and used it as a foundation for his research, can be singled out as one of the country's representative historians who contributed to the development of Korean historical studies.

Lee Ki-baik believed that in accommodating affirmatively any historical theory, it must be the outcome of his knowledge of various historical theories including historicism. The latter he began to cherish during his study at Waseda University as well as the outcome of his deep insights that continued through his research on history. As a consequence, by integrating the historical interpretations of Hegel and Meinecke, he believed that history itself develops and facts during history's developmental process should be assessed relative to the period's circumstances. Therefore, it is unquestionable that his view on the development of Korean history was the result of combining the historical development view revealed in Hegel's philosophy of history with Meinecke's relative assessment view of history.

That said, while he promoted Korean historical studies by accommodating historicism and delving into it, he accepted the opinion at the time that the term had better not be used because of its usage in various circumstances and he never used 'historicism' as an academic term. This act of his must be truly the outcome of Lee Ki-baik's unique historical research and description method.

Chapter 2: Pursuit of Universality & Particulars in Lee Ki-baik's Korean Historical Studies

It was from the early 1970s that Lee Ki-baik set off to deeply perceive the issues of universality and specificity or particulars. That is, while pointing out the universality as a characteristic of Koreanology since the country's time of enlightenment, he emphasized the harmony between universality and particulars for the further advancement of universality. And then, it was from around 1976 when he published the revised edition of *A New History of Korea* that he engaged the issues of universality and particulars more seriously than ever. He perceived things common with other nation's people as universality, whereas the difference as particular. And his perception as such was materialized mainly in his historical views and theories. In short, his pursuit of particulars based on the ground of universality, laid foundation for his clear and in-depth understanding of individuality, leading to a great step forward in establishing his view of history.

This research attitude emphasizing individuality and universality was influenced by Ranke and Meinecke. Of these two historians, he read throughly and was deeply influenced by Meinecke's *Die Entstehung des Historismus* (Historicism: The Rise of a New Historical Outlook) above all. And Hegel's historical view of observing "history as self development of reason towards freedom" had a great influence on Lee Ki-baik's developmental view from his youth. Thereafter as he delved into research on history, he changed his position to pluralism breaking away from a unitary approach. His stance of taking a pluralistic interpretation of history like this was influenced by the Japanese historian Hayashi Kentaro.

What he examined very diligently by applying the concept of universality and particulars was whether Baek Nam-un's materialistic view of history was appropriate. So, he closely examined Baek Nam-un's view and ultimately became critical of it. As a result, for Lee Ki-baik, the application of universality and particulars mentioned in Baek Nam-un's materialistic view of history was not helpful at all to clarify the specific facts in Korean history. In an effort to overcome this limit, he poignantly felt the need to understand the meaning of individuality in a plural approach instead of a unitary one as well as the need to emphasize the definition from a universal concept.

By precisely understanding individuality like this as well as emphasizing the definition from the universal concept, he firmly believed Korean history could and should inevitably contribute to world history. For this reason, in all his writings in the 'Collection of Lee Ki-baik's Korean Historical Studies' including his representative text book *A New History of Korea*, he reflected his conviction that, to explain the characteristics of each period in Korean history, universal concepts should be employed while expressions of historical facts should be made in terms of our nation's own individuality. Therefore, this study believes that the key in Lee Ki-baik's Korean historical studies was pursuit of universality and precise understanding of individuality as a unique characteristic.

Chapter 3: Publication of Lee Ki-baik's *The Citizens' Forum on Korean History* & Orientation to the Realization of People's Ideals

There seemed to be two points in what Lee Ki-baik continued to emphasize in his own statements and 'Message to the Readers' since his publication of *The Citizens' Forum on Korean History* in 1987. First is that Korean history itself has developed, oriented to society pursuing freedom and equality and the second is that the ideal of Korean people was to build a democratic society pursuing freedom and equality.

He reflected this purpose in the new supplemented version of *A New History of Korea* 1990, which he thought as his other self. Whether in *A New History of Korea*, Original (1961), the first edition (1967) or the Korean hangul version of *A New History of Korea* (1999), we can observe that the country's April Revolution was mentioned consistently. While discussing the historical implications for the April Revolution, *A New History of Korea*, Original emphasized 'freedom', and the first edition (1967) of *A New History of Korea* 'the development of democracy', quite naturally. Along the way, the revised edition of *A New History of Korea* (1976) started to mention the 'mainstream of people's direct political participation' and its new supplemented version in 1990, added: "this trend is expected to be connected to the building of a democratic nation with social justice secured, based on freedom and equality"

This fact demonstrates his two convictions : first is that Korean history itself has developed, oriented to society pursuing freedom and equality, and second is that the ideal of the Korean people was to build a democratic society pursuing freedom and equality. Since advocating these convictions around the publication of *The Citizens' Forum on Korean History* in 1987 which was geared for ordinary people as readers, this study shows that he already reflected them in the new supplemented version of *A New History of Korea* 1990 and maintained them intact in the Korean hangul version of *A New History of Korea* 1999.

찾아보기

ㅅ

ㅊ

ㅋ

〈인명〉

〈서명〉

후기

　『한국사신론』 신수판이 1990년에 출간된 이후에도 자신이 대학 재학 때 지니고 수강했던 1976년의 개정판 내용대로 버젓이 강의하고 나서, 그 내용을 자랑스레 내 앞에서 설명하는 대학선생을 주위에서 접한 적이 있었다. 또 한글판이 1999년에 나오고 나서도 여전히 학회 발표 석상에서 자신의 논지를 입증하기 위해 개정판 내용 그대로 인용하는 연구자를 본 적도 있다. 매번 너무 놀라 정말 아연실색하지 않을 수가 없었는데, 이들은 자신들이 언급한 그 해당 부분의 신수판 및 한글판의 내용이 각각 그 이전과 달리 새로운 연구성과를 반영하여 이미 수정·보완되었다는 사실을 전혀 몰랐던 것이다.

　아무리 구두로 면전에서 이 사실을 지적하여 알려 주어도 구태의연하여 잘 시정是正되지 않는 이와 같은 현상을 여러 번 겪은 후, 한국사학의 정상적인 발전을 위해서라도 아예 사실을 사실대로 명확히 전달하기 위해서는 학회에서 논문으로 발표하고 학보에 게재해서 이를 제대로 알려야겠다는 생각을 지니게 되었다. 그리하여 이를 실행에 옮기게 되었는데, 그 처음이 2007년 「『국사신론』·『한국사신론』의 체재와 저술 목표」 발표였다. 이후 1년마다 1

편의 논문을 작성하여 이기백한국사학의 진면목에 대해 밝히는 것을 내 나름의 원칙으로 삼아 지내게 되었고, 그러다 보니 해가 갈수록 논문이 하나둘씩 쌓이게 되었다.

이 과정에서 〈이기백한국사학논집〉을 읽고 정리하면서, 출간될 때마다 선생님께서 손수 친필로 내 성명을 기입해 주신 책 자체에 밑줄을 긋거나 여백에 내 생각을 적어 넣을 수가 없어서 〈논집〉 한 질을 더 마련하고 싶은 욕구가 강해졌다. 그러던 어느 날 생각 끝에 일조각에 전화해서 사정을 솔직히 말하고 김시연 사장에게 조심스럽게 요청하였는데, 전혀 망설임 없이 너무나 흔쾌히 승낙하여 되레 내가 부끄럽게 여겨질 정도였다. 게다가 속달로 보내 주는 편의까지 제공하였다. 그래서 그 한 질을 전달받은 게, 제1권의 속표지에 써놓은 기록을 지금 보니 2010년 11월 30일이었다. 이렇게 해서 내 집 서재가 아닌 연구소 책꽂이에도 한 질의 〈논집〉이 마련되어 더욱 편리하게 공부에 박차를 가하게 되었다. 언제나 많은 배려와 아낌없는 성원을 보내 주는 김 사장께 마음껏 늘 고마움을 드린다.

얼마 지나지 않아, 또 새로운 어려움에 맞닥뜨리게 되었다. 다름 아니라 『한국사신론』의 경우 같은 개정판일지라도 새로 인쇄를 거듭할 때마다 선생님께서 수정하셨기에 모든 판본을 모아 갖추어야 제대로 분석이 가능하겠다는 판단이 섰을 뿐만이 아니라, 〈논집〉에서 구사한 용어나 어휘 하나라도 일일이 확인하기 위해서는 각 권마다 자세한 색인 작성이 필요하다는 생각 때문이었다. 새로이 구비하게 된 책들에다가는 일일이 색인 작업 표시를 차마 못하겠어서 하는 수 없이, 대형 서점에 가서 새 책을 또 구입하거나 인터넷 중고서점을 활용하여 헌책을 하나씩 사서 모으기 시작했고 때로는 연구소 인근 인사동의 통문관通文館에서 즉시 구입해 오기도 하였다.

이러던 차에 2013년 봄 식목일에 전해종全海宗 선생님을 뵈러가기로 하여 모처럼 몇이 모였는데, 이 자리에서 최기영崔起榮 교수가 서강대학교 인문과학연구소에서 〈인문연구전간〉의 하나로 저서를 출간해 보지 않겠는가 하는 제안을 뜬금없이 하였다. 며칠간 고민 끝에 기왕에 해오던 이기백한국사학에 관한 것이 괜찮다고 하면 해보겠노라고 했더니 좋다고 하여서 절차를 밟아 계획서를 준비하게 되었다. 이때부터 번민은 시작되었다. 실은 선생님께서 생전에 새로운 저서 출간을 구상하려면 전체적인 구성을 짜놓고 세부사항의 집필에 들어가야 한다고 훈도訓導하신 대로 이미 구상해 놓았던 기획안이 있었다. 그런데 연구소와 계약을 맺어 약정한 기일에 맞추고 원고의 분량을 조정하려면, 그것을 전면적으로 수정해서 애초의 기획보다 많이 축소해야 했기 때문이다. 하지만 그 과정 중에 지금까지의 기획을 하나하나 재점검하면서 전반적인 여러 주제에 대해 더욱 살피게 되는 계기가 되었기에, 출판 제안을 하여 이러한 기회를 준 최 교수께 이 자리를 빌려 감사를 표한다.

영문 초록 완성은 University of Hawaii at Manoa의 Edward J. Shultz 명예교수에게 커다란 협조를 받았다. 나름대로 마련한 영문의 적절하지 못하거나 잘못된 부분들을 일일이 수정하여 바로잡아 주는 수고를 하였는데, 이렇듯이 아낌없는 도움을 기꺼이 베풀어 준 것은 한국사학에 관해 관심이 있는 외국인들에게 이기백한국사학의 면면이 제대로 전달되기를 바라는 뜻에서였을 것이다. 깊은 감사를 거듭 전하는 바이다.

그리고 일조각의 안경순 편집장은 편집에 관한 소소한 내 요구를 기꺼이 반영해 주는 아량을 베풀어 주어 무척 감사하다. 또한 이주연 씨는 분량이 적지 않은 도표의 편집 정리뿐만 아니라 통계상의 일부 오류는 말할 것도 없고 표현상의 문제점들까지도 일일이 찾아내 지적함으로써 바로잡을 수 있게 해주었기에 너무나 고맙다.

결과적으로 이 책에 담아낸 이제까지의 작업은 이기백한국사학이 과연 어떤 점에서 한국사학의 발전에 기초基礎를 다져 주었는가를 주로 살펴서 밝힌 것에 국한된 셈이다. 여기에 그치지 않고 더욱 힘 기울여 앞으로 애초의 기획대로, 이기백한국사학의 근간根幹이 무엇인지를 세부적으로 철저히 분석하여 제시함은 물론이고, 아울러 한국사학을 어떻게 세계사학의 수준까지 끌어

올리려 했는가에 대한 다각도의 구체적인 심층深層 구명究明이 시도되어야 할 것으로 믿고 있다. 하늘이 부디 허용하여 이 연구들도 장차 이룰 수 있게 되기를 간절히 소망해 본다.

2016년 춘삼월
부활절 아침에
활짝 핀 노란 산수유 꽃 곁에서
저자 씀

노용필 盧鏞弼

서강대학교 사학과 및 동 대학원 졸업, 문학박사
덕성여자대학교 인문과학연구소 연구전임강사
가톨릭대학교 인간학연구소 연구교수
전북대학교 인문한국(HK) 교수
한국사학연구소 소장

저서

『한국도작문화연구』, 한국연구원, 2012
『한국고대사회사상사탐구』, 한국사학, 2007
『신라진흥왕순수비연구』, 일조각, 1996
『신라고려초정치사연구』, 한국사학, 2007
『한국천주교회사의 연구』, 한국사학, 2008
『《동학사》와 집강소 연구』, 국학자료원, 2001
『한국 근·현대 사회와 가톨릭』, 한국사학, 2008
『한국근현대사회사상사탐구』, 한국사학, 2010
『한국현대사담론』, 한국사학, 2007

역서

『고대 브리튼, 그들은 어떻게 살았을까』, 일조각, 2009
『교요서론—18세기 조선에서 유행한 천주교 교리서—』, 한국사학, 2013

편저

『한국중국역대제왕세계연표』, 한국사학, 2013

공저

『최승로상서문연구』, 일조각, 1993
외 다수

이기백한국사학기초연구

초판 1쇄 펴낸날 2016년 6월 2일

지은이 | 노용필
펴낸이 | 김시연

펴낸곳 | (주)일조각
등록 | 1953년 9월 3일 제300-1953-1호.(구: 제1-298호)
주소 | 03176 서울시 종로구 경희궁길 39
전화 | 734-3545 / 733-8811(편집부)
　　　　 733-5430 / 733-5431(영업부)
팩스 | 735-9994(편집부) / 738-5857(영업부)

이메일 | ilchokak@hanmail.net
홈페이지 | www.ilchokak.co.kr

ISBN 978-89-337-0709-8 93910
값 33,000원

* 지은이와 협의하여 인지를 생략합니다.
* 이 도서의 국립중앙도서관 출판예정도서목록(CIP)은 서지정보유통지원시스템 홈페이지(http://seoji.nl.go.kr)와
　국가자료공동목록시스템(http://www.nl.go.kr/kolisnet)에서 이용하실 수 있습니다.　(CIP제어번호: 2016011302)